An Introductory Text For the 21st Police

POLICE
SCIENCE

경찰학 (각론)

김창윤 저

박영사

본인이 동국대학교 경찰행정학과에 재학했던 1960년대 당시만 하더라도 경찰에 관련된 교재는 많지 않았다. 1984년 국가대테러 전문위원 및 86년 아시안게임, 88년 서울올림픽, 2005년 APEC 회의 등 수많은 국제행사 자문위원과 경찰위원회 위원으로 활동하면서 체계적인 경찰연구와 전문서적이 필요함을 절감하였다.

교수로 재직하면서 경찰행정학, 대테러정책론, 형사정책, 경찰학개론, 경찰인사행정론, 비교경찰제도, 테러리즘이라는 저서와 많은 연구논문을 집필한 것은 그러한 문제를 해결하기 위한 작은 노력이었다.

현직에 있는 수많은 형사사법관련 제자들과 교수로 재직하고 있는 많은 제자들에게 "나는 할 수 있다"I Can Do it라는 정신을 고양시키면서 자신이 근무하고 있는 직책에서 최선을 다하고, 국가와 사회를 위해서 노력할 것을 주문하였다.

이를 위해서 형사사법기관의 제자들에게는 끊임없이 시민을 위한 봉사와 희생정신을 강조하였고, 학자들에게는 이론과 실무를 융합한 광범위한 경찰학의 학문체계를 이해하고, 다양한 연구논문과 저서들을 집필하도록 독려하였다.

본인의 가장 우수한 지도제자 중의 한 명인 김창윤 교수가 새롭게 「경찰학(총론)」과 「경찰학(각론)」이라는 저서를 출간한 것은 이러한 의미에서 매우 뜻깊고 의미 있는 노력이라고 생각한다. 새로운 경찰학 교재에서 '난해한 부분을 표로 정리'하고, '읽을거리를 제시'하며, '범죄학'과 '북한경찰'을 추가한 부분은 참신한 시도라고 생각된다.

21세기 우리 경찰은 주민 곁으로 다가가는 '풀뿌리 치안'에 관한 지역사회 경찰활동을 정착시켜 실질적인 민주경찰의 모습으로 변화해야 한다. 또한 최신 경찰학 이론과 범죄학 이론의 도입과 적용, 바로 선 법질서, 안전한 사회를 위한 민주경찰의 신뢰성 확보방안 등을 활성화시켜야 되는 과제를 안고 있다. 이러한 과제를 해결하기 위해서는 더욱 다양한 경찰관련 저서들과 연구논문이 시도되어야 한다. 외롭고 힘든 학문의 길에 접어든 제자들의 연구노력에 건승을 기원하고 싶다.

동국대학교 경찰행정학과 명예교수
이 황 우

2006년 「경찰학」 출간 이후 새롭게 「경찰학 총론」과 「경찰학 각론」이 나오기까지 20여 년에 가까운 세월이 흘렀다. 영국 포츠머스 대학교Portsmouth University에서의 연구년 기간 동안 각국의 경찰학을 분석·연구한 것이 본서를 출판하는 데 큰 도움이 되었다. 경찰학이 연구·발전되어온 과정과 경찰관련 법령을 분석하면서 본서의 체계를 잡았다. 선진국의 경찰관련 교재와 범죄학 관련 교재에 대한 비교분석을 동시에 진행하면서 본서의 디자인과 편집방향 등을 설정하였다.

본서는 '범죄학, 한국경찰사, 비교경찰론, 경찰행정법, 경찰조직관리, 경찰인사관리' 등이 포함된 총론과 '생활안전, 수사, 경비, 교통, 정보, 안보, 외사' 등이 포함된 각론 등 최소 13개 이상의 과목을 종합 정리한 교재이다. 경찰 관련 다양한 과목을 총체적으로 구성한 '경찰학 원론'Principles of Police Science이자 '경찰학 개론'Introduction to Police Science이다.

본서는 기존 경찰학의 내용을 보강하여 총론과 각론으로 구분해 편제했다. 본서에서는 우선 모든 법령을 최신 법령으로 소개하였다. 특히 2022년 신설된 경찰국, 시·도경찰청 자치경찰위원회, 개정된 경찰 관련법, 2023년 6월 시행되는 법령까지 다루며 내용의 완성도와 최신성을 높였다.

경찰학은 다양한 학문적 성과를 바탕으로 체계적인 발전을 거쳐 오늘에 이르고 있다. 특히, 경찰 관련 가장 기본 교재인 경찰학은 경찰채용 시험과 경찰승진 시험에 채택되면서 그 중요성은 더욱 높아지고 있다.

본서에서는 경찰학의 중요성을 반영하여 경찰학의 핵심적 내용을 담은 총론과 각 분야별 경찰활동을 담은 각론으로 구분했다. 본서를 처음 접하게 되는 경찰학도나 경찰관이 되고자 하는 수험생, 그리고 경찰실무자 등 본서를 접하는 모든 분들에게 도움이 되고자 새로운 구성과 디자인으로 편집했다.

본서의 「경찰학 총론」에서는 최신 법령과 최근 이론을 소개하고 관련 내용을 도표로 정리했으며 읽을거리와 사진자료를 첨부하였다. 관련 내용을 쉽게 이해할 수 있도록 공신력 있는 외국 기관의 경찰 관련 사진 등을 첨부해 디자인과 구성에도 심혈을 기울였다.

「경찰학 각론」에서는 상세한 도표를 통해서 이해를 쉽게 하도록 하였다. 생활안전, 수사, 경비, 교통, 정보, 안보, 외사 등과 같은 분야별 경찰활동 부분을 이해하기 쉬운 체계적인 구성과 각종 도표 등을 활용해 새롭게 구성하였다.

본서의 「경찰학 총론」과 「경찰학 각론」의 주요 특징은 다음과 같다.

「경찰학 총론」은 첫째, 제1편 경찰학의 기초에서는 범죄피해자보호, 경찰부패이론, 사회계약설, 범죄학이론 등에 대한 내용을 추가하고 구성하였다. 특히, 국민의 인권이 중시·강화되는 시대상에 부합하는 내용을 추가 구성했다. 인권과 범죄 피해자 보호를 위한 경찰의 노력과 구체적인 내용에 대해서도 소개했다.

경찰학의 기초부분에서는 다른 교재와 달리 범죄학 이론을 소개하였다. 범죄학은 범죄를 예방하고 진압하기 위해서 반드시 갖추어야 하는 필수 학문이다. 현재 경찰간부 시험과 경찰특채 시험 그리고 경비지도사 시험 등에 범죄학이 시험과목으로 포함되면서 범죄학의 중요성은 더욱 강조되고 있다.

둘째, 제2편 경찰제도론 중 한국경찰사에서는 파출소의 기원인 경수소, 최초의 자치경찰인 집강소, 광복 이후부터 현재 경찰에 이르는 경찰역사를 새롭게 소개하였다. 또한 2022년 신설된 행정안전부장관 소속하의 경찰국에 대한 내용도 처음으로 반영하였다. 경찰국 관련 내용은 다른 교재와는 차별화된 본서만이 지니고 있는 특징이다.

특히, 대한민국 경찰의 역사성 및 정통성과 관련해서 구한말 개화파 관료들의 조선자강의 개혁의지가 반영된 경무청을 상세히 소개하였다. 최초의 근대경찰인 경무청은 한국근대 경찰의 아버지라 불리는 유길준의 「서유견문」의 정신에서 나타난 것처럼 아시아 최초의 민중적·민주적 경찰에서 출발했기 때문에 그 의의가 매우 크다.

또한 본서에서는 대한민국 임시정부의 경찰소개를 통해서 우리 경찰의 역사성과 정통성은 항일과 애국의 민주경찰에서 출발했음을 밝히고 있다. 백범 김구 선생이 대한민국 임시정부의 초대 경무국장이었다는 사실은 일제 식민지 경찰의 잔재를 극복하는데 매우 중요한 의미를 가진다. 현재 경찰청에서는 경찰정신을 배우는 '경찰역사 순례길 프로그램'과 '참경찰 인물열전 시리즈' 발간 및 김구선생을 대한민국 최초의 '민주경찰 1호'로 선정하면서 경찰의 역사성과 정통성을 정립하고 있다.

외국경찰사에서는 영국, 미국, 독일, 프랑스, 일본, 중국, 북한 등의 경찰을 최신 자료를 통해서 수정·보강했다. 각국의 경찰 관련 내용은 세부적인 사항까지 다루었으며 자료와 사진을 추가 구성하여 부수적인 자료로 활용할 수 있게 체계화했다. 복잡한 내용은 도표로 시각화해 구조화했으며, 세부 조직을 한눈에 살펴볼 수 있도록 그림과 함께 편제하였다. 일본 경찰의 경우, 2022년 일본 「경찰백서」를 통해서 일본경찰 체제의 변동 내용을 수정 및 보완하였다.

특히 기존 경찰학 교재에서 소개하지 않은 '북한경찰'을 처음으로 소개했다. 김일성 정부부터 현재 김정은 정부까지의 북한의 통치이념과 국가체제 그리고 북한경찰의 조직을 구체적으로 다루었다. UN 동시 가입국인 북한의 경찰조직과 체계를 알 수 있는 토대를 마련하고자 노력했다.

셋째, 제3편 경찰법제론은 최신 법령과 최근 내용을 대부분 반영하였다. 2021년 7월 도입된 자치경찰과 국가경찰과의 관계를 모두 제시하였다. 또한 경찰법제와 관련된 최신 법령과 근거 법령을 통해서 보다 깊이 있는 이해가 가능하도록 하였다. 특히 「경찰관 직무직행법」은 2019년에 도입된 경찰 물리력 행사에 관한 기준 소개 및 불심검문을 포함한 「경찰관 직무직행법」의 세부조항을 모두 기술하였다.

넷째, 제4편 경찰관리론에서는 치안정책에 관한 내용을 소개하고, 최신 자료 분석을 통해서 내용을 더 알기 쉽게 디자인하였다. 경찰조직관리, 경찰인사관리, 경찰예산관리, 경찰장비관리, 경찰보안관리 그리고 경찰홍보 중 언론중재 및 피해구제에 대해서 새롭게 정리하였다.

다섯째, 제5편 경찰통제와 미래 과제에서는 최신 내용을 반영하여 시·도자치경찰위원회와 시·도경찰청 및 경찰서 발전협의회, 국무총리 소속 하의 경찰제도발전위원회 등을 소개하였다. 경찰통제와 관련된 신설 협의회·위원회 등을 최신 자료를 근거로 편제하여 알기 쉬운 표로 정리하였다.

「경찰학 각론」에서는 생활안전, 수사, 경비, 교통, 정보, 안보, 외사 등의 경찰활동을 경찰자료, 각종 교재 및 논문, 기타 자료 등을 종합하여 소개하였다. 경찰실무자에게도 도움이 될 수 있도록 기존의 경찰학 교재에 없는 내용을 추가하여 차별성을 두었으며, 관련 이론과 실무내용을 도표를 통해서 이해할 수 있도록 구성하였다.

본서에서는 인용의 출처나 참고문헌을 최대한으로 표기하려고 노력하였다. 각종 국내외 교재와 논문, 판례, 신문 및 방송자료, 인터넷 자료 등 대략 2,000여 개의 각주를 표기하고 출처를 명확하게 밝히는 데 주력하였다.

경찰학도나 경찰관이 되고자 하는 수험생, 그리고 경찰실무자 등 본서를 접하게 되는 모든 분들이 경찰관련 유용한 내용을 습득해 경찰 관련 지식을 더욱 확장했으면 하는 바람이다. 본서의 출판을 계기로 다양한 경찰학 분야의 발전이 더욱 이어지기를 기대한다. 또한 본서가 경찰학의 학문적 체계를 구현하는 데 일조했으면 하는 작은 바람이 전달되기를 기원한다.

어려운 제반 환경에도 불구하고 방대한 「경찰학」 교재를 「경찰학 총론」과 「경찰학 각론」의 두 권으로 분권화해 출판을 허락해주신 박영사의 안종만 회장님과 안상준 대표님께 진심으로 감사의 말씀을 드리고 싶다. 또한 본서가 출간될 때까지 물심양면으로 도와주신 박세기 부장님, 배근하 과장님, 정성혁 대리님, 이소연 님께도 깊은 감사의 마음을 전한다. 마지막으로 사랑하는 예쁜 아내와 멋진 아들 한강이 그리고 선후배 도반들의 깊은 배려에도 고마움을 전하고 싶다.

2023년 2월
무학산 기슭 월영대에서
저자 **김창윤** 배상

PART 01   경찰학의 기초 / 3

제 1 장   경찰의 의의 및 연혁 / 5
제 1 절 경찰의 의의 / 5
제 2 절 경찰개념의 연혁 / 11

제 2 장   경찰의 종류 / 37
제 1 절 형식적 의미의 경찰과 실질적 의미의 경찰 / 37
제 2 절 경찰의 분류 / 43

제 3 장   경찰활동의 임무와 수단 / 53
제 1 절 경찰의 임무 / 53
제 2 절 경찰의 수단 / 72

제 4 장   경찰권과 관할 / 77
제 1 절 경찰권의 기초 / 77
제 2 절 경찰의 관할 / 82

제 5 장   경찰철학 / 89
제 1 절 경찰의 기본이념 / 89
제 2 절 경찰윤리 / 115
제 3 절 사회계약설 / 128

제 6 장   범죄학 이론 / 135
제 1 절 범죄학 개관 / 135
제 2 절 20세기 이전의 범죄학 / 138
제 3 절 20세기 이후의 범죄학 / 155
제 4 절 사회구조이론 / 166
제 5 절 사회과정이론 / 176
제 6 절 낙인이론 / 187

제 7 절 갈등이론 / 190

제 8 절 발전범죄학 / 196

제 9 절 신고전주의 범죄학 / 198

제10절 피해자학 / 205

제 7 장   **경찰학의 학문성** / 211

제 1 절 서설 / 211

제 2 절 경찰학의 연구 / 212

제 3 절 경찰학의 발전과정 / 214

PART 02 **경찰제도론** / 223

제 1 장   **한국경찰사** / 225

제 1 절 서설 / 225

제 2 절 갑오경장 이전의 경찰제도 / 227

제 3 절 갑오경장부터 한일합병 이전의 경찰 / 268

제 4 절 일제 식민지 시기의 경찰 / 285

제 5 절 대한민국임시정부의 경찰 / 289

제 6 절 미군정하의 경찰 / 297

제 7 절 광복 이후 1991년 이전의 경찰 / 304

제 8 절 경찰법 제정 이후의 경찰 / 316

제 2 장   **외국경찰사** / 339

제 1 절 영국경찰 / 339

제 2 절 미국경찰 / 361

제 3 절 독일경찰 / 401

제 4 절 프랑스경찰 / 414

제 5 절 일본경찰 / 432

제 6 절 중국경찰 / 446

제 7 절 북한경찰 / 462

제 3 장   **경찰제도의 3가지 모델** / 473

제 1 절 토마스 바커의 경찰모델 분류 / 473

제 2 절 데이비드 베일리의 경찰모델 분류 / 476

PART 03   경찰법제론 / 481

제1장   경찰행정법의 이해 / 483
         제1절 경찰행정법의 기초 / 483
         제2절 경찰행정법의 법원 / 492

제2장   경찰조직법 / 499
         제1절 서설 / 499
         제2절 보통경찰기관의 종류 / 502
         제3절 특별경찰기관 / 517
         제4절 경찰행정청의 권한 및 상호관계 / 519
         제5절 권한의 위임과 대리 / 522
         제6절 경찰행정청 상호 간의 관계 / 531

제3장   경찰공무원법 / 551
         제1절 서설 / 551
         제2절 경찰공무원 제도 / 558
         제3절 경찰공무원 관계의 발생 / 562
         제4절 경찰공무원 관계의 변경 / 580
         제5절 경찰공무원 관계의 소멸 / 596
         제6절 경찰공무원의 권익보호 / 604
         제7절 경찰공무원의 법적 지위 / 629
         제8절 경찰공무원의 권리 / 632
         제9절 경찰공무원의 의무 / 652
         제10절 경찰공무원의 책임 / 694
         제11절 경찰공무원의 징계책임 / 704

제4장   경찰작용법 / 729
         제1절 서설 / 729
         제2절 경찰권 발동의 의의 / 730
         제3절 경찰권 발동의 의무 / 734
         제4절 경찰권 발동의 한계이론 / 741

제5장   경찰작용의 행위형식 / 753
         제1절 경찰명령 / 753
         제2절 경찰규칙 / 763
         제3절 경찰처분 / 768

제 6 장   **행정행위** / 779
　　　　　제 1 절　법률행위적 행정행위와 준법률행위적 행정행위 / 779
　　　　　제 2 절　명령적 행정행위 / 783
　　　　　제 3 절　형성적 행정행위 / 795
　　　　　제 4 절　부관 / 797

제 7 장   **경찰상 의무이행 확보수단** / 803
　　　　　제 1 절　경찰강제 / 803
　　　　　제 2 절　경찰벌 / 814

제 8 장   **경찰관 직무집행법** / 823
　　　　　제 1 절　개관 / 823
　　　　　제 2 절　경찰관 직무집행법의 세부 내용 / 834

PART 04　**경찰관리론** / 873

제 1 장   **경찰관리론** / 875
　　　　　제 1 절　경찰관리 / 875
　　　　　제 2 절　치안정책 / 878

제 2 장   **경찰조직관리** / 889
　　　　　제 1 절　서설 / 889
　　　　　제 2 절　경찰조직의 편성 / 901
　　　　　제 3 절　경찰조직 관리이론 / 910

제 3 장   **경찰인사관리** / 933
　　　　　제 1 절　경찰인사행정 기초 / 933
　　　　　제 2 절　외국 인사행정의 발전 / 938
　　　　　제 3 절　사기관리 / 949
　　　　　제 4 절　경찰공무원의 능력발전 / 953

제 4 장   **경찰예산관리** / 965
　　　　　제 1 절　예산관리의 의의 / 965
　　　　　제 2 절　경찰예산의 편성 / 972
　　　　　제 3 절　경찰예산의 집행 / 977

제4절 지출원인행위 및 지출과 그 특례 / 979

제5절 회계관계 공무원의 변상책임 / 983

제5장   장비관리와 보안관리 / 987

제1절 장비관리 / 987

제2절 보안관리 / 997

제6장   경찰홍보 / 1009

제1절 경찰홍보의 개관 / 1009

제2절 경찰과 대중매체 / 1015

제3절 언론중재 및 피해구제 / 1018

PART 05   경찰통제와 미래 과제 / 1033

제1장   경찰통제 / 1035

제1절 경찰통제 개관 / 1035

제2절 경찰통제의 의의 및 필요성 / 1039

제3절 경찰통제의 유형 / 1043

제2장   경찰의 미래 과제 / 1059

제1절 G20국가의 위상에 맞는 선진경찰상 구현 / 1059

제2절 치안정책 혁신과 경찰체제 개혁 / 1063

제3절 4차 산업혁명 시대에 맞는 경찰활동 추진 / 1065

찾아보기 / 1071

PART 06   분야별 경찰활동 / 3

제 1 장   생활안전경찰 / 5
제 1 절 생활안전경찰 개관 / 5
제 2 절 범죄예방 이론 / 10
제 3 절 생활안전 경찰 운영 / 13
제 4 절 방범 유형 / 19
제 5 절 지역경찰 활동 / 31
제 6 절 단속활동 / 43

제 2 장   수사경찰 / 61
제 1 절 수사경찰 개관 / 61
제 2 절 수사행정 / 75
제 3 절 수사경찰의 업무분장 / 77

제 3 장   경비경찰 / 91
제 1 절 경비경찰 개관 / 91
제 2 절 경비경찰의 대상인 군중의 이해 / 98
제 3 절 경비경찰의 활동 / 108

제 4 장   교통경찰 / 165
제 1 절 교통경찰 개관 / 165
제 2 절 신뢰의 원칙 / 170
제 3 절 교통규제 / 172
제 4 절 교통지도단속 / 174
제 5 절 교통사고 / 184

제 5 장   정보경찰 / 201
제 1 절 정보경찰 개관 / 201

제 2 절　정보 개관 / 208
제 3 절　정보경찰 활동 / 220

제 6 장　**안보경찰** / 231
제 1 절　안보경찰 개관 / 231
제 2 절　북한의 대남 전략전술　/ 235
제 3 절　안보경찰 활동 / 239

제 7 장　**외사경찰** / 265
제 1 절　외사경찰 개관 / 265
제 2 절　외사경찰활동 / 277
제 3 절　국제경찰 공조 / 281
제 4 절　한미행정협정 / 289
제 5 절　외교특권 / 295
제 6 절　범죄인 인도와 인도청구 / 299

참고문헌 / 305

찾아보기 / 331

POLICE
SCIENCE

PART 06   분야별 경찰활동

제1장   생활안전경찰
제2장   수사경찰
제3장   경비경찰
제4장   교통경찰
제5장   정보경찰
제6장   안보경찰
제7장   외사경찰

PART

06

분야별 경찰활동

그대가 곁에 있어도 나는 그대가 그립다

물 속에는
물만 있는 것이 아니다
하늘에는
그 하늘만 있는 것이 아니다
그리고 내 안에는
나만이 있는 것이 아니다

내 안에 있는 이여
내 안에서 나를 흔드는 이여
물처럼 하늘처럼 내 깊은 곳 흘러서
은밀한 내 꿈과 만나는 이여

그대가 곁에 있어도
나는 그대가 그립다

- 류시화, 「그대가 곁에 있어도 나는 그대가 그립다」 中에서

제**1**장 생활안전경찰

제1절 생활안전경찰 개관

1 생활안전경찰의 의의

1 생활안전경찰의 개념

일반적으로 경찰의 활동을 사전예방적 경찰활동^{Proactive Policing}과 사후진압적 경찰활동^{Reactive Policing}으로 구별할 수 있다. 생활안전경찰은 주로 사전예방적 활동을 주로 하는 경찰을 의미한다.

사전예방적 활동을 담당하던 경찰의 부서 명칭은 시대에 따라서 각각 다르게 불려왔다. 미군정 시기인 1946년에는 공안과에서 담당하였다. 제1공화국 시기인 1950년에는 보안과에서 담당하였다. 1991년 경찰청이 발족하면서는 보안이라는 명칭이 '방범'으로 개칭되면서 방범과에서 그 역할을 수행하였다.

2003년 12월 18일 「경찰청과 그 소속기관 등 직제」가 개정되면서 '방범'이라는 명칭이 '생활안전'으로 개칭되어 경찰청 방범국이 '생활안전국'으로, 지방청 방범기획과가 '생활안전과'로, 방범지도과가 '생활지도과'로, 경찰서 방범계가 '생활안전계'로, 방범지도계가 '생활질서계'로 각각 개칭되었다.

생활안전경찰은 범죄예방정책의 수립과 집행, 기타 이에 관련된 활동을 통하여 국민의 생명과 재산을 보호하고 공공의 안녕과 질서유지를 목적으로 하는 경찰을 의미한다. 이러한 의미에서 경찰의 모든 기능을 모두 생활안전경찰이라고 넓게 해석할 수도 있다.[1]

---

1   경찰대학a, 「경찰학개론」, 2004, p. 262.

하지만 생활안전경찰을 논할 때에는 사전예방적 활동을 주된 업무로 하면서 경찰사무 분장 상의 분류에 의하여 생활안전 부서의 업무기능으로 규정하고 있는 기능을 수행하는 경찰로 이해할 수 있다. 생활안전경찰은 경찰의 개념분류에 의하면 사법경찰이 아닌 행정경찰, 협의의 행정경찰이 아닌 보안경찰, 진압경찰이 아닌 예방경찰로 분류할 수 있다.

생활안전 경찰의 자세[2]	
지역에 정통한 경찰이 되어라	• 항상 변화하는 관내 치안상황과 범죄양상 등을 자세히 파악하여 불시 돌발사태에 즉응할 수 있는 태세를 갖추어라. • 우범자, 우범지역 및 방범대상 업소 등 관내 치안정보의 모든 것을 파악하라. • 범죄취약요인에 대한 분석을 통하여 수집한 방범 정보로 과학적인 치안활동을 하라.
범죄예방을 위한 순찰활동을 하라	• 주위의 모든 사람과 사물을 문제의식을 가지고 관찰하고 범죄취약지와 우범지역은 특별점검하라. • 사고위험요소를 사전에 발견하여 해결하라.
주민신고시 관할불문 접수처리하라	• 주민의 신고는 관할구역을 불문하고 우선 접수·처리해라. • 먼저 출동하여 처리하고 후속조치는 그 후에 협의하여 처리하라. • 사건해결과 긴급구조는 신속성에 달려 있다. 신고가 접수되면 즉시 출동하여 범인을 검거하고 적절한 구조활동을 하라. • 경찰서비스는 국민의 일상생활의 평온과 안전확보를 위한 모든 활동이다. 유관기관과 긴밀히 협조하여 주민의 불편사항 해소에 적극적으로 나서라.
각종 사범단속시 사전철저한 준비로 명확히 처리하라	• 평소에 위반업소를 파악, 관찰하여 단속히 무리한 단속이 되지 않도록 하라. • 관련 법규와 단속요령을 숙지하라. • 투명한 업무처리로 한 점 의심이 가지 않도록 하라. • 경범단속과 즉심시범의 처리는 위반자에게 위반사항을 명확히 알려주어 빈발이 없도록 하고 의연하고 친절한 자세로 공감받는 단속이 되도록 하라.
아동·청소년·여성에 대한 보호활동을 적극적으로 하라	• 아동·청소년이 건강한 환경에서 자랄 수 있도록 노력하라. • 아동·청소년·여성 등의 보호를 위한 활동을 실시하라. • 지역사회 유관기관과 청소년비행 선도활동을 적극적으로 전개하라.
협력방범체제를 구축하라	• 완벽한 치안은 경찰만의 노력으로 이루어질 수 없다. • 주민들의 자발적이고 적극적인 방범활동을 유도하라. • 지역주민들의 자율적 자원봉사 조직인 자율방범대와의 협력을 강화하라. • 민간경비업은 치안업무를 함께 수행하는 경찰의 동반자이다. 민간경비업체와 원활한 협조체제를 갖추고 민간경비업체의 치안역량을 강화하기 위해 적극 지원하라.

Police Science

🔍 일본의 생활안전 경찰

- 1980년대 이후 미국에서는 급증하는 범죄문제에 대응하기 위해서 지역사회 경찰활동이라는 철학이 대두되었다. 일본도 폐쇄형 공동사회 ⇒ 고도 성장형 사회 ⇒ 성숙형 사회로 변화하면서 흉악범죄의 급증 등으로 치안이 악화되었다.

- 일본은 "지역사회의 안전이야말로 최대의 복지이다."라는 철학이 대두되면서 '지역경찰의 쇄신강화', '현장 제일주의' 등 지역경찰활동에 대한 일대 쇄신운동이 일어났다.[3]

- 1990대 초 각종 지역경찰 관련 규정과 규칙이 개정되었으며, 최일선 기관인 '고반'交番은 지역사회의 안전과 평온을 지키는 곳, 시민에게 친근하고 위안을 주는 '생활안전센터화'되었다.

- 1992년 4월 경찰조직령 및 경찰시행령의 개정으로 과거의 '외근경찰'이 '지역경찰'로 명칭이 변경되었다. 따라서 전무경찰專務警察(형사·방범·교통·경비) 등의 손발이자 더듬이로만 인식되었던 외근경찰이 '지역경찰'로 개칭되었다.

- 이 명칭 변경은 지역경찰 부분이 타 경찰부분의 보완 또는 초동조치 중심부분에서 일정한 관할구역에서 안전을 확보한다고 하는 독자적인 업무내용을 명확히 한 것이다. 동시에 지역경찰관이 자긍심과 책임을 갖고 직무에 매진할 수 있도록 한 조치였다. 따라서 외근과·외근경찰·외근경찰관 등의 '외근'이 '지역'으로 명칭이 변경되었다.[4]

- 일본 경찰청의 외근과의 담당사무로써 '지역경찰에 관한 것'을 새롭게 명시하고 '과'의 명칭도 '지역과'로 변경하였다. 도·도·부·현 경찰에서도 조례 등의 개정을 통해 '경라부'警邏部·순찰부는 '지역부'로 외근과·경라과는 '지역과'로 변경되었다.[5]

Police Science

🔍 인구 10만 명당 범죄발생 건수[6]

- $CRij = (Cij / Pj) \times 100,000$
- i = 범죄유형, j = 특정 연도
- Cij는 특정연도의 특정 범죄유형의 발생건수
- Pj는 특정연도의 인구수

2 경찰대학m, 「경찰실무전서」, 1998, pp. 6-8; 경찰청e, 「경찰실무전서」, 2000, pp. 6-7 재구성.
3 太田裕之, "地域社會運營論(兵庫縣警察に오おける活動を中心に)"「警察學論集」, 47(11), 1994, pp. 36-38.
4 坪田眞明, "'生活安全センター'としての交番等の存り方"「警察學論集」, 48(11), 1995, p. 74.
5 전대양a, "일본의 지역사회 경찰활동에 관한 연구"「형사정책연구」, 1997, p. 149.
6 김창윤k, "한국의 지역적 범죄특성에 관한 연구(울산광역시 10년간 범죄발생 분석을 중심으로), 「사회과학연구」,

- 경찰은 살인·강도·강간·절도·폭력 등을 5대 지표범죄$^{Index\ Crime}$라고 하여 성과를 측정한다.
- 지표범죄는 국민의 체감치안에 가장 많은 영향을 미치는 범죄이며, 인구 10만 명당 범죄발생 건수로 성과를 측정한다.

2 생활안전경찰의 법적 근거 및 직무내용 역량

생활경찰의 법적근거에는 「경찰법」, 「경찰관직무집행법」, 「풍속영업의 규제에 관한 법률」, 「경비업법」, 「총포·도검·화약류 등의 안전관리에 관한 법률」, 「경범죄처벌법」, 「즉결심판에 관한 절차법」, 「지역경찰의 조직 및 운영에 관한 규칙」, 「112종합상황실 운영 및 신고처리 규칙」 등이 있다.

생활안전경찰 업무는 생활안전업무, 생활질서업무 그리고 여성·청소년업무로 구별할 수 있다. 2021년 경찰청에서 발간된 「경찰직무별 핵심역량 가이드북」에는 생활안전 경찰의 직무내용 역량에 대해서 자세히 규정하고 있다.

생활안전 경찰의 법적 근거	
생활안전경찰의 사물관할	• 경찰법(시행 2021. 7. 1.) • 경찰관직무집행법(시행 2022. 2. 3.)
생활안전경찰의 일반법(작용법)	• 풍속영업의 규제에 관한 법률(시행 2021. 1. 1.) • 성매매알선 등 행위의 처벌에 관한 법률(시행 2021. 3. 16.) • 경비업법(시행 2021. 7. 13.) • 총포·도검·화약류 등의 안전관리에 관한 법률(시행 2021. 1. 1.) • 경범죄처벌법(시행 2017. 10. 24.) • 즉결심판에 관한 절차법 등(시행 2017. 7. 26.) • 실종아동 등의 보호 및 지원에 관한 법률(시행 2021. 6. 9.) • 소년법(시행 2021. 4. 21.)
생활안전경찰 세부규정	• 지역경찰의 조직 및 운영에 관한 규칙(시행 2022. 5. 31.) • 112종합상황실 운영 및 신고처리 규칙(시행 2021. 1. 22.) • 소년업무규칙(시행 2021. 1. 1.) 등

생활안전 경찰의 직무내용 역량[7]		
관리	생활안전	① 부서원 고충해소 등 관리, ② 지역 맞춤 범죄예방 정책 추진, ③ 유관기관 네트워킹, ④ 지역사회 네트워킹, ⑤ 범죄예방 활동 환류
	생활질서	① 부서원 고충해소 등 관리, ② 유관기관 네트워킹, ③ 문제상황 민감성 및 대민 업무 관리 연속성, ④ 단속과정 지휘, ⑤ 상황 대응
	아동청소년	① 부서원 육성 및 코칭, ② 유관기관 네트워킹, ③ 정책 수립 및 관리, ④ 지역사회 네트워킹
	여성보호	① 부서원 육성 및 코칭, ② 유관기관 네트워킹, ③ 정책 수립 및 관리, ④ 상황 대응
실무	생활안전	① 지역사회 네트워킹, ② 관내 치안정보 분석, ③ 민원 대응, ④ 범죄예방 기획
	생활질서	① 적법한 강제조치, ② 민원 대응, ③ 법률 해석 및 적용, ④ 상황 대응, ⑤ 풍속영업 단속
	아동청소년	① 첩보수집, ② 탐문·수색, ③ 아동·청소년 대상 정책 홍보, ④ 자료관리 및 문서화, ⑤ 범죄예방 강의, ⑥ 상담 및 추후 지도
	여성보호	① 피해자 보호 지원, ② 신상정보 관리, ③ 유관기관 네트워킹, ④ 문제상황 추론, ⑤ 법률 해석 및 적용, ⑥ 상담 및 추호 지도

2 ‖ 생활안전 경찰의 특성

생활안전 경찰활동의 핵심은 예방 경찰활동이라고 할 수 있다. 이는 국민의 경찰에 대한 신뢰에 직접 영향을 미치는 범죄예방 활동의 지표가 되기 때문에 그 중요성이 강조된다고 할 수 있다. 생활안전 경찰활동은 다음과 같은 특성을 갖고 있다.

생활안전 경찰의 특성	
구체적인 특성	내용
대상의 복잡성 광범위성	• 생활안전 경찰활동은 분야별로 분화된 수사, 정보, 교통·경비경찰 등을 제외한 공공의 안녕을 위한 경찰의 제반 활동이 모두 대상이 되므로 매우 복잡하고 광범위하다.

---

7 경찰청j, 「경찰직무별 핵심역량 가이드북」, 2021, pp. 9-10.

대상의 유동성	• 생활안전 경찰활동의 대상인 사회는 늘 변화하고 유동적이다. 따라서 생활안전 경찰의 활동도 이에 맞는 활동을 하여야 한다.
체제의 취약성	• 생활안전 경찰활동 분야는 그 기능이 분화되거나 독립적이지 못하고 매우 방만하고 포괄적이다. 따라서 생활안전 경찰업무의 중점적인 운영이 특히 필요하다고 할 수 있다.
타 부분에 대한 지원성	• 생활안전 경찰활동은 경찰업무 전체와 직결되어 있으며, 생활안전 경찰활동은 타 분야의 업무를 지원하는 성격이 강하다.
작용의 다양성	• 생활안전 경찰활동은 행정경찰과 사법경찰의 작용이 공존하며 불가분의 관계에 있다. 또한 비권력적 활동인 대민서비스 분야에 대한 요구가 다양하게 확대되어 가고 있다.
업무의 비긴박성·비즉효성	• 생활안전 경찰활동은 범죄·사고의 예방이 기본업무로 되어 있어, 수사·경비 등에서와 같은 긴박성과 즉효성이 비교적 약하다.
주민과의 접촉성	• 생활안전 경찰활동은 주민의 일상생활의 안녕과 질서를 보호함을 주 임무로 하고 있어 다른 경찰분야에 비해 주민과 가장 밀접하게 접촉하고 있다.
관계 법령의 다양성·전문성	• 생활안전 경찰이 관장하는 업무와 관련된 법령은 종류가 다양하고 내용도 전문적·기술적인 분야가 많다.
적극적 자세의 필요성	• 생활안전 관련 법규의 충분한 이해와 집행에 있어서의 적극적인 자세가 없으면 각종 생활안전사범이 사회의 이면에 방치되는 경우가 많다.

제2절 범죄예방 이론

1 범죄예방의 의의

생활안전 경찰은 범죄예방활동을 주로 담당한다. 미국범죄예방연구소[NCPI: National Crime Prevention Institute]에서는 범죄예방활동을 범죄적 기회를 감소시키려는 사전활동이며, 범죄에 관련된 환경적 기회를 제거하는 직접적 통제활동으로 규정하고 있다. 범죄가 저질러지는 요소를 범죄욕구, 범죄기술, 범죄기회로 구분할 경우, 범죄예방은 범죄욕구나 범죄기술에

대한 예방이 아니라 범죄기회를 감소시키는 활동이다.[8]

랩[S. P. Lab]은 범죄예방을 실제의 범죄발생과 범죄에 대한 '범죄의 두려움'[the perceived fear of crime]을 줄이는 사전활동으로 규정하고 있다. 랩은 범죄예방활동을 심리적 측면인 범죄에 대한 두려움의 제거활동까지 포함하는 것으로 규정하고 있다.

2 ‖ 환경설계를 통한 범죄예방

제프리[Jeffery]는 「환경설계를 통한 범죄예방」[CPTED: Crime Prevention Through Environmental Design]이라는 저서를 통해서 범죄예방을 위한 범죄통제모델[Models of Crime Control]을 제시하였다. 그는 ① 형벌을 통한 '범죄억제 및 처벌모델'[Deterrence Punishment Model], ② 범죄자의 치료와 갱생정책을 통한 '처우 및 사회복귀모델'[Treatment Rehabilitation Model], ③ 사회환경개선을 통한 '범죄예방모델' 등 3가지 범죄예방모델을 제시하였다.

Police Science
🌐 범죄예방진단팀

- 치안 패러다임이 범죄대응 → 범죄예방으로 전환되면서, 일상 속에 산재되어 있는 범죄취약요인을 해결해 달라는 목소리가 높아졌다.
- 이에 경찰에서는 내부 훈령 정비·연구용역·예산 확보 등 운영 기틀을 마련한 이후, 2016년부터 범죄취약요인에 대한 전문적인 분석과 종합적인 해결책을 제시할 수 있는 전문인력인 '범죄예방진단팀'[CPO: Crime Prevention Officer]을 운영하고 있다.

3 ‖ 범죄예방 구조모델

브랑팅햄과 파우스트[P. J. Brantingham & F. L. Faust]는 질병예방과 의학적 치료를 위한 의료

적 모델과 유사한 구조모델을 강조하였다.

첫째, 1차 예방은 기본적으로 모든 시민들에게 적용되는 것이다. 환경설계, 이웃감시, 민간경비, 범죄예방교육 등과 형사사법기관의 활동 등이 이에 속하게 된다. 특히 지역사회와 경찰간의 파트너쉽 구축을 위한 지역사회 경찰활동[Community Policing]이 강조된다.[9]

둘째, 2차 예방은 우범자 또는 우범지역에 대한 것이다. 우범환경이나 우범자를 대상으로 이들과 많이 접촉하는 지역사회 지도자, 교육자, 부모에 의해서 이루어진다. 특히 범죄기회를 감소 내지 제거시키려는 상황적 범죄예방이론[Situational Crime Prevention]이 이에 속하게 된다.[10]

셋째, 3차 예방은 실제 범죄자를 대상으로 재범자 등에 관한 것이다. 체포, 기소, 교도소 구금, 치료, 사회복귀, 민간단체나 지역사회의 교정프로그램 등과 같은 것이며 주로 형사사법기관이 담당하게 된다.[11] 특히 특별예방적 제재를 통하여 개별 범죄자의 새로운 범죄성을 억제시키거나 약화시킬 수 있는 조치들이 3차 예방 단계에서 논의된다.[12]

범죄예방 이론[13]	
범죄예방구조 모델	• 브랑팅햄과 파우스트(P. J. Brantingham & F. L. Faust)는 질병예방과 의학적 치료를 위한 의료적 모델과 유사한 구조모델을 강조 • 1차적 범죄예방(일반예방): 사회정책적 측면의 범죄예방 　－ 환경설계, 이웃감시, 공중교육, 민간경비, 범죄예방 교육 등 • 2차적 범죄예방: 잠재적 범죄자의 조기발견과 감시 및 교육 　－ 우범자 감시 등 • 3차적 범죄예방(특별예방): 전과자를 대상으로 한 재범의 방지 　－ 사회복귀와 처방, 전자감시, 화학적 거세 등
환경설계를 통한 범죄예방 모델	• 제프리(Jeffery)는 「환경설계를 통한 범죄예방」(CPTED: Crime Prevention Through Environmental Design)이라는 저서를 통해서 범죄예방을 위한 범죄통제모델(Models of Crime Control)을 제시 • 범죄억제모델: 고전학파의 범죄이론 　－ 형벌을 수단 　－ 처벌의 신속성, 확실성, 엄격성 • 사회복귀모델: 실증주의 영향

---

9 김상호 외 8인, 「경찰학개론」(서울: 법문사, 2005), p. 549.
10 상게서, p. 551.
11 경찰대학a, 전게서, p. 261.
12 김상호 외 8인, 전게서, p. 551.
13 전대양c, 「범죄대책론」(서울: 청송출판산, 2010), p. 14.

	– 특별예방강조 – 수형자의 교육, 치료, 직업훈련 등 • 범죄예방모델: 사회적 범죄론 – 사전적 범죄예방 – 범인성 환경의 개선이나 제거
뉴만의 범죄예방 모델	• 상황적 범죄예방모델: 방어공간의 개념(영역성, 자연적 감시, 이미지, 주변지역의 보전) – 일상생활이론이 기초 – 장점은 이익의 확산효과 – 확산효과란 한 지역의 범죄예방은 다른 지역에도 긍정적 영향 – 단점은 전이효과 – 전이효과란 한 지역의 범죄예방은 다른 지역에서의 범죄발발로 영향

제3절 생활안전 경찰 운영

1 생활안전 업무

생활안전 업무에는 ① 범죄 및 안전사고 예방과 관련된 시민생활안전과 평온에 관한 사무, ② 지역경찰 업무, ③ 112순찰차 운영·지도, ④ 112통계분석·정기보고 및 관련제도 개선, ⑤ 협력방범에 관한 업무, ⑥ 경비업체 지도·감독, ⑦ 생활안전홍보에 관한 업무, ⑧ 자율방범대·범죄신고요원 운영, ⑨ 시민경찰학교, 방범리콜제, 112봉사대 등 운영 ⑩ 방범기기·시설확충 업무 등이 있다.

생활안전 경찰시스템	
범죄신고즉응체제(112)	• C³(씨큐브드아이): 지휘(Command), 통제(Control), 통신(Communication), 정보(Intelligence)
신고자위치 자동확인장치	• ALIS(Automatic Location Identification System)
신고자전화번호 자동확인장치	• ANIS(Automatic Number Identification System)

순찰차위치 자동표시장치	· AVLS(Automatic Vehicle Location System)
차량번호 자동판독기	· AVNI(Automatic Vehicle Number Identification)
컴퓨터처리 자동화시스템	· CAD(Computer Aided Dispatch)
휴대용 컴퓨터 단말기	· HDT(Hand Data Terminal)
차량용 컴퓨터 단말기	· MDT(Mobile Date Terminal)
도난차량 회수장치	· SCR(Stolen Car Recovery)

Police Science

🌐🔍 **범죄 위험도 예측분석 시스템(프리카스)**Pre-CAS: Predictive Crime Risk Analysis System

- 경찰청이 2021년 5월부터 도입한 인공지능[AI] 범죄 위험도 예측분석 시스템이 '프리카스'Pre-CAS: Predictive Crime Risk Analysis System이다.
- 지역기반의 과거 범죄 발생 및 112 신고와 교통사고 건수, 유흥시설 및 경찰관 수, 인구, 기상, 요일, 면적, 실업과 고용률, 건물 유형과 노후도, 공시지가 등을 활용한 시스템이다.

2 ║ 생활질서 업무

생활질서 업무에는 ① 풍속사범의 지도·단속, ② 사행행위 지도·단속, ③ 경범통고 처분 업무, ④ 기초 및 행락질서 업무, ⑤ 즉결심판업무에 관한 사항, ⑥ 유실물 처리, ⑦ 보호조치, ⑧ 총포·도검·화약류단속법 관련 업무, ⑨ 각종 안전사고의 예방에 관한 계획·지도 등이 있다.

3 ║ 여성·아동·청소년 업무

1 여성·아동·청소년 업무

여성·아동·청소년 업무에는 ① 비행청소년의 선도 보호 및 범죄예방, ② 여성범죄

지도·단속, ③ 실종아동 및 가출인 보호 및 수배, ④ 각종 청소년 단체 지도·감독 등이 있다. 1990년에 나온 유엔^{UN} '리야드 가이드라인'은 비행^{Delinquent}, 우범^{Pre-Delinquent} 등의 표현으로 낙인찍기를 해서는 안 된다는 지침을 명시하고 있다. 유엔 아동권리위원회는 2019년 회원국들에게 우범소년 같은 지위비행 관련 조항을 삭제해야 한다고 촉구하고 있다. 우범소년을 형사특별법인 「소년법」으로 규정하는 국가는 한국과 일본이 유일하다.

「실종아동 등의 보호 및 지원에 관한 법률」 제2조(정의)에서 말하는 실종아동 등이란 약취^{略取}·유인^{誘引} 또는 유기^{遺棄}되거나 사고를 당하거나 가출하거나 길을 잃는 등의 사유로 인하여 보호자로부터 이탈^{離脫}된 아동 등을 말한다.

실종아동 등의 보호 및 지원에 관한 법률	
대상자[14]	• 실종 당시 18세 미만인 아동 • 장애인 중 지적장애인, 자폐성장애인 또는 정신장애인 • 치매환자
신고의무[15]	• 다음의 어느 하나에 해당하는 사람은 그 직무를 수행하면서 실종아동 등임을 알게 되었을 때에는 경찰청장이 구축하여 운영하는 신고체계(경찰신고체계)로 지체 없이 신고하여야 한다. – 보호시설의 장 또는 그 종사자 – 아동복지전담공무원 – 청소년 보호·재활센터의 장 또는 그 종사자 – 사회복지전담공무원 – 의료기관의 장 또는 의료인 – 업무·고용 등의 관계로 사실상 아동 등을 보호·감독하는 사람

소년법 및 소년업무규칙상의 주요내용			
비행소년	범죄소년	• 14세 이상 19세 미만의 자로서 죄를 범한 소년	14세 이상 19세 미만
	촉법소년	• 10세 이상 14세 미만인 소년으로 형벌 법령에 저촉되는 행위를 한 자	10세 이상 14세 미만
	우범소년	• 10세 이상 19세 미만인 소년으로 형벌 법령에 저촉되는 행위를 할 우려가 있는 자	10세 이상 19세 미만

---

14 「실종아동등의 보호 및 지원에 관한 법률」 제2조(정의).
15 「실종아동등의 보호 및 지원에 관한 법률」 제6조(신고의무 등) 제1항.

		• 다음에 해당하는 사유가 있고 그의 성격이나 환경에 비추어 앞으로 형벌 법령에 저촉되는 행위를 할 우려가 있는 10세 이상 19세 미만인 소년 ① 집단적으로 몰려다니며 주위 사람들에게 불안감을 조성하는 성벽(性癖)이 있는 것 ② 정당한 이유 없이 가출하는 것 ③ 술을 마시고 소란을 피우거나 유해환경에 접하는 성벽이 있는 것	
불량행위 소년	• 죄질이 경미한 범죄소년(불량행위소년)이란 「즉결심판에 관한 절차법」 제2조의 즉결심판의 대상(20만 원 이하의 벌금, 구류 또는 과료)에 해당하는 범죄소년을 말한다.[16]	
학교 밖 청소년	• 학교 밖 청소년이란 ① 초등학교·중학교 또는 이와 동일한 과정을 교육하는 학교에 입학한 후 3개월 이상 결석하거나 취학의무를 유예한 청소년, ② 고등학교 또는 이와 동일한 과정을 교육하는 학교에서 제적·퇴학처분을 받거나 자퇴한 청소년, ③ 고등학교 또는 이와 동일한 과정을 교육하는 학교에 진학하지 아니한 청소년 등에 해당하는 사람을 말한다.[17]	
조치	• 경찰관은 범죄소년 사건을 입건하여 수사한 결과 혐의가 인정되는 경우에는 관할지방검찰청 검사장 또는 지청장에게 송치하여야 한다.[18] • 경찰서장은 촉법소년과 우범소년에 대해서는 소년보호사건으로 하여 관할 소년부에 송치하여야 한다.[19] • 소년부는 조사 또는 심리한 결과 금고 이상의 형에 해당하는 범죄 사실이 발견된 경우 그 동기와 죄질이 형사처분을 할 필요가 있다고 인정하면 결정으로써 사건을 관할 지방법원에 대응한 검찰청 검사에게 송치하여야 한다.[20]	

보호처분의 종류[21]			
구분	보호처분 내용	기간	대상연령
1호	• 보호자 또는 보호자를 대신하여 소년을 보호할 수 있는 자에게 감호 위탁	6개월 (6개월 연장 가능)	10세 이상
2호	• 수강명령	100시간 이내	12세 이상
3호	• 사회봉사명령	200시간 이내	14세 이상
4호	• 보호관찰관의 단기(短期) 보호관찰	1년	10세 이상

---

16 「소년업무규칙」 제2조(정의) 제7호.
17 「학교 밖 청소년 지원에 관한 법률」 제2조(정의).
18 「소년업무규칙」 제21조(비행소년 사건 송치) 제1항.
19 「소년업무규칙」 제21조(비행소년 사건 송치) 제2항.
20 「소년법」 제32조(보호처분의 결정).

5호	• 보호관찰관의 장기(長期) 보호관찰	2년 (1년 연장 가능)	10세 이상
6호	• 아동복지시설이나 그 밖의 소년보호시설에 감호 위탁	6개월 (6개월 연장 가능)	10세 이상
7호	• 병원, 요양소 또는 「보호소년 등의 처우에 관한 법률」 에 따른 의료재활소년원에 위탁	6개월 (6개월 연장 가능)	10세 이상
8호	• 1개월 이내의 소년원 송치	1개월 이내	10세 이상
9호	• 단기 소년원 송치	6개월 이내	10세 이상
10호	• 장기 소년원 송치	2년 이내	12세 이상

※ 소년부 판사는 심리 결과 보호처분을 할 필요가 있다고 인정하면 결정으로써 1호에서 10호의 어느 하나에 해당하는 처분을 하여야 한다.

Police Science

🔍 소년범죄의 예방[22]

- 촉법소년과 소년범죄에 대한 일반적인 오해가 있다.
- 첫째는 '촉법소년은 범죄를 저질러도 아무런 처분을 받지 않고 풀려난다'는 것이다.
- 만 10세 이상 14세 미만 촉법소년은 형사처벌을 받지 않을 뿐 보호처분을 받는다. 최대 소년원 2년(10호) 처분을 받고 소년원에 수용된다. 문제는 이들이 경찰 입건 후 경찰·검찰 조사를 거쳐 소년부 법정에 서서 보호처분을 받기까지 평균 5-6개월이 걸린다는 것이다.
- 따라서 가정의 보호력이 미약하고 학교에 부적응하거나 가출해서 방황하는 위기청소년에게 선제적으로 개입해야 한다.
- 이를 위해 '재판 전 보호관찰' 제도 도입과 소년분류심사원 증설이 필요하다. '재판 전 보호관찰'은 재판일까지 보호관찰관이 소년을 지도·감독해 재범을 막을 수 있다. 소년분류심사원은 소년을 4주 동안 수용하여 비행환경과 차단한 뒤 범죄 원인을 분석하고, 분류심사를 통해 적절한 보호처분 의견을 법원에 제출한다.
- 둘째는 '촉법소년은 나이가 어려서 처벌받지 않는다는 소년법을 악용해서 범죄를 저지른다'는 오해.

---

21 「소년법」 제7조(형사처분 등을 위한 관할 검찰청으로의 송치).
22 최원훈, "소년범죄 예방 핵심은 '이곳'을 바꾸는 것" 「오마이뉴스」, 2022.10.01.

- 아이들은 어린 나이 때문에 가벼운 처벌을 받을 것을 알고 소년법을 악용할 만큼 치밀하고 계획적으로 범죄를 행하지는 않는다. 위기청소년은 주변인으로서의 특성과 양가감정, 방어기제와 같은 환경적 요인에 따른 불안한 심리 상태로 인해 충동적으로 범죄를 저지르는 경우가 많기 때문이다.

- 또한 언론에 보도되는 일부 소년범들의 반성하지 않는 적반하장의 태도는 일반적인 현상이 아니다. 소년부 법정에서 자신의 범죄를 부인하는 소년은 없다. 범죄사실을 전부 인정한 뒤 소년원 처분보다는 보호관찰의 기회를 얻기를 원한다. 적반하장식 태도는 소년원에서 흔하게 볼 수 있다.

- 보호처분 중 가장 무거운 처분은 10호(소년원 2년)다. 소년원에 최대 2년을 수용하고도 소년을 교화하지 못하면 상습범·성인범·강력범이 될 가능성이 크다.

- 수용환경부터 문제가 많다. 비행 친구를 확대하고 범죄를 학습할 수 있는 혼거수용이 아닌 독거수용이 필수지만, 아직 4인 1실이 대부분이고 10인 이상의 과밀수용인 곳도 있다.

- 좁은 공간에서 여러 명이 생활하는 수용환경에서는 필연적으로 계급과 수용 악습이 생긴다. 따라서 원생간 폭행·욕설·갈취·협박이 발생하고, 담임 등 소년원 직원들은 사건을 조사하고 지도하는 데 상당한 시간과 에너지를 소모한다.

- 또한 이 과정에서 소년원에 2-3회 입원한 상습 범죄소년들과 정신과 질환이 심한 소년들이 교사들에게 욕설과 폭행을 하며 난동을 일으키기도 한다. 이처럼 소년원에서 동료의 인권을 침해하고 공권력에 대항한 소년은 처분변경이나 형사처벌 등의 중징계를 받지 않는다. 오히려 모범적인 생활을 한 소년들과 마찬가지로 임시퇴원으로 빨리 사회로 나간다.

- 소년원에 와서도 행동에는 책임이 따른다는 사실을 배우지 못한다. 물론 피해는 현장 공무원과 국민의 몫이다. 이들이 소년원에서 나간 뒤 6개월 이내에 재범하기 때문이다.

- 언론에 수시로 보도되는 '촉법소년 연령 하향'은 문제의 본질이 아니다. 촉법소년 연령을 낮춰도 전체 소년범죄의 약 0.1%에 불과한 강력범을 제외하면 대부분의 촉법소년들은 보호처분을 받는다.

- 따라서 보호처분 집행시설인 소년원의 문제점을 개선해 교화 가능성을 높이는 것이 소년범죄를 예방하고 재범을 방지하는 가장 현실적인 정책이다.

생활안전 경찰은 범죄를 방지하는 활동을 중심으로 하는 방범활동을 의미한다. 방범
防犯이란 범죄를 미연에 방지하는 것을 의미한다. 범죄가 발생하지 않도록 미리 그 원인
을 제거 또는 피해확대를 방지하는 활동을 의미한다. 이러한 방범활동은 일반방범활동,
특별방범활동, 자위방범활동, 종합방범활동 등 4가지로 분류할 수 있다.

1 일반방범활동

일반방범활동은 경찰관의 일상 직무수행 중 특히 범죄의 기회와 유인을 감소시키는
활동이다.[23] 생활안전경찰관이 방범을 주목적으로 하는 것이 일반방범활동이다. 이러한
활동에는 ① 순찰, ② 방범심방, ③ 불심검문, ④ 경고·제지, ⑤ 임검, ⑥ 피난 등의 조
치, ⑦ 위험방지를 위한 출입, ⑧ 보호조치, ⑨ 각종 법령위반의 단속 등이 있다.

1 순찰

❶ 순찰의 의의

순찰巡察이란 지역경찰관이 개괄적인 경찰임무의 수행과 관내정황을 파악하기 위하여
일정한 지역을 순회감찰하는 근무이다. 순찰의 목적으로는 범행기회의 제거와 범죄성공에
의 확신 제거, 범죄예방활동의 대비책 제시, 순찰을 통한 범죄의 신속한 수사 및 범인의 체
포, 인명에 대한 응급조치와 재산의 현장회복에 기여 등을 들 수 있다. 순찰의 비범죄 서비
스로는 유실물 찾아주기, 시민에 대한 정보제공, 교통·통제 및 가정문제의 해결 등이 있다.

이처럼 순찰은 지역경찰관의 근무 중에서 가장 중요하고도 대표적인 근무이다. 이와
같이 순찰은 지역경찰관의 근무 중 기본적인 지위를 차지하고 있기 때문에 미국에서는
지역경찰관을 'Patrolman'이라고 부르면서 강조하고 있다.[24]

---

23 중앙경찰학교b, 「지역경찰」, 2006, p. 15.
24 경찰종합학교, 「방범심방」, 1997, pp. 220－221.

순찰활동에 대한 학자들의 견해	
헤일 (C. D. Hale)	• 순찰의 기능을 ① 범죄예방(Crime Prevention)과 범인검거(Criminal Apprehension), ② 법집행 (Law Enforcement), ③ 질서유지(Order Maintenance), ④ 대민서비스제공(Public Service), ⑤ 교통지도단속(Traffic Enforcement) 등 5가지로 나누어 설명하면서, 범죄예방활동을 포함한 모든 경찰활동의 목적이 순찰을 통해서 달성된다고 함.[25]
워크 (S. Walker)	• 순찰은 경찰활동의 핵심이며 ① 범죄의 억제(Deterring Crime), ② 공공안전감의 증진 (Maintaining Feeling of Public Safety), ③ 대민서비스 제공(Being available for Service)의 기능을 함[26] • 순찰하는 경찰관이 짧은 순간만 목격될 지라도 잠재적 범죄자에게는 '경찰이 도처에 있다.'는 생각(Perception of Omnipresence)을 갖게 함 • 가시적인 순찰(Visible Patrol) 활동은 잠재적 범죄자의 범죄행위를 억제하고, 주민들에게는 심리적 안정감을 줌[27] • 순찰경찰관이 관할지역 내에 있으므로 시민의 서비스 요청에 보다 적절히 대응가능
한국	• 범죄예방, 법령집행, 주민보호 및 지도계몽, 관내 정황관찰

미국의 순찰효과 실험연구[28]	
뉴욕경찰의 25구역 순찰실험	• 1954년 뉴욕경찰은 '25구역 순찰'(Operation 25) 실험을 실시 • 순찰효과를 측정하기 위한 최초의 연구 • 순찰의 증가와 범죄감소의 상관관계를 연구 • 과학적 연구의 기본적 요소 결함으로 미완의 실험으로 평가 받음
캔자스시티 예방순찰 실험	• 캔자스 시티(Kansas City) 경찰청은 1972–1973년에 경찰재단(Police Foundation)의 재정지원으로 순찰실험 실시 • ① 사후대응 구역(Reactive Beats), ② 사전예방구역(Proactive Beats), ③ 통제구역(Control Beats) 등의 3가지 구역으로 나누어 1년간 순찰실험 • 순찰효과를 측정한 최초의 과학적 실험 • 일상적인 예방순찰의 차이가 범죄행위나 시민들이 느끼는 안전감, 경찰에 대한 태도, 대처시간 등에 있어서 3가지 그룹 간에 없는 것으로 조사됨 • 일상적인 순찰은 시민의 안전감에 영향을 미치지 못함
뉴왁시 도보순찰 실험	• 뉴저지주의 뉴왁시(Newark)에서는 1978–1979년 도보순찰 실험을 실시 • 도보순찰이 범죄와 체포율, 경찰에 대한 만족도 등에 미치는 영향 평가 • 도보순찰을 증가해도 범죄발생은 감소하지 않음

25 C. D. Hale, Police patrol: Operations & Management (Prentice Hall, 1992) pp. 25−49.
26 임준태a, 「범죄예방론」(서울: 좋은 세상, 2001), p. 84.
27 경찰대학d, 「범죄예방론」, 2004, pp. 183−184 재구성.

- 도보순찰은 범죄의 두려움을 감소시키는데 영향을 줌
- 주민과 경찰 모두에게 긍정적인 효과가 있음을 입증
- 도보순찰의 심리적 효과를 긍정하게 된 계기가 됨

❷ 순찰의 종류

순찰은 순찰수단에 의한 구분과 순찰노선에 의한 구분으로 나눌 수 있다. 순찰수단에 의한 구분으로는 도보순찰, 자동차순찰, 오토바이순찰, 자전거순찰, 항공순찰, 기마순찰, 순찰견 활용 등이 있으며, 순찰노선에 의한 구분은 정선순찰, 난선순찰, 요점순찰, 구역책임자율순찰 등이 있다.

● 순찰수단에 의한 구분

순찰수단에 의한 구분[29]	
도보순찰	• 도보순찰은 경찰순찰의 가장 기본적이며 전통적인 순찰방식임 • 주민접촉이 용이하며 대민관계를 높일 수 있음
자동차순찰	• 자동차순찰은 가장 광범위하게 활용되는 순찰방식이며 높은 가시성을 나타냄
오토바이순찰	• 오토바이순찰은 교통통제 및 관리와 법집행을 위해서 사용됨
자전거순찰	• 자전거순찰은 도보순찰보다 더 넓은 관할구역을 담당할 수 있음 • 특히 자전거의 신속성과 경제성 때문에 도보순찰과 자동차순찰보다 유용함
항공순찰	• 항공순찰은 경찰작전을 지원하기 위한 통상적인 순찰근무(수색, 추적, 공중감시, 교통통제 및 감시 등) 혹은 긴급구호임무 수행을 위한 수단으로 사용됨
기마순찰	• 기마순찰은 군중격리, 소개작전, 원거리 감시 및 수색작전, 길없는 지역투입, 교통정리 등에 활용
경찰견활용 (K-9)	• 경찰견(순찰견)(K-9) 순찰은 경찰견을 활용한 순찰이다. • 경찰견은 마약수색, 검거작전, 수배, 폭력성 피의자에 대한 작전, 인명보호 및 안전조치 임무수행시 활용

---

28 상게서, pp. 184-189.
29 임준태a, 전게서, pp. 89-102 재구성.

● 순찰노선에 의한 구분

순찰노선에 의한 구분[30]	
정선순찰 (定線巡察)	• 사전에 정해진 노선을 규칙적으로 순찰하는 방법 • 순찰노선이 일정하고 경찰관 행동이 일정하기 때문에 감독과 연락이 용이 • 범죄자들이 이를 예측하고 범행할 수 있음
난선순찰 (亂線巡察)	• 임의로 순찰지역이나 노선을 선정하여 불규칙적으로 순찰 • 범죄자의 예측을 교란하여 범죄예방을 증대함 • 순찰근무자의 위치추정이 곤란하고, 근무태만을 조장할 수 있음
요점순찰 (要點巡察)	• 관할구역 내에 설정된 요점(중요지점)과 요점을 지정하여 그곳을 일정한 노선 없이 난선으로 순찰하여 반드시 통과하게 하는 방식 • 정선순찰과 난선순찰의 절충방식
구역순찰 (區域巡察)	• 순찰구역 내의 중요 범죄 혹은 인구분포, 경찰대상물의 존재 등을 과학적으로 분석하여 순찰 소구역을 각각 적당수로 설정하여 그 구역 내에 한하여 자율적으로 난선순찰하는 방법 • 일정한 구역 내에서 계속하여 범죄가 발생하는 경우, 이를 예방하거나 검거하는데 효과적임
구역책임 자율순찰	• 관할지역을 몇 개의 소구역으로 나누고 지정된 개인별 담당구역을 요점순찰하는 방법 • 구역순찰과 자율순찰을 결합하여 경찰관의 자율과 책임의식을 바탕으로 한 순찰방식

2 방범심방

방범심방防犯尋訪은 범죄예방 및 제반 사고방지에 대한 지도, 계몽, 상담활동 등과 주민의 고충, 희망사항 등 청취해결, 민·경간의 협력관계 조성, 예방경찰상의 기초자료를 수집하는 활동이다.[31]

3 불심검문

미국의 불심검문은 형사상의 정식 수사절차가 진행되기 이전에 사전에 현장에서 혐의가 있는 자에 대하여 정지시켜 신체수색과 질문을 하는 것을 모두 포함한다.[32] 경찰관

---

30 경찰청 방범국, 「방범전서」, 1991, pp. 35-36; 임준태a, 전게서, pp. 88-89; 경찰공제회b, 「경찰실무종합(하)」, 2004, p. 26.
31 경찰종합학교, 전게서, p. 230.
32 김원중, "미국의 불심검문 판례동향에 관한 연구"「미국헌법연구」, 21(3), 2010, p. 109.

이 거동이 수상한 자를 발견한 때에 이를 정지시켜 질문하는 것을 불심검문^{Stop and Frisk}이라 한다.

불심검문은 경찰보호와 사회보호를 목적으로 한다. 따라서 불심검문^{不審檢問}이란 경찰보호와 사회보호를 목적으로 거동 수상자에 대하여 경찰관이 「경직법」에 근거하여 직접 정지시켜 질문 조사하는 직권을 말한다.

불심검문의 방법	
정지	• 거동수상자에 대한 질문을 위하여 불러 세우는 것
질문	• 거동수상자에게 범죄행위에 관한 사실을 묻는 것
동행요구	• 거동수상자에게 불리하고, 교통의 방해가 인정될 때 가까운 경찰관서 등에 동행을 요구하는 것

4 경고·제지

경고^{警告}·제지^{制止}란 경찰관이 '범죄의 예방과 제지'를 위하여 눈 앞의 범죄행위를 예방하고 제지하기 위한 수단을 의미한다. 경고란 범죄행위로 나아가려고 전하는 것을 중지하도록 통고하는 것이다.

제지란 목적에서 행하여지려고 하는 범죄행위로 인하여 인명·신체에 위해를 끼치게 하거나 재산에 중대한 손해를 끼칠 우려가 있어 긴급을 요하는 경우에는 그 행위를 제지하는 것을 말한다. 특히 제지는 즉시강제의 수단이기 때문에 경찰비례의 원칙이 적용된다.[33]

5 임검

임검^{臨檢}은 경찰관이 총포, 화약류 관계업소 등 이른바 경찰단속 대상업소 또는 영업물품의 보관장소에 임하여 당해 영업자의 법령상의 의무준수 상황을 조사(시찰검사)하고 필요한 지도단속을 행하는 직무행위를 말한다. 이는 법령에 의한 경찰관의 직권행위라고 할 수 있다.[34]

---

33 경찰종합학교, 전게서, pp. 51-52.
34 상게서, p. 240.

6 피난 등의 조치

인명·신체에 위해를 미치거나 재산에 중대한 손해를 끼칠 우려가 있는 극단의 혼잡·교통사고 등 위험한 사태가 발생한 경우 위해를 받을 우려가 있는 자를 안전한 곳으로 피난시키는 등의 조치이다.

7 위험방지를 위한 출입

위험방지를 위한 출입은 위험 및 범죄의 방지를 위한 긴급한 경우와 범죄 및 위해방지를 위한 경우에 있어서 개인의 주거 및 공개된 장소에서 출입권을 경찰관에게 부여하는 것을 말한다. 위험방지를 위한 출입에는 긴급한 경우의 가택출입과 방범위해 방지를 위한 출입이 있다.

일반적으로 경찰관은 「총포·도검·화약류 등의 안전관리에 관한 법률」 등에 의해서 가택출입권이 인정되고 있다. 「소방기본법」, 「마약류 관리에 관한 법법」 등에 의해서 소방공무원·마약류 관계 공무원 등의 출입권이 인정되고 있다. 이러한 출입권과 위험방지를 위한 출입과의 차이점은 긴급한 사태에 조치하기 위해 또는 방범 또는 위해예방을 위하여 상대방의 의사에 관계 없이 강제적으로 출입하지 않으면 그 목적을 달성할 수 있는냐 없느냐에 관한 것이다.

타 법령에 의한 출입권은 위험방지를 위한 출입권과는 그 목적 및 목적을 달성하는 수단에 있어서 본질적으로 차이가 있다.

8 보호조치

보호조치保護措置란 긴급구호를 요하는 국민에 대한 구호의 수단으로 피보호자를 긴급구호하거나, 일정한 장소에 안정시키는 일반적 조치를 말한다.

9 각종 법령위반의 단속

경찰관은 생활질서분야와 여성·청소년 분야 등에 있어서 각종 법규의 위반자에 대한 단속 업무를 전담하게 된다.

2 ‖ 특별방범활동

특별방범활동은 범죄의 기회와 원인을 감소시키는 경찰의 예방활동 중 일상근무 집행 이외의 특별한 사항 또는 대상에 대하여 행하여지는 방범활동이다. 방범정보의 수집, 방범진단, 현장방범활동, 방범상담, 방범홍보, 방범단체와의 협력, 시설방범, 지도방범, 우범지역설정 등이 있다.[35]

1 방범정보의 수집

방범활동을 효과적으로 추진하기 위해서는 그 활동계획을 수립하기 위한 기초자료가 될 각종 방범정보를 수집하여야 한다.

2 방범진단

방범진단防犯診斷이란 주로 시설, 기구 등의 면에서 각조 범죄(특히 침입절도)의 방지를 도모함을 목적으로 하여 가옥 또는 특정의 건조물 등에 대하여 문단속 시건, 그 외 방범상의 제시설, 물품 등의 상황을 점검하여 불비 및 결함이 있는 것에 대하여는 지도조치를 강구하는 것을 말한다.

---

35 중앙경찰학교b, 전게서, p. 15.

3 현장방범

현장방범現場防犯이란 범죄가 발생한 경우에 그 피해현장과 그 주변에 대하여 행하는 방범활동이다. 그 범위는 스스로 한정되지만 사람들이 신변에 생생한 경험을 한 직후이므로 관심도 고조되어 있어 방범활동을 행할 기회로서 효과가 있는 시기이다.

4 방범상담

방범상담이란 경찰이 범죄와 사고의 미연방지 등을 목적으로 시민의 요청에 의하여 그 가정 내의 문제자녀의 지도교육문제, 가출인 문제, 방범에 관한 문제, 기타 범죄로 발전할 가능성을 내포한 민사문제 등 어려운 문제에 대하여 적절한 지도, 알선, 연락 등의 조치를 강구하여 문제의 원만한 해결에 협력하는 것을 말한다.

5 방범홍보

방범홍보는 범죄의 실태를 일반에게 알려서 방범의식을 고양하는 동시에 각종 범죄방지법 등을 지도하는 활동이다.

6 방범단체와의 협력

방범단체는 국민의 자위사상에 의하여 범죄의 침해를 방위할 목적으로 결성된 단체이다. 경찰력만으로는 범죄문제를 해결할 수 없기 때문에 이들과의 협력은 중요한 문제라고 할 수 있다.

7 시설방범

시설방범은 범인의 침입이 불가능하도록 물적 시설을 보완하고, 침입하였더라도 범행의 목적달성이 불가능한 효과를 가져오도록 하는 것이다.

8 지도방범

지도방범指導防犯이란 우범자 및 불량소년에 대한 보도와 사찰을 하는 방범보도防犯輔導와 국민이 범죄의 피해자가 되지 않도록 자경사상에 의하여 방범상 필요한 사항을 보도하는 국민방범보도國民防犯輔導 등이 있다.

9 우범지역 설정

우범지역 설정은 각종 범죄가 빈번히 발생되고 있는 지역을 우범지역으로 설정하여 특별순찰선을 설치, 순찰을 실시하고 방범력을 집중시키는 것을 말한다.

3 ‖ 자위방범활동

자위방범활동은 방범활동에 있어서 국가기관인 경찰만의 방범에서 국민전체가 사회 구성원으로서 방범활동에 일정한 책임을 지는 자경사상을 기초로 한다. 급증하는 각종 범죄에 효율적으로 대처하기 위해서는 경찰에만 의존하는 과거의 의식에서 벗어나 자기의 가정과 직장, 지역사회 등에 적합한 범죄예방에 스스로 참여하고 대응방안을 적극적으로 강구하는 방범활동을 의미한다. 가정방범, 생활방범, 직장방범, 지역방범 등이 있다.

1 가정방범

가정방범은 자율의사에 따라 자기가정을 범죄로부터 방위하기 위한 방범이다. 그 예로 출입문에 견고한 잠금장치설치, 창문 등에 자동경보시설 설치, 자동차에 도난방지 장치 설치 등이 있다.

2 생활안전방범

생활안전방범은 일상생활을 할 때 범죄로부터 피해를 당하지 않도록 하는 방범으로 현금 또는 귀금속을 많이 휴대하지 않을 것, 밤거리를 혼자 다니지 않을 것 등이 있다.

3 직장방범

직장방범은 직장책임자를 중심으로 모든 직장인이 직장에서 발생하는 범죄예방에 참여하고, 직장의 방범시설을 완벽하게 갖추는 등 직장을 단위로 방범활동에 노력하는 것을 말한다.

4 지역방범

지역방범은 각 지역을 단위로 자율방범대를 구성하여 이를 중심으로 지역안전에 대한 주민의 인식을 높이고 자율방범순찰대 등을 조직하여 지역안전활동을 강화하며, 지역의 범죄예방에 노력하는 것을 말한다.

2022년 4월 26일 「자율방범대 설치 및 운영에 관한 법률」(자율방범대법)이 제정되어 2023년 4월 27일부터 시행되고 있다. 동법에서 말하는 '자율방범대'란 범죄예방 등 지역사회 안전을 위하여 지역 주민들이 자발적으로 조직하여 봉사활동을 하는 단체로 법령에 따라 경찰서장에게 신고한 단체를 말한다.

자율방범대 설치 및 운영에 관한 법률(시행 2023. 4. 27.)	
제정 목적	• 자율방범대는 지역주민들이 자율적으로 조직하여 야간 취약시간대에 순찰활동을 하면서 범죄신고, 청소년 선도 등 범죄예방활동을 지원하는 자원봉사조직으로, 2021년 10월 기준 전국 약 10만 442명, 4,225개의 조직으로 구성되어 있음. • 자율방범대원의 자긍심과 책임감을 고취함으로써 범죄예방 등 지역 사회의 민생치안 확보에 기여하려는 것임.
조직 및 구성	• 자율방범대는 읍·면·동 단위로 1개의 조직을 구성하되, 인구·면적 등 지역 여건을 고려하여 2개 이상의 조직을 둘 수 있도록 하고, 자율방범대를 조직하려는 경우 관할 경찰서장에게 신고하도록 함(제3조 및 제4조).
결격사유	• 미성년자, 피성년후견인, 금고 이상의 실형을 선고받고 그 집행이 종료되거나 집행이 면제된 날부터 5년이 지나지 아니한 사람, 성폭력범죄 등으로 형의 선고를 받고 그 집행이 종료된 날 또는 집행이 유예·면제된 날부터 10년이 지나지 아니한 사람, 특정 청소년 출입·고용금지업소에 종사하는 사람 등은 자율방범대원이 될 수 없도록 함(제5조).
위촉 및 해촉	• 경찰서장은 자율방범대장이 추천한 사람 중에서 결격사유가 없는 사람을 자율방범대원으로 위촉하고, 자율방범활동을 저해할 뚜렷한 사유가 있거나 그 활동을 태만히 하는 사람을 자율방범대장의 의견을 들어 해촉할 수 있도록 함(제6조).
자율방범 활동	• 자율방범대는 범죄예방을 위한 순찰 및 범죄의 신고, 청소년 선도 및 보호, 시·도경찰청장·경찰서장·지구대장·파출소장, 시·도지사, 시장·군수·구청장 또는 읍장·면장·동장이 지역사회 안전을 위하여 요청하는 활동을 하도록 함(제7조).
중앙회 연합회 연합대 설립	• 자율방범대의 건전한 발전과 자율방범대 간의 정보 교류 및 상호 협력 증진을 위하여 전국 단위의 자율방범중앙회와 시·도자율방범연합회 및 시·군·구자율방범연합대를 설립할 수 있도록 하고, 경찰청장은 자율방범중앙회, 시·도경찰청장은 시·도자율방범연합회, 경찰서장은 시·군·구자율방범연합대의 운영 등에 대하여 지도·감독하도록 함(제12조 및 제13조).

지역안전지수	
정의	• 지역안전지수는 「재난 및 안전관리 기본법」 제66조의 10(안전지수의 공표)에 따라 매년 지역안전지수 안전등급을 공표하고 있는 제도를 말한다.
의의	• 자치단체의 안전관리 책임성을 강화하고 취약분야에 대한 자율적 개선을 통하여 주민은 더 안전해지고, 안전사고 및 안전사고 사망자는 체계적으로 감축될 수 있도록 유도
내용	• 우리지역 안전나침반으로 안전관련 각종 통계를 활용하여 자치단체별 6개 분야(교통사고, 화재, 범죄, 생활안전, 자살, 감염병) 안전역량을 5개 등급으로 객관적으로 계량화한 정보를 말한다.

4 ‖ 종합방범활동

종합방범활동은 특정된 지역 또는 대상에 대하여, 경찰방범활동과 병행하여 모든 관계기관 및 단체의 활동을 결합하여 유기적인 협조로 이를 종합적으로 추진하는 활동을 말하며, 지역방범활동, 특정범죄방지활동, 계절별 방범활동 등이 있다.

1 지역방범활동

각종 범죄다발지역$^{Hot\ Spot}$을 선정하여 관계기관, 단체 및 지역유지 등과 공동으로 방범대책을 종합하여 실시하는 것을 말한다.

2 특정범죄방지활동

일반적인 방범활동으로는 그 성과를 얻을 수 없는 특정범죄(예를 들어 택시강도, 은행강도, 전선도난, 관광숙박업소의 도난, 외국공관 도난 등)는 대상을 정확히 파악하여 특별대책을 수립하여 실시하는 것을 말한다.

3 계절별 방범활동

계절별 방범활동은 계절별 중점예방 범죄를 파악하여 춘·하·추·동 또는 추석 전후, 연말연시, 설날 전후 등 계절별 혹은 시기별로 방범활동을 강화하는 것을 말한다. 이때는 정사복 경찰의 최대배치, 방범기동순찰대의 집중활용 그리고 일제단속 등을 실시하게 된다.

지역경찰 활동

1 지역경찰의 임무 및 동원

1 지역경찰의 임무

지역경찰은 관할지역의 실태를 파악하여 그에 알맞은 활동을 하고, ① 항상 즉응태세 유지 ② 경찰업무 전반에 걸친 초동조치 ③ 주민생활의 안전과 평온 확보 등의 임무를 수행하여야 한다.

지역경찰관은 지역치안을 책임진다는 사명감을 가지고 경찰활동을 수행하고 주민에 대한 적극적인 봉사 및 원활한 관계유지에 노력하여야 한다.

2 지역경찰의 동원

시·도경찰청장 또는 경찰서장은 다음에 정한 사유에 해당하는 경우로서 특히 필요하다고 인정되는 때에 한하여 지역경찰의 기본근무에 지장을 초래하지 않는 범위 내에서 지역경찰을 다른 근무에 동원할 수 있다.

그 사유는 ① 다중범죄진압, 대간첩작전 기타의 비상사태 ② 경호경비 또는 각종 집회 및 행사의 경비 ③ 중요범인의 체포를 위한 긴급배치 ④ 화재, 폭발물, 풍수설해 등 중요사고의 발생 ⑤ 기타 다수 경찰관의 동원을 필요로 하는 행사 또는 업무 등이다.[36]

Police Science

🌐 2003년 지구대 체제로의 개편

- 2000년대 초 국내 경찰 조직에는 큰 변화가 있었다. 정부 수립 이후 꾸준히 유지되었던 파출소 체제가 지구대 체제로 바뀌게 된 것이다. 기존의 파출소 체제에서는 대부분의 읍·면·동에 파출소가 존재하였고, 2002년에는 전국에 약 3,000개가량의 파출소가 존재했다.[37]

- 하지만 이러한 파출소 체제에서는 한정된 경찰력이 과도하게 분산되어 집단폭력과 같은 강

---

36 「지역경찰의 조직 및 운영에 관한 규칙」 제31조(지역경찰의 동원) 제1항.
37 경찰청g, 「2010 경찰통계연보」, 2011, p. 55.

력범죄 현장에 효과적으로 대응하기 어렵다는 비판이 존재했다.

- 이에 대한 대안으로 3-4개 파출소의 인력과 장비를 통합하여 순찰지구대를 운영하는 순찰지구대 제도가 2003년에 도입되었다. 기존의 파출소는 폐지되거나 치안센터로 전환되었다. 그 결과 2003년에 2,945개에 달하던 전국의 파출소 숫자가 2006년에는 지구대 826개, 파출소 528개로 크게 감소하였다. 지구대, 파출소, 치안센터까지 모두 포함한 지역 경찰시설의 숫자는 2,300개 미만으로 감소하였다.[38]
- 이러한 순찰지구대 정책 도입에 따른 순기능으로는 강력사건에 대한 경찰 대응력 강화, 경찰의 근무여건 개선 등이 꼽힌다. 하지만 기존 파출소 폐지 지역의 치안부재, 긴급출동 시간 증가, 지역주민의 체감치안 저하 등이 우려된 바 있다.[39]
- 2020년 기준, 전국에는 18개의 시·도경찰청, 257개의 경찰서, 595개의 지구대, 1,438개의 파출소가 있다.[40]

2 ‖ 지역경찰의 설치 및 구성

1 설치 및 운영기준

2022년 5월 9일 시행된 「경찰청과 그 소속기관 직제」 제43조(지구대 등)에 의하면 "시·도경찰청장은 경찰서장의 소관사무를 분장하기 위하여 행정안전부령으로 정하는 바에 따라 경찰청장의 승인을 받아 지구대 또는 파출소를 둘 수 있다."라고 규정하고 있다. 시·도경찰청장은 사무분장이 임시로 필요한 경우에는 출장소를 둘 수 있다. 지구대·파출소 및 출장소의 명칭·위치 및 관할구역과 그 밖에 필요한 사항은 시·도경찰청장이 정한다.[41]

또한 2022년 5월 31일 기준 「지역경찰 조직 및 운영에 관한 규칙」(2022. 5. 31 개정)에 의하면 '지역경찰관서'란 「국가경찰과 자치경찰의 조직 및 운영에 관한 법률」 제30조(경찰서장) 제3항 및 「경찰청과 그 소속기관 직제」 제43조(지구대 등)에 규정된 지구대 및

---

38 강성만, "증거 기반 형사정책 연구" 「법경제학연구」, 18(1), 2021, p. 5.
39 정우열, "국가경찰로서의 순찰지구대의 운영평가와 정책과제: 경찰관과 시민의 의식을 중심으로" 「한국정책과학회보」, 9(2), 2005, pp. 201-223.
40 경찰청k, 「2021경찰백서」, 2021, p. 336.
41 「경찰청과 그 소속기관 직제」 제43조(지구대 등).

파출소를 말한다.

경찰서장 소속으로 지구대 또는 파출소를 두고, 그 설치기준은 치안수요·교통·지리 등 관할구역의 특성을 고려하여 정한다. 다만, 필요한 경우에는 출장소를 둘 수 있다.[42]

경찰서장의 소속 하에 지구대를 두며, 예외적으로 ① 도서, 산간 오지, 농어촌 벽지僻地 등 교통·지리적 원격지로 인접 경찰관서에서의 출동이 용이하지 않은 경우, ② 관할 구역에 국가중요시설 등 특별한 경계가 요구되는 시설이 있는 경우, ③ 휴전선 인근 등 보안상 취약지역을 관할하는 경우, ④ 그 밖에 치안수요가 특수하여 지구대를 운영하는 것이 적당하지 않은 경우 등에 해당하는 경우에는 파출소를 둘 수 있다.[43]

지역경찰관서의 설치 및 운영기준	
지역 경찰관서의 설치	• 시·도경찰청장은 경찰서장의 소관사무를 분장하기 위하여 행정안전부령으로 정하는 바에 따라 경찰청장의 승인을 받아 지구대 또는 파출소를 둘 수 있다.[44] • 시·도경찰청장은 인구, 면적, 행정구역, 교통·지리적 여건, 각종 사건사고 발생 등을 고려하여 경찰서의 관할구역을 나누어 지역경찰관서를 설치한다.[45] • 경찰서장 소속으로 지구대 또는 파출소를 두고, 그 설치기준은 치안수요·교통·지리 등 관할구역의 특성을 고려하여 정한다. 다만, 필요한 경우에는 출장소를 둘 수 있다.[46] • 시·도경찰청장은 지역치안을 효율적으로 수행하기 위하여 지역경찰관서장 소속 하에 치안센터를 설치할 수 있다.[47] • 치안센터 관할구역의 크기는 설치목적, 배치 인원 및 장비, 교통·지리적 요건 등을 고려하여 경찰서장이 정한다.[48]
운영기준	• 치안센터는 지역경찰관서장의 소속 하에 두며, 치안센터의 인원, 장비, 예산 등은 지역경찰관서에서 통합 관리한다.[49]

2 조직의 구성

지역경찰관서의 사무를 통합하고 소속 지역경찰을 지휘·감독하기 위해 지역경찰관

---

42 「경찰법」 제30조(경찰서장) 제3항.
43 「경찰청과 그 소속기관 직제 시행규칙」 제76조(지구대 및 파출소의 설치기준).
44 「경찰청과 그 소속기관 직제」 제43조(지구대 등). 제1항.
45 「경찰청과 그 소속기관 직제 시행규칙」 제1절 지역경찰관서 제4조(설치 및 폐지).
46 「경찰법」 제30조(경찰서장) 제3항.
47 「지역경찰의 조직 및 운영에 관한 규칙」 제2절 치안센터 제10조(설치 및 폐지).
48 「지역경찰의 조직 및 운영에 관한 규칙」 제2절 치안센터 제11조(소속 및 관할) 제3항.
49 「지역경찰의 조직 및 운영에 관한 규칙」 제2절 치안센터 제11조(소속 및 관할) 제1항.

서에 지구대장 및 파출소장(지역경찰관서장)을 둔다. 지역경찰관서에는 관리팀과 상시·교대근무로 운영하는 복수의 순찰팀을 둔다. 순찰팀의 수는 지역 치안수요 및 인력여건 등을 고려하여 시·도경찰청장이 결정한다. 관리팀 및 순찰팀의 인원은 지역 치안수요 및 인력여건 등을 고려하여 경찰서장이 결정한다.[50]

일반적으로 지구대는 지구대장, 순찰팀장, 관리요원, 순찰요원 등으로 구성된다. 지구대에는 지구대 활동과 업무의 총괄지휘 및 지역책임자로서 지구대장이 있으며, 지구대장 아래 교대제의 순찰팀장을 둔다. 팀장은 소속 순찰요원의 근무를 감독하고 제반 사건·사고발생시 현장상황을 지휘·처리한다.

팀장을 보좌하고 부재시 업무대행을 위해 순찰팀별 부팀장을 둘 수도 있다. 순찰요원은 순찰팀별로 편성·배치하여 교대제근무를 실시하고 지구대 관할지역에 대한 현장치안 활동을 수행한다. 관리요원은 일근제로 지구대 행정 및 경리업무 등을 담당한다. 관리팀은 문서의 접수 및 처리, 시설 및 장비의 관리, 예산의 집행 등 지역경찰관서의 행정업무를 담당한다.

지역경찰관서에 대한 지휘 및 감독[51]	
경찰서장	• 지역경찰관서의 운영에 관하여 총괄 지휘·감독
경찰서 각 과장 등 부서장	• 각 부서의 소관업무와 관련된 지역경찰의 업무에 관하여 경찰서장을 보좌
지역경찰 관서장	• 지역경찰관서의 시설·장비·예산 및 소속 지역경찰의 근무에 관한 제반사항을 지휘·감독
순찰팀장	• 근무시간 중 소속 지역경찰을 지휘·감독

---

50 「지역경찰의 조직 및 운영에 관한 규칙」 제2절 치안센터 제6조(하부조직).
51 「지역경찰의 조직 및 운영에 관한 규칙」 제9조(지휘 및 감독).

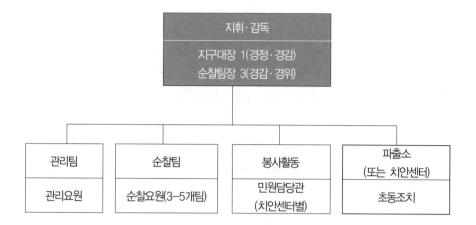

3 ‖ 지역경찰의 근무

1 관리자

❶ 지역경찰관리자의 자세

지역경찰관리자는 지구대 활동이 체계적이고 효율적으로 수행될 수 있도록 하여야 한다. 또한 법령·지시 등을 솔선하여 준수하고 성실하게 근무하여야 하며, 관내 상황을 정확히 파악하고 주민의 생활안전확보에 최선을 다하여야 한다.

❷ 지역경찰관서장의 직무

지역경찰관서장은 일근근무를 원칙으로 하며 ① 관내 치안상황의 분석 및 대책 수립, ② 지역경찰서의 시설·예산·장비의 관리, ③ 소속 지역경찰의 근무와 관련된 제반 사항에 대한 지휘 및 감독, ④ 경찰 중요 시책의 홍보 및 협력치안 활동 등의 직무를 수행한다.[52] 지구대장은 관할 내 파출소구역 또는 일정 지역을 소속 지역경찰관에게 담당하도록 지정하여 지역경찰활동이 능률적으로 수행되도록 하여야 한다.

---

52 「지역경찰의 조직 및 운영에 관한 규칙」 제5조(지역경찰관서장).

❸ 순찰팀장의 직무

순찰팀장은 상시·교대근무를 원칙으로 하며 범죄예방 순찰, 각종 사건사고에 대한 초동조치 등 현장 치안활동을 담당한다. 팀장은 경감 또는 경위로 보한다. 순찰팀장은 ① 근무교대시 주요 취급사항 및 장비 등의 인수인계 확인, ② 관리팀원 및 순찰팀원에 대한 일일근무 지정 및 지휘·감독, ③ 관내 중요 사건 발생시 현장 지휘, ④ 지역경찰관서장 부재시 업무 대행, ⑤ 순찰팀원의 업무역량 향상을 위한 교육 등의 직무를 수행한다.[53] 순찰팀장을 보좌하고 순찰팀장 부재시 업무를 대행하기 위해 순찰팀별로 부팀장을 둘 수 있다.

각 팀장별 담당업무에 있어서 제1팀장은 경무, 장비, 통신 기타 2·3팀장의 담당업무에 속하지 않는 업무, 지구대장 유고시 업무대행 등을 하며, 제2팀장은 방범, 수사·형사업무 등을 마지막으로 제3팀장은 경비, 교통, 정보, 보안, 외사업무 등을 담당한다. 지역경찰의 근무는 행정근무, 상황근무, 순찰근무, 경계근무, 대기근무, 기타근무로 구분한다.

지역경찰 근무의 종류[54]	
행정근무	• 문서의 접수 및 처리 • 시설·장비의 관리 및 예산의 집행 • 각종 현황, 통계, 자료, 부책 관리 • 기타 행정업무 및 지역경찰관서장이 지시한 업무
상황근무	• 시설 및 장비의 작동여부 확인 • 방문민원 및 각종 신고사건의 접수 및 처리 • 요보호자 또는 피의자에 대한 보호·감시 • 중요 사건·사고 발생시 보고 및 전파 • 기타 필요한 문서의 작성
순찰근무	• 주민여론 및 범죄첩보 수집 • 각종 사건사고 발생시 초동조치 및 보고, 전파 • 범죄 예방 및 위험발생 방지 활동 • 범법자의 단속 및 검거 • 경찰방문 및 방범진단 • 통행인 및 차량에 대한 검문검색 등
경계근무	• 범법자 등을 단속·검거하기 위한 통행인 및 차량, 선박 등에 대한 검문검색 및 후속조치

---

53 「지역경찰의 조직 및 운영에 관한 규칙」 제8조(순찰팀).
54 「지역경찰의 조직 및 운영에 관한 규칙」 제22조(근무의 종류)·제23조(행정근무)·제24조(상황 근무)·제25조(순찰

	• 비상 및 작전사태 등 발생시 차량, 선박 등의 통행 통제
대기근무	• 대기근무의 장소는 지역경찰관서 및 치안센터 내 • 단, 식사시간을 대기 근무로 지정한 경우에는 식사 장소를 대기 근무 장소로 지정 • 대기근무를 지정받은 지역경찰은 지정된 장소에서 휴식을 취하되, 무전기를 청취하며 10분 이내 출동이 가능한 상태를 유지 • 지역경찰관리자는 신고출동태세 유지 등을 위해 필요한 경우에는 휴게 및 식사시간도 대기 근무로 지정할 수 있음
기타근무	• 치안상황에 효과적으로 대응하기 위하여 지역경찰 관리자가 지정하는 근무

2 순찰요원

순찰요원은 상시·교대근무를 원칙으로 하며 근무 중 주요사항을 근무일지에 기재하여야 한다. 근무일지는 3년간 보관한다.[55] 또한 지역경찰 업무담당부서에서 지역경찰관서 장에게 각종 현황 및 통계 등을 정기적으로 보고하도록 지시한 경우 지시의 효력은 최초 보고받은 날로부터 1년이 경과하면 자동으로 소멸한다.

❶ 순찰 및 경계근무

순찰근무	• 순찰근무는 그 수단에 따라 112 순찰, 방범오토바이 순찰, 자전거 순찰 및 도보 순찰 등으로 구분. • 순찰근무를 지정받은 지역경찰관은 지정된 근무구역에서 근무를 수행 • 순찰은 도보 및 기동순찰로 구분하고 2인 1조로 실시하는 것을 원칙
기동순찰	• 기동순찰은 112순찰차량에 의해 실시하는 것을 원칙으로 하되 필요시 오토바이 또는 자전거 등에 의해 실시 가능 • 112기동순찰 근무자는 지구대 관할내 구역별로 배치하여야 하고 필요시 배치구역을 중첩되도록 하거나 우범지역 등이 연계되도록 순찰선을 지정·운용
경계근무	• 경계근무는 반드시 2인 이상 합동으로 지정 • 경계근무를 지정받은 지역경찰은 지정된 장소에서 업무를 수행
유의사항	• 뚜렷한 목적의식을 가지고 면밀하게 관찰 • 주민에 대한 정중하고 친절한 예우

근무)·제26조(경계근무)·제27조(대기근무)·제28조(기타근문).
55 「지역경찰의 조직 및 운영에 관한 규칙」 제42조(근무일지의 기록·보관).

- 돌발상황에 대한 대비 및 경계 철저
- 지속적인 치안상황 확인 및 신속 대응

112종합상황실 운영 및 신고처리 (112종합상황실 운영 및 신고처리 규칙(시행 2021. 1. 22.))			
112 종합상황실[56]	• 112종합상황실이란 112신고 및 치안상황의 즉응·적정 처리를 위해 시·도경찰청 또는 경찰서에 설치·운영하는 부서를 말한다.		
112 종합상황실의 업무[57]	• 112신고의 접수와 지령 • 각종 치안상황의 신속·정확한 파악·전파 및 초동조치 지휘 • 112신고 및 치안상황에 대한 기록유지 • 112신고 관련 각종 통계의 작성·분석 및 보고		
112신고의 분류[58]	• 112요원은 초기 신고내용을 최대한 합리적으로 판단하여 112신고를 분류하여 업무처리 • 접수자는 신고내용을 토대로 사건의 긴급성과 출동필요성에 따라 112신고의 대응코드를 분류		

	Code 1 신고
	(긴급출동)
		• 최우선 출동이 필요한 경우
		  − 범죄로부터 인명·신체·재산 보호
		  − 심각한 공공의 위험 제거 및 방지
		  − 신속한 범인검거	

	Code 2 신고 (비긴급출동)	• 경찰 출동요소에 의한 현장조치 필요성은 있으나 Code 1 신고에 속하지 않는 경우	
	Code 3 신고 (비출동)	• 경찰 출동요소에 의한 현장조치 필요성이 없는 경우 • 긴급성이 없는 민원·상담 신고 등	
현장출동[59]	Code 1 신고	• Code 2 신고의 처리 및 다른 업무에 우선하여 최우선 출동	
	Code 2 신고	• Code 1 신고의 처리 및 다른 중요한 업무에 지장을 초래하지 않는 범위 내에서 출동	
현장보고[60]	최초보고	• 출동요소가 112신고 현장에 도착한 즉시 도착 사실과 함께 간략한 현장의 상황을 보고	

---

56 「112종합상황실 운영 및 신고처리 규칙」 제3조(정의).
57 「112종합상황실 운영 및 신고처리 규칙」 제5조(기능).
58 「112종합상황실 운영 및 신고처리 규칙」 제9조(112신고의 분류).
59 「112종합상황실 운영 및 신고처리 규칙」 제13조(현장출동).
60 「112종합상황실 운영 및 신고처리 규칙」 제14조(현장보고).

수시보고	• 현장 상황에 변화가 발생하거나 현장조치에 지원이 필요한 경우 수시로 보고
종결보고	• 현장 초동조치가 종결된 경우 확인된 사건의 진상, 사건의 처리내용 및 결과 등을 상세히 보고

❷ 현장출동

신고출동 요소	• 112기동순찰 근무자는 112신고사건 등과 상급 경찰관서 및 지구대에서 처리를 지시한 사건사고에 대해 타임무에 우선하여 신속히 현장출동하여 초동조치를 취함 • 112순찰 이외의 출동요소는 오토바이순찰, 도보순찰, 상황근무자 순 • 순찰요원은 현장출동 및 조치결과에 대하여 112종합상황실 등에 보고
출동지원	• 현장조치시 다수의 경찰관이 필요하다고 판단되면 112종합상황실 및 지구대장에게 지원을 요청하고 긴급한 경우에는 인접 순찰요원에게 직접 지원을 요청 • 순찰요원은 지원지시를 받은 경우 신속히 현장으로 출동하여야 하며, 긴급한 경우 지원요청이 없더라도 현장조치중인 순찰요원을 지원

❸ 수사업무

현행범의 체포	• 지역경찰관이 현행범인을 발견하였을 때에는 범죄 현장 보존과 증거 수집조치를 취하고 범인을 수사전담 경찰관에게 인계하거나 필요한 조치를 취함
범죄사건의 처리	• 지역경찰관이 범죄의 신고를 받았거나 피의사실을 인지하였을 때에는 범죄현장의 보존, 증거의 수집, 피해현장과 범죄 실황조사 기타 필요한 조치와 수사를 행하고 해당사건을 수사전담 경찰관에게 인계
긴급배치	• 지역경찰관은 중대한 사건 등 발생으로 긴급배치시 지정장소 등에서 통행인 및 차량에 대한 검문검색 등 필요한 조치를 행함

❹ 교통업무

교통사고 처리	• 지역경찰관은 관내에서 교통사고 발생시 현장보존 및 관계인을 확보하고 주변 교통정리와 부상자 구호 등 필요한 조치를 취하며 해당사건을 교통사고 전담경찰관에게 인계
교통지도 및 정리	• 지역경찰관은 순찰근무 중 도로상의 교통정체나 장해 등 상황을 발견시 보행자 및 차량의 원활한 소통과 안전을 확보하기 위하여 필요한 조치를 취함

❺ 경비업무

경비	• 지역경찰관은 다중범죄진압, 대간첩작전, 경호경비, 비상경비, 집회 및 행사의 경비, 기타 각종 경비상황 발생시 경찰관서장의 지시에 따라 경계 또는 진압활동을 수행
재난 등 사고의 처리	• 지역경찰관은 관내에서 화재, 폭발물, 풍수해 등 사고가 발생하였을 때에는 소방서 등 관계기관과 협조하여 필요한 방재조치를 취하고 부상자 및 이재민 등을 구호하며 교통정리와 도난사고 예방활동을 실시

❻ 단속업무 등

경찰사범 단속	• 지역경찰관은 근무 중 제경찰법규 위반사범을 인지하였거나 신고받았을 때에는 이를 단속 또는 처리
피의자 호송	• 지역경찰관은 검거한 피의자 등에 대하여 자해 및 도주방지 등 필요한 조치를 강구하여 안전하게 호송 • 호송 중에는 가혹행위나 욕설, 반말 등 인권침해 주의

❼ 지역활동

실태파악	• 지역경찰관은 경찰업무 수행상 필요한 사항에 대한 실태나 주민의견 등을 파악하고 적극 대처하기 위하여 경찰방문 등 지역사회 경찰활동을 수행
방범진단	• 지역경찰관은 범죄예방을 위하여 필요할 경우 관내 주택, 상가, 건물 등에 대하여 방범시설 및 설비의 설치상황 등을 점검하여 방범상 미비점 등을 보완하도록 지도
지역협력	• 지역경찰관은 범죄 및 안전사고의 예방을 위한 안내 및 홍보를 실시하고 민원이나 요망 등을 적극적으로 청취하는 한편 경찰의 중요시책 등에 대해 주민의 이해와 협조를 얻도록 하여야 함

3 상황근무 및 행정지원

상황근무	• 상황근무를 지정받은 지역경찰관은 사무소 내에 위치하여 근무를 실시 • 순찰팀장은 관리팀원에게 행정근무를 지정하고, 순찰팀원에게 상황 또는 순찰근무 지정하는 것을 원칙으로 하되, 필요한 경우에는 다른 근무를 지정하거나 병행하여 수행하도록 지정할 수 있음
업무지원 근무	• 지역경찰관은 각종 사건·사고 조사지원 또는 인수처리를 위해 업무지원근무를 실시 • 업무지원근무는 순찰요원이 교대로 실시하되, 상황근무와 순찰근무를 병행 가능

	• 농촌 지역 등에서는 업무지원근무를 실시하지 않을 수 있음
경찰서 출입	• 지역경찰관은 조회, 문서송달, 교육소집, 기타 사유가 있을 경우 경찰서에 출입하되 일일 근무에 지장이 없도록 하여야 함
행정지원 근무	• 순찰팀장은 관리팀원에게 행정근무를 지정하고, 순찰팀원에게 상황 또는 순찰근무 지정 하는 것을 원칙으로 하되, 필요한 경우에는 다른 근무를 지정하거나 병행하여 수행하도 록 지정할 수 있음

4 민원담당관

민원담당관의 직무
• 치안센터에 배치된 민원담당관은 다음에 정하는 직무를 수행 　　– 경찰민원 접수 및 처리 　　– 지역주민을 위한 봉사활동 　　– 타기관 협조 및 협력방범활동 　　– 지역 치안모니터링 활동 　　– 기타 지구대장이 지정하는 업무 등 • 민원담당관은 직무수행을 위해 치안센터 출소시에는 사전에, 귀소시에는 즉시 지구대장에게 보고

4 파출소 및 치안센터

1 파출소

파출소	
설치	• 경찰서장의 소속 하에 지구대를 두며, 예외적으로 ① 도서, 산간 오지, 농어촌 벽지(僻地) 등 교통·지리적 원격지로 인접 경찰관서에서의 출동이 용이하지 않은 경우, ② 관할구역에 국가 중요시설 등 특별한 경계가 요구되는 시설이 있는 경우, ③ 휴전선 인근 등 보안상 취약지역 을 관할하는 경우, ④ 그 밖에 치안수요가 특수하여 지구대를 운영하는 것이 적당하지 않은

	경우 등에 해당하는 경우에는 파출소를 둘 수 있다.[61]
구성	• 파출소에는 파출소장과 부소장 및 순찰요원을 배치
임무	• 파출소는 파출소 관내 경찰업무전반에 대한 초동조치를 수행 • 파출소의 각종 행정 및 예산, 장비, 시설 업무는 지구대와 별도로 집행·관리. • 이를 위해 경찰관서장은 관리요원을 지정하거나, 순찰요원에게 행정지원업무를 담당하도록 함
파출소장의 직무	• 파출소장의 직무는 지구대장의 직무와 팀장의 직무 등을 준용 • 파출소장의 근무는 경찰서장이 월별 지정 • 단, 파출소장 유고시에는 부소장이 직무를 대행하며 지휘공백이 없도록 소속 지구대장(순찰팀장)이 근무감독을 실시
파출소의 근무	• 파출소 지역경찰관은 교대제 근무를 실시

2 치안센터

치안센터[62]	
치안센터장의 임무	• 경찰 민원 접수 및 처리 • 관할지역 내 주민 여론 수렴 및 보고 • 타기관 협조 등 협력방범활동 • 기타 치안센터 운영과 관련된 문제점 및 개선대책 수립 및 보고
종류	• 치안센터는 치안센터는 설치목적에 따라 검문소형과 출장소형으로 구분 • 출장소형 치안센터는 지리적 여건·치안수요 등을 고려하여 필요한 경우 직주일체형으로 운영

검문소형
치안센터
	• 검문소형 치안센터는 적의 침투 예상로 또는 주요 간선도로의 취약요소 등에 교통통제 요소 등을 고려하여 설치
	• 검문소형 치안센터 근무자의 임무
	  – 거점 형성에 의한 지역 경계
	  – 불심검문 및 범법자의 단속·검거
	  – 지역경찰관서에서 즉시 출동하기 어려운 사건·사고 발생 시 초동조치

---

61 「경찰청과 그 소속기관 직제 시행규칙」 제76조(지구대 및 파출소의 설치기준).
62 「지역경찰의 조직 및 운영에 관한 규칙」 제14조(치안센터장·제15조(치안센터의 종류)·제16조(검문소형 치안센터)·
제17조(출장소형 치안센터)·제18조(직주일체형 치안센터).

출장소형
치안센터
	• 출장소형 치안센터는 지역 치안활동의 효율성 및 주민 편의 등을 고려하여 필요한 지역에 설치
	• 출장소형 치안센터 근무자의 임무
	  − 관할 내 주민여론 청취 등 지역사회 경찰활동
	  − 방문 민원 접수 및 처리
	  − 범죄예방 순찰 및 위험발생 방지
	  − 지역경찰관서에서 즉시 출동하기 어려운 사건·사고 발생 시 초동조치

직주일체형 치안센터	• 직주일체형 치안센터는 출장소형 치안센터 중 근무자가 치안센터 내에서 거주하면서 근무하는 형태의 치안센터 • 직주일체형 치안센터에는 배우자와 함께 거주함을 원칙으로 하며, 배우자는 근무자 부재시 방문 민원 접수·처리 등 보조 역할을 수행 • 직주일체형 치안센터에 배치된 근무자는 근무 종료 후에도 관할구역 내에 위치하며 지역경찰관서와 연락체계를 유지하여야 한다. 다만, 휴무일은 제외

제6절 ｜ 단속활동

1 ｜ 경찰사범의 단속

경찰사범의 단속이란 사회공공의 안녕과 질서를 유지하기 위하여 경찰이 풍속사범을 비롯한 제반 사범을 단속하는 활동을 말한다. 경찰사범의 단속은 생활안전경찰의 중요한 역할인 범죄예방적 환경의 조성과 법규준수문화를 정착시키기 위하여 필요한 활동이다. 여기에는 기초질서 위반사범의 단속, 풍속사범의 단속, 총포·도검·화약류 단속 등이 있다.[63]

---

63 경찰대학a, 전게서, p. 267.

기초질서 위반사범이란 사람들이 일상생활에서 흔히 범하기 쉬운 경미한 법익의 침해행위로서 경범죄처벌법과 도로교통법에 그 행위유형이 규정되어 있으며, 제재수단이 범칙금 부과로 되어 있는 행위를 말한다.

윌슨James Q. Wilson과 켈링George L. Kelling은 1982년 깨진 창문이 신속하게 보수되지 않으며, 그 집에 있는 다른 모든 창문들도 곧바로 파괴되기 시작할 것이라는 '깨진 유리창이론'Broken Window Theory을 발표하였다. 경미한 범죄를 방치하면 무질서에 대한 흥분된 감정이 생기며, 이것은 곧 중범죄로 이어진다는 것이 핵심내용이다. 경범죄를 단속하면 중범죄를 예방할 수 있다는 이론이다. 이 이론은 뉴욕경찰의 '무관용정책'Zero-Tolerance Policy으로 이어졌으며, 뉴욕의 범죄율을 감소시킨 것으로 평가받았다. 한국에서도 이 이론을 경찰의 기초질서 위반단속에 적용한 바 있다.

1 경범죄처벌법

1954년 4월 1일 제정된 「경범죄처벌법」은 국민의 자유와 권리를 보호하고 사회공공의 질서유지에 이바지함을 목적으로 제정되었다. 2022년 기준 동법은 경범죄의 종류에 따라 ① 10만 원 이하의 벌금, 구류 또는 과료, ② 20만 원 이하의 벌금, 구류 또는 과료, ③ 60만 원 이하의 벌금, 구류 또는 과료 등으로 구분하여 처벌하고 있다.

첫째, 「경범죄처벌법」 제3조(경범죄의 종류) 제1항에서 규정하고 있는 경미한 범죄 중 다음의 어느 하나에 해당하는 사람은 10만 원 이하의 벌금, 구류 또는 과료의 형으로 처벌한다.

경범죄처벌법 제3조(경범죄의 종류) 제1항(10만 원 이하의 벌금, 구류 또는 과료의 형)
• 1호(빈집 등에의 침입), 2호(흉기의 은닉휴대), 3호(폭행 등 예비), 4호(삭제), 5호(시체 현장변경 등), 6호(도움이 필요한 사람 등의 신고불이행), 7호(관명사칭 등), 8호(물품강매·호객행위), 9호(광고물 무단부착 등), 10호(마시는 물 사용방해), 11호(쓰레기 등 투기), 12호(노상방뇨 등), 13호(의식방해), 15호(단체가입 강요), 16호(타인의 가축·기계 등 무단조작), 17호(물길의 흐름 방해), 18호(구걸행위 등), 19호(불안감 조성), 20호(음주소란 등), 21호(인근소란 등), 22호(위험한 불씨 사용), 23호(물건 던지기 등 위험행위), 24호(인공구조물 등의 관리소홀), 25호(위험한 동물의 관리 소홀), 26호(동물 등에 의한 행패 등), 27호(무단소등), 28호(공중통로 안전관리소홀), 29호(공무원 원조불응), 30호(거짓 인적사항 사용), 31호(미신요법), 32호(야간통행제한 위반), 33호

(과다노출), 34호(지문채취 불응), 35호(자릿세 징수 등), 36호(행렬방해), 37호(무단출입), 38호(총포 등 조작 장난), 39호(무임승차 및 무전취식), 40호(장난전화 등), 41호(지속적 괴롭힘)

둘째, 제2항에서 규정하고 있는 경미한 범죄 중 다음의 어느 하나에 해당하는 사람은 20만 원 이하의 벌금, 구류 또는 과료의 형으로 처벌한다.

경범죄처벌법 제3조(경범죄의 종류) 제1항(20만 원 이하의 벌금, 구류 또는 과료의 형)
• 1호(출판물의 부당게재 등): 올바르지 아니한 이익을 얻을 목적으로 다른 사람 또는 단체의 사업이나 사사로운 일에 관하여 신문, 잡지, 그 밖의 출판물에 어떤 사항을 싣거나 싣지 아니할 것을 약속하고 돈이나 물건을 받은 사람
• 2호(거짓 광고): 여러 사람에게 물품을 팔거나 나누어 주거나 일을 해주면서 다른 사람을 속이거나 잘못 알게 할 만한 사실을 들어 광고한 사람
• 3호(업무방해): 못된 장난 등으로 다른 사람, 단체 또는 공무수행 중인 자의 업무를 방해한 사람
• 4호(암표매매): 흥행장, 경기장, 역, 나루터, 정류장, 그 밖에 정하여진 요금을 받고 입장시키거나 승차 또는 승선시키는 곳에서 웃돈을 받고 입장권·승차권 또는 승선권을 다른 사람에게 되판 사람

셋째, 제3항에서 규정하고 있는 경미한 범죄 중 어느 하나에 해당하는 사람은 60만 원 이하의 벌금, 구류 또는 과료의 형으로 처벌한다.

경범죄처벌법 제3조(경범죄의 종류) 제3항(60만 원 이하의 벌금, 구류 또는 과료의 형)
• 1호(관공서에서의 주취소란): 술에 취한 채로 관공서에서 몹시 거친 말과 행동으로 주정하거나 시끄럽게 한 사람
• 2호(거짓신고): 있지 아니한 범죄나 재해 사실을 공무원에게 거짓으로 신고한 사람

경범죄의 통고처분권자는 경찰서장, 해양경찰서장, 제주특별자치도지사 또는 철도특별사법경찰대장이다. 이들은 범칙자로 인정되는 사람에 대하여 그 이유를 명백히 나타낸 서면으로 범칙금을 부과하고 이를 납부할 것을 통고할 수 있다.

「경범죄처벌법」은 몇 가지 특징이 있다.

첫째, 형법위반사범(구체적 위험범 또는 침해범)과는 달리 추상적 위험범이 대상이며, 미수범에 대한 처벌규정이 없다.

둘째, 경범죄를 범한 자에 대하여는 그 사정과 형편을 고려하여 그 형을 면제하거나 구류와 과료를 병과할 수 있도록 하고 있다.

셋째, 경범죄를 교사 또는 방조한 자는 그 죄를 범한 자에 준하여 처벌하도록 하는 등의 조항을 가지고 있다.

넷째, 대상은 60만 원 이하의 벌금, 구류 또는 과료科料의 형이다. 이 법은 형법에 대한 보충법이라는 특징을 갖는다.

형법총칙과 형사소송법 적용상의 특징	
형법총칙 적용상의 특징	• 「경범죄처벌법」 위반사범에 대해서는 선고유예와 집행유예를 선고할 수 없다. 형의 면제(집행유예의 사유에 해당시), 구류, 과료의 병과가 가능하다. • 교사범과 종범은 정범의 형에 준하며, 형의 시효는 재판확정 후 1년이며(벌금은 3년), 범인 은닉죄 혹은 범인도피죄는 성립하지 않는다.
형사소송법 적용상의 특징	• 「경범죄처벌법」 위반사범은 긴급체포의 대상이 아니며, 공소시효는 1년이다(단, 다액 1만 원 이상의 벌금은 3년). • 과료에 해당하는 사건은 피고인의 출석을 요하지 않으며, 변호인의 출석 없이 개정할 수 있다. • 그리고 통고처분에 대한 취소청구 등 행정심판 내지 행정소송을 제기할 수 없다는 것이 다수설이다.

2 통고처분

❶ 통고처분의 의의

경찰관의 판단결과 위반행위가 「경범죄처벌법」에서 규정한 범칙자로 인정될 때에는 범칙금납부통고서를 발부한다. 범칙금 납부의 통고처분은 범칙자에 대하여 벌금으로 납부하게 하는 행정처분의 일종이다. 형벌효과를 얻는다는 점에서 법관의 판결과 같은 것이다. 거리의 판단관으로서 그 결단과 적용에 신중을 기하여 이를 남용하거나 오해를 범하는 일이 없도록 해야 한다.

Police Science
🌐🔍 통고처분 제외 대상자[64]

• 통고처분서 받기를 거부한 사람(통고처분 수령 거부자)

• 주거 또는 신원이 확실하지 아니한 사람(주거와 신원 불명자)

• 그 밖에 통고처분을 하기가 매우 어려운 사람(기타 통고처분 불능자)

---

[64] 「경범죄처벌법」 제7조(통고처분) 제1항.

경범 및 도로교통사범의 처리		
구분	경범죄처벌법	도로교통법
범칙자 제외 대상자[65]	• 상습범 • 구류 처분함이 적절한 자 • 피해자가 있는 경우 • 18세 미만자	• 면허증 미제시 등 • 범칙행위로 교통사고 발생자
통고처분 제외 대상자[66]	• 통고처분 수령 거부자 • 주거와 신원 불명자 • 기타 통고처분 불능자	• 성명과 주소 불명자 • 도주의 우려가 있는 자 • 범칙금 수령 거부자
처리 방법	• 18세 미만자는 훈방 • 나머지는 형사입건 또는 즉심청구	• 교통사고자는 교통사고 처리 • 나머지는 즉심청구

Police Science

🌐 경범죄 처벌법(시행 2017.10.24.)

제3조(경범죄의 종류) ① 다음 각 호의 어느 하나에 해당하는 사람은 10만 원 이하의 벌금, 구류 또는 과료科料의 형으로 처벌한다.

제6조(정의) ② 이 장에서 "범칙자"란 범칙행위를 한 사람으로서 다음 각 호의 어느 하나에 해당하지 아니하는 사람을 말한다.

1. 범칙행위를 상습적으로 하는 사람
2. 죄를 지은 동기나 수단 및 결과를 헤아려볼 때 구류처분을 하는 것이 적절하다고 인정되는 사람
3. 피해자가 있는 행위를 한 사람
4. 18세 미만인 사람

제7조(통고처분) ① 경찰서장, 해양경찰서장, 제주특별자치도지사 또는 철도특별사법경찰대장은 범칙자로 인정되는 사람에 대하여 그 이유를 명백히 나타낸 서면으로 범칙금을 부과하고 이를 납부할 것을 통고할 수 있다. 다만, 다음 각 호의 어느 하나에 해당하는 사람에게는 통고하지 아니한다.

1. 통고처분서 받기를 거부한 사람

---

65 「경범죄처벌법」 제6조(통고처분) 제2항·「도로교통법」 제162조(통칙) 제2항.
66 「경범죄처벌법」 제7조(통고처분) 제1항·「도로교통법」 제163조(통고처분) 제1항.

2. 주거 또는 신원이 확실하지 아니한 사람

3. 그 밖에 통고처분을 하기가 매우 어려운 사람

Police Science

🔍 도로교통법(시행 2022. 7. 12.)

제162조(통칙) ② 이 장에서 "범칙자"란 범칙행위를 한 사람으로서 다음 각 호의 어느 하나에 해당하지 아니하는 사람을 말한다.

1. 범칙행위 당시 제92조 제1항에 따른 운전면허증 등 또는 이를 갈음하는 증명서를 제시하지 못하거나 경찰공무원의 운전자 신원 및 운전면허 확인을 위한 질문에 응하지 아니한 운전자

2. 범칙행위로 교통사고를 일으킨 사람. 다만, 「교통사고처리 특례법」 제3조 제2항 및 제4조에 따라 업무상과실치상죄·중과실치상죄 또는 이 법 제151조의 죄에 대한 벌을 받지 아니하게 된 사람은 제외한다.

제163조(통고처분) ① 경찰서장이나 제주특별자치도지사(제주특별자치도지사의 경우에는 제6조 제1항·제2항, 제61조 제2항에 따라 준용되는 제15조 제3항, 제39조 제6항, 제60조, 제62조, 제64조부터 제66조까지, 제73조 제2항 제2호부터 제5호까지 및 제95조 제1항의 위반행위는 제외한다)는 범칙자로 인정하는 사람에 대하여는 이유를 분명하게 밝힌 범칙금 납부통고서로 범칙금을 낼 것을 통고할 수 있다. 다만, 다음 각 호의 어느 하나에 해당하는 사람에 대하여는 그러하지 아니하다.

1. 성명이나 주소가 확실하지 아니한 사람

2. 달아날 우려가 있는 사람

3. 범칙금 납부통고서 받기를 거부한 사람

3 즉결심판절차

❶ 즉결심판의 의의

즉결심판절차란 20만 원 이하의 벌금, 구류, 과료에 처할 경미한 사건에 대하여 경찰서장의 소추로, 법관이 심리한 후 즉시 선고함으로써 사건을 신속하게 처리할 수 있도록 하는 형사소송절차 중 특별절차로 일제시대의 범죄즉결례에서 유래한 제도이다.

조선총독부의 「범죄즉결례」犯罪卽決例는 일본 본토의 위경즉결례違警卽決例에서, 위경즉결례는 독일(프로이센)의 위경즉결례Strafverfügungsverfahren에서 각각 유래한 제도이다. 일본에서는 제2차 세계대전 후 위경즉결례가 폐지되어 경찰관의 사법권이 폐지되었고, 독일에서도 1970년 초에 경미범죄의 비범죄화 정책에 따라 위경죄가 폐지되고, 경찰서장의 즉결심판청구권도 자연 소멸되었다.[67]

우리나라의 즉결심판 제도는 사안이 경미하고 죄가 있음이 명백한 사건임에도 불구하고, 경찰의 사건송치, 검사에 의한 공소제기를 거쳐 법원의 정식 공판절차에 의해 심판한다는 것은 사건처리의 신속성을 침해하면서도 소송경제에 반할 뿐 아니라 피의자 입장에서도 사건처리절차의 장기화로 인한 시간적 부담 및 정신적 고통을 동시에 받게 되기 때문에 형사절차로부터 신속히 해방되고자 하는데, 이런 이해관계를 만족시켜 주기 위한 제도이다.

즉결심판 사건의 대부분은 경범죄처벌법위반 사건과 도로교통법위반 등 교통사건이 차지하고 있고, 경범죄사건과 교통사건은 대부분 범칙금 통고처분 불이행으로 즉결심판에 회부된 사건이기 때문에 사실상 즉결심판제도는 범칙금 통고처분 불이행자를 대상으로 운영되고 있다.[68]

2002년 경범죄처벌법(제8조 제2항) 및 도로교통법(제120조 제2항)의 개정으로 범칙금 미납자에 대하여 즉결심판이 청구된 이후에도 즉결심판 선고 전까지 가산금을 납부하면 즉결심판청구를 취소할 수 있도록 변경함에 따라 위와 같이 범칙금 통고처분 불이행자를 중심으로 운영되어 왔던 즉결심판 사건자체가 감소하고 있다.[69]

「경범죄처벌법」에 따르면 범죄금 납부기간에 범칙금을 납부하지 아니한 사람은 납부기간의 마지막 날의 다음 날부터 20일 이내에 통고받은 범칙금에 그 금액의 100분의 20을 더한 금액을 납부하여야 한다.[70]

❷ 즉결심판의 절차

범칙금을 납부할 것을 통고받은 사람은 통고처분서를 받은 날부터 10일 이내에 경찰청장·해양경찰청장 또는 철도특별사법경찰대장이 지정한 은행, 그 지점이나 대리점, 우체국 또는 제주특별자치도지사가 지정하는 금융기관이나 그 지점에 범칙금을 납부하여야

---

67 박미숙, 「형사사건의 신속한 처리방안에 관한 연구(경미한 죄를 중심으로)」(서울: 형사정책연구원, 1999), p. 119.
68 곽규홍, "경미사건의 효율적 처리방안" 2003년도 한국형사정책학회 하계학술대회, 2003, p. 55.
69 유상진, 전게논문, p. 57.
70 「경범죄처벌법」 제8조(범칙금의 납부) 제2항.

한다.[71]

경찰서장, 해양경찰서장 및 제주특별자치도지사는 ① 통고처분서 받기를 거부한 사람, ② 주거 또는 신원이 확실하지 아니한 사람, ③ 그 밖에 통고처분을 하기가 매우 어려운 사람, ④ 통고받은 범칙금에 그 금액의 100분의 20을 더한 금액을 납부하지 아니한 사람에 대하여는 지체 없이 즉결심판을 청구하여야 한다. 다만, 즉결심판이 청구되기 전까지 통고받은 범칙금에 그 금액의 100분의 50을 더한 금액을 납부한 사람에 대하여는 그러하지 아니 한다.[72]

즉결심판은 판사의 주재 하에 경찰서가 아닌 공개된 법정에서 열린다. 피고인이 출석하는 것이 원칙이지만, 불출석하는 경우도 있다. 판사는 피고인에게 사건내용을 알려주고 변명의 기회를 주어야 하며, 변호인을 선임할 수 있는 기회도 주어야 한다. 하지만 신속하고 간편한 심리를 위하여 경찰조서만을 증거로 해서 유죄를 선고할 수도 있다.

즉결심판에서는 대개 구류, 벌금 또는 과료형이 선고된다. 판사는 즉결심판을 할 수 없거나 즉결심판으로 하는 것이 타당하지 않은 경우에는 결정으로 청구를 기각하며, 이 경우 경찰서장은 기각한 사건을 지체 없이 검찰에 송치해야 한다.[73]

즉결심판이 확정되면 확정판결과 동일한 효력이 생긴다. 형의 집행은 경찰서장이 하고 추후에 검사에게 보고한다. 벌금과 과료는 경찰서장에게 납입하도록 하고, 구류는 1일 이상 30일 미만으로 보통 경찰서 유치장에서 집행하지만 검사의 지휘로 교도소에서 집행힐 수도 있다.[74]

피고인은 즉결심판에 불복하여 정식재판을 청구할 수 있는데, 정식재판을 청구한 사건에 대해서는 즉결심판의 형보다 무거운 형을 선고하지 못하게 하는 '불이익변경금지'의 원칙이 적용된다.[75]

Police Science

🌐🔍 즉결심판 회부 적용법 및 회부 죄명

• 「즉결심판에 관한 절차법」 제2조(즉결심판의 대상) 지방법원, 지원 또는 시·군법원의 판사判事는 즉결심판절차에 의하여 피고인에게 20만 원 이하의 벌금, 구류 또는 과료에 처할 수

---

71 「경범죄처벌법」 제8조(범칙금의 납부) 제1항.
72 「경범죄처벌법」 제9조(통고처분 불이행자의 처리).
73 이재상, 「신형사소송법」(서울: 박영사, 2008), pp. 804-805.
74 배종대·이상돈, 「형사소송법」(서울: 홍문사, 2006), p. 895.
75 이재상, 전게서, p. 809.

있다.

- 「경범죄처벌법」 및 「도로교통법」
- 형법범 중 즉결심판 회부 죄명
  - 1. 폭행죄, 2. 협박죄, 3. 상해죄, 4. 사기죄, 5. 횡령죄, 6. 공갈죄, 7. 손괴죄, 8. 도박죄, 9. 장물죄, 10. 주거침입죄, 11. 실화죄, 12. 공연 음란죄, 13. 음화 반포죄, 14. 절도죄 (삭제), 15. 권리행사방해죄, 16. 다중불해산죄, 17. 공무원자격사칭죄, 18. 증거인멸죄, 19. 점유이탈물횡령죄, 20. 수리방해죄, 21. 명예훼손죄, 22. 신용훼손죄, 23. 업무방해죄

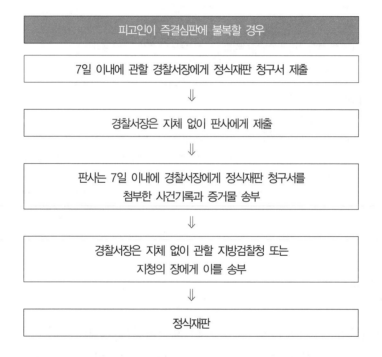

피고인이 즉결심판에 불복할 경우
7일 이내에 관할 경찰서장에게 정식재판 청구서 제출
⇓
경찰서장은 지체 없이 판사에게 제출
⇓
판사는 7일 이내에 경찰서장에게 정식재판 청구서를 첨부한 사건기록과 증거물 송부
⇓
경찰서장은 지체 없이 관할 지방검찰청 또는 지청의 장에게 이를 송부
⇓
정식재판

3 ‖ 풍속사범의 단속

풍속사범의 단속이란 사회의 선량한 풍속을 유지하기 위하여 사회일반의 풍기 및 건전한 생활습관에 영향을 주는 행위를 금지·제한하는 활동이다. 풍속사범의 단속 대상행위는 성매매, 음란행위, 사행행위 등이다. 「형법」에도 이를 처벌하는 규정이 있지만 이것

만으로는 불충분하므로 이에 적절한 특별행정법규를 제정하여 풍속을 해할 우려가 있는 영업에 대해서 지도감독하고 유해행위를 처벌한다.

풍속사범의 단속		
풍속영업의 범위[76]	게임산업진흥에 관한 법률	• 게임제공업, 복합유통게임제공업
	영화·비디오물의 진흥에 관한 법률	• 비디오물감상실업
	음악산업진흥에 관한 법률	• 노래연습장업
	공중위생관리법	• 숙박업, 목욕장업(沐浴場業), 이용업(理容業) 중 특수목욕장업
	식품위생법	• 단란주점영업, 유흥주점영업
	체육시설의 설치·이용에 관한 법률	• 무도학원업, 무도장업
	청소년보호법	• 청소년 출입·고용금지업소
단속대상 행위[77]	• 성매매 알선 등 행위 • 음란행위를 하게 하거나 이를 알선 또는 제공하는 행위 • 음란한 문서·도화(圖畵)·영화·음반·비디오물, 그 밖의 음란한 물건에 대한 ① 반포(頒布)·판매·대여하거나 이를 하게 하는 행위, ② 관람·열람하게 하는 행위, ③ 반포·판매·대여·관람·열람의 목적으로 진열하거나 보관하는 행위	

4 성매매 사범의 단속

1961년 11월 9일 「윤락행위 등 방지법」이 제정되면서 성매매가 처벌대상이 되었다. 2000년 미국은 한국을 인신매매가 가장 심한 3등급으로 분류하였다. 이때 김강자 종암경찰서장이 '미아리 텍사스'를 대거 소탕하여 '미아리 포청천', '저승사자'로 불렸다.

2000년과 2002년 두 차례에 걸쳐 전북 군산시에 소재한 집창촌에 화재가 발생하면서 집창촌의 여성들이 사망했다. 이 화재 참사로 감금되어 있던 성매매피해자들의 참혹한 실태가 폭로되어 다시 한번 전국민의 분노를 일으켰다.

---

76 「풍속영업의 규제에 관한 법률」 제2조(풍속영업의 범위).
77 「풍속영업의 규제에 관한 법률」 제3조(준수사항).

2004년 3월 22일 기존의 '윤락행위 등 방지법'을 폐지하고 「성매매 알선 등 행위의 처벌에 관한 법률」로 제정하였다. 동법은 성매매 공급자와 중간매개체를 차단하기 위하여 성매매 목적의 인신매매를 처벌하고, 성매매알선 등 행위로부터 취득한 금품 그 밖의 재산상 이익은 몰수·추징하도록 하는 등 성매매알선 등 행위와 성매매의 근절을 위한 제도적 장치를 마련하려는 것을 목적으로 하였다.

2004년 3월 22일 성매매된 자 및 성을 파는 행위를 한 자의 사회복귀를 돕기 위하여 지원시설 및 상담소의 설치 및 운영을 활성화하고, 이용자의 의사에 따라 지원시설 및 상담소에서 제공하는 의료지원·취업교육 및 법률지원 등을 자유롭게 이용할 수 있도록 하여 원활한 사회복귀와 성매매행위의 재발을 방지하도록 하려는 목적으로 「성매매방지 및 피해자 보호 등에 관한 법률」이 제정되었다.

2021년 3월 16일 개정된 「성매매알선 등 행위의 처벌에 관한 법률」(성매매처벌법)은 종전에는 검사에게만 수사종결권을 부여하였으나 사법경찰관에게도 1차적 수사종결권을 부여하는 등의 내용으로 「형사소송법」이 개정(시행 2021. 1. 1.)됨에 따라, 외국인 여성을 성매매피해자로 수사하는 경우 강제퇴거명령 또는 보호집행의 금지 사유에 검사의 불기소처분에 대응하는 사법경찰관의 불송치결정을 추가하는 등 관련 규정을 정비하였다.

성매매처벌법상 정의 및 금지행위	
성매매[78]	• 성매매란 불특정인을 상대로 금품이나 그 밖의 재산상의 이익을 수수(收受)하거나 수수하기로 약속하고 ① 성교행위, ② 구강, 항문 등 신체의 일부 또는 도구를 이용한 유사 성교행위에 해당하는 행위를 하거나 그 상대방이 되는 것을 말한다.
성매매 피해자[79]	• 성매매피해자란 다음의 어느 하나에 해당하는 사람을 말한다. – 위계, 위력, 그 밖에 이에 준하는 방법으로 성매매를 강요당한 사람 – 업무관계, 고용관계, 그 밖의 관계로 인하여 보호 또는 감독하는 사람에 의하여 「마약류 관리에 관한 법률」 제2조에 따른 마약·향정신성의약품 또는 대마(마약 등)에 중독되어 성매매를 한 사람 – 청소년, 사물을 변별하거나 의사를 결정할 능력이 없거나 미약한 사람 또는 대통령령으로 정하는 중대한 장애가 있는 사람으로서 성매매를 하도록 알선·유인된 사람 – 성매매 목적의 인신매매를 당한 사람

---

78 「성매매알선 등 행위의 처벌에 관한 법률」 제2조(정의).
79 「성매매알선 등 행위의 처벌에 관한 법률」 제2조(정의).

금지행위[80]	• 누구든지 다음의 어느 하나에 해당하는 행위를 하여서는 아니 된다. 　– 성매매 　– 성매매알선 등 행위 　– 성매매 목적의 인신매매 　– 성을 파는 행위를 하게 할 목적으로 다른 사람을 고용·모집하거나 성매매가 행하여진다는 사실을 알고 직업을 소개·알선하는 행위 　– 행위 및 그 행위가 행하여지는 업소에 대한 광고행위

성폭력 관련 법률 개정사항[81]	
형법	• 미성년자 의제강간 피해자 연령 상향: 2020년 5월 19일 시행 • 기존에 처벌대상이 아니었던 '13세 이상 16세 미만 미성년자'를 성인이 간음·추행(의제강간)했을 경우 처벌
성폭력범죄의 처벌 등에 관한 특례법	• 촬영물 이용 협박·강요죄 신설: 2020년 5월 19일 시행 • 성적 욕망 또는 수치심을 유발할 수 있는 촬영물·복제물을 이용하여 협박·강요한 경우에 대한 처벌규정 신설
	• 불법 촬영·유포물 소지·시청죄 신설: 2020년 6월 2일 시행 • 성인을 불법촬영했거나 또는 동의없이 불법유포된 영상물을 소지·구입·저장·시청했을 경우에 대한 처벌규정 신설
아동· 청소년의 성보호에 관한 법률	• 아동·청소년 강간·강제추행의 예비·음모죄 신설: 2020년 6월 2일 시행 • 아동·청소년 대상 성폭력 범죄의 예비·음모단계를 처벌대상으로 포함
	• 허위영상물(딥페이크) 제작·반포죄 신설: 2020년 6월 25일 시행 • 사람의 얼굴·신체·음성 등을 성적 욕망 또는 수치심을 유발할 수 있는 형태로 합성·반포하는 행위에 대한 처벌규정 신설
	• 성매매 대상 아동·청소년 규정 삭제: 2020년 11월 20일 시행 • 대상 아동·청소년 규정을 삭제하여 성매매 행위의 상대방이 된 아동·청소년을 피해아동·청소년으로 보호·지원

80　「성매매알선 등 행위의 처벌에 관한 법률」 제4조(금지행위).
81　경찰청g, 「2021 경찰백서」, 2021, p. 13.

총기 및 폭발물 등은 취급과 사용상 위험성이 크고 예측하기 어려운 사고로 인하여 다수의 사람에게 치명적인 피해를 줄 개연성이 커서 국민의 생활안전을 확보하기 위해서는 규제와 관리가 필수적이라고 할 수 있다.

총포·도검·화약류 등의 안전관리에 대한 주요 내용		
구분	내용	허가권자
제조업[82]	• 총포, 화약류	경찰청장
	• 도검, 분사기, 전자충격기, 석궁	소재지 관할 시·도경찰청장
판매업[83]	• 총포, 도검, 화약류, 분사기, 전자충격기, 석궁	소재지 관할 시·도경찰청장
수출 수입[84]	• 총포, 화약류	경찰청장
	• 도검, 분사기, 전자충격기, 석궁	소재지 관할 시·도경찰청장
소지[85]	• 총포	주소지 관할 시·도경찰청장
	• 도검·화약류·분사기·전자충격기 및 석궁	주소지 관할 경찰서장
	• 총포 중 엽총·가스발사총·공기총·마취총·도살총·산업용 총·구난구명총 또는 그 부품	
화약류	• 화약류를 발파하거나 연소시키려는 자[86]	사용장소 관할 경찰서장
	• 화약류를 양도하거나 양수하려는 자[87]	주소지 또는 화약류의 사용장소 관할 경찰서장
	• 1·2급 저장소·수중저장소·도화선저장소 설치허가[88]	설치장소 관할 시·도경찰청장
	• 3급·간이저장소 설치허가[89]	설치장소 관할 경찰서장

---

82 「총포·도검·화약류 등의 안전관리에 관한 법률」 제4조(제조업의 허가) 제1항·제2항.
83 「총포·도검·화약류 등의 안전관리에 관한 법률」 제6조(판매업의 허가) 제1항.
84 「총포·도검·화약류 등의 안전관리에 관한 법률」 제9조(판매업의 허가) 제1항·제2항.
85 「총포·도검·화약류 등의 안전관리에 관한 법률」 제12조((총포·도검·화약류·분사기·전자충격기·석궁의 소지허가) 제1항.
86 「총포·도검·화약류 등의 안전관리에 관한 법률」 제18조(화약류의 사용) 제1항.
87 「총포·도검·화약류 등의 안전관리에 관한 법률」 제21조(양도·양수 등의 제한) 제1항.
88 「총포·도검·화약류 등의 안전관리에 관한 법률 시행령」 제28조(화약류저장소의 종류) 제1항.
89 「총포·도검·화약류 등의 안전관리에 관한 법률 시행령」 제28조(화약류저장소의 종류) 제1항.

민간경비 산업은 1960년대 초 美8군 부대의 경비를 담당하면서 시작되었다. 1976년 「용역경비업법」이 제정되면서 본격적으로 발전하기 시작했다. 1999년 3월 1일 제7차 일부개정을 통해 법률 제명 중 '용역'을 삭제하고 '경비업법'으로 법률명을 변경하였다.

이후 경제성장과 함께 10여개에 불과하던 경비업체는 1986년 아시안게임과 1988년 서울올림픽, 2002년 한일월드컵, 2010년 G20 정상회담, 2012년 G50 핵안보정상회의 등 각종 국제행사를 치르면서 급성장하였다.[90]

2014년 인천아시안게임과 2018년 평창동계올림픽 등에 민간경비의 참여가 확대되어 국제행사의 성공적 개최에 기여하였다. 2020년 기준 시설경비 4,355개, 호송경비 29개, 신변보호 603개, 기계경비 146개, 특수경비 132개 업체 등 총 4,438개 업체 164,014명의 경비원이 종사하고 있다.

생활안전경찰은 민간경비의 지도 및 협력으로 예방치안을 강화하고 있다. 청원경찰은 경비경찰에서 담당한다. 생활안전경찰은 민간경비업체와의 유기적 협력을 통해 사회 전반의 범죄대응 역량을 강화하고 예방치안 활성화를 위해 민간경비업을 체계적으로 관리하고 있다.

연 2회 이상 전국의 모든 경비업체에 대하여 지도점검을 하고 있으며, 경비원의 결격사유를 사전에 확인하는 등 경비원 배치 전부터 관리를 하고 있다.

경비업법상 경비업무의 종류[91]	
시설경비 업무	• 경비를 필요로 하는 시설 및 장소(경비대상시설)에서의 도난·화재 그 밖의 혼잡 등으로 인한 위험발생을 방지하는 업무
호송경비 업무	• 운반중에 있는 현금·유가증권·귀금속·상품 그 밖의 물건에 대하여 도난·화재 등 위험발생을 방지하는 업무
신변보호 업무	• 사람의 생명이나 신체에 대한 위해의 발생을 방지하고 그 신변을 보호하는 업무
기계경비 업무	• 경비대상시설에 설치한 기기에 의하여 감지·송신된 정보를 그 경비대상시설 외의 장소에 설치한 관제시설의 기기로 수신하여 도난·화재 등 위험발생을 방지하는 업무

---

90 경찰청k, 전게백서, pp. 124-125.
91 「경비업법」 제2조(정의).

특수경비 업무	• 공항·항만, 원자력발전소 등의 시설 중 국가정보원장이 지정하는 국가보안목표시설과 국방부장관이 지정하는 국가중요시설의 경비 및 도난·화재 그 밖의 위험발생을 방지하는 업무

경비업법의 주요 내용[92]	
허가[93]	• 경비업을 영위하고자 하는 법인은 도급받아 행하고자 하는 경비업무를 특정하여 그 법인의 주사무소의 소재지를 관할하는 시·도경찰청장의 허가를 받아야 한다. 도급받아 행하고자 하는 경비업무를 변경하는 경우에도 또한 같다. • 경비업의 허가를 받고자 하는 법인은 1억 원 이상의 자본금을 보유 • 시설경비업무: 경비원 20명 이상 및 경비지도사 1명 이상
허가의 유효기간[94]	• 경비업 허가의 유효기간은 허가받은 날부터 5년으로 한다. • 유효기간이 만료된 후 계속하여 경비업을 하고자 하는 법인은 「경비업법 시행규칙」으로 정하는 바에 따라 갱신허가를 받아야 한다.

경비지도사 및 일반경비원 결격사유[95]	• 다음의 어느 하나에 해당하는 자는 경비지도사 또는 일반경비원이 될 수 없다.
	  – 18세 미만인 사람 또는 피성년후견인
	  – 파산선고를 받고 복권되지 아니한 자
	  – 금고 이상의 실형의 선고를 받고 그 집행이 종료(집행이 종료된 것으로 보는 경우를 포함)되거나 집행이 면제된 날부터 5년이 지나지 아니한 자
	  – 금고 이상의 형의 집행유예선고를 받고 그 유예기간 중에 있는 자 등

특수경비원 결격사유[96]	• 18세 미만이거나 60세 이상인 사람 또는 피성년후견인 • 심신상실자, 알코올 중독자 등 「경비업법 시행령」으로 정하는 정신적 제약이 있는 자 • 「경비업법」 제10조(경비지도사 및 경비원의 결격사유) 제1항 제2호부터 제8호까지의 어느 하나에 해당하는 자 • 금고 이상의 형의 선고유예를 받고 그 유예기간 중에 있는 자 • 「경비업법 시행규칙」으로 정하는 신체조건에 미달되는 자

허가의 취소 등[97]	• 허가관청은 경비업자가 다음의 어느 하나에 해당하는 때에는 그 허가를 취소하여야 한다.
	  – 허위 그 밖의 부정한 방법으로 허가를 받은 때
	  – 제7조(경비업자의 의무) 제5항의 규정에 위반하여 허가받은 경비업무외의 업무에 경비원을 종사하게 한 때
	  – 제7조(경비업자의 의무) 제9항의 규정에 위반하여 경비업 및 경비관련업외의 영업을 한 때

92 「경비업법」(시행 2021. 7. 13.).
93 「경비업법」 제4조(경비업의 허가).
94 「경비업법」 제6조(허가의 유효기간 등).
95 「경비업법」 제10조(경비지도사 및 경비원의 결격사유) 제1항.
96 「경비업법」 제10조(경비지도사 및 경비원의 결격사유) 제2항.
97 「경비업법」 제19조(경비업 허가의 취소 등) 제1항.

| | − 정당한 사유없이 허가를 받은 날부터 2년 이내에 경비 도급실적이 없거나 계속하여 1년 이상 휴업한 때
− 정당한 사유없이 최종 도급계약 종료일의 다음 날부터 2년 이내에 경비 도급실적이 없을 때
− 정당한 사유없이 최종 도급계약 종료일의 다음 날부터 2년 이내에 경비 도급실적이 없을 때
− 영업정지처분을 받고 계속하여 영업을 한 때
− 제15조의 2(경비원 등의 의무) 제2항을 위반하여 소속 경비원으로 하여금 경비업무의 범위를 벗어난 행위를 하게 한 때
− 제18조(경비원의 명부와 배치허가 등) 제8항에 따른 관할 경찰관서장의 배치폐지 명령에 따르지 아니한 때 |

민간경비의 성장이론[98]	
공동화 이론	• 공동화이론(Vacuum Theory)은 경찰 자신들에게 부여된 기능이나 역할인 범죄예방이나 통제와 같은 서비스를 제공할 수 있는 능력이 한계를 가지고 있으며 이로 인해 발생하게 되는 공동상태를 민간경비가 보완해 준다는 이론이다.[99] • 경찰과 같은 공경비가 감당하지 못하는 치안환경의 사각지대를 민간경비가 메꾸어 준다는 이론이다.
경제환원론	• 경제환원론(Economic Reduction Theory)은 특정한 현상을 설명함에 있어서 경제와 직접적으로 무관한 성격을 갖는 것임에도 불구하고 그 원인을 경제에서 찾으려는 입장이다. • 거시적 차원에서 범죄의 증가를 실업의 증가에서 그 원인을 찾으려고 하는 것이 특징이다. • 경기가 침체되어 실업률이 증가하고 이로 인해 범죄문제가 증가하기 때문에 이에 대응하기 위해서 민간경비가 성장한다는 이론이다. • 인과관계가 없이 상관관계만 있기 때문에 이론적 취약성이 있다.
이익집단 이론	• 이익집단이론(Interest Group Theory)는 그냥 내버려두면 보호받지 못한 채로 방치될 재산 등을 민간경비가 보호한다는 이론이다.[100] • 경찰과 민간경비가 상호보완적 관계를 갖는다는 공동화이론과 경제환원론을 부정하면서 제기된 이론이다. • 민간경비가 성장함에 따라 민간경비기업들은 하나의 이익집단을 형성함으로써 공경비인 경찰과 대등한 관점에서 자신들의 활동영역을 더욱 확대시키기 시작했다는 이론이다.

98 이윤근·김창윤·조용철, 「민간경비론」(서울: 엑스퍼트, 2007), pp. 31−36; 최선우b, 「민간경비론」(서울: 진영사, 2008), pp. 117−136; 김두현, 「경호학개론」(서울: 엑스퍼트, 2022), pp. 344−347 재구성.

99 James S. Kakalik & Sorrel Wildhorn, *The Private Police: The Context of Growth* (Grane Russak and Company Inc., 1972), pp. 17−20.

100 W. C. Cunningham & Todd H. Taylor, *Private Security and Police in America* (The Hallcrest Report) (Portland, OR; Chancellor Press, 1985), p. 111.

수익자부담 이론	• 수익자부담이론(Profit Oriented Enterprise Theory)은 경찰의 역할이 개개인의 안전과 사유 재산을 보호하는 것이라는 일반적 통념을 거부하면서 등장하였다. • 경찰의 공권력은 거시적 측면에서 질서유지와 체제수호 등과 같은 역할과 기능으로 한정하 고 사회구성원 개개인의 사적 차원이나 여타 집단과 조직 등의 안전과 보호는 결국 해당 개인이나 조직이 담당해야 한다는 이론이다.
공동생산 이론	• 공동생산이론(Co-Production Theory)은 민간경비와 시민 그리고 경찰이 치안서비스 제공 에 함께 기여한다는 이론이다. • 치안서비스 공동생산 모형은 경찰(Publice Police)·시민(Citizen)·민간경비(Private Security) 의 삼자구도(Tripartite Structure of Co-production)의 관계로 나타난다.
지역사회 경찰활동	• 지역사회경찰활동(COP: Community Oriented Policing)은 경찰은 지역사회의 하나의 구성 원이며, 지역사회와 친밀한 관계를 유지하기 위한 제반활동을 의미한다. • 전통적 경찰활동을 극복하기 위한 대안으로 제시된 지역사회경찰활동은 민간경비와의 협력 을 증진시키게 되었으며, 지역사회 범죄예방활동에 있어서 민간경비의 역할이 더욱 중요하 게 되면서 민간경비가 발전하게 되었다.

제**2**장 수사경찰

제1절 수사경찰 개관

1 수사경찰의 의의

1 수사의 개념

수사는 영어로 'Investigation'인데 이는 라틴어의 'Vestigare'에서 유래한 것이다. 수사는 증거를 찾기 위해 범인이 남긴 자취를 추적하거나^{Trace}, 범인의 도주로를 찾아 그 발자국을 따라가는^{Track} 일련의 활동이다.**101** 따라서 범죄수사^{Criminal Investigation}의 본래 의미는 '범인을 추적하는 활동'이라고 볼 수 있다.**102**

영·미법계와 다른 대륙법계 형사법의 영향을 많이 받은 우리나라는 수사의 개념에서 '공소의 제기와 유지'를 수사의 목적으로 강조하고 있다. 일반적으로 수사는 다음과 같은 특징을 가지고 있다.**103**

첫째, 수사는 수사기관의 활동이다. 수사는 수사에 종사하는 검사나 사법경찰관리가 행하는 활동이다. 따라서 형사의 유류품 수거, 검사의 피의자 조사, 특별사법경찰관리의 참고인 조사 등은 수사이다.

하지만 검사가 소송당사자로서 하는 피고인신문과 증인신문, 일반인의 현행범 체포,

---

101 Wayne W. Bennett & Karen M. Hess, *Criminal Investigation(7th ed.)* (Belmont, CA: Wadsworth/Thomson Learning, 2004), p. 4.
102 전대양b, 「범죄수사」(서울: 21세기사, 2009), p. 5.
103 상게서, pp. 6-7.

사설 탐정의 조사 및 행정기관의 조사행위는 수사가 아니다.

둘째, 수사는 수사기관이 범죄혐의가 있다고 생각할 때 개시한다. 수사기관이 수사를 개시할 때는 주관적으로 범죄의 혐의만 있으면 개시한다. 이때 범죄혐의는 객관적 혐의[104]일 필요는 없고, 주관적 혐의만 있으면 충분하다. 따라서 범죄의 주관적 혐의는 수사 개시의 조건이다.

셋째, 수사는 범인을 발견·보전하고 증거를 발견·수집·보전하는 활동이다.

마지막으로 수사는 피의사건에 대하여 공소제기 여부를 결정하기 위한 활동이다. 따라서 ① 불기소처분에 의해 종결되는 경우, ② 고소·고발 사건에 관하여 범죄의 혐의유무를 밝히기 위한 수사기관의 활동, ③ 양형 또는 소송조건의 존부存否에 관한 수사기관의 활동 등도 수사에 해당된다.

수사는 형식적 측면에서는 어떤 수단과 방법을 선택할 것인가 하는 절차적 과정을 중시하면서 합법성과 인권보호 그리고 공공복리의 조화를 추구한다. 실질적 측면에서는 범인은 누구인가, 범행의 수단과 방법은 무엇인가, 수사로 무엇을 명백히 할 것인가를 밝히면서 합리성과 실체적 진실발견을 추구한다.

범죄수사는 기소 후 법원이 진행하는 공판절차와 달리 법률에 정해진 순서대로 진행되는 것이 아니라 검사와 경찰의 합목적적 판단에 따라서 상황에 따라서 다른 순서로 진행된다. 예를 들어 참고인조사를 먼저 할 수도 있고, 피의자신문을 먼저 할 수도 있다.[105]

수사경찰의 자세[106]	
범죄첩보 수집에 노력하라	• 오관의 작용을 극대화하여 관내의 범죄첩보를 수집하라. • 우범지역을 수시로 방문하여 지역내의 동향을 파악하라. • 수집된 첩보는 기록하라. 형사수첩은 형사의 생명이다. • 정보원의 양성과 관리에 노력하라. • 그러나 경미한 범죄를 묵인하는 것을 조건으로 정보원으로 만들거나 정보원의 불법적으로 이용해서는 안 된다.
관내 범죄동향을 파악하라	• 관내의 범죄발생, 검거동향 등을 파악하여 지식화하라. • 우범지역을 설정하고 수시 형사활동을 전개하라. • 동일수법의 범죄 동향과 미신고된 암수범죄의 파악에 노력하라.

---

104 범죄의 객관적 혐의가 있으면 피의자 체포와 구속의 조건이 된다.
105 배종대·이상돈, 전게서, p. 211.
106 경찰대학m, 전게서, pp. 847−848; 경찰청e, 「경찰실무전서」, 2000, pp. 885−886 재구성.

	• 인접 경찰서의 범죄동향에도 주의를 기울여라.
현장중심의 수사를 하라	• 범죄가 발생한 곳에 형사가 있어야 한다. • 현장은 사건과 관련한 증거의 보고이며, 현장에서 얻어진 단서 없이는 범인을 검거할 수 없다. • 현장보존을 철저히 하고 현장감식 및 채증에 만전을 기하라. • 범죄현장은 직접 보고, 직접 듣고, 직접 확인하라.
과학수사를 하라	• DNA분석, 방사성 동위원소 분석 등 수사업무에 관련된 최신 기법과 지식을 체득하라 • 과학적인 증거수집과 감정은 수사경찰의 필수적인 요건이다. • 감정물 채취요령을 숙지하여 발견된 증거물을 유용하게 활용하라.
공조수사를 활용하라	• 혼자서 사건을 해결하고, 공을 독차지 하겠다는 생각은 버려라. • 나보다는 우리가 수사하는 것이 효과적이다. • 수배의뢰를 받는 관서를 배려하고 수배의 필요가 없어졌을 때는 즉시 해제하라. • 수배의뢰를 받았을 때는 내일과 같이 처리하라.
합리수사와 종합수사를 하라	• 선입감에 사로잡혀 육감에 의한 추측만으로 수사를 하지 마라. • 언제나 체계 있는 조직력에 의하여 종합적으로 수사를 진행하라. • 자신의 의견을 고집하기보다는 전체의 의견을 존중하고 따르라.
공소·공판에 대한 배려를 잊지 마라	• 범인의 검거만큼 중요한 것이 피의자에 대한 완벽한 조사와 증거물의 확보이다. • 규정된 절차와 서류작성을 중시하여 검거한 범인이 무죄판결을 받는 경우가 없도록 하라.
수사비밀을 지켜라	• 첩보 제공자와 신고자의 인적사항을 누설하여서는 절대 안 되며, 필요시에는 보호조 치를 하여야 한다. • 피의사건의 공표로 인한 사건관계자의 인권을 침해하지 않도록 하라.
연구하는 자세를 가져라	• 개정되는 법률과 최신 판례를 연구하여 법규위반이나 법리오해를 방지하라. • 새로운 수사기법을 연구하고 도입하라.
기획수사능력을 제고하라	• 수사업무의 백미는 기획수사이다. • 기획수사의 요체는 첩보수집과 보안의 유지이다. • 기획수사는 빠른 해결보다는 완전한 해결을 추구하라.
자체사고를 예방하라	• 범죄피의자는 조사의 대상이자 감시의 대상이다. • 범죄피의자는 심리적으로 불안해하며 항상 도주의 틈을 노리고 있다. • 피의자 송치시에는 호송수단별, 장소별, 상황별 호송업무 원칙을 준수하라.

학자들의 수사에 대한 정의	
베넷과 헤스 (Bennett & Hess)	• 수사란 연역적 추론(Deductive Reasoning)을 기반으로 증거를 발견·수집·보존·감정하여 이를 법정에 제시하면서 범죄를 재구성하는 것이다.[107]
팔미오토(Palmiotto)	• 수사란 범죄사실을 추리하고 탐구하는 과정이다.[108]
웨스튼과 웰스 (Weston & Wells)	• 수사란 과거 시간 속으로 역행하여 밝혀진 사실을 바탕으로 미확인 사실을 규명하고, 궁극적으로 사후조사에서 밝혀낼 수 있는 모든 진실을 결정하는 활동이다. • 범죄의 재구성적 측면을 강조한다.[109]
브랜들(Brandl)	• 수사란 범죄와 관련된 정보를 수집하는 활동이다. • 범죄관련 정보를 취득하는 과정 속에서 범죄수사의 목적을 분명히 해야 함을 강조한다.[110]
이재상	• 수사란 범죄혐의 유무를 명백히 하여 공소제기와 유지 여부를 결정하기 위하여 범인을 발견·확보하고 증거를 수집·보전하는 수사기관의 활동이다.[111]

Police Science

🌐🔍 수사의 정의

• "수사란 범죄증거를 발견·수집·보존·감정하고, 범인을 발견·체포하여 범죄자 처벌을 위한 공소제기와 유지를 위한 수사기관의 활동이다."

Investigation is the activity of an investigative agency to discover, collect, preserve, assesses about criminal evidence and to find and arrest criminals, and to prosecution, maintain criminal charges for punishment of criminals.

2 수사경찰의 법적 근거 및 직무내용 역량

수사경찰의 법적근거에는 「경찰법」, 「경찰관직무집행법」, 「형법」, 「형사소송법」, 「검사와 사법경찰관의 상호협력과 일반적 수사준칙에 관한 규정」, 「범죄수사규칙」, 「수사첩

---

107 Wayne W. Bennett & Karen M. Hess, *op. cit.*, pp. 4−5.
108 Michel J. Palmiotto, *Criminal Investigation(3th ed.)* (Maryland: University Press of America, Inc., 2004), p. 6.
109 Paul B. Weston & Kenneth M. Wells, *Criminal Investigation* (Englewood Cliffs: Prentice−Hall Inc., 1986), p. 1.
110 Steven G. Brandl, *Criminal Investigation: an analytical perspective* (Boston: Person Education Inc., 2004), p. 4.
111 이재상,전게서, p. 179.

보 수집 및 처리 규칙」,「인권보호를 위한 경찰관 직무규칙」,「(경찰청) 피의자 유치 및
호송 규칙」,「(경찰청) 과학수사 기본규칙」등이 있다.

수사경찰의 법적 근거	
수사경찰의 사물관할	• 경찰법(시행 2021. 7. 1.) • 경찰관직무집행법(시행 2022. 2. 3.)
수사경찰의 일반법(작용법)	• 형법(시행 2021. 12. 9.) • 형사소송법(시행 2022. 9. 10.) 등
수사경찰 세부규정	• 검사와 사법경찰관의 상호협력과 일반적 수사준칙에 관한 규정(시행 2021. 1. 1.) • 범죄수사규칙(시행 2022. 5. 3.) • 수사첩보 수집 및 처리 규칙(시행 2021. 9. 16.) • 인권보호를 위한 경찰관 직무규칙(시행 2021. 8. 30.) • (경찰청) 피의자 유치 및 호송 규칙(시행 2021. 7. 15.) • (경찰청) 과학수사 기본규칙(시행 2021. 9. 16.)

수사경찰의 직무내용 역량112		
관리	수사지원	① 정보수집, ② 유관기관 네트워킹, ③ 민원 대응, ④ 상급기관과 파트너십 구축, ⑤ 지원계획 수립
	지능범죄 수사	① 지능범죄사건 추론, ② 효율적 업무분장, ③ 적법한 강제조치, ④ 기획수사계획 수립, ⑤ 민원 대응, ⑥ 수사과정 지휘
	형사	① 유관기관 네트워킹, ② 수사과정 지휘, ③ 수사긴급배치, ④ 부서원 고충해소 등 관리
실무	수사지원	① 유치장 점검 및 지도, ② 자료관리 및 문서화, ③ 정보분석, ③ 상황 대응, ⑦ 지원계획 집행
	지능범죄 수사	① 증거관리, ② 증거수집, ③ 지능범죄사건 추론, ④ 심문, ⑤ 적법한 강제조치, ⑥ 민원 대응
	형사	① 증거수집, ② 첩보 수집, ③ 현장 상황 문서화, ④ 심문, ⑤ 피의자 특정 및 여죄 확인, ⑥ 고소·고발 사건 처리

---

112 경찰청j, 전게서, pp. 9-10.

🌐 미국경찰의 긴급한 상황[Exigency Circumstance]하의 영장주의 예외[113]

- 미국의 수사기관은 경찰관 또는 시민들의 신체적인 손상[Physical Harm]을 방지할 필요가 있거나, 증거와 관련된 것을 인멸할 우려가 있는 경우, 용의자가 도주의 우려가 있는 경우, 적법한 법집행을 방해할 현저한 우려가 있는 경우 등 긴급한 상황에 의거하여 영장주의의 예외로서 영장없이 수색할 수 있다.[114]
- 긴급한 상황의 여부를 판단하기 위해 수사기관이 고려해야 할 사항은 다음과 같다. ① 긴급한 상황의 정도[The Degree of Urgency Involved], ② 영장을 발부 받기 위해 걸리는 시간[The Amount of Time Necessary to Obtain a Warrant], ③ 증거의 인멸[Removed or Destroyed]이 임박한 경우, ④ 사건 현장의 위험 발생 가능성[The Possibility of Danger at the site], ⑤ 밀수품 또는 증거들을 소지한 자가 경찰관이 추적하는 정보를 인지 한 경우, ⑥ 밀수품 또는 증거들을 폐기 또는 파괴할 수 있는 준비가 된 경우 등이다.

3 수사구조론

범죄혐의가 인정되어 수사가 개시된 후 수사가 종결될 때까지의 수사절차에는 검사, 사법경찰관리, 피의자, 그리고 법관 등의 4자가 상호 관련하여 활동하게 된다. 수사구조론은 피의자를 단순한 수사객체로만 파악해서는 안 되고 그의 인권 및 방어권을 보장할 수 있는 구조를 갖추어야 한다는 논의에서 시작되었다.[115] 이는 일본의 평야平野 교수가 주장한 것으로 그는 수사구조를 규문적 수사관과 탄핵적 수사관으로 구분하였다.

규문적 수사관은 수사절차가 검사를 주재자로 하고, 피의자는 조사의 객체에 불과하며, 법원이 발부하는 영장은 허가장의 성격을 갖는다고 한다. 이에 반하여 탄핵적 수사관은 제3의 기관인 법관이 개입하는 것인데, 피의자는 독자적인 방어활동이 가능하며, 법원이 발부하는 영장은 명령장의 성격을 갖는다고 보고 있다.

또 하나의 수사구조론은 소송적 수사관이다. 이는 검사를 정점으로 하여 사법경찰관리와 피의자가 서로 대립하는 구조인데, 피의자는 수사의 객체가 아니라 수사의 주체로 된다.

---

113 김학신, "디지털 범죄수사와 기본권에 관한 연구" 「치안정책연구소 2009-04 책임연구보고서」 2009, p. 72.
114 United States v. McConney, 728 F.2d 1195, 1199 (9th Cir. 1984).
115 손동권·신이철, 「새로운 형사소송법」(서울: 세창출판사, 2013), p. 161.

범죄수사 가능성의 3대 근거[116]	
범죄는 인간의 행동이다	• 범죄수사가능성은 범죄가 흔적을 남긴다는 대전제를 기본으로 한다. • 인간의 생물학적·심리학적 징표에 관한 흔적(혈액, 정액, 수법 등)을 남기게 된다.
범죄는 사회적 행동이다	• 사회적 제반 법칙에 따른 흔적(도구입수, 목격자 등)을 남기게 된다.
범죄는 자연현상을 수반한 행동이다	• 범죄는 자연현상 속에서 이루어지므로 반드시 자연과학적 법칙에 따른 흔적 (현장의 변화, 지문, 족적 등)을 남기게 된다.

Police Science

🌐🔍 범죄수사의 2과정(상승과정과 하강과정)

- 범죄수사는 2가지의 서로 성질이 다른 단계의 과정을 통하여 이루어진다. 그 제1단계는 하강과정이라고 하는데, 수사관 자신이 사건의 진상을 확인하는 과정이다. 제2단계는 상승과정이라고 하는데, 수사관의 수사결과 얻은 판단이 정당하다는 것을 입증하여 재판관의 심증형성을 달성하기에 필요한 증거를 수집·정리하는 과정이다.[117]
- 이는 수사를 마치 '우물을 파는 공사'에 비유할 수 있다. 땅을 파고 내려가서 지하수를 발견(사건의 진상파악)하는 것과 그 지하수가 음료수로서 적합한가 여부를 권위 있는 수질감정기관(재판관)에게 감정을 받는 것과 같다고 보는 것이다.
- 그래서 지하수(범인과 범죄사실)를 발견하고 확인하는 과정을 우물파는 공사에서 지하로 파내려가는 공사에 비유하여 '하강과정'이라고 하고, 우물의 지하수 발견이 끝나면 축대를 쌓아올려 우물을 만드는 작업에 비유하여 발견·수집된 자료와 증거를 정리하는 과정을 '상승과정'이라고 한다.
- 하강과정에서 수사는 수사관이 자유자재로 진전시킬 수 있으나, 상승과정의 수사에서는 모든 자료와 증거를 정비하여 완전히 수사를 성공시키지 않으면 안 된다. 하강과정에서의 진상파악이 상승과정에서 배척된다면 범인을 처벌할 수 없게 된다.[118]
- 상승과정은 귀납적 추리이며, 다수의 사실로써 하나의 결론을 추론한다.
- 하강과정은 연역적(전개적) 추리이며, 하나의 사실로써 다수의 가능한 사실을 추론한다.
- 여러 명의 범죄 용의자 중에서 가장 합리적인 추론을 통해서 진짜 범인이 누구인지를 추론하는 방법은 주로 귀납적 추리를 사용하는 상승과정에서 이뤄진다.

---

116 경찰대학e, 「범죄수사론」, 2004, p. 14.
117 윤경익 편저, 「수사실무총람」(서울: 육법사, 1990), p. 54.
118 상계서, pp. 54−55.

2 ‖ 수사경찰의 철학

1 수사의 기본이념

수사의 기본이념은 ① 실체적 진실의 발견, ② 기본적 인권의 보장이다. 양자는 수사 절차 뿐만 아니라 형사소송절차 전체를 관통하는 기본이념이라고 할 수 있다. 기본적 인 권을 보장하기 위해서 임의수사를 원칙으로 하고, 강제수사는 법령에 특별한 규정이 있 는 경우에만 예외적으로 허용하고 있다. 범죄수사의 주요 목적은 범죄사실을 규명하여 범인을 체포하고 적절한 형벌 법령을 적용하여 유죄판결을 받게 하는 것이다.[119]

실체적 진실발견을 제한하는 한계	
사실상의 제약	• 인간의 능력, 시간, 비용에 따른 한계
인권보장을 위한 한계	• 피의자의 진술거부권, 임의성 없는 자백의 증거능력 부정, 영장주의, 불이익 변경금지의 원칙, 야간 압수·수색·검증의 제한 등
초(超) 소송법적 제약	• 군사상 비밀, 업무상 비밀에 대한 증언·압수·수색의 제한 • 공무상, 업무상 비밀에 속하는 사항 • 근친자의 형사책임에 불이익한 사항 증언 거부 등
적정절차의 요구에 의한 한계	• 급한 경우에도 적정절차 준수의무 • 위법수집증거의 증거능력 제한
재판의 신속에 의한 한계	• 구속기간의 제한, 공소시효 등

Police Science
🌐 수사격언

• "범죄 수사관에게는 형법과 형사소송법 그리고 범죄수사 기법에 대한 광범위한 지식이 필 요하다."

Criminal investigators need broad knowledge of such topics as criminal law, criminal procedure, and investigative techniques.

— 미셸 팔미오토Michael J. Palmiotto 「범죄수사Criminal Investigation」 中에서

---

119 김제덕, 「형사실무 I」(서울: 한국고시학회, 1995), p. 15.

- "수사관이 자신의 직무를 정확하게 수행하기 위해 필요한 덕목 가운데 하나는 인간에 대한 심오한 지식이다."

  – 한스 그로스(1847 – 1915) 「범죄수사」^{System der Kriminalisik}(1893) 中에서

Police Science

🌐 전임수사관제도와 수사관 자격관리제도

- 경찰은 '수사 경과자는 수사부서에서 일하게 한다'는 원칙을 갖고 있다. 수사 경과자란 매년 1회 진행되는 시험을 통과해 수사·형사·사이버·여청 등 수사부서에서 근무할 수 있는 자격을 가진 사람이다.
- 경찰은 수사 역량 강화를 위해 수사 경과자 중에서 전임수사관을 선발하고 있다. 경찰청은 2021년 12월 제1회 전임수사관 선발 일정을 진행했다.
- 전임수사관은 수사부서에서 근무 중인 수사 경과자 중 경위 – 경정 계급, 실제 수사경력 7년 이상 또는 최근 10년간 수사경력 8년 이상 수사관 중에서 선발한다.
- 각 시·도경찰청별로 선발 요건을 충족한 수사관 중 30%가 전임수사관으로 선발된다. 경찰은 팀장 자리가 공석일 경우 전임수사관을 우선 배치해 전임수사관 비중을 높이고 있다.
- 경찰은 수사 전문성 확보 등을 위한 '수사관 자격관리제도'도 시행하고 있다.
- 수사관 자격관리제도란 수사관을 책임·전임·일반·예비 등으로 구분해 단계별로 각종 인센티브를 제공하는 것을 말한다.
- 가장 높은 책임수사관은 인사시 우선권 등을 부여 받는다. 이들은 수사 경력 10년 이상 수사관들로 시험을 통과해야 한다.

---

3 ‖ 수사경찰의 제반 원칙

1 범죄수사 가능성의 3대 근간

범죄수사가 가능한 것은 범죄는 어떤 형태로든 흔적을 남긴다는 데 있다. 모든 범죄가 왜 흔적을 남기게 되는가? 그것은 인간의 3가지 행위범칙 때문이다. 이를 범죄수사 가능성의 3대 근간이라고 한다.

범죄수사 가능성의 3대 근간[120]	
범죄는 인간의 행동이다	• 인간은 생물학적·심리학적 징표에 관한 흔적을 남긴다. • 혈액, 정액, 동기, 수법, 언어 등
범죄는 사회적 행동이다	• 인간은 사회적 법칙에 따른 흔적을 남긴다. • 도구 입수, 목격자, 소문 등
범죄는 자연현상을 수반하는 행동이다	• 범죄는 자연현상 속에서 이루어진다. • 필연적으로 자연과학적 법칙에 따른 흔적을 남긴다. • 물건이동, 족적, 지문, 현장의 변화 등

2 범죄수사의 3대 원칙

범죄수사의 3대 원칙에는 ① 신속착수의 원칙[Speedy Initiation], ② 현장보존의 원칙[Scene Preservation], ③ 공중협력의 원칙[Support by Public]이 있다. 이를 '3S의 원칙'이라고 한다.

범죄수사의 3대 원칙[121]	
신속착수의 원칙 (Speedy Initiation)	• 범죄수사는 신속히 착수하여 죄증이 인멸되기 전에 수사를 수행·종결해야 한다는 원칙이다. • 살인사건은 2주일 이내에 단서를 발견하지 못하면 수사가 미궁에 빠질 우려가 있 으므로 수사는 신속히 착수하여야 한다.
현장보존이 원칙 (Scene Preservation)	• 범죄현장은 증거의 보고이므로 자연적·인위적 원인에 의한 현장변경을 막아야 한 다는 원칙이다. • 살인·강도·방화 등과 같이 임장수사(臨場搜査)를 요하는 강력범죄의 수사성패는 현장보존원칙의 준수여부에 달려있다.
공중협력의 원칙 (Support by Public)	• 범죄수사는 시민의 협력 없이는 곤란하므로 시민과 좋은 협력관계를 유지하여야 한다는 원칙이다. • 중요범인을 신고하여 검거하게 한 시민에게 신고자 보상금을 지급하는 것도 이 원 칙과 관련된다.

---

120   이은영·서봉성 외, 「경찰수사론」(서울: 박영사, 2017), pp. 12－13.
121   전대양b, 전게서, pp. 47－48 재구성.

3 수사의 기본원칙

범죄수사의 기본 원칙에는 ① 임의수사의 원칙, ② 강제수사법정주의, ③ 영장주의, ④ 수사비례의 원칙, ⑤ 자기부죄 강요금지의 원칙, ⑥ 수사비공개의 원칙, ⑦ 제출인 환부의 원칙 등이 있다.

범죄수사의 기본원칙[122]	
임의수사의 원칙	• 수사의 방법은 임의수사를 원칙으로 하고 강제수사는 형사소송법에 규정이 있는 경우에 한하여 예외적으로 인정된다는 원칙 • 무죄추정의 원칙 또는 필요최소한도의 법리에서 파생 • 임의수사원칙이 임의수사 자유의 원칙을 의미하는 것은 아니므로 일정한 제한을 가한다.
강제수사 법정주의	• 수사기관의 강제처분은 형사소송법에 특별한 규정이 있는 경우에 한해서 허용된다는 원칙 • 헌법상의 원칙으로, 강제처분에 대한 법률적 제한을 내용으로 한다.
영장주의	• 법원 또는 법관이 발부한 적법한 영장이 없으면 강제처분을 할 수 없다는 원칙 • 강제수사에는 원칙적으로 영장주의가 적용되며, 예외적으로 영장주의가 적용되지 않는다.
수사비례의 원칙	• 수사의 결과에 따른 이익과 수사로 인한 법익침해가 부당하게 균형을 잃어서는 안 된다는 원칙 • 강제수사뿐만 아니라 임의수사에도 적용된다. • 강제처분을 위한 실력행사뿐만 아니라 수사권의 발동에도 적용된다. 따라서 경미사건을 입건하는 것은 이 원칙에 반한다.
자기부죄 강요금지의 원칙	• 헌법상 자기부죄거부의 특권이 인정되고, 형사소송법에서 진술거부권을 인정 • 고문의 절대적 금지는 이 원칙과 관련되어 있다.
수사비공개의 원칙	• 수사의 개시와 실행은 공개하지 않는다는 원칙 • 범인의 발견·검거 또는 증거의 발견·수집·보전뿐만 아니라, 관계자의 인권보호를 위하여 필요 • 사건의 검찰송치 후에도 검사의 공소제기 전까지는 내용을 공개하지 않는 것이 원칙이다. 만약 기소 전에 공표한 경우에는 피의사실공표죄를 구성한다. • 수사의 밀행성이 보장되어야 한다.
제출인 환부의 원칙	• 압수물의 환부는 피압수자 또는 제출인에게 환부하여야 한다는 원칙 • 압수장물의 경우에는 예외적으로 피해자환부를 인정한다.

---

[122] 이은영·서봉성 외, 전게서, pp. 47-48.

4 범죄수사상 준수원칙

범죄수사상 준수원칙에는 ① 선증후포先證後捕의 원칙, ② 법령준수의 원칙, ③ 민사관계 불간섭의 원칙, ④ 종합수사의 원칙 등이 있다.

범죄수사상 준수원칙123	
선증후포(先證後捕)의 원칙	• 선 증거수집, 후 체포의 원칙 • 사건에 관하여 먼저 조사하고 증거를 확보한 후에 범인을 체포하라는 원칙
법령준수의 원칙	• 형사법 규정을 숙지하고 이를 철저히 준수하는 원칙
민사관계 불간섭의 원칙	• 수사는 형사사건에 한하여 행하여야 한다는 원칙 • 단, 사기죄·배임죄 등과 같이 민사와 형사가 교차하는 경우에는 수사가능
종합수사의 원칙	• 모든 정보자료·수사자료를 종합하여 상황을 파악 • 모든 기술과 지식·조직을 동원하여 체계적이고 조직적인 종합수사를 행하여야 한다는 원칙

5 수사실행의 5대 원칙

수사실행의 5대 원칙에는 ① 수사자료 완전수집의 원칙, ② 수사자료 감식·검토의 원칙, ③ 적절한 추리의 원칙, ④ 검증적 수사의 원칙, ⑤ 사실판단 증명의 원칙 등이 있다.

수사실행의 5대 원칙124	
수사자료 완전수집의 원칙	• 수사실행의 제1원칙으로, 사건에 주어진 모든 수사자료를 완전히 수집하여야 한다는 원칙
수사자료 감식·검토의 원칙	• 수집된 자료를 면밀히 감식·검토하여야 한다는 원칙 • 과학적 감식 등 시설·장비를 효과적으로 활용
적절한 추리의 원칙	• 추측시에 수집된 자료를 기초로 합리적인 판단을 하고, 추측은 가상적 판단이므로 그 진실성이 확인될 때까지는 추측을 진실이라고 주장·확신해서는 안 된다는 원칙

---

123 전대양b, 전게서, p. 49 재구성.
124 경찰공제회d, 「경찰실무종합」, 2012, p. 382; 전대양b, 전게서, pp. 49-55. 재구성.

검증적 수사의 원칙	• 추측의 정당성을 결정하기 위해 각각의 추측을 모든 각도에서 검토해야 한다는 원칙 • 진행순서: 수사사항의 의결 → 수사방침 수립 → 수사실행
사실판단 증명의 원칙	• 수사관의 판단(주장)의 진실성이 증명되기 위해서는 누구에게나 진위가 확인될 수 있어야 한다. • 판단(주장)이 언어나 문자로 표현되고 판단의 근거를 제시해서 객관화하여야 한다는 원칙 • 판단은 일정한 형식으로 표현할 것 • 판단이 진실이라는 이유와 근거를 입증할 것

4 ║ 분야별 수사활동

1 생활안전기능

여성·아동·청소년범죄의 수사는 생활안전경찰의 활동을 통해서도 수행된다. 따라서 여성·아동·청소년범죄의 수사는 생활안전기능의 업무이다.

2 교통기능

교통사고가 발생한 경우의 사고수사는 원칙적으로 경찰서의 교통사고처리반과 같은 교통기능에서 수행한다. 이러한 활동에는 형사책임의 규명 외에도 교통법령위반에 대한 행정처분, 기타 사고의 재발방지를 위한 원인 조사 등도 포함된다.

3 안보기능

안보경찰은 간첩 등 방첩수사, 좌익사범에 관한 수사 등을 담당한다.

4 외사기능

외사경찰은 국제조약 등에서 정하고 있는 범죄, 국내에서 발생한 범죄가 인적·장소적으로 2개국 이상 관련되거나 조직화하여 행해지는 국제성 범죄, 출입국관리법·여권법·외국환거래법 등 위반사범 등을 수사한다. 외국인 또는 외국인과 관련된 범죄수사도 외사기능에서 담당한다.

Police Science

🌐🔍 정보기능과 수사

- 경찰의 수사업무는 다양하여 수사과·형사과 외에 경찰서의 관련 기능에서 이루어지고 있는데 정보기능은 수사기능이 없다.

수사의 해당성 여부[125]		
수사 ○	수사 ×	
· 피의자조사 · 특별사법경찰관리의 참고인 조사 · 불기소처분에 의한 종결 · 양형 또는 소송조건 존부에 관한 조사 · 공소제기를 위한 활동 　- 피고인조사 　- 참고인조사 　- 임의제출물의 압수	수사기관 이외의 활동	· 사인의 현행범인 체포 · 사설탐정의 조사 · 행정기관의 조사행위
	수사개시 이전의 활동	· 내사 · 불심검문 · 변사체의 검시

---

125 이은영·서봉성 외, 전게서, p. 4 재구성.

1 ‖ 수사운영방향 설정

수사운영방향에는 수사계획, 수사지휘, 일상 수사관리상 배려해야 할 중점사항 등이 있다.

첫째, 수사계획에는 ① 범죄실태의 파악, ② 검거목표의 설정, ③ 수사방법의 결정, ④ 수사반의 편성과 운용 등이 있다.

둘째, 수사지휘에는 ① 사건지휘, ② 수사요원에 대한 지휘, ③ 영장신청 등이 있다.

셋째, 수사관리상 배려해야 할 중점사항에는 ① 사건처리, ② 초동수사태세의 정비, ③ 서장 등에 대한 보고, ④ 유치장 관리, ⑤ 수사업무의 합리화 등이 있다.

2 ‖ 수사계획

수사계획에는 ① 범죄실태의 파악, ② 검거목표의 설정, ③ 수사방법의 결정, ④ 수사반의 편성과 운용 등이 있다.

첫째, 범죄실태의 파악에는 관내의 범죄발생경향을 파악한다. 특히 중요 특이사건의 실태를 파악한다. 형사대책도, 침입 도범 피해일람표 등을 통해서 일관성 있는 실태파악을 위해서 노력한다.

둘째, 검거목표의 설정은 중요범죄, 흉악범죄, 연속 동일수법 범죄 등으로 주민이 해결되기를 가장 바라고 있는 사건을 중심으로 설정한다.

셋째, 수사방법의 결정은 밀행, 은신, 잠복, 재임장, 장물수사, 수법수사, 전과자에 대한 집중수사 등 수사방법의 검토 및 결정을 말한다.

마지막으로 수사반의 편성과 운영은 경찰서 단독 수사, 합동수사, 종합시책의 추진 등이 있다. 일반적으로 확대간부회의를 통해서 합동수사 체제를 갖춘다. 합동수사를 필요로 하는 자료를 정리하여 관계 과와 계에 전파한다.

3 ║ 수사지휘

수사지휘에는 ① 사건지휘, ② 수사요원에 대한 지휘, ③ 영장신청 등이 있다.

첫째, 사건지휘의 기본은 합법성과 타당성이다. 수상방침(수사의 중점사항)을 통해서 사건의 가치를 판단하여 강제수사, 임의수사를 구분하고 처리방식을 명시한다. 사건의 규모, 양상 등을 판단하여 수사의 착수(체포)시기, 공범자의 검거순서 등에 대하여 구체적으로 지휘한다.

둘째, 수사요원에 대한 지휘는 수사목표와 임무분담 그리고 담당구역을 명확히 지시한다. 수사의 진전에 따라 수사요원의 증감과 집중운용 그리고 중점배치를 검토한다.

셋째, 영장신청은 체포와 구속영장 그리고 압수와 수색영장 청구가 있다. 체포와 구속영장 청구시에는 수사의 단서를 우선 검토한다. 이후 단정할 만한 증거가 파악한다. 피의사실, 적용죄명 및 벌칙조항이 소명자료에 의해서 뒷받침되고 있는지를 검토한다. 압수 및 수색영장 청구시에는 장소와 물건의 특정을 소명할 자료를 검토한다.

기타 지명수배를 하는 경우, 영장의 유효기간에 주의하고 영장의 재발부 또는 해제사유를 확실히 파악한다.

4 ║ 수사관리상 배려해야 할 중점사항

수사관리상 배려해야 할 중점사항에는 ① 사건처리, ② 초동수사태세의 정비, ③ 서장 등에 대한 보고, ④ 유치장 관리, ⑤ 수사업무의 합리화 등이 있다.

첫째, 사건처리는 송치서를 검토한 후 일시·장소·인명, 또는 공범 상호진술의 불일치와 모순점이 없는지를 검토한다.

둘째, 초동수사태세의 정비는 돌발사건에 대비하여 수사요원의 소집방법, 긴급배치, 통보연락, 현장에서의 임무분담(현장보존, 현장관찰, 부근의 탐문, 관계자의 조사 등) 등을 확인한다.

셋째, 서장 등에 대한 보고는 요점, 문제점 등을 추출하여 사실대로 보고한다. 특별조치를 필요로 하는 문제에 대해서는 조치요령 및 상황 추정 등을 보고하고, 필요한 의견을 올려 지휘를 받는다.

넷째, 유치장관리는 출입구와 창문의 시정장치 등을 점검한다. 유치인명부와 유치인을 대조하여 점호한다.

마지막으로 수사업무의 합리화는 수사서류 작성요령 등을 지도한다. 관계 문서는 누구라도 알기 쉽게 일정한 장소에 보관한다.

제3절 | 수사경찰의 업무분장

1 || 일반수사 및 형사활동

일반범죄의 수사는 수사의 단서에서 시작하여 수사착수, 현장관찰, 수사방침수립, 수사실행, 사람과 물건 등의 조치·조사·송치의 단계적 과정에 따라 진행된다.

1 내사

내사는 수사의 전단계로서 범죄혐의 유무를 조사할 가치가 있는 내용이 있을 때 그 진상을 밝히기 위하여 입건하지 않고 조사하는 단계를 말한다. 조사결과 범죄혐의가 있으면 범죄인지보고서를 작성하여 입건하고, 범죄혐의가 없거나 입건의 필요가 없을 때는 경찰서장의 결재를 받아 내사를 종결한다.

Police Science

🔍 수사기관의 수사와 내사

- 일반적으로 수사개시 이전의 활동인 내사, 경찰관의 불심검문, 변사체의 검시, 경찰관의 주택가 순찰 등은 엄격한 의미에서 수사가 아니다. 내사란 범죄에 대한 소문, 언론보도, 익명의 신고 등이 특정의 범죄와 어떻게 연관되어 있는지를 수사착수 이전에 조사하는 것을 말한다.
- 내사결과 범죄에 대한 주관적 혐의가 있으면 수사를 개시한다. 따라서 내사는 넓은 의미의 수사에는 포함된다. 좁은 의미의 수사는 수사개시 이후의 수사기관의 활동을 의미한다.

2 수사의 개시

수사기관이 사건을 수리하여 수사를 개시하는 것을 입건이라 한다. 입건에 의하여 혐의자는 피의자가 되고, 수사에 착수한 때에는 범죄인지보고서를 작성하여야 한다. 입건의 원인은 내사를 통한 범죄의 인지, 고소·고발의 접수, 자수·자복, 변사체검시, 검사의 수사지휘, 다른 사법경찰업무 취급관서로부터의 이송사건 수리 등이다.

3 수사의 실행

수사는 수사방침의 수립 후 수사의 실행으로 이어진다. 수사방침의 수립은 수사의 실행 전에 현장에서 수집된 여러 가지 자료를 검토하여 수사를 어떠한 방향으로 전개할 것인가를 결정하는 것을 말한다.

수사방침 수립시에는 수사회의를 개최하여 다수인의 의견을 들어야 한다. 그리고 수사 진전에 따라 신빙성 있는 수사자료가 발견되는 등 사정변경이 있는 경우에는 수사방침을 변경시켜야 한다.

수사의 실행방법	
행적수사	• 현장 및 그 부근에서부터 범인의 행적을 수사하는 것
탐문수사	• 수사관이 범죄를 탐지하거나 또는 범죄수사를 행함에 있어서 범인 이외의 제3자로부터 범죄에 대하여 견문 또는 직접 체험한 사실을 탐지하기 위하여 행하는 수사
감(鑑)수사 감별수사	• 현장상황과 피해자의 생활상태 등으로 보아 범인은 피해자 또는 주변 지역을 잘 아는 자인가를 밝히는 방법
수법수사	• 범인의 침입·도주 방법, 범행전후의 사정, 수단·방법을 살피는 방법
유류품수사	• 범죄현장에서 범인이 떨어뜨린 것을 중심으로 하는 수사
장물수사	• 범죄의 피해품을 확정하고 종류, 특징을 명백히 함과 아울러 그 이동경로에 따라서 장물수배, 불심검문 등을 행하여 범인을 발견하고자 하는 수사 • 도범수사에 있어서 기본적인 수사방법
알리바이 수사	• 알리바이는 범죄의 혐의자가 범죄가 행하여진 시간에 범죄현장 이외의 장소에 있었다는 사실이 명확하여 범죄현장에 있지 않았다는 사실을 증명하는 '현장부재증명'을 말하며, 이를 밝혀내는 수사

미행·잠복 수사	• 미행은 범인, 용의자 또는 우범자, 관계자를 상대자로부터 감지당하지 않으면서 추적·감시 하는 것을 말함 • 잠복수사는 일정한 장소 또는 특정지역에서 계속적으로 은신하여 비밀리에 감시하는 것
통신수사	• 휴대전화 착·발신지 추적조사, 공중전화 발신지 추적수사 및 감청에 의한 수사활동
감식수사	• 범죄가 행해진 장소에 임장하여 범인의 지문이나 족적, 혈액 등을 수거하여 범인을 발견하 고자 하는 수사 • 과학적 지식·기술과 조직적인 자료·시설을 이용하여 범인을 발견하고 범죄를 입증하는 수 사활동

4 사건의 송치

사법경찰관은 사건의 진상이 파악되고 적용법령·처리의견을 제시할 수 있을 정도가 되면 사건을 검찰청에 송치한다. 사건의 송치로써 경찰의 수사는 일단 종결된다.

사건송치시에는 송치의 이유와 범위를 적은 송치결정서와 압수물 총목록, 기록목록, 범죄경력 조회 회보서, 수사경력조회 회보서 등 관계 서류와 증거물을 함께 송부해야 한다.[126] 사법경찰관은 「형사소송법」 제245조의 5(사법경찰관의 사건송치 등) 제2호 및 이 영 제51조(사법경찰관의 결정) 제1항 제3호(불송치)에 따라 불송치 결정을 하는 경우 불송치의 이유를 적은 불송치 결정서와 함께 압수물 총목록, 기록목록 등 관계 서류와 증거물을 검사에게 송부해야 한다.[127]

「검사와 사법경찰관의 상호협력과 일반적 수사준칙에 관한 규정」 제58조(사법경찰관의 사건송치)에 따른 송치 결정서와 압수물 총목록 그리고 기록목록은 법령의 서식에 따른다. 송치서류는 ① 사건송치서, ② 압수물 총목록, ③ 작성된 서류 또는 물건 전부를 적은 기록목록, ④ 송치 결정서, ⑤ 그 밖의 서류 순서에 따라 편철한다.

---

126 「검사와 사법경찰관의 상호협력과 일반적 수사준칙에 관한 규정」 제58조(사법경찰관의 사건송치) 제1항.
127 「검사와 사법경찰관의 상호협력과 일반적 수사준칙에 관한 규정」 제62조(사법경찰관의 사건불송치) 제1항.

송치서류	
사건송치서	• 피의자, 죄명 등을 기재한 「경찰수사규칙」법령 서식에 따른 사건송치서
압수물 총목록	• 압수원표 총목록에 압제번호·수리연월일·피의자성명 등을 기재하고, 압수물총목록, 사건송치서 또는 범죄인지서, 압수표 및 압수조서 등에 압제번호를 기재
기록목록	• 「형사소송법」제198조(준수사항)에 따라 작성된 서류 또는 물건 전부를 적은 기록목록
송치결정서	• 경찰이 수사한 사건에 대해 범죄 혐의가 있다고 판단할 때 검사가 기소할 수 있도록 검찰에 사건을 넘기는 일을 말한다. • 과거에는 경찰은 검사의 지휘에 따라 수사를 한 뒤 기소의견, 또는 불기소의견을 달아 반드시 검찰에 사건을 송치했다. • 검경 수사권 조정으로 경찰관은 중요범죄를 제외하고는 검사의 지휘를 받지 않고 직접 수사를 한 뒤 사건을 송치할 지 여부를 결정할 수 있게 되면서 송치 여부가 중요해졌다. • 이전에는 고소·고발사건에 대해 경찰의 판단과 검사의 판단 모두를 받아 사건이 처리되지만 현재는 경찰의 판단만으로 사건처리가 끝날 수 있다. • 송치 결정서는 사법경찰관이 작성한다.
범죄경력 조회 회보서	• 범죄경력조회란 수형인명부 또는 전산입력된 범죄경력자료를 열람·대조확인(정보통신망에 의한 열람·대조확인 포함)하는 방법으로 신원 및 범죄경력에 관하여 조회하는 것을 말한다. • 범죄경력조회는 개념상 검찰의 수형인명부를 조회하는 것을 포함하지만, 경찰의 수사자료표를 조회하는 것을 지칭하는 경우가 더 일반적이며, 수사경력조회와 함께 지칭되는 경우가 많다.
수사경력 조회 회보서	• 수사경력조회란 전산입력된 수사경력자료를 열람·대조확인(정보통신망에 의한 열람·대조확인 포함)하는 방법으로 신원 및 수사경력에 관하여 조회하는 것을 말한다.

5 송치 후의 수사

사건 송치 후 여죄가 발견되거나 검사의 보완수사요구가 있는 경우에는 추가적인 수사활동이 전개된다. 검사는 ① 송치사건의 공소제기 여부 결정 또는 공소의 유지에 관하여 필요한 경우, ② 사법경찰관이 신청한 영장의 청구 여부 결정에 관하여 필요한 경우에 사법경찰관에게 보완수사를 요구할 수 있다.[128] 사법경찰관은 검사의 요구가 있는 때에는 정당한 이유가 없는 한 지체 없이 이를 이행하고, 그 결과를 검사에게 통보하여야 한다.[129]

---

[128] 「형사소송법」제197조의 2(보완수사요구) 제1항.
[129] 「형사소송법」제197조의 2(보완수사요구) 제2항.

검찰총장 또는 각급 검찰청 검사장은 사법경찰관이 정당한 이유 없이 검사의 요구에 따르지 아니하는 때에는 권한 있는 사람에게 해당 사법경찰관의 직무배제 또는 징계를 요구할 수 있고, 그 징계 절차는 「공무원 징계령」 또는 「경찰공무원 징계령」에 따른다.[130]

2 ‖ 사이버범죄 수사

경찰은 1995년 '해커수사대'를 창설하고, 1997년부터 '컴퓨터수사대'를 운영하기 시작하였다. 1999년 '사이버범죄수사대'를 설립하고 2000년 '사이버테러대응센터'를 설립하면서 전국적인 사이버수사체제를 구축하였다.

경찰청은 2014년 7월을 기준으로 기존 해킹/바이러스, 인터넷 사기, 사이버폭력, 불법사이트 운영, 불법 복제판매, 기타의 항목으로 사이버범죄를 분류하던 것에서 정보통신망침해 범죄, 정보통신망이용 범죄, 정보통신망이용 불법콘텐츠 범죄의 3가지 항목으로 구분하기 시작하였다.

2022년 기준 경찰청 사이버안전국은 사이버범죄를 ① 정보통신망 침해 범죄, ② 정보통신망 이용 범죄, ③ 불법 콘텐츠contents 범죄 등으로 분류하고 있다. 국내의 사이버범죄 유형은 침해와 이용, 콘텐츠 범죄 등 3개의 틀로 분류하고 있다. 각 유형에 속하는 세부 유형의 범죄로는 정보통신망침해 범죄의 해킹, 정보통신망이용 범죄의 금융, 거래, 저작권 침해, 마지막으로 불법콘텐츠 범죄의 도박, 명예훼손·모욕, 음란물, 스토킹이 있다.[131]

1979년 美법무부 통계국Bureau of Justice Statistics에서는 컴퓨터 데이터의 의미Meaning of the Data, 서비스의 종류Kinds of Services, 프로그램의 목적Purpose of the Program에 따른 컴퓨터 범죄를 소개하였다. 컴퓨터 범죄를 ① 수법Methods, ② 가능한 컴퓨터 범죄자 유형Possible Types of Perpetrators 등에 따라서 12개의 컴퓨터 관련 범죄유형12 Computer-related Crime을 제시하였다.[132]

美통계국의 분류에 따라서 FBI에서는 정보통신망 침입 수법인 트로이목마Trojan Horse

---

130 「형사소송법」 제197조의 2(보완수사요구) 제3항.
131 이소현 외 3인, "사이버범죄 유형별 특징 분석 연구" 「Information Systems Review」, 21(3), 2019, p. 3.
132 Benjamin H. Renshaw & Carol G. Kaplan, *Criminal Justice Resource Manual*, Bureau of Justice Statistics of U.S. Department of Justice, 1979, pp. 9 – 29.

나 컴퓨터에 입력되는 자료를 절취 또는 삭제하는 자료변조^{Data Diddling} 등 컴퓨터 범죄를 12개의 수법위주로 분류하였다.

2022년 기준 美법무부^{DOJ: U.S. Department of Justice} 내 FBI의 사이버수사국^{Cyber Division at FBI}에서는 ① 컴퓨터 기기를 대상으로 한 범죄^{Crimes in which the computing device is the Targe}, ② 컴퓨터를 무기로 이용한 범죄^{Crimes in which the computer is used as a Weapon}, ③ 컴퓨터를 보조 수단으로 이용한 범죄^{Crimes in which the computer is used as an Accessory to a Crime} 등으로 나누고 있다.[133]

경찰의 사이버범죄 분류[134]	
정보통신망 침해범죄	• 정보통신망 침해 범죄는 정당한 접근 권한 없이 또는 허용된 접근 권한을 넘어 정보통신망에 침입하거나 시스템을 포함한 데이터 프로그램을 훼손, 변경한 행위이다. • 정보통신망의 성능저하나 사용불능 등 장애를 발생하게 한 경우도 해당된다. • 침해형 범죄인 해킹이나 계정도용, 자료유출이나 훼손, 서비스거부공격(DDoS 등)과 악성프로그램 유포도 포함된다.
정보통신망 이용범죄	• 정보통신망 이용 범죄는 정보통신망을 범죄의 본질적 구성요건에 해당하는 행위를 주요 수단으로 이용하는 범죄이다. • 인터넷 사기와 직거래 사기, 쇼핑몰 사기와 게임사기 등 인터넷을 이용한 사기가 이에 속한다. • 피싱(Phishing)과 파밍(Pharming), 스미싱(Smishing)과 메모리해킹, 몸캠피싱 등 사이버금융범죄도 이 유형이다. • 전기통신금융사기인 메신저 피싱과 같이 피해자의 컴퓨터나 스마트폰 등 정보통신망을 통하여 피해자로부터 자금을 이체 받거나 소액결제 사기, 그리고 개인·위치정보 침해나 사이버 저작권 침해, 스팸메일 등 기타 정보통신망 이용형 범죄도 이 영역이다.
불법 콘텐츠 범죄	• 불법 콘텐츠 범죄는 정보통신망을 통해 법률에서 금지하는 재화나 서비스 또는 정보를 배포하거나 판매·임대·전시하는 개념이다. • 성적영상물과 아동음란물을 포함한 사이버음란물 유포행위와 스포츠 토토와 경마·경륜·경정 등 사이버도박 행위도 해당된다. • 사이버명예훼손과 모욕, 사이버스토킹 등 개인의 법익에 관한 죄도 불법 콘텐츠범죄이다. 청소년 유해 매체물 미표시와 영리목적 제공, 허위로 주민등록번호를 생성하여 이익을 위해 사용하는 행위도 포함된다.

---

133 신영웅, "사이버범죄에 대한 새로운 유형분류" 「한국공안행정학회보」, 87, 2022, p. 148.
134 정순채, "사이버범죄' 정의와 유형은 무엇인가?" 「아시아타임즈」, 2019.02.14.

FBI의 12개 컴퓨터범죄(12 Computer-related crime) 분류	
1. 자료변조 (Data didding)	• 자료가 최종적으로 컴퓨터에 입력되는 순간에 자료를 절취, 삭제, 변경, 추가하는 방법으로 컴퓨터범죄의 일반적인 수법 중에서 가장 단순하고 안전하며 자료준비원·자료운반원 등 자료에 접근이 용이한 사람들이 주로 이용하는 수법이다.
2. 트로이목마 (Trojan horse)	• 컴퓨터시스템을 불법적으로 원격제어하기 위해 침투시키는 파일 • 자료삭제·정보탈취 등 사이버테러를 목적으로 사용되는 악성프로그램이다.
3. 쌀라미기법 (Salami techniques)	• 어떤 일을 정상적으로 수행하면서 관심 밖에 있는 조그마한 이익을 긁어모으는 수법으로서 금융기관의 컴퓨터 체계에 이자계산시 단수 이하의 적은 금행을 특정계좌에 모으게 하는 방법 등을 사용한다.
4. 슈퍼재핑 (Super zapping)	• 슈퍼재핑이란 컴퓨터가 작동정지되어 복구나 재작동절차에 의하여 해결할 수 없을 때 사용하는 만능키와 같은 프로그램인데 이 프로그램의 강력한 힘을 이용 부정을 행하는 것으로서 이 수법은 체계프로그래머나 오퍼레이터에 의해 주로 사용된다.
5. 트랩도어(Trap door)	• 정상적인 인증과정을 거치지 않고 프로그램에 접근하는 일종의 통로 • 프로그램개발과정에서 프로그램 검증을 위해 프로그램을 수정할 수 있는 명령이 끼워 넣어져 있는 것을 삭제하지 않고 범행에 이용하는 방법이다.
6. 부정명령은닉 (Logic bomb)	• 프로그램에 어떤 조건을 넣어주고 그 조건이 충족될 때마다 자동으로 부정행위가 이루어지도록 하는 것으로 프로그래머나 프로그램을 이해하고 실제로 이를 실행할 수 있는 지식을 가진 종사원, 용역계약자 등이 사용할 수 있는 수법이다.
7. 비동기성의 이용 (Asynchronous attacks)	• 프로그램이 실행되고 있지 않을 때 정상적인 데이터나 코드를 변경하는 간접적인 공격 • 컴퓨터 운영체계의 비동기성을 이용하여 범죄를 저지르는 것이다.
8. 스카벤징 (Scavenging)	• 컴퓨터가 작업수행이 완료된 후 체계 주변에서 정보를 획득하는 방법(일명 쓰레기 주워모으기)으로 주로 컴퓨터 체계 접근이용자들이 사용한다.
9. 데이터 삭제 (Data Leakage)	• 컴퓨터시스템 또는 컴퓨터 시설에서 데이터 또는 데이터 복사본을 제거하는 수법이다.
10. 전송시 은닉과 위장 (Piggy backing and impersonation)	• 정규의 절차를 거쳐서 사용되고 있는 단말기의 회선을 전환시켜 자격이 없는 단말기에 연결·부정하게 컴퓨터를 사용하거나 사용허가를 받지 않은 자가 유적격자를 가장하여 컴퓨터를 부정사용하는 방법으로 컴퓨터 무단사용에 해당한다.
11. 부정접속 (Wire tapping)	• 데이터 통신회사에 불법적으로 선로를 접속시켜 단말기 등을 연결·조작하여 자료를 절취하거나 컴퓨터를 부정사용하는 방법이다.

12. 시뮬레이션 모델링 (Simulation & modeling)	• 컴퓨터를 정상적인 시험이나 시뮬레이션을 하는 것처럼 하면서 실제로는 컴 퓨터를 범행도구로 이용하여 부정행위를 자행하는 수법이다.

최근의 신종범죄	
피싱사기	• 피싱사기는 일반적으로 임무를 분담하는 복수의 자들에 의해 수행되는 지능범죄이다. • 인솔책이나 전달책과 같은 인력이나 대포통장과 같은 자원을 모집하거나 수집한다. • 범죄자 및 범죄수익의 추적을 어렵게 하는 대포통장을 수집하거나 피해자들을 기망하기 위하여 웹상에 관련 게시글이나 광고글 등을 공개적으로 게시하기도 한다.
메신저피싱	• 메신저피싱은 카카오톡 등 메신저를 이용하여 피해자의 지인인 것처럼 행동하면서 금전을 요구하고 이를 가로채는 신종 사기이다. • 메신저피싱은 전체 사이버 금융범죄 중 가장 많은 비중을 차지한다.

3 ‖ 과학수사

과학수사Forensic Science란 과학적으로 검증된 지식·기술·기법·장비·시설 등을 활용하여 객관적 증거를 확보하기 위한 수사활동을 말한다.[135] 과학수사는 과학적 지식과 과학기구 및 시설을 이용하는 수사방법을 말한다. 과학적 지식에 활용되는 학문은 생물학, 화학, 물리학, 생화학, 독물학, 혈청학, 범죄학, 사회학, 철학, 논리학, 법의학 등 다양하다.

범죄감식이란 각종 과학장비를 통하여 복잡다양한 범죄의 과학적 해결을 뒷받침하는 활동을 말한다. 범죄감식의 목적은 진범 여부의 판단, 실체적 진실발견, 수사자료의 수집 등이다. 감식수사란 현장감식에 의해 수사자료를 발견하고 수집된 수사자료를 과학적으로 분석하여 행하는 수사를 의미한다.

---

[135] 「(경찰청) 과학수사 기본규칙」 제3조(용어의 정의) 제1호.

용어의 정의[136]	
과학수사	• 과학수사란, 과학적으로 검증된 지식·기술·기법·장비·시설 등을 활용하여 객관적 증거를 확보하기 위한 수사활동을 말한다.
현장감식	• 현장감식이란 사건과 관련된 현장에 임하여 현장상황의 관찰, 증거물의 수집·채취 등을 통해 범행 당시의 현장을 재구성하는 활동을 말한다.
증거물의 수집	• 증거물의 수집이란 증거물의 추가적인 분석이나 감정을 위하여 원상의 변경 없이 현장에서 증거물을 수거하는 것을 말한다.
증거물의 채취	• 증거물의 채취란 현장이나 그 밖의 장소에서 원상의 증거물 등으로부터 지문을 현출하거나, 미세증거물·디엔에이 감식 시료 등을 전이하는 것을 말한다.
SCAS	• 과학적범죄분석시스템(SCAS: Scientific Crime Analysis System)이란 현장감식 및 증거물 수집·채취에 관한 정보, 증거물 감정 정보, 범죄분석을 위한 과학수사 데이터 등을 관리하는 전산시스템을 말한다.
AFIS	• 지문자동검색시스템(AFIS: Automated Fingerprint Identification System)이란 주민등록증 발급신청서·외국인의 생체정보·수사자료표의 지문을 원본 그대로 암호화하여 데이터베이스에 저장하고, 채취한 지문과의 동일성 검색에 활용하는 전산시스템을 말한다.

Police Science

🌐🔍 2006년 서래마을 영아 살해 유기 사건[137]

• 2006년 10월 12일. 대한민국과 프랑스를 떠들썩하게 만들었던 서울 서초구 서래마을 영아 살해 유기 사건은 엄마인 베로니크 쿠르조가 영아 사체 2구가 자신의 아이들임을 시인하면서 진범으로 드러났다.

• 2006년 7월 23일. 프랑스 출신 기술자인 장-루이 쿠르조가 본인 집 냉동고를 뒤지던 중 수건과 비닐봉지에 싸인 영아 시체 2구를 발견하고 곧바로 방배경찰서에 신고하면서 세간에 알려졌다.

• 베로니크와 그의 남편 장-루이 쿠르조는 집 냉동고에서 발견된 영아 사체 2구에 대해 자신들이 부모가 아니라며 살인 혐의를 부인해왔다.

• 사건이 한국과 프랑스의 외교적 문제로까지 비화된 건 5일 후인 7월 28일 국립과학수사연구원이 유전자[DNA] 분석 결과를 토대로 영아들의 친부로 장-루이 쿠르조를 적시하면서다.

• 쿠르조 부부는 한국 수사당국의 DNA 검사 결과를 무시하면서 혐의를 완강히 부인했다. 프

---

136 「(경찰청) 과학수사 기본규칙」 제3조(용어의 정의).
137 김영환, "냉동고서 발견된 영아사체 2구 … "내가 죽였습니다"[그해 오늘]" 「이데일리」, 2022.10.12.

랑스 여론도 한국의 사법체계를 은근히 무시하는 경향을 보였다.

- 이후 자신의 죄를 인정한 베로니크는 '임신 거부증'을 이유로 무기징역 대신 최종 8년형을 선고받았다. 이후 언론과 접촉하지 않는다는 조건으로 베로니크는 4년만에 가석방돼 출소했다. 장－루이 쿠르조는 아내의 임신 거부증과 영아 살해에 대한 책을 썼는데 한국에도 '그녀를 버릴 수가 없었다.'는 제목으로 출간됐다.

- 이 사건을 통해 한국의 과학수사 기법이 프랑스를 비롯한 세계적으로 인정을 받았다. 국과수의 DNA 검사 결과가 너무나 정확하게 나오면서 내심 이를 얕잡아 보던 프랑스 경찰의 코를 납작하게 만들었다.

- 프랑스 유력 일간지 르 몽드는 "우리는 지난 몇 달 동안 한국을 향해 경멸적인 시선을 갖고 있었다. '우리'에는 경찰, 사법부, 변호사, 언론, 여론이 모두 포함된다."라며 "우리가 직접 DNA 검사를 하고 나서야 서울에서 찾아낸 증거를 받아들였다."고 반성했다.

- 2006년 서래마을 영아 사망 사건은 우리의 유전자 분석 기술을 국제적으로 인정받도록 해 주는 계기가 되었다.

- 사건 현장에서 수거한 칫솔과 병원에서 보관하고 있던 범인의 과거 조직 검사 샘플을 활용한 유전자 분석이 결정적인 증거가 되었다.

(경찰청) 과학수사 기본규칙(시행 2021. 9. 16.)		
기본원칙[138]	증거물의 연계성 확보	• 과학수사를 통해 확보한 증거물은 수집·채취 단계부터 감정, 송치 또는 수사종결 시까지 업무처리자 변동 등 모든 단계의 이력이 연속적으로 관리함으로써 증거물의 연계성을 확보하여야 한다.
	중립적·객관적 업무수행	• 과학수사관은 어떠한 경우에도 편견과 예단 없이 중립적이고 객관적으로 업무를 수행하여야 한다.
	신뢰성과 타당성 확보	• 과학수사관은 과학적 근거를 바탕으로 업무를 수행하여 그 절차와 결과의 신뢰성과 타당성을 확보하여야 한다.
현장감식의 절차[139]	• 현장감식은 다음의 순서에 따라 실시하는 것을 원칙으로 한다. 1. 현장 임장 및 보존 2. 현장 관찰 및 기록 3. 증거물 수집·채취	

---

138 「(경찰청) 과학수사 기본규칙」 제5조(과학수사 기본원칙).
139 「(경찰청) 과학수사 기본규칙」 제10조(현장감식의 절차).

	4. 변사 사건의 경우 변사자 검시 5. 현장감식결과보고서 작성

증거물
수집·채취[140]
	• 과학수사관은 다음의 증거물을 수집·채취하여야 한다.
	  1. 생물학적 증거물: 지문, 혈액, 타액, 정액, 모발 등
	  2. 미세증거물: 유리, 페인트 조각, 토양, 고무, 섬유 등
	  3. 물리학적 증거물: 족적, 윤적, 공구흔 등
	  4. 법의학적 증거물: 시체의 현상·손상 등
	  5. 기타 증거물: 그 밖에 범죄수사에 필요하다고 인정되는 증거물

범죄분석[141]	• 범죄분석을 담당하는 감정관(범죄분석관)은 다음의 어느 하나에 해당하는 경우 범죄분석을 실시할 수 있다.
	  1. 살인·강도·강간·방화 등 강력사건, 장기미제사건, 연쇄사건 등의 피의자가 특정되지 않거나 검거되지 않은 경우
	  2. 검거된 피의자 또는 사건 관계인 진술의 신빙성을 판단하기 곤란하거나, 사건을 판단하기 위해 추가진술 확보가 필요한 경우
	  3. 범행동기, 심리상태 등에 대한 종합적인 분석을 필요로 하는 경우
	  4. 정신질환 또는 이상(異常)동기와 관련된 범죄라고 판단되는 경우
	  5. 그 밖에 새로운 유형의 범죄에 대한 탐지·대응 등을 위해 범죄분석이 필요하다고 판단되는 경우

감정의뢰[142]	• 경찰기관은 수사를 위하여 필요할 경우 다음 각 호의 증거에 대하여 국립과학수사연구원 등 전문기관·단체에 감정을 의뢰할 수 있다. 다만, 필요한 경우에는 직접 감정을 실시할 수 있다.
	  1. 디엔에이(DNA) 감식시료
	  2. 미세증거물
	  3. 음성분석 자료
	  4. 법곤충학 시료
	  5. 법보행분석 자료
	  6. 수사를 위한 그 밖의 증거자료

Police Science

🌐 몽타주

- 몽타주montage란 범죄수사에서 범인을 목격한 피해자나 목격인의 목격 진술을 토대로 범인의 모습과 비슷한 눈·코·입 등 각 부위별 자료를 합성하여 범인의 모습과 유사하게 그 특

---

140 「(경찰청) 과학수사 기본규칙」 제17조(수집·채취 대상).
141 「(경찰청) 과학수사 기본규칙」 제34조(범죄분석).
142 「(경찰청) 과학수사 기본규칙」 제39조(감정의뢰).

징을 잡아서 그린 얼굴사진을 말하는 것으로 조립한다 monter라는 불어에서 유래된 말이다.
- 몽타주 작성을 담당하는 감정관(몽타주 작성관)은 관련자 진술, 사진 등을 바탕으로 눈, 코, 입 등 각 부위별 자료를 조합하여 대상자의 모습과 유사하게 얼굴 이미지를 작성할 수 있다.[143]

4 수사정보의 수집

수사정보란 수사의 단서가 되는 것 외에도 범죄로의 이행이 예상되는 사안, 이미 발생한 범죄에 관한 사항 등 범죄수사상 참고가 되는 모든 정보를 말한다. 수사정보의 수집은 수사의 출발점이며 사건해결의 성부를 좌우한다. 그리고 범죄정보수집은 모든 경찰관이 행하는 것으로서 수사경찰의 전담활동은 아니다. 수사정보 수집에 관해서는 「수사첩보 수집 및 처리 규칙」이 있다.

5 유치장 관리

유치장 관리란 유치인의 인권을 보장하고, 유치인의 도주·죄증인멸·자해행위 등을 미연에 방지하고, 동시에 유치인의 건강 및 유치장 내의 질서를 유지하는 업무를 말한다. 경찰관은 유치중인 피의자(유치인)의 인권을 존중하고 보호하여야 한다. 경찰관은 유치인에 대하여 무죄추정의 원칙에 따라 처우하고 합리적인 이유 없이 차별하여서는 안된다.[144]

유치장 관리책임은 경찰서장이 전반적인 지휘·감독책임을 지며, 수사과장이 경찰서장을 보좌하여 유치장관리의 책임을 진다. 그러나 야간 또는 공휴일에는 상황관리관 또는 경찰서장이 지정하는 자가 그 책임을 진다.

---

143 「(경찰청) 과학수사 기본규칙」제38조(몽타주 작성).
144 「(경찰청) 피의자 유치 및 호송 규칙」제2조(인권의 존중) 제1항·제2항.

(경찰청) 피의자 유치 및 호송 규칙(시행 2021. 7. 15.)	
관리책임	• 경찰서장은 피의자의 유치 및 유치장의 관리에 전반적인 지휘·감독을 하여야 하며 그 책임을 져야 한다(제4조(관리책임) 제1항). • 경찰서 주무과장(유치인보호 주무자)은 경찰서장을 보좌하여 유치인 보호 및 유치장 관리를 담당하는 경찰관(유치인보호관)을 지휘·감독하고 피의자의 유치 및 유치장의 관리에 관한 책임을 진다(제4조(관리책임) 제2항). • 일과시간 후 또는 토요일·공휴일에는 상황관리관(상황관리관의 임무를 수행하는 자를 포함) 또는 경찰서장이 지정하는 자가 유치인보호 주무자의 직무를 대리하여 그 책임을 진다(제4조(관리책임) 제4항).
유치인 보호관	• 경찰서장은 유치인수와 그 성질 등을 고려하여 유치인보호에 필요한 인원의 유치인보호관을 유치장에 배치하여야 한다(제16조(유치인보호관의 배치) 제1항).
결격사유	• 유치인보호관을 배치할 경우 유치인보호 주무자의 의견을 물어 유치인보호관으로서 적임자를 선발, 배치하여야 하며 ① 초임자, ② 사고징계자, ③ 근무능률저하자, ④ 기타 책임감이 부족한 자를 배치하여서는 아니 된다(제16조(유치인보호관의 배치) 제2항).
수갑 등의 사용 제한	• 경찰관이 법령의 사유로 수갑 또는 수갑·포승을 사용하는 경우 ① 구류선고 및 감치명령을 받은 자, ② 미성년자, ③ 고령자, ④ 장애인, ⑤ 임산부 및 환자 중 주거와 신분이 확실하고 도주의 우려가 없는 자에 대해서는 수갑 또는 수갑·포승을 채우지 아니 한다(제22조(수갑 등의 사용) 제2항).
접견시간	• 평일에는 09:00~21:00까지로 한다. 다만, 원거리에서 온 접견 희망자 등 특별한 경우에는 경찰서장의 허가를 받아 22:00까지 연장할 수 있다(제37조(접견시간 및 요령) 제1항 제1호). • 토요일 및 일요일과 공휴일은 09:00~20:00까지로 한다(제37조(접견시간 및 요령) 제1항 제2호).

CHAPTER 02
수사경찰

제**3**장 경비경찰

제1절 경비경찰 개관

1 경비경찰의 의의

1 경비경찰의 개념

경비警備Public Security란 사전수비의 목적 또는 변란이 생길 것을 염려한 사전의 경계와 방비 혹은 경계와 수비를 말한다. 경비경찰Security Police이란 집단적인 경비력의 운용으로 공안을 해하는 범죄를 예방, 진압, 수사하며 재난·혼잡사태 등으로 인한 위해가 발생하지 않도록 예방 진압하는 조직적인 경찰을 말한다.

경비경찰은 공공의 안녕과 질서를 파괴하는 국가비상사태, 긴급한 주요사태 등이 발생하거나 발생할 우려가 있는 경우, 또는 개인이나 단체가 불법행위를 함으로써 공공의 질서를 파괴하는 경우, 이러한 상황이나 범죄를 예방·경계·진압하는 복합적 경찰활동을 하는 경찰을 말한다.[145]

경비경찰은 사회전반의 안녕과 질서유지를 목적으로 하기 때문에 만약 그 기능이 결핍될 경우 국가사회는 중대한 위기에 직면할 수밖에 없다. 특히 경비경찰활동은 사회안정의 보루이며, 국가신인도와 직결된다는 점에서 더욱 중요하다고 할 수 있다.

---

145 경찰대학m, 전게서, p. 849.

경비경찰의 자세[146]	
국가사회질서의 수호자라는 사명감을 가져라	• 경비경찰활동은 국가신인도와 직결된다는 점을 명심. 주어진 임무는 반드시 완수하겠다는 사명감과 책임의식을 가져라. • 든든한 사회안정의 보루로써 맡은 바 임무에 최선을 다하라.
평화적 집회시위문화를 정착시킨다는 확고한 신념을 견지하라	• 평화적 집회시위는 보장·보호·안내로 적극 지원하라. • 시위대의 돌출행동에 대비, 인내진압을 위한 새로운 전술, 기법을 지속적으로 개발하고 연마하라. • 불법·폭력시위에 대하여는 단호히 엄단, 사소한 불법시위에도 철저 채증, 사후 의법조치하라. • 불법행위시 단호하게 법을 집행하되 감정에 치우치지 말고 인권존중이라는 기본자세를 항상 유념해라.
굳건한 경비·작전 수행능력을 완비하라	• 어떤 악조건 하에서 행하는 작전상황에서도 결코 물러서지 않는 강인한 정신력을 길러라. • 지시·명령이 확행되고 대원간 일치단결과 부대간 상호협조체제가 유지되는 일사분란한 조직체계를 유지하라. • 언제 어떠한 상황이 발생하여도 즉각적으로 대처할 수 있도록 철저한 대비태세를 유지하라. • 적시성 있는 초동조치는 후에 막대한 인력과 경비가 투여될 사태를 막을 수 있음을 명심하고 신속한 출동에 의한 초동조치에 주력하라.
시위군중은 적이 아님을 명심하라	• 시위군중은 우리 사회의 일원이며 나름대로의 주장을 펴고 있음을 인식하고 오직 법에 따라 통제하고 제재를 가하며 보호할 뿐 쳐부술 대상이 아님을 명심하라. • 국민의 안전과 사회질서 유지를 위해 단호하게 법을 집행하되 언제나 인권존중을 그 기본정신으로 삼아야 함을 결코 잊지 말아야 한다. • 국민은 거리에서 보는 경찰의 법집행 태도로 경찰 전체를 평가한다는 것을 염두에 두고 항상 바른 언행과 의연한 자세를 유지하라. • 임무수행의 편리함보다 시민의 불편함을 먼저 고려해라.
냉철한 이성으로 판단·대처하라	• 어떤 순간에도 결코 감정에 따라 행동해선 안 되며 항상 정확한 판단과 합리적인 사고에 의해서만 행동하라. • 항상 지시·명령을 준수하고 원칙과 규율에 입각한 판단에 따라야 한다. • 결코 독단적·자의적 결정을 내리지 않도록 경계하라. • 경찰관의 엄정한 태도는 물리력의 행사보다 강한 힘을 발휘함을 명심하고 언제나 굳건한 법집행자로서의 근무자세를 가져야 한다.
각종 상황은 항상 최악의 사태를 고려하라	• 모든 상황은 현장을 면밀히 분석, 사전 대비태세를 갖추어라. • 상황종료시까지 긴장감과 경계심을 늦추지 마라.

---

146 경찰대학m, 전게서, pp. 847－848; 경찰청e, 전게서, pp. 885－886 재구성.

2 경비경찰의 법적 근거 및 직무내용 역량

경비경찰의 법적근거에는 「경찰법」, 「경찰관직무집행법」, 「경찰직무응원법」, 「재난 및 안전관리 기본법」, 「집회 및 시위에 관한 법률」, 「대통령 등의 경호에 관한 법률」, 「계엄법」, 「통합방위법」, 「국민보호와 공공안전을 위한 테러방지법」, 「청원경찰법」, 「경호규정」, 「경호규칙」, 「통합방위지침」 등이 있다.

경비경찰의 법적 근거	
경비경찰의 사물관할	• 경찰법(시행 2021. 7. 1.) • 경찰관직무집행법(시행 2022. 2. 3.)
경비경찰의 일반법(작용법)	• 경찰직무응원법(시행 2021. 1. 1.) • 재난 및 안전관리 기본법(시행 2022. 4. 5.) • 집회 및 시위에 관한 법률(시행 2021. 1. 1.) • 대통령 등의 경호에 관한 법률(시행 2017. 7. 26.) • 계엄법(시행 2017. 7. 26.) • 통합방위법(시행 2021. 3. 23.) • 국민보호와 공공안전을 위한 테러방지법(시행 2021. 7. 20.) • 청원경찰법(시행 2021. 1. 1.) 등
경비경찰 세부규정	• 경호규정 • 경호규칙 • 통합방위지침

경비경찰의 직무내용 역량[147]		
관리	경비	① 경비계획 수립, ② 경비 현장 지휘, ③ 부서원 육성 및 코칭, ④ 유관기관 네트워킹
	방범순찰대	① 현장 지휘 계획, ② 부서원 육성 및 코칭, ③ 출동상황 대응, ④ 부서원 사기진작
실무	집회	① 집회상황 대응, ② 집회 관리계획 수립, ③ 집회 관련 법률 이해 및 적용
	방범순찰대	① 현장 지휘, ② 부서원 관리, ③ 장비 관리 및 활용
	작전	① 작전상황 대응, ② 작전부대 훈련, ③ 유관기관 네트워킹, ④ 작전장비 관리 및 활용
	대테러	① 테러 취약시설 관리, ② 테러 예방 교육, ③ 유관기관 네트워킹
	경호	① 경호상황 대응, ② 경호계획 수립, ③ 요인경호, ④ 경호장비 관리 및 활용

3 경비경찰의 기본원칙

경비경찰의 기본원칙에는 ① 비례의 원칙, ② 보충성의 원칙, ③ 적시성의 원칙 등이 있다. 이러한 제반 원칙들은 경비경찰활동에 있어서 필수적인 원칙이라고 할 수 있다.

경비경찰의 3대 기본원칙	
비례의 원칙	• 경비경찰의 활동은 공공의 안녕과 질서유지를 주된 목적으로 하지만 국민의 자유와 권리의 본질적인 내용은 침해할 수 없으므로 공공의 안녕과 질서유지는 국민의 자유제한과는 비례관계가 유지되어야 한다. • 진압의 경우 사회질서상 '묵과할 수 없는 경찰위반의 상태'를 제거하기 위해서만 발동할 수 있고, 예방조치의 경우에도 묵과할 수 없는 경찰위반의 '직접적 위험 또는 상당한 확실성'이 있는 때에만 발동할 수 있다(질서권 발동의 조건). • 질서권 발동에 의한 자유제한은 경찰위반의 상태 또는 그 위험의 제거를 위하여 불가피하게 요구되는 '최소한도'에 그쳐야 한다. • 비례의 원칙에 위반한 경비경찰권의 발동은 법적 한계를 일탈한 위법행위가 되며, 이에 대해서는 행정통제의 대상이 될 뿐만 아니라 사법심사의 대상이 된다.
보충성의 원칙	• 경비경찰의 법집행은 공공의 안녕과 질서유지를 목적으로 하는 공권력에 의한 활동이므로, 다른 사회 일반적인 방법으로 통제 불가능할 때 최후수단으로서 개입해야 하며, 그 수단의 선택에 있어서도 공공의 안녕과 질서를 회복하는데 가장 적게 침해를 가하면서 사태를 해결할 수 있는 방법을 선택하여야 한다.
적시성의 원칙	• 경쟁이 치열한 인류의 사회생활 중에서 개인은 필수적으로 생활의 안전을 추구하려는 심리를 가지는 것이 일반적이다.

2 ‖ 경비경찰의 기본적 특성

1 경비경찰의 특성

공공의 안녕과 질서를 유지해야 하는 경비경찰의 활동은 사회전반 안녕과 질서를 해하는 범죄가 발생하거나 발생할 우려가 있는 경우에 대비하여 시기를 놓치지 않고 적절

---

147 경찰청j, 전게서, pp. 9-10.

한 조치로 사태를 예방·경계·진압하기 위한 경비활동이므로 다음과 같은 특성이 있다.

❶ 사회전반적 안녕목적의 활동(공공의 안녕과 질서유지)

경비경찰은 사회전체의 안녕과 질서를 파괴하는 범죄를 대상으로 하고 있다. 이는 국민의 생명·신체 및 재산의 보호라는 개념을 포함하는 최상위 개념인 사회공공의 안녕과 질서를 유지하는 국가목적적 치안활동을 수행한다.

❷ 복합기능적 활동(사전대비활동과 진압활동의 병행)

경비경찰은 사전대비활동과 진압활동의 병행에 의한 예방과 진압을 함께 수행하는 복합기능적 활동이다. 경비경찰은 공공의 안녕과 질서를 저해하는 사태가 발생한 후에 진압하는 역할도 수행하지만, 특정한 사태가 발생하기 전에 사전대비하는 기능도 담당하게 된다.

❸ 현상유지적 활동(사회전체 발전의 기반형성)

경비경찰은 사회전체 발전의 기반을 형성하기 위한 현재의 질서상태를 보존하는 것에 가치를 두고 있다. 하지만 정태적·소극적인 질서유지가 아니라 새로운 변화와 발전을 도모하기 위한 동태적·적극적인 활동을 하게 된다. 급진적인 사회개혁이나 급격한 변화의 추구는 경비경찰의 몫이 아니며, 점진적인 변화에 보조를 맞추면서 현사회의 안녕과 질서를 유지하는 기능을 하게 된다.

❹ 즉응적 활동(예측불가한 우발사태 신속대비)

경비경찰은 예측불가능한 우발사태에 신속하게 대비하는 활동이다. 경비사태는 항상 긴급을 요하는 사태이고, 국가적으로나 사회적으로 중대한 영향을 주는 중요사태이므로 신속한 처리가 요구된다.

❺ 조직적 부대단위 활동(체계적인 집단적 대처)

경비경찰은 개별적인 활동이 아니라 부대단위에 의한 체계적인 집단적 대처를 특징으로 한다. 경비경찰은 경비사태에 효과적으로 대비하기 위한 체계적인 부대편성, 관리 및 운영에 의한 조직적 부대단위 활동이 핵심이라고 할 수 있다. 경비경찰은 조직적 부대단위 활동에 의한 실력행사를 하게 된다. 이러한 실력행사에는 직접적 실력행사와 간접

적 실력행사 2가지가 있다.[148]

직접적 실력행사는 경비사태 발생시 상대방에게 물리적인 힘을 가함으로써 범죄의 실행을 불가능하게 하는 것을 말한다. 직접적 실력행사 방법에는 ① 세력분산, ② 배제, ③ 격리, ④ 통제파괴가 있다. 간접적 실력행사는 ① 면전배치, ② 면전전진, ③ 경고 등이 있다.

조직적 부대단위 활동에 의한 실력행사[149]		
직접적 실력행사	세력분산	• 세력분산은 상대방 집단에 경비부대를 돌진 또는 투입시켜 집단을 분할 또는 분산하거나 집단력을 감퇴시키는 전술이다.
	배제	• 배제는 집단을 그 장소에 못 오도록 중간에서 차단하여 집합을 못하게 하는 방법이다.
	격리	• 격리는 집단의 주동자, 주모자 또는 선동자 등을 격리함으로써 집단력을 약화하는 것이다.
	통제파괴	• 통제파괴는 최루가스 등 화학장비를 사용하여 상대방 집단을 분산 또는 혼란하게 하거나 그 지휘통제를 분열시켜 활동을 둔화시키는 전술이다.
간접적 실력행사	면전배치	• 면전배치는 경비사태 발생시 경비부대를 상대방 집단의 면전에 배치하는 것을 말한다.
	면전전진	• 면전전진은 경비사태 발생시 경비부대를 상대방 집단의 면전까지 전진시키는 것을 말한다.
	경고	• 경고는 경고를 주어서 심리적 압박을 줌으로써 범죄의 실행의사를 자율적으로 포기하게 하는 것을 말한다.

❻ 하향적 명령에 따른 활동(일사불란한 지휘체계)

경비경찰은 지휘체계가 수립된 조직의 지휘관에 의한 일사불란한 지시나 명령에 의해서 움직이기 때문에 상향적 의사전달이 아닌 하향적 명령에 의한 활동이라고 할 수 있다. 생활안전이나 수사 등의 다른 기능과는 달리 명령에 의한 활동인 만큼 부대원 각 개인의 책임이 없는 것은 아니지만 대부분 지휘관이 책임지는 경우가 많은 것이 특징이다.[150]

---

148 중앙경찰학교a, 「경비」, 2006, p. 13.
149 상게서, p. 13 재구성.
150 경찰대학f, 「경찰경비론」, 2004, p. 8.

2 경비경찰의 수단

일반적으로 경비경찰의 '경비수단의 원칙'에는 ① 균형의 원칙, ② 위치의 원칙, ③ 적시의 원칙, ④ 안전의 원칙이 있다. 경비경찰의 경비수단에는 ① 경고, ② 제지, ③ 검거가 있다.

경비수단의 4대 원칙[151]	
균형의 원칙	• 균형의 원칙은 사안에 맞추어 유효 적절하게 부대를 배치하여 균형있게 경력을 운영하는 것을 말한다.
위치의 원칙	• 위치의 원칙은 상대방보다 유리한 지점과 위치를 확보하는 것을 말한다.
적시의 원칙	• 적시의 원칙은 가장 적절한 시기인 허약한 시점을 포착하여 실력을 행사하는 것을 말한다.
안전의 원칙	• 안전의 원칙은 사고 없이 안전하게 진압하는 것을 말한다.

경비의 3대 수단	
경고	• 경고는 주의를 촉구하는 통지행위이다. • 경찰관직무집행법에 근거를 두고 있다(간접수단).
제지	• 제지는 제한, 통제하는 강제처분 행위이다. • 임의적 처분인 경고만으로 경찰목적을 달성할 수 없을 경우에 강제처분인 제지의 수단을 동원하게 된다(직접수단).
검거	• 검거는 명백한 위법일 때 실력을 행사하는 진압행위이다. • 형사소송법상 범인의 신체확보 수단인 체포를 의미한다(직접수단).

CHAPTER 03 경비경찰

3 경비경찰의 조직운영 원리

경비경찰은 공공의 안녕과 질서를 유지하기 위한 경비사태의 예방·경계·진압 활동을 해야 하므로 효과적이고 능률적인 조직운영 원리에 의해서 부대운영이 이루어져야 한다. 경비경찰의 조직운영 원리에는 ① 부대단위 활동의 원칙, ② 지휘관 단일성의 원칙, ③ 체계통일성의 원칙, ④ 치안협력성의 원칙 등과 같은 4가지 원칙이 있다.

---

151 경찰청e, 전게서, p. 887 재구성.

경비경찰의 조직운영 4대 원리[152]	
부대단위 활동의 원칙	• 개인보다는 부대단위 활동이 대부분 • 경비경찰은 업무의 성격상 개인적 활동보다는 부대단위 활동으로 이루어지는 경우가 대부분이다.
지휘관 단일성의 원칙	• 단일지휘관에 의한 조직·부대 지휘 • 지휘관이 단일해야 한다는 것은 경비경찰이 한 사람의 지휘하에 움직여져야 한다는 것을 의미한다. 이는 위원회나 집단지휘체제를 구성해서는 효율적인 업무수행이 어렵다는 것을 의미한다.
체계통일성의 원칙	• 상하 간에 명확한 책임·임무 • 경비경찰의 상하조직이 통일적인 체계성을 가지고 있다는 것이다. 경비경찰의 정점부터 일선에 이르는 계선을 통하여 상하 계급간에 일정한 관계가 형성되어 책임과 의무의 분담이 명확히 이루어지고 명령과 복종의 체계가 통일되어야 함을 의미한다.
치안협력성의 원칙	• 국민의 협력을 적극적으로 확보 • 치안협력성이란 경찰조직과 국민과의 결합을 의미한다. 경비경찰이 업무수행과정에서 국민의 협력을 구해야 하고, 국민이 스스로 협조를 해줄 때 효과적인 업무수행이 가능하다는 것이다. 이때 가장 중요한 핵심은 국민이 경찰을 신뢰하는 믿음의 바탕 위에서만 가능하다는 사실이다.

제2절 경비경찰의 대상인 군중의 이해

1 군중심리

19세기 유럽과 북미에서의 급격한 산업화는 대중사회Mass Society의 출현을 낳았으며, 노동자의 파업과 범죄문제, 빈곤 등과 같은 정치사회적인 많은 문제점을 야기시켰다. 대중사회는 기존의 사회적 관계를 붕괴시켰으며, 사회무질서와 혼란을 유발하였기 때문에 사회질서Social Order의 회복과 사회통제Social Control의 문제가 시급한 현안으로 대두되었다.

이 당시 대중Mass은 사회에 대한 잠재적인 위협Potential Threat으로 간주되었다. 군중Crowd은 실제적으로 사회무질서를 일으키고 있었다. 특히 프랑스 제3공화국the French Third Republic,

---

152 경찰대학f, 전게서, pp. 126−128 재구성.

¹⁸⁷¹⁻¹⁹⁴⁰ 시기의 군중은 곡물가격의 급등에 따른 폭등을 일으킨 장본인으로서 다른 어떤 국가의 군중과 비교할 수 없을 정도로 사회적 위협이 되었다. 이에 따라서 프랑스에서는 최초로 「군중심리학」^{Crowd Psychology}이 등장하게 된다.[153]

이러한 군중심리학은 시게리^{Scipio Sighele}와 타드^{Gabriel Tade}라는 두 명의 범죄학자가 '군중들 중에서 누구에게 범죄책임^{Criminal Responsibility}을 지울 것인지'와 '누구를 체포할 것인가'를 연구하면서 발전시키게 된다.[154]

특히 군중에 대한 르 봉^{Le Bon}의 「군중심리^{The Crowd, A Study of Popular Mind}라는 저서가 1895년에 출간되었다. 이 책은 군중현상^{Crowd Phenomena}에 대한 체계적인 설명과 더불어 개인심리학^{Individual Psychology}을 군중심리학^{Crowd Psychology}으로 전환하는 데 큰 기여를 하게 된다. 또한 20세기 대중정치^{Mass Politics}를 설명하는 데도 유용한 틀을 제공해 주었다.

르 봉은 군중이 형성되는 과정을 다음과 같은 3가지로 나누고 있다. 첫째, 사람들의 정서나 관념이 하나에 집중되고 꼭 같은 방향을 취하며 둘째, 그러한 과정에서 그들의 의식적인 개성^{Personality}이 상실되고, 무의식적인 개성이 우월하게 나타나게 되고 셋째, 드디어 여기에서 하나의 집단심리가 형성된다고 하였다.[155]

군중이 갖게 되는 군중심리^{Psychology of Crowd}는 사회상황과 군중상황에서 만들어지는 2가지 심리상태를 의미한다. 보통 사회상황 속에서 만들어지는 군중심리는 정상군중심리^{Normal Crowd Psychology}이다. 군중상황 속에서 만들어지는 군중심리는 이상군중심리^{Abnormal Crowd Psychology}를 의미한다.

군중심리^{Crowd Mind}는 개인심리를 바탕으로 한다. 개인심리는 개인이 특수하게 가지고 있는 심리와 일반적으로 누구나가 가지고 있는 공통적인 심리를 그 요소로 한다. 이 중 개인이 공통적으로 가지고 있는 심리가 군중심리를 형성하게 된다. 따라서 군중심리는 자연히 원시적이며 낮은 지적 수준에 놓이게 된다.

군중심리는 지능이 낮고 감정이 강하고 충동적인 특징을 갖고 있기 때문에 군중의 수가 많으면 많을수록 지적인 수준은 낮아지게 된다. 군중은 지능이 낮고 감정이 강하기 때문에 군중의 행동은 우발적이고 충동적이며, 비합리적이고 무책임한 것으로 나타나게 된다.[156]

---

153 Reicher F. Sani, "The Psychology of Crowd Dynamics" *Psychology*, 44(80), 2004, p. 5.
154 김창윤m, "군중심리와 경찰의 군중통제에 관한 연구"「한국범죄심리연구」, 7(2), 2011, p. 28.
155 Gustave Le Bon, Les Lois psychologiques de l'evolution des peuples (Paris: Alcan, 1896); 허재일, "군중심리의 이론적 고찰"「교수논단」, 3(1), 1974, pp. 7−12.
156 허재일, "군중심리의 이론적 고찰"「낙원지」9(1), 1974, p. 10.

따라서 군중심리는 개인이 집단으로 모였을 때 합리적이고 의식적인 개성이 사라지고 무의식적 개성이 발휘되어 정상적인 범위를 뛰어넘는 행동을 하게 되는 심리상태를 말한다.

Police Science

🌐 폭도 Mob[157]

- 일반적으로 군중은 평화적 모임을 향유할 수 있는 권리를 가진 일반 시민들의 집합이지만 이들이 심리적·물리적·환경적 조건 등에 따라서 군중심리가 발생하면 군중으로서의 단순한 집합체에서 적극적이고 공격적인 자세를 취하게 되는 '폭도'Mob로 변하게 된다.
- 폭도는 군중의 심리적 특성으로서 지적한 비이성·파괴성·비합리성 등이 집중되어 실제행동으로 나타난 형태이므로 범죄적 양상을 띠게 된다.

	용어의 정의[158]
군중 (Crowd)	· 프랑스의 자연과학자이며 사회심리학자인 르 봉(Le Bon)에 의하면 "군중(Crowd)은 단순한 다수인의 집합을 의미하는 것이 아니라 의식적 개성이 상실되고 감정에 의하여 사고가 동일한 방향으로 집중되는 것을 그 특징으로 하고 있다."라고 하였다.[159] · 군중(Crowd)은 개인의 집단을 말하며 국적이나 직업, 남녀의 구분, 모이게 된 동기에 구애받지 않는 집단을 의미한다.[160] · 만약 거리 혹은 광장에 어떤 행사가 진행되거나 싸이렌이 울리면서 소방차나 구급차가 지나간다고 하면 지금까지 무관심한 심정으로 지나가던 사람 혹은 업무에 종사하던 사람들이 이와 같은 동일 사건에 관심(Attention)을 기울이게 된다. · 이와 같이 어떤 자극적인 사건에 대해서 무관심하던 다수인이 일시에 동일한 심적 경향이 발생하였을 경우, 군중이라고 하는 하나의 성격을 띠게 된다. · 원래 군중을 구성하고 있는 개인은 생활방식, 직업, 성격, 지적 능력 등등이 모두 다른 이질적인 요소이다. 하지만 일단 군중으로 변형되면 일종의 집단심리인 군중심리를 나타내는 것이 특징이다.[161]

---

157 김창윤m, 전게논문, p. 31.

158 상계논문, pp. 28-31.

159 Le Bon, Gustave, *Les Lois psychologiques de l'evolution des peuples* (Paris: Alcan, 1895); 이상돈 (역), 「군중심리」(서울: 간디서월, 2005), p. 23.

160 Le Bon, Gustave, *Les Lois psychologiques de l'evolution des peuples* (Paris: Alcan, 1895); 김남석 (역), 「군중심리」(서울: 동국출판사, 1993), p. 25.

161 G. Rude, *The Crowd in History* (NewYork: Wiley, 1964), p. 54.

	• 이처럼 군중은 조직화 되어 있지 않은 인간의 집합체를 의미하며, 단체나 결사와 같이 공통된 명확한 의사나 그것을 실천하기 위한 어떤 조직을 가지고 있지 않는 것이 특색이다.
	• 군중이란 그 성립에 있어서 마음과 마음과의 전달과정과 정서적 자극을 간과할 수 없으며 특히 돌발적인 군중에 있어서는 그 심적 과정은 짧은 시간 동안에 이루어지게 된다.
대중 (Mass)	• 군중은 일정한 장소를 점유하고 일시적·일회적이며, 대중보다는 소수의 집단이다. • 반면 대중은 특정한 장소를 점유하는 것이 아니라 사회 전반에 걸쳐 산재해 있는 개인에 의하여 형성되며, 항구적이고 지속적인 일반 민중을 뜻하는 데 그 차이점이 있다.
공중 (Public)	• 공중(Public)도 군중이나 대중과 같이 조직을 갖고 있지 않다. 하지만 군중보다는 합리적인 비판자가 공중이다. • 공중은 공공의 문제, 즉 공익(Public Interest)의 개념을 갖고 있다. 흔히 국민의 건전한 여론은 공중에 의하여 형성된다. 왜냐하면 공중은 합리적이고 건전한 비판집단이자 관용 집단이기 때문이다.[162]
공통점	• 공중(Public), 군중(Crowd), 대중(Mass)은 조직을 갖고 있지 않다. • 군중이나 대중은 모두가 이질적인 이해와 서로 다른 생활수준을 가진 구성원에 의하여 형성되고 ① 비조직적, ② 감정적, ③ 충동적, ④ 피암시성, ⑤ 비책임성이라는 점에서는 공통점을 가지고 있다.
차이점	• 군중은 공통된 목표를 가지고 행동을 취하기 쉬우며 일정한 지도성을 갖는데 그 특징이 있다. 그러나 대중은 특별한 행동목표를 공통적으로 갖고 있지 않다는 점이 차이점이다. • 공중은 공통된 이해관계로 구성되고, 자유로운 의사교환으로 건전한 비판정신이 나타나며, 합리적인 신념을 가진 집단이기 때문에 군중과는 근본적으로 다르다. • 따라서 공중은 공익의 개념을 가지고 있지만 군중은 그렇지 않은 것이 차이점이다.

1 정상군중심리의 특징

정상군중심리는 정부와 국민 간의 신임·충성·단결 등과 관련이 있다. 이러한 정상군중심리에는 ① 호기심리, ② 동정심리, ③ 안전심리, ④ 수치심리, ⑤ 집체심리 등이 있다.

---

162 최근에는 다중(多衆)이라는 개념이 새롭게 소개되고 있다. 17세기의 사상가였던 홉스와 스피노자는 정치적 통일성과 구심적 운동을 지향하는 '민중'과 정치적 다원성과 원심적 운동을 지향하는 '다중'이라는 개념을 사용하였다. 다중은 자본주의사회에서 획일화되고 매체에 의해서 주조되고 수동적인 대중(Mass)과는 다르며, 단순한 법적 개념인 국민과도 다르고, 단지 정치적 권리를 갖고 있다는 의미의 시민과도 다르다. 다중은 자신들의 주체적인 욕망과 주장을 하게 되며, 대표를 통해서 자신의 의사를 전달하기보다는 직접 행동으로 자신의 의사를 표현하는 것을 더 좋아한다고 한다.

정상군중심리의 특징	
호기심리	• 호기심리(好奇心理)는 새로운 사물에 대한 탐구를 통한 문제이해의 매개작용을 하는 심리를 말한다. • 지식추구의 원동력이 되는 심리특징 중의 하나이다.
동정심리	• 동정심리(同情心理)는 타인의 기쁨과 슬픔에 대하여 같은 감정을 가지게 되는 것을 말한다. • 대부분의 사람들이 가지는 심리적인 특징이다.
안전심리	• 안전심리(安全心理)는 생활의 안전을 추구하려는 심리를 말한다. • 심리경쟁이 치열한 인류의 사회생활 중에서 개인은 필수적으로 생활의 안전을 추구하려는 심리를 가진다.
수치심리	• 수치심리(羞恥心理)는 자신의 명예심이 손상당할 때 나타나는 심리이다. • 인간은 다른 사람의 시선을 의식하게 되고, 자신의 명예심이 손상당할 때 수치심리가 나타나게 된다.
집체심리	• 집체심리(集體心理)는 보편적으로 함께 어울려서 집단을 구성하려는 심리를 말한다. • "인간은 사회적 동물이다."라는 표현이 있듯이 모든 사람은 보편적으로 함께 어울려서 집단을 구성하려는 심리적 성향을 가진다.

2 이상군중심리의 특징

이상군중심리는 불만·항거·냉소·파괴 등의 행위와 관련이 있으며, 이러한 이상군중심리에는 ① 정서의 충동성, ② 추리의 단순성, ③ 욕망의 확장성, ④ 도덕의 모순성 등이 있다.

이상군중심리의 특징	
정서의 충동성	• 정서의 충동성(情緒의 衝動性)은 군중 속에서의 정서는 극히 충동적이라는 것을 말한다. • 개인의 군중 속에서의 정서는 극히 충동적이고, 이러한 충동은 이상 폭력행위를 유발하게 된다. • 일상생활 속에서 쌓였던 분노와 불만을 군중행동에 실어서 자신도 모르는 사이에 위법적인 행동으로 나아간다.
추리의 단순성	• 추리의 단순성(推理의 單純性)은 군중 속의 개인은 이성적 통제가 낮아지고, 추리가 단순해지는 것을 말한다. • 개인이 혼자 있을 때에는 그 행위가 습관의 제약을 받고, 비교적 이성적 판단력이 지배한다. • 개인이 군중 속에 있으면 상황의 특수성에 의하여 대뇌의 사유는 종종 정서적 충동에 크게 지배된다.

	• 따라서 이성적 통제는 낮아지고 정밀한 추리능력이 결핍되게 된다.
욕망의 확장성	• 욕망의 확장성(慾望의 擴張性)은 군중 속의 개인은 심리상 서로의 영향을 받기 때문에 욕망이 무한대로 확장되는 것을 말한다. • 개인이 군중 속에 있을 때 심리상 서로의 영향을 받기 때문에 욕망은 자연히 무한대로 확장되는 경향을 띠게 된다. • 따라서 사회적 평가와 제약 때문에 개인적으로 추구하지 못했던 누적된 욕망이 증폭되면서 군중의 베일 속에서 비합법적인 수단으로 강하게 표출된다.
도덕의 모순성	• 도덕의 모순성(道德의 矛盾性)은 군중 속의 개인은 도덕관념이 모호해지면서 모순된 가치체계를 동시에 갖는 것을 말한다. • 개인이 군중 속에 있을 때 정서적 격동에 의하여 이성의 소멸과 욕망의 확장에 따라 말과 행동, 도덕표준의 준수면에서 평소와 다르게 된다. • 그렇다고 완전히 야만인이 되거나 완전히 도덕성을 상실하는 것은 아니다. • 어떤 때에는 파괴·난동·잔인한 행위 등을 하고, 또 어떤 때에는 충성·의협·단결 등의 행위를 하기도 한다. • 이는 바로 개인이 군중 속에 들어가면 도덕관념이 모호해져서 모순된 가치체계를 동시에 갖게 되는 특징을 말해 주는 것이다.

2 ‖ 군중심리이론

군중심리이론에는 크게 ① 르 봉Le Bon의 전염이론傳染理論·Contagion Perspective Theory, ② 고든 올포트Gordon W. Allport의 집중이론集中理論·Convergence Perspective Theory, ③ 닐 스멜서Neil Smelser의 가치증가이론價値增加理論·Value-Added Theory, ④ 폰 노이만John Von Neumann의 게임이론 Game Theory 등이 있다.

전염이론은 군중의 정서라는 것은 상호 전염될 수 있기 때문에 정신과 행동 상에 일치되는 경향이 있어서 군중행위는 이로 인하여 발생한다는 이론이다. 전염이론을 주장하는 대표적인 학자인 르 봉Gustave Le Bon은 군중행동의 특징을 ① 충동성衝動性과 가변성 可變性·Impulsion & Mobility, ② 경신성輕信性과 암시성暗示性·Credulity & Suggestibility, ③ 민감성敏感性 과 단순성Irritability & Simplicity, ④ 편협성불관용성·Intolerance으로 요약하였다.[163]

스멜서의 가치증가이론에 의하면 군중행동은 ① 구조적 유인Structural Conduciveness 단

---

163 허재일, 전게논문, p. 12.

계, ② 구조적 긴장Structural Strain 단계, ③ 일반화된 신념의 성장과 파급Growth and Spread of a Generalized Belief 단계, ④ 촉발요인Precipitating Factors 단계, ⑤ 행동을 위한 참가자의 동원 Mobilization of Participants for Action 단계, ⑥ 사회통제의 작용Operation of Social Control 단계 등 6단계를 따라서 일어난다고 본다.[164]

로스E. A. Ross는 그의 「사회심리학」Social Psychology에서 군중심리 과정의 특징을 ① 전염의 원리에 의해서 처음에는 비동정적이고 방관적인 사람들에게 점차적으로 확대되어 가는 확대Extension의 현상, ② 감정 일치의 현상으로서 군중 속에서 다수가 받은 인상은 각자가 생각하기를 모든 사람들이 같은 감정을 품고 있다고 느끼기 때문에 군중의 감정은 한층 강화되어 군중 속에 침투되는 강화Intensification의 현상, ③ 군중의 감정이 일치하고 있는 상황에서 어떤 다른 자극에도 한층 용이하게 반응을 보이는 경향인 가변성Mobility의 현상이라는 3가지로 구분하였다.[165]

군중심리 이론에 따른 군중심리의 특징	
충동성과 가변성 (Impulsion & Mobility)	• 군중은 충동적으로 행동하고 외부의 모든 자극에 따른 부단한 변화를 행동에 반영한다.
경신성과 암시성 (Credulity & Suggestibility)	• 군중은 유언비언 등을 간단히 믿고, 정확하게 관찰하는 기능이 마비·상실되어 현실의 상황에 따른 판단이 불가능하다. • 암시에 따른 행위 즉, 본래의 성격이나 관습에 상반되는 행위를 하게 된다.
민감성과 단순성 (Irritability & Simplicity)	• 군중의 감정은 암시에 의해서 민감하게 급속히 전파되고 증대한다. • 따라서 감정은 강화되고 반감 내지 불복이 되어 때로는 단순화된 격화된 증오로 변한다.
편협성(불관용성) (Intolerance)	• 군중은 절대적인 힘을 자각하고 있으므로 편협함과 동시에 전횡한다. • 반대의견을 받아들이는 아량이 없고, 반대자를 절대 허용하지 않는다.

3 ▮ 군중의 종류

군중의 종류는 ① 군중의 형태Formation, ② 군중의 목적과 성격Purpose and Composition,

---

164 윤시영, "우리나라 집회·시위의 폭력적 특징과 대처방안" 「지방정부연구」, 11(1), 2007, p. 232.
165 허재일, 전게논문, p. 6.

③ 군중지도부Leadership를 중심으로 구분될 수 있다.

첫째, 군중의 형태에 따라서는 ① 기획군중Planned Crowd, ② 우연군중Spontaneous Crowd, ③ 일상군중Conventional Crowd 등으로 나눌 수 있다.[166]

둘째, 군중의 목적과 성격에 따라서는 ① 적대군중Hostile Crowd, ② 피난군중Escape Crowd, ③ 탐욕군중Acquisitive Crowd, ④ 표현군중Expressive Crowd, ⑤ 관찰군중Spectator Crowd 등으로 구분할 수 있다.[167] 군중은 애초의 목적에서 나아가 다른 목적을 가지게 되며 최종적으로 폭동의 형태로 발전하게 된다.

셋째, 군중지도부Leadership의 유무에 따라서는 ① 선동가가 있는 군중Crowd with Incipient Leaders, ② 선동가가 없는 군중Leaderless Crowd으로 나눌 수 있다.[168] 선동가가 있는 군중은 지도부를 가지고 있으며, 노동조합이나 인종시위 등을 계획하는 조직화된 기획군중을 지도하게 된다.

선동가인 지도부는 군중을 선동하거나 지시 및 통제를 하면서 행동을 야기시킨다. 만약 지도부가 질서를 유지하고 평화로운 모임을 유도하면 경찰은 지도부와 협력을 해야 한다. 하지만 지도부가 불법행동을 유발하면 경찰은 즉시 그들을 현장에서 배제시켜야 한다.

군중의 형태에 따른 구분[169]	
기획군중	• 기획군중(Planned Crowd)은 의도적으로 조직되었으며, 모든 참가자들이 특정 목적을 갖고 있는 군중이다.[170] 이들은 보통 자신들의 의도를 관철시키기 위한 수단으로 파업과 시위를 한다. 기획군중은 항상 지도부를 갖고 있으며, 경찰은 이들 지도부에 대해서 최상의 대비를 해야 한다.
우연군중	• 우연군중(Spontaneous Crowd)은 길거리 싸움, 교통사고, 화재 등과 같은 흥미로운 사건이 발생했을 때 사전준비나 예고 없이 우연히 모인 군중이다.[171] • 이들은 애초부터 지도부가 없는 것이 특징이며, 경찰이 가장 자주 다루게 되는 군중이다.

166 Rex Applegate, *Crowd and Riot control* (Pennsylvania: The Stackpole Company, 1964), pp. 39–40.
167 Rex Applegate, *op. cit.*, pp. 41–42.
168 *Ibid.*, p. 42.
169 김창윤m, 전게논문, pp. 33–34.
170 Planned crowds are those have deliberately organized and congregate with the concurrence of all participant.
171 Spontaneous crowds usually form, without and advance preparation or warning, because of some exciting event such as a fight, an accident, or a fire.

일상군중	• 일상군중(Conventional Crowd)은 일상적인 목적으로 익숙한 생활장소에 모인 군중이다.[172] 예를 들어 스포츠경기장에 모인 군중, 거리축제를 구경하는 군중, 백화점 세일에 모인 군중 등을 들 수 있다. • 이들은 유사한 공통관심사를 가지고 있으며, 미리 의견을 모은 것이 아니라 흥미에 이끌려 모인 군중이다. 모임의 장소와 시간은 일상적인 장소와 시간이며 규칙을 준수하고 지도부가 없다. • 하지만 만약 이들이 모인 장소에서 예기치 못한 돌발사태가 발생하여 무질서가 발생하면 소요를 발생시킬 수 있는 잠재적인 위험군중이다. • 공황, 히스테리, 폭동 등이 발생할 수 있다. • 특히 오늘날과 같은 현대사회에서는 일상군중을 대상으로 하는 각종 행사와 공연이 많기 때문에 이들에 의한 사건사고가 빈번하게 발생하고 있다. • 따라서 일상군중을 위한 경찰의 변화된 보호대처가 필요하다.

군중의 목적과 성격에 따른 구분[173]	
적대군중	• 적대군중(Hostile Crowd)은 기획군중 혹은 우연군중에서 시작된다. 이들은 잠재적으로 폭력적·파괴적·공격적인 성향을 가지고 있기 때문에 경찰의 관점에서는 가장 위험한 군중이라고 할 수 있다. • 적대군중은 군중심리를 이용하여 파업행동, 인종적·정치적 불법시위, 적대적 학생운동, 비행, 불법행동 등을 야기한다. • 경찰은 적대군중에 대해서 최상의 비상대비를 준비해야 한다.
피난군중	• 피난군중(Escape Crowd)은 지진, 홍수 등과 같은 자연적 재해와 화재, 건물붕괴 등과 같은 인위적 재난 등이 발생할 때 나타나는 군중의 형태로 드물게 발생한다. • 피난군중은 사람들에 의한 혼란이 발생하더라도 공황상태에 빠지거나 폭력적인 상황은 발생하지 않으며, 비교적 이성적으로 생존을 위한 탈출구를 찾는다. • 경찰의 대응은 폭력사태를 방지하는 것이 아니라 질서유지, 탈출구제공, 교통통제 등의 역할을 수행하게 된다.
탐욕군중	• 탐욕군중(Acquisitive Crowd)은 백화점 이벤트의 선착순 표, 스포츠경기와 공연 등의 희귀한 소량의 표 등과 같은 갖고 싶은 물품을 구하려고 하는 사람들로 구성된다. • 이들은 한정된 동일한 물품을 구하려고 서로 경쟁을 하게 되며, 자신만의 이득을 위한 이기심이 지배하게 된다. • 탐욕군중은 자신들이 원하는 것을 얻지 못했을 때 폭력적으로 변할 수 있기 때문에 경찰은 경찰력을 행사할 사전준비를 해야 한다.

---

[172] The Conventional crowd is the one that gathers at some customary place for conventional purposes.
[173] 상계논문, pp. 35−36.

표현군중	• 표현군중(Expressive Crowd)은 자신의 감정을 표출하기 위해 모인 군중이며, 춤이나 유흥을 즐기기 위하여 또는 축제행사 등에서 나타나는 표현행동 등을 하는 군중이다. • 이들은 비록 무질서하게 보이지만 보통 훌륭한 유머를 가지고 있기 때문에 경찰은 축제의 분위기를 해치는 행동을 해서는 안 된다. • 대부분의 경찰관들은 축제행사시 무질서가 발생하면 바로 제재를 하려고 하는데 관용적 측면에서 대응해야 한다.
관찰군중	• 관찰군중(Spectator Crowd)은 호기심, 교육, 오락 등과 같은 이유로 어떤 이벤트를 구경하기 위해서 모인 군중을 말한다. • 이들은 청중(Audience)의 형태로 쉽게 모이며, 행사진행자의 통제를 잘 따르고, 질서를 잘 지킨다. • 소규모 관찰군중은 경찰의 교통통제와 유머와 부드러운 관리에 의해서도 관리 및 통제된다. • 하지만 대규모 관찰군중은 질서유지를 위해서 행사 전과 후에 치밀한 기획과 충분한 경찰력이 필요하다.

군중의 지도부 유·무에 따른 구분[174]	
선동가 있는 군중	• 선동가 있는 군중(Crowd with Incipient Leaders)은 예전에는 알지도 못하고, 아무런 동기도 없던 우연히 모인 일상군중(Conventional Crowd)이나 기획군중(Planned Crowd)이 갑자기 선동가의 선동에 휩싸여진 상태를 말한다. • 이때 선동가들은 '큰 목소리'(Loud Mouth)를 내면서 군중들을 선동하여 폭력행위로 나아가게 한다. • 이때 경찰은 선동하는 선동가들을 침묵하게 만들거나 군중들 틈에서 배제해야 한다. • 선동을 야기하는 리더들이 군중을 조직하거나 단결시킬 시간을 줘서는 안 되며, 가능한 한 신속하게 군중 속에서 격리시켜야 한다.
선동가 없는 군중	• 선동가 없는 군중(Leaderless Crowd)은 공격적이고 적극적인 행동을 하지 않는데, 일상군중(Conventional Crowd)과 관찰군중(Spectator Crowd)이 이러한 범주에 속한다. • 하지만 이들은 선동가에 의해서 갑자기 폭력으로 나아갈 수 있는 가능성을 가지고 있다. • 이들에 대해서 경찰은 군중의 적대감을 사지 않는 범위 내에서 권위와 리더십을 발휘해야 하며, 선동가들이 나타나면 이들을 군중 속에서 격리하거나 침묵시키는 등 효율적으로 관리해야 한다.

174 상계논문, pp. 36 – 37.

경비경찰의 활동에는 다음과 같은 활동이 있다.

첫째, 공안을 해하는 다중범죄를 대상으로 하는 치안경비이다.

둘째, 화재·태풍·홍수·해일·지진 등에 의하여 일어나는 위협적인 비상상황에 대처하는 재난경비이다. 비상상황은 충격과 피해를 기준으로 볼 때, 긴급상황Emergency → 재난 Disaster → 재해Hazard → 재앙Catastrophe 순으로 위험상황이 증가한다.

셋째, 제례·기념식장·경기장·연예 등에 있어서 다중의 혼잡에 의하여 사고나 혼란이 발생하는 것을 예방하고 진압하는 혼잡경비이다.

넷째, 정부요인이나 국내 체재 중인 외국요인 등의 신변안전을 확보하기 위한 경호경비이다.

다섯째, 국가보안목표로 지정된 중요시설과 보안상 중요하다고 인정되는 시설에 대하여 적의 각종 위해행위로부터 시설을 보호하기 위한 국가중요시설경비이다.

여섯째, 대간첩작전·전시대비경찰작전·비상업무·상황실의 운영·검문검색 등의 작전상황에 대비한 경찰작전이다.

마지막으로 정치적 목적에 의한 암살·폭파·협박 등을 방지하기 위한 대테러업무 등이 있다.

1 │ 치안경비(다중범죄의 관리)

1 치안경비의 의의

❶ 치안경비 및 다중범죄의 정의

치안경비는 대규모 항의집회와 같은 조직된 군중에 의한 행위인 다중범죄를 대상으로 하는 경비활동을 말한다. 이때 다중범죄는 어느 정도 조직된 다수에 의한 불법집단행동을 의미한다. 다중범죄는 ① 다중, ② 소요, ③ 시위, ④ 폭동행위 등을 개념적 구성요소로 한다.

🔍 다중多衆·Multitude의 개념

- 다중多衆·Multitude이란 각자의 정체성을 가지며 개별적으로 행동하고, 특정한 사안에 동의할 때 개별성을 유지하면서 공동으로 행동하는 사람들을 말한다.
- 다중은 자신들의 주체적인 욕망과 주장을 하게 되며, 대표를 통해서 자신의 의사를 전달하기보다는 직접 행동으로 자신의 의사를 표현하는 것을 더 좋아한다.
- 민중People은 정치적 통일성과 구심적 운동을 지향하면서 동일한 목적의식을 가진 사람들을 말한다.
- 대중Mass은 자본주의사회에서 획일화되고 매체에 의해서 선동되고 수동적이며, 단순히 많은 수의 일반인을 뜻한다.
- 다중은 많은 수의 일반인을 뜻하는 대중Mass과는 다르며, 단순한 법적 개념인 국민과도 다르고, 단지 정치적 권리를 갖고 있다는 의미의 시민과도 다르다.
- 오늘날 다중은 과거의 가두행진이 아니라 블로그, 인스타그램, 유튜브 등으로 의견을 표출하고 사회적 영향력을 발휘하고 있다.
- N번방 사건의 경우 구체적인 지도자 없이 시민들 각자가 곳곳에서 엄청난 힘을 발휘하여 수사를 촉구하고, 성인지감수성을 높였다.
- 다중은 지도자 없는 저항세력과 유사하다.
- 다중은 지도자나 대표자의 지시없이 스스로 움직이며 세상을 바꾸려고 한다.
- 오늘날 다중은 현대 민주주의를 움직이는 새로운 세력으로 등장하고 있다.

🔍 다중범죄의 개념

- 다중범죄란 대규모 항의집회와 같은 조직된 군중에 의한 범죄행위를 말한다.
- 다중범죄란 특정한 주의·주장을 관철하기 위한 불법 집단행동을 말한다.
- 다중은 어느 정도 조직된 군중이라는 점에서 혼잡경비의 대상이 되는 미조직 군중과 구별된다. 그러나 반드시 지도자가 있어야 하는 것은 아니다.
- 최근 발생하는 다중범죄는 발생장소의 다양화, 각종 욕구의 다양성, 다중행태의 예측불가능성, 공권력의 무력화 시도 등의 양상을 띠고 있다.

다중범죄의 특징	
확신적 행동성	• 다중범죄의 참여자는 확신을 가지고 참여하므로 투신·분신자살 등 과감하고 투쟁적인 행동을 하는 경우가 많다. • 점거농성시 투신이나 분신자살 등이 그 대표적인 예이다.
조직적 연계성	• 다중범죄는 특정 조직에 기반을 두는 경우가 대부분이므로 소속단체의 설치목적이나 활동방침을 분명하게 파악하는 것이 필수적이다. • 현대사회의 문제는 전국적으로 공통성이 있으며, 조직도 전국적으로 연계되어 있는 경우가 많다.
부화뇌동적 파급성	• 다중범죄는 군중심리로 발생하는 경우가 많으므로 일단 발생하면 부화뇌동으로 인하여 갑자기 확대될 수 있다. • 조직이 상호연계 되어 있으므로 어느 한 곳에서 시위사태가 발생하면 같은 상황이 전국적으로 파급되기 쉽다.
비이성적 단순성	• 다중은 이성적 판단능력을 상실하여 과격·단순·편협하여 타협과 설득이 어렵다.

❷ 다중범죄의 정책적 치료법

다중범죄는 주로 불법적인 집회·시위 등에 의해서 발생하고 있다. 따라서 다중범죄 참여자는 사회 질서를 파괴하는 등 불법집단행동으로 나아가게 된다. 따라서 집회·시위 시 일반 시민들이 다중범죄를 저지르지 않도록 하기 위한 정책적 치료법이 요구된다.

다중범죄의 정책적 치료법	
선수승화법	• 특정사안의 불만집단에 대한 정보활동을 강화하여 사전에 불만 및 분쟁요인을 찾아내어 해소시켜 주는 방법
전이법	• 다중범죄의 발생징후나 이슈가 있을 때, 집단이나 국민들의 관심을 집중시킬 수 있는 경이적인 사건을 폭로하거나 규모가 큰 행사를 개최함으로써 원래의 이슈가 상대적으로 약화되도록 하는 방법
지연정화법	• 불만집단의 고조된 주장을 시간을 끌어 이성적으로 사고할 기회를 부여하고 정서적으로 감정을 둔화시켜서 흥분을 가라앉게 하는 방법
경쟁행위법	• 불만집단과 이에 반대하는 대중의견을 크게 부각시켜 불만집단이 위압되어 자진해산 및 분산되도록 하는 방법

2 다중범죄의 관리대책

❶ 다중범죄 진압을 위한 원칙 및 행동수칙

경비경찰은 집회·시위를 관리함에 있어서 군중의 폭력화를 최대한 막고 건전한 시위문화를 정착시키기 위해서 노력해야 한다. 따라서 다중범죄를 관리하기 위해서는 제반 원칙과 행동수칙을 준수하는 것이 필수적이라고 할 수 있다.

첫째, 불법집회 및 시위진압에 있어서 진압의 4대 기본원칙은 ① 봉쇄·방어, ② 차단·배제, ③ 세력분산, ④ 주동자격리 등이다.

둘째, 불법집회 및 시위진압에 있어서 지휘의 3대 원칙은 ① 부단한 교육훈련, ② 조직의 사기관리, ③ 자체사고 방지 등이다.

셋째, 진압의 3대 원칙은 ① 신속한 해산, ② 주모자 체포, ③ 재집결 방지 등이다.

넷째, 진압 5대 행동수칙은 ① 개인행동 엄금, ② 구타·폭행 엄금, ③ 감정언어 엄금, ④ 지휘명령 준수, ⑤ 진압질서 확립 등이다.

다섯째, 안전진압 5단계 지침은 ① 1단계: 사전정보수집 활용, ② 2단계: 변수없는 안전진압, ③ 3단계: 폭행없는 검거연행, ④ 4단계: 기습 등 피해방지, ⑤ 5단계: 언론취재활동 보장 등이다.

여섯째, 집회·시위 관리 6단계 지침은 ① 1단계: 예고정보 적극활용, ② 2단계: 불법시위용품 사전 제거, ③ 3단계: 자율적 통제관리체제 유도, ④ 4단계: 여경·교통·근무복 위주 집회관리, ⑤ 5단계: 안전진압·피해방지, ⑥ 6단계: 언론취재활동 보상 등이다.

마지막으로 불법 집회·시위 등과 같은 다중범죄 진압의 단계별 실력행사는 위력시위 → 대형공격 → 가스공격 등의 순서로 행사한다.

다중범죄 진압을 위한 원칙 및 행동수칙[175]	
진압의 4대 기본원칙	• 진압의 4대 기본원칙은 ① 봉쇄·방어, ② 차단·배제, ③ 세력분산, ④ 주동자격리 등이다.
지휘의 3대 원칙	• 지휘의 3대 원칙은 ① 부단한 교육훈련, ② 조직의 사기관리, ③ 자체사고 방지 등이다.
진압의 3대 원칙	• 진압의 3대 원칙은 ① 신속한 해산, ② 주모자 체포, ③ 재집결 방지 등이다.

---

175 경찰대학k, 전게서, pp. 883-884; 경찰청e, 전게서, pp. 929-931 재구성.

진압의 5대 행동수칙	· 진압 5대 행동수칙은 ① 개인행동 엄금, ② 구타·폭행 엄금, ③ 감정언어 엄금, ④ 지휘명령 준수, ⑤ 진압질서 확립 등이다.
안전진압 5단계 지침	· 안전진압 5단계 지침은 ① 1단계: 사전정보수집 활용, ② 2단계: 변수없는 안전진압, ③ 3단계: 폭행없는 검거연행, ④ 4단계: 기습 등 피해방지, ⑤ 5단계: 언론취재활동 보장 등이다.
집회·시위 관리 6단계 지침	· 집회·시위 관리 6단계 지침은 ① 1단계: 예고정보 적극활용, ② 2단계: 불법시위용품 사전 제거, ③ 3단계: 자율적 통제관리체제 유도, ④ 4단계: 여경·교통·근무복 위주 집회관리, ⑤ 5단계: 안전진압·피해방지, ⑥ 6단계: 언론취재활동 보상 등이다.
진압의 단계별 실력행사	· 다중범죄 진압의 단계별 실력행사는 위력시위 → 대형공격 → 가스공격 등의 순서로 행사한다.

진압의 4대 기본원칙[176]	
봉쇄·방어	· 군중이 중요시설이나 기관 등 보호대상물의 점거를 기도할 경우, 사전에 진압부대가 점령하거나 바리케이드 등으로 봉쇄하여 방어조치를 취하는 방법으로, 군중의 의도를 사전에 봉쇄하여 충돌 없이 효과적으로 무산시키는 방법
차단·배제	· 군중이 목적지에 집결하기 전에 중간에서 차단하여 집합을 못하게 하는 방법으로, 중요 목지점에 경력을 배치하고 검문검색을 실시하여 가담자를 사전색출·검거하거나 귀가조치하여 시위군중의 집합을 사전에 차단하는 방법
세력분산	· 시위대가 집단을 형성한 이후에 시위집단의 통제력을 차단시키며 수개의 소집단으로 분할시켜 그 세력을 분산시키는 방법
주동자격리	· 주모자를 사전에 검거하거나 군중과 격리시켜 군중의 집단적 결속력을 약화시켜 계속된 행동을 못하게 진압하는 방법

진압의 3대 원칙[177]	
신속한해산	· 시위군중은 군중심리의 영향을 받기 쉬우므로 초기단계에서 신속·철저히 해산시켜야 한다.
주모자체포	· 시위군중은 주모자를 잃으면 무기력해지므로 주모자부터 체포한다.
재집결방지	· 시위군중은 일단 해산되었다가 다시 집결하기 쉬우므로, 재집결할 만한 곳에 경력을 배치하고 순찰과 검문검색을 강화한다.

---

176 상게서, pp. 929－931 재구성.
177 상게서, pp. 929－931 재구성.

❷ 집회·시위의 단계적 조치사항

집회·시위의 단계별 조치에는 ① 사전준비단계, ② 현장실시단계, ③ 사후조치단계 등이 있다.

첫째, 사전준비단계는 자체계획을 수립하여 시행하고, 현장답사 및 자체 작전회의를 실시하며, 부대점검 및 훈련을 하는 단계를 말한다.

둘째, 현장실시단계는 현장지휘, 상황유지, 진압상황 속보작성 및 전파 등을 하는 단계를 말한다. 마지막으로 사후조치단계에서는 부대조정, 진압결과 분석 및 평가, 부대정비 및 재교육 실시, 진상보고 등을 하는 단계를 말한다.

집회·시위의 단계적 조치사항[178]		
사전준비단계	**현장실시단계**	**사후조치단계**
• 예고정보수집과 상황판단 • 경비방침의 수립 • 경비계획의 수립 • 경비요원의 소집 • 경비부대의 편성 • 응원·파견 요청 대상 결정 • 진압·통신·운송장비의 점검 • 출동태세의 점검	• 부대의 배치 • 현장 정보활동 • 현장 선무활동 • 단계별 실력행사(위력시위, 대형공격, 가스공격) • 현장점거 및 채증활동	• 부대의 단계별 철수 • 재집결 방지 • 조사활동 및 보고 • 피검거자처리 및 증거확보 • 자체평가 분석 및 보완

Police Science

🌐🔍 국민의 신뢰를 바탕으로 한 영국 경찰의 폭동과 시위진압[179]

- 폭동과 시위가 영국에서 근대 경찰이 만들어진 주요한 이유이지만 영국 경찰이 처음부터 시위를 효과적으로 막은 것은 아니다.
- 경찰 존재 자체를 인정하지 않는 사람도 많았다. 시위를 막는 경찰에게 돌을 던지는 것은 예사이고 칼을 휘두르거나 총을 쏘는 일까지 벌어졌다.
- 하지만 영국 경찰은 인내를 강조했다. 아무리 시위대가 극렬하게 나오더라도 시위대를 자극하는 어떤 언동도 자제했다.
- 절제만이 시민의 호응과 지지를 얻을 수 있는 유일한 방법이라고 생각했기 때문이다.
- 자신감과 권위를 갖는 것보다 강력한 무장은 없다는 것이 당시 영국 경찰 지도부의 판단이

---

178 경찰공제회c, 「경찰실무 I (상)」, 2005, p. 396.

었다.

- 영국 경찰이 총기를 휴대하지 않고 경찰봉만을 들고 다니게 된 이유가 여기에 있다.
- 경찰이 정치권력의 하수인이 아니라 오로지 법과 질서의 수호자라는 인식을 줄 때, 그래서 국민의 신뢰를 얻을 때 경찰의 권위가 바로 서며 이는 어떤 총이나 칼보다 강한 힘을 발휘하기 때문이다.

3 종합대책서의 작성

특정한 집회·시위의 관리 목적으로 종합대책서가 작성된다. 종합대책서에는 정보상황(정보대책), 경비대책, 교통대책, 수사 및 공보대책 등 각 기능별 대책이 포함되어 있으며, 종합대책서는 경비과장이 작성한다.[180] 이러한 종합대책서는 중요상황 예상시에 작성된다. 각 기능별 대책이 포함되어 있으며, 경비요도에는 배치부대를 표시한다.

경찰 종합대책서[181]	
구분	내용
정보대책	• 예상상황 및 필요조치, 행사분석 및 대책, 사전조치 등
경비대책	• 경비방침, 경력운용, 단계별 세부지침, 우발사태 대비, 지휘·통신, 행정사항 등
교통대책	• 행사장·행진연도·집결지 교통관리, 우회도로 홍보활동, 우발사태 대비, 경력운용, 행정사항 등
수사대책	• 기본방침, 연행자 호송, 연행자 조사, 신병처리 등
공보대책	• 보도자료 제공, 허위·왜곡·과장보도 방지, 언론 취재활동 보장, 현장홍보반 운용 등
지원대책	• 장비지원, 부상자 후송 및 응급치료, 급식 및 식수, 숙영대책 등

---

179 이창무, "범죄의 재구성 ⑥ 경찰의 탄생: 탄생 주역은 羊이었다, 19세기 영국서 근대 경찰 첫 등장"「신동아」, 2012. 12.26.
180 경비상황일보는 경력운용사항, 전일상황, 금일상황 등을 매일 작성하여 경찰서 등에 하달하는 문서로, 특정한 중요상황 발생시에 효과적으로 대처하기 위하여 각 기능별 대책을 포함한 종합대책서와는 구별된다(경찰공제회c, 전게서, p. 400).
181 경찰청e, 전게서, p. 928.

2 ‖ 재난경비

1 재난경비 개관

❶ 재난의 개념과 특징

유엔재해기구^{UNDP}의 유엔발전계획^{UNCRD}에서는 "재난은 재산, 사회간접시설, 생활수단에 피해를 일으키고 사회의 기본조직 및 정상기능을 와해시켜 외부의 도움 없이 극복할 수 없고, 정상적인 능력으로 처리할 수 있는 범위를 벗어나는 사건"이라고 정의하고 있다.[182]

「재난 및 안전관리기본법」 제3조(정의)에서는 재난이란 국민의 생명·신체·재산과 국가에 피해를 주거나 줄 수 있는 자연재난과 사회재난을 말한다.

용어의 정의[183]	
재난	• 재난이란 국민의 생명·신체·재산과 국가에 피해를 주거나 줄 수 있는 자연재난과 사회재난을 말한다.
자연재난	• 자연재난이란 태풍, 홍수, 호우(豪雨), 강풍, 풍랑, 해일(海溢), 대설, 한파, 낙뢰, 가뭄, 폭염, 지진, 황사(黃砂), 조류(藻類) 대발생, 조수(潮水), 화산활동, 소행성·유성체 등 자연우주물체의 추락·충돌, 그 밖에 이에 준하는 자연현상으로 인하여 발생하는 재해를 말한다.
사회재난	• 사회재난이란 화재·붕괴·폭발·교통사고(항공사고 및 해상사고를 포함)·화생방사고·환경오염사고 등으로 인하여 발생하는 대통령령으로 정하는 규모 이상의 피해와 국가핵심기반의 마비, 「감염병의 예방 및 관리에 관한 법률」에 따른 감염병 또는 「가축전염병예방법」에 따른 가축전염병의 확산, 「미세먼지 저감 및 관리에 관한 특별법」에 따른 미세먼지 등으로 인한 피해 등을 말한다.

재난의 특징	
재난의 일상성	• 재난의 일상성(日常性)은 재난에 대한 위험시기와 안전시기의 경계가 사라짐으로써 재난의 위험에 항상 노출되어 있다는 것을 말한다.
재난의 타율성	• 재난의 타율성(他律性)은 재난은 개개인의 자유의지와 무관하고 예측불가능하게 발생하는 측면이 있다는 뜻이다.

---

182 조호대, "재난관리에 있어 경찰역할에 관한 연구," 「한국공안행정학회보」 20, 2005, pp. 478-479.
183 「재난 및 안전관리기본법」 제3조(정의).

재난의 보편성	• 재난의 보편성(普遍性)은 재난의 피해는 특정 계층이나 특정 개인이 아니라 누구에게나 모두 발생한다는 의미이다.
재난의 불확실성	• 재난의 불확실성(不確實性)은 새로운 재난의 발생을 미리 예측하는 것이 곤란하다는 의미이다.
재난의 불감증	• 재난에 대한 불감증(不感症)은 재난의 발생위험을 현대 문명사회의 풍요에 대한 대가라고 생각하기 때문에 재난에 대해서 감각이 둔하거나 익숙해져서 별다른 느낌을 갖지 못하는 것이다.

❷ 재난관리 과정

재난관리의 목표는 재난을 사전에 철저히 예방하고 재난관리능력 및 체제를 갖추어서 재난이 발생되면, 즉각적인 대응활동을 전개하여 인적·물적 피해를 최소화하고 신속한 복구활동을 통하여 재난지역 내에서 최소한의 생활편의 기능을 제공하며 본래의 일상적인 생활로 복귀시키는 것이다.[184] 재난관리 과정은 보는 시각에 따라 여러 단계로 나눌 수 있으나, 일반적으로 재난발생시점이나 관리시기를 기준으로 구분하고 있다.

페탁Petak은 ① 사전재난관리Pre-Disaster Management, ② 사후재난관리Post-Disaster Management로 구분하였다. 시간의 순서에 따라 세부적으로 ① 재난의 완화Mitigation, ② 재난의 대비Preparedness, ③ 재난의 대응Response, ④ 재난복구Recovery의 4단계로 구분한다.

짐머맨Zimmerman은 재난 관리과정을 ① 재난 전 완화 및 예방Pre-Disaster Mitigation and Prevention단계, ② 재난 전 대비Pre-Disaster Preparedness단계, ③ 재난 후 대응Post-Disaster Response단계, ④ 재난 후 복구Post-Disaster Recovery단계 등 4단계로 구분하였다.

이러한 학자들의 주장을 종합하여 재난의 관리과정을 살펴보면 다음과 같다.

재난의 관리단계	
예방단계 (Mitigation Phase)	• 예방단계의 활동은 미래에 발생할 가능성이 있는 재난을 사전에 예방하고, 재난발생 가능성을 감소시키며, 발생가능한 재난의 피해를 최소화시키기 위한 활동을 말한다.
대비단계 (Preparedness Phase)	• 대비단계의 활동은 예방단계의 제반 활동에도 불구하고 재난발생 확률이 높아진 경우, 재난발생 후에 효과적으로 대응할 수 있도록 사전에 대응활동을 위한 재난대응계획을 작성하거나 메커니즘을 구성하는 등 운영적인 준비장치 등을 적정수준으로 유

---

184 Godschakl R. David, "Disaster Mitigation and Hazard Management", *International City Management Association*, 1989, p. 134; 조호대, "재난관리에 있어 경찰역할에 관한 연구"「한국공안행정학회보」20, 2005, p. 480.

	지 혹은 준비하는 과정이다.
대응단계 (Response Phase)	• 대응단계의 활동은 재난이 발생되고 있는 상황이나 발생된 후 즉각적으로 인명을 보호 내지 구출하고 재산피해를 최소화하며 복구를 순조롭게 하기 위하여 전개되는 활동들이다.
복구단계 (Recovery Phase)	• 복구단계는 단기적인 복구와 장기적인 복구를 통하여 피해지역을 재난 이전의 상태로 회복시키는 활동을 말한다.

❸ 재난경비의 개념

　재난시 경찰의 활동은 부대 또는 경찰 개개인이 재난에 의한 피해의 발생을 예방하고 경감시켜며 국민의 생명·신체 및 재산을 보호하고, 공공의 안녕과 질서를 유지하는데 목적이 있다. 따라서 재난경비란 국민의 생명·신체 및 재산과 국가에 피해를 주거나 줄 수 있는 재난으로부터 국민의 생명과 재산을 보호하고 공안을 유지하기 위하여 이를 예방, 경계, 진압하는 경비경찰의 활동을 말한다.[185]

　행정안전부장관은 '재난사태의 선포대상 재난'이 발생하거나 발생할 우려가 있는 경우 사람의 생명·신체 및 재산에 미치는 중대한 영향이나 피해를 줄이기 위하여 긴급한 조치가 필요하다고 인정하면 중앙안전관리위원회의 심의를 거쳐 재난사태를 선포할 수 있다.[186]

재난 및 안전관리	
재난사태 선포대상 재난[187]	• 재난 중 극심한 인명 또는 재산의 피해가 발생하거나 발생할 것으로 예상되어 시·도지사가 중앙대책본부장에게 재난사태의 선포를 건의하거나 중앙대책본부장이 재난사태의 선포가 필요하다고 인정하는 재난을 말한다. • 단 「노동조합 및 노동관계조정법」 제4장에 따른 쟁의행위로 인한 국가핵심기반의 일시 정지는 제외한다.
선포 및 해제권자	• 행정안전부장관
심의 및 승인[188]	• 행정안전부장관은 중앙안전관리위원회의 심의를 거쳐 재난사태를 선포할 수 있다. • 행정안전부장관은 재난사태를 선포한 경우에는 지체 없이 중앙안전관리위원회의 승인을 받아야 하고, 승인을 받지 못하면 선포된 재난사태를 즉시 해제하여야 한다.

---

185 경찰대학f, 전게서, pp. 173 – 174.
186 「재난 및 안전관리 기본법」 제36조(재난사태 선포) 제1항.
187 「재난 및 안전관리 기본법 시행령」 제44조(재난사태의 선포대상 재난).
188 「재난 및 안전관리 기본법」 제36조(재난사태 선포) 제2항.

긴급구조[189]		• 긴급구조에 관한 사항의 총괄·조정, 긴급구조기관 및 긴급구조지원기관이 하는 긴급구조활동의 역할 분담과 지휘·통제를 위하여 소방청에 중앙긴급구조통제단(중앙통제단)을 둔다. • 중앙긴급구조통제단의 단장은 소방청장이 된다.
중앙통제단의 운영기준[190]	대비 단계	• 재난이 발생하지 아니한 상황에서 긴급구조대응계획의 운용연습과 재난대비훈련을 실시하는 단계로서 긴급구조지휘대만 상시 운영한다.
	대응 1단계	• 하나의 시(제주도 포함)·군·구(자치구)에 재난이 발생한 상황에서 해당 지역의 긴급구조지휘대가 현장지휘기능을 수행한다. • 이 경우 시·군·구긴급구조통제단은 필요에 따라 부분 또는 전면적으로 운영할 수 있다.
	대응 2단계	• 둘 이상의 시·군·구에 걸쳐 재난이 발생한 상황이나 하나의 시·군·구에 재난이 발생하였으나 해당 지역의 시·군·구긴급구조통제단의 대응능력을 초과한 상황에서 해당 시·군·구긴급구조통제단을 전면적으로 운영하고 시·도긴급구조통제단을 필요에 따라 부분 또는 전면적으로 운영한다.
	대응 3단계	• 둘 이상의 시·도에 걸쳐 재난이 발생한 상황이나 하나의 시·군·구 또는 시·도에서 재난이 발생하였으나 시·도긴급구조통제단이 대응할 수 없는 상황에서 해당 시·도긴급구조통제단을 전면적으로 운영하고 중앙통제단은 필요에 따라 부분 또는 전면적으로 운영한다.

2 재난발생시 경찰의 역할

시·도경찰청 등의 장은 관할 지역에서 재난이 발생하였거나 발생이 임박한 경우 그 피해를 최소화하기 위하여 ① 현장 접근통제 및 우회로 확보, ② 교통관리 및 치안질서 유지 활동, ③ 긴급구조 및 주민대피 지원, ④ 그 밖에 재난 대응을 위한 조치 등과 같은 필요한 조치를 하여야 한다.[191]

❶ 재난관련 경찰청의 대응

경찰청은 재난과 관련하여 재난대책본부와 재난상황실을 설치·운영할 수 있다.

첫째, 경찰청장은 인명 또는 재산의 피해정도가 매우 큰 재난 또는 사회적, 경제적으로 광범위한 영향이 있는 재난이 발생하였거나 발생할 우려가 있어 이에 대한 전국적인

---

189 「재난 및 안전관리 기본법」 제49조(중앙긴급구조통제단) 제1항·제2항.
190 「긴급구조대응활동 및 현장지휘에 관한 규칙」 제15조(통제단의 운영기준).
191 「경찰 재난관리 규칙」 제18조(재난대응) 제1항.

관리가 필요하다고 인정하는 경우 경찰청에 재난대책본부를 설치할 수 있다.[192]

재난대책본부는 치안상황관리관이 본부장이 된다. 단, 재난에 대한 범정부적 차원의 통합대응이 필요하다고 인정되는 경우 본부장을 경찰청장 또는 경찰청 차장으로 격상하여 운영할 수 있다.[193]

재난대책본부에 총괄운영단, 대책실행단, 대책지원단을 두며, 그 구성과 임무는 다음과 같다. ① 총괄운영단은 본부장을 보좌하여 재난대책본부의 운영에 필요한 사무를 담당하며 단장은 위기관리센터장이 된다. ② 대책실행단은 경찰 재난관리 활동의 실행을 담당하며 단장은 재난대책본부의 구성원 중 본부장이 지정한 사람으로 한다. ③ 대책지원단은 대책실행단의 활동을 지원하며 단장은 재난대책본부의 구성원 중 본부장이 지정한 사람으로 한다.[194]

둘째, 치안상황관리관은 재난이 발생하였거나 재난이 발생할 우려가 있는 경우에는 위기관리센터 또는 치안종합상황실에 재난상황실을 설치·운영할 수 있다. 다만, 재난대책본부가 설치되었거나 「재난 및 안전관리 기본법」 제38조(위기경보의 발령)에 따라 '심각' 단계의 위기경보가 발령된 경우에는 재난상황실을 설치·운영하여야 한다.

이때, 시·도경찰청이나 경찰서에는 긴급종합상황실을 설치하게 되며, 현장에는 현장지휘본부를 설치하게 된다.[195] 치안상황관리관은 경찰의 재난관리 업무를 총괄·조정한다.[196] 위기경보는 재난 피해의 전개 속도, 확대 가능성 등 재난상황의 심각성을 종합적으로 고려하여 ① 관심, ② 주의, ③ 경계, ④ 심각으로 구분한다.[197]

재난상황실에는 재난상황실장(상황실장) 1명을 두며 상황실장은 위기관리센터장으로 한다.[198] 재난상황실에 총괄반, 분석반, 상황반을 두며, 그 구성과 임무는 다음과 같다. ① 총괄반은 위기관리센터 소속 직원으로 구성하며, 재난상황실 운영을 총괄하고 재난관리를 위한 관계기관과의 협조 업무를 담당한다. ② 분석반은 위기관리센터 소속 직원으로 구성하며, 재난상황의 분석, 재난관리를 위한 대책 마련 및 다른 국·관과의 협조 업무를 담당한다. ③ 상황반은 치안상황관리관실 및 다른 국·관의 직원으로 구성하며, 재난상황의 접수·전파·보고, 재난관리를 위한 초동조치 등 상황관리를 담당한다.[199]

---

192 「경찰 재난관리 규칙」 제11조(경찰청 재난대책본보의 설치) 제1항.
193 「경찰 재난관리 규칙」 제15조(재난대책본부의 격상) 제1항.
194 「경찰 재난관리 규칙」 제12조(재난대책본부의 구성 등) 제2항.
195 「경찰 재난관리 규칙」 제4조(경찰청 재난상황실의 설치).
196 「경찰 재난관리 규칙」 제2조(재난 상황 시 국·관의 임무) 제1항.
197 「재난 및 안전관리 기본법」 제38조(위기경보의 발령 등) 제2항.
198 「재난 및 안전관리 기본법」 제5조(구성) 제1항.
199 「재난 및 안전관리 기본법」 제5조(구성) 제2항.

경찰청 재난대책본부		
설치요건	• 인명 또는 재산의 피해정도가 매우 큰 재난 또는 사회적, 경제적으로 광범위한 영향이 있는 재난의 발생 또는 우려	
설치권자	• 경찰청장	
본부장	• 치안상황관리관 • 격상시 경찰청장 또는 경찰청 차장	
구성과 임무	• 재난대책본부에 총괄운영단, 대책실행단, 대책지원단을 두며, 그 구성과 임무는 다음과 같다.	
	총괄운영단	• 본부장을 보좌하여 재난대책본부의 운영에 필요한 사무를 담당하며 단장은 위기관리센터장이 된다.
	대책실행단	• 경찰 재난관리 활동의 실행을 담당하며 단장은 재난대책본부의 구성원 중 본부장이 지정한 사람으로 한다.
	대책지원단	• 대책실행단의 활동을 지원하며 단장은 재난대책본부의 구성원 중 본부장이 지정한 사람으로 한다.

경찰청 재난상황실		
설치요건	• 재난이 발생하였거나 재난이 발생할 우려가 있는 경우 • '심각' 단계의 위기경보가 발령된 경우에 재난상황실을 설치·운영	
위기경보 4단계	• 위기경보는 재난 피해의 전개 속도, 확대 가능성 등 재난상황의 심각성을 종합적으로 고려하여 4단계로 구분 • 관심·주의·경계·심각의 4단계로 구분	
설치권자	• 치안상황관리관(재난 상황의 총괄·조정)	
상황실장	• 위기관리센터장	
구성과 임무	• 재난상황실에 총괄반, 분석반, 상황반을 두며, 그 구성과 임무는 다음과 같다.	
	총괄반	• 위기관리센터 소속 직원으로 구성하며, 재난상황실 운영을 총괄하고 재난관리를 위한 관계기관과의 협조 업무를 담당한다.
	분석반	• 위기관리센터 소속 직원으로 구성하며, 재난상황의 분석, 재난관리를 위한 대책 마련 및 다른 국·관과의 협조 업무를 담당한다.
	상황반	• 치안상황관리관실 및 다른 국·관의 직원으로 구성하며, 재난상황의 접수·전파·보고, 재난관리를 위한 초동조치 등 상황관리를 담당한다.

❷ 재난관련 시·도경찰청의 대응

시·도경찰청 등의 장은 경찰청에 재난대책본부가 설치되었거나, 관할 지역 내 재난이 발생하였거나 발생할 우려가 있는 경우 시·도경찰청 등에 재난대책본부를 설치할 수 있다. 이 경우, 시·도경찰청 등의 장은 재난대책본부의 설치 사항을 바로 위 상급기관의 장에게 보고한다.[200]

시·도경찰청의 본부장은 시·도경찰청장이 지정하는 차장 또는 부장으로 한다.[201] 경찰서의 본부장은 재난업무를 주관하는 부서의 장으로 한다.[202]

시·도경찰청 등의 장은 재난의 규모가 광범위하여 효과적인 대응이 필요한 경우 본부장을 시·도경찰청 등의 장으로 격상하여 운영할 수 있다.[203]

시·도경찰청 등의 장은 관할 지역에서 재난이 발생하였거나 발생이 임박한 경우 그 피해를 최소화하기 위하여 ① 현장 접근통제 및 우회로 확보, ② 교통관리 및 치안질서 유지 활동, ③ 긴급구조 및 주민대피 지원, ④ 그 밖에 재난 대응을 위한 조치 등 필요한 조치를 하여야 한다.[204] 시·도경찰청 등의 장은 재난으로 인하여 피해가 발생하였을 때에는 바로 위 상급기관의 장에게 피해내용을 지체 없이 보고하여야 한다.[205]

시·도경찰청 등의 장은 관할 지역 내에서 재난이 발생하였거나 발생할 우려가 있는 경우 재난상황실을 설치·운영할 수 있다. 다만, 시·도경찰청 등에 재난대책본부가 설치되었거나, 법 제38조에 따라 '심각' 단계의 위기경보가 발령된 경우에는 재난상황실을 설치·운영하여야 한다.[206]

시·도경찰청 등의 상황실장은 ① 재난의 발생일시·장소 및 원인, ② 인적·물적 피해 현황, ③ 초동조치 사항, ④ 대응 및 복구활동 사항, ⑤ 그 밖에 재난관리를 위해 필요한 사항을 경찰청 치안상황관리관에게 수시 보고하여야 한다.[207]

200 「재난 및 안전관리 기본법」 제16조(시·도경찰청등 재난대책본부의 설치 및 운영) 제1항.
201 「재난 및 안전관리 기본법」 제16조(시·도경찰청등 재난대책본부의 설치 및 운영) 제2항.
202 「재난 및 안전관리 기본법」 제16조(시·도경찰청등 재난대책본부의 설치 및 운영) 제3항.
203 「재난 및 안전관리 기본법」 제16조(시·도경찰청등 재난대책본부의 설치 및 운영) 제4항.
204 「재난 및 안전관리 기본법」 제18조(재난대응) 제1항.
205 「재난 및 안전관리 기본법」 제18조(재난대응) 제2항.
206 「재난 및 안전관리 기본법」 제10조(재난상황의 보고 및 전파) 제1항.
207 「재난 및 안전관리 기본법」 제9조(시·도경찰청등 재난상황실 설치 및 운영) 제1항.

시·도경찰청 등 재난대책본부	
설치요건	• 시·도경찰청에 재난대책본부 설치 • 관할 지역 내 재난이 발생하였거나 발생할 우려가 있는 경우
설치권자	• 시·도경찰청 등의 장
본부장	• 시·도경찰청장이 지정하는 차장 또는 부장 • 격상시 시·도경찰청 등의 장
재난대응	• 현장 접근통제 및 우회로 확보 • 교통관리 및 치안질서유지 활동 • 긴급구조 및 주민대피 지원 • 그 밖에 재난 대응을 위한 조치
보고	• 시·도경찰청 등의 장은 재난으로 인하여 피해가 발생하였을 때에는 바로 위 상급기관의 장에게 피해내용을 지체 없이 보고

시·도경찰청 등 재난상황실	
설치요건	• 시·도경찰청 등의 장은 관할 지역 내에서 재난이 발생하였거나 발생할 우려가 있는 경우 재난상황실을 설치·운영 • 시·도경찰청 등에 재난대책본부의 설치 • '심각' 단계의 위기경보가 발령된 경우
설치권자	• 시·도경찰청 능의 상
구성	• 재난상황실에는 재난상황실장(상황실장) 1명을 두며 상황실장은 위기관리센터장
재난대응	• 현장 접근통제 및 우회로 확보 • 교통관리 및 치안질서유지 활동 • 긴급구조 및 주민대피 지원 • 그 밖에 재난 대응을 위한 조치
상황실장의 수시보고	• 다음의 사항을 경찰청 치안상황관리관에게 수시 보고 • ① 재난의 발생일시·장소 및 원인, ② 인적·물적 피해 현황, ③ 초동조치 사항, ④ 대응 및 복구활동 사항, ⑤ 그 밖에 재난관리를 위해 필요한 사항

❸ 현장지휘본부 설치

시·도경찰청 등의 장은 관할 지역 내 재난이 발생한 경우 재난 현장의 대응 활동을 총괄하기 위하여 현장지휘본부를 설치할 수 있다.[208] 재난이 발생하여 일정 기간 동안 경

---

208 「경찰 재난관리 규칙」 제20조(현장지휘본부의 설치 및 운영치) 제1항.

찰의 현장조치가 필요하다고 판단되는 경우 인근에 재난관리 활동을 총괄 지휘할 현장지휘본부CP: Command Post를 설치한다. 현장지휘본부의 구성 및 임무는 다음과 같다.

전담반 및 지원팀별 임무209	
전담반	• 현장지휘본부 운영 총괄·조정 • 재난안전상황실 업무협조 • 현장상황 등 보고·전파
112	• 재난지역 및 중요시설 주변 순찰활동 • 피해지역 주민 소개 등 대피 및 접근 통제
경 무	• 현장지휘본부 사무실, 차량, 유·무선 통신시설 등 설치 • 그 밖에 예산, 장비 등 행정업무 지원
홍 보	• 경찰 지원활동 등 언론대응 및 홍보
경 비	• 재난지역 및 중요시설 등 경비 • 경찰통제선 설정·운용
교 통	• 비상출동로 지정·운용 • 현장주변에 대한 교통통제 및 우회로 확보 등 교통관리
생활안전	• 재난지역 범죄예방 활동 • 재난지역 총포, 화약류 안전관리 강화
수 사	• 실종자·사상자 현황 파악 및 수사 • 민생침해범죄의 예방 및 수사활동
정 보	• 재난지역 집단민원 파악 • 관계기관 협조체제 및 대외 협력관계 유지

❹ 재난시 경찰의 경비 및 방범계획

재난시 경찰의 경비 및 방범대책210	
경비계획	• 경비본부 설치 운영 • 설치시기: 지진발생으로 대규모 피해발생 및 사회적 혼란 야기시 • 지휘체계: 경비본부장(경찰서장) ↔ 현장지휘본부장(소방서장) • 5분대기조 즉각 출동으로 주민대피, 인명구조, 교통통제 등 초동 조치실시 • 가용병력·장비 최대한 동원 재난현장 경비·인명구조활동 및 복구작업지원 • 재난발생 및 발생우려 지역에 대한 경찰통제선(Police Line) 설치, 재난현장 출입 • 인원·장비통제 및 질서유지(경찰서장)
범죄계획	• 재난현장 도보·112순찰활동 강화, 주민 불안요인 제거

---

209 「경찰 재난관리 규칙」 제20조(현장지휘본부의설치 및 운영) 제2항. 별표2(전담반 및 지원팀별 임무).

- 재난현장 진·출입로에 임시 검문소 운영, 관계자의 출입통제, 검문검색 강화로 빈집털이 등 절도범 예방
- 재난지역내 금융기관, 금은방 등 현금다액 취급업소 주변순찰활동 강화
- 자원봉사자 자율방범대 등 활용, 협력방범체제 구축
- 사상자 구호 및 후송조치 적극지원

❺ 긴급신고 통합서비스

2014년 4월 16일 세월호 침몰사고 신고과정에서 신고체계의 문제점이 제기됨에 따라 국민안전 관련 신고 전화를 긴급/비긴급(민원상담)으로 구분하여 통합 추진하였다. 세월호 사고 이후 국민이 위급한 상황에서 보다 쉽게 신고하고, 긴급기관은 신속하게 대응하여 국민의 생명과 안전을 지킬 수 있도록 기존의 여러 신고전화를 긴급신고는 112, 119, 비긴급신고(민원상담)는 110번으로 통합하기로 하고, 관련 정보시스템을 구축하여 2016년 10월부터 본격적으로 서비스를 시행하였다.[211]

긴급신고시 신고내용, 위치정보, 전화번호 등 신고정보가 경찰·소방·해경 등 긴급기관에 실시간으로 공유되므로 반복적으로 설명하지 않아도 되고, 긴급기관의 출동 등 공동대응도 빨라졌다. 각종 민원상담 전화가 110으로 통합 운영됨에 따라 출동기관에 신고건수가 줄어들어 현장 대응이 더욱 빨라졌다.

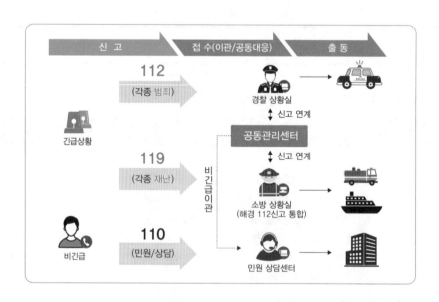

---

210 인천광역시 남동구 재난안전대책본부, "재난의 분"(n.d)(from https://www.yeonsu.go.kr/safety/disaster/group.asp(Retrieved October 6, 2022).
211 행정안전부, 「보도자료」, 2021.10.27.

1 혼잡경비 개관

혼잡경비란 기념행사, 경기대회, 제례의식, 기타 각종 행사를 위해 모인 미조직된 군중에 의하여 발생되는 자연적인 혼란상태를 사전에 예방하거나 경계하고, 위험한 사태가 발생한 경우에는 신속히 조치하여 확대되는 것을 방지하는 경비경찰활동을 말한다.[212] 혼잡경비는 조직되지 않은 군중을 대상으로 한 혼란상태의 방지이므로, 대규모 항의집회와 같은 조직된 군중에 의한 행위는 다중범죄진압의 대상이며 혼잡경비의 대상은 아니다.

혼잡경비는 다수의 군중을 대상으로 하는 활동이기 때문에 경비경찰은 많은 주의를 기울여야 한다. 혼잡경비를 위한 경비경찰의 주의사항으로는 ① 적정한 부대배치, ② 냉정한 임수수행, ③ 적정한 통제, ④ 기상조건에 따른 대비 등이 있다.

군중정리의 원칙[213]	
밀도의 희박화	• 제한된 면적에 사람이 많이 모이면 충도로가 혼잡이 야기되어 거리감과 방향감각을 잃고 혼란한 상태에 이르므로 가급적 많은 사람이 모이는 것을 회피하게 한다. • 대규모 군중이 모이는 장소는 사전에 블록화한다.
이동의 일정화	• 군중들은 현재의 자기 위치와 갈 곳을 잘 알지 못함으로써 불안감과 초조감을 갖게 된다. • 여러 방향이 아닌 일정한 방향으로 이동시켜 주위의 상황을 파악할 수 있는 여건을 조성함으로써 안정감을 갖도록 한다.
경쟁적 사태의 해소	• 경쟁적 사태는 남보다 먼저 가려고 하는 군중의 심리상태를 말한다. • 순서에 의하여 움질일 때 순조롭게 모든 일이 잘 될 수 있다는 것을 납득시켜야 한다. • 차분한 목소리로 안내방송을 하는 것도 한 방법이다.
지시의 철저	• 사태가 혼잡한 경우, 계속적이고 자세한 안내방송으로 지시를 철저히 해서 혼잡한 사태를 정리하고 사고를 미연에 방지한다.

CHAPTER 03
경비경찰

---

[212] 경찰대학f, 전게서, p. 151.
[213] 경찰공제회d, 「경찰실무종합」, 2012, p. 501.

2 경비대책의 수립

❶ 사전준비

경비대책 수립을 위한 사전준비를 위해서는 ① 행사주최 측과 행사의 성격·행사장 규모·관중 혹은 군중의 수·성향 등을 파악하고 자체계획검토, 안전요원 확보, 운용계획 등을 행사주최 측과 협의한다. ② 행사현장 답사, 경비관련 취약점·문제점 파악 및 경찰 배치 장소·소요인원을 파악한다. ③ 필요시에는 구청·소방·한전 등 유관기관 회의를 개최하여 협조를 요청한다.[214] 혼잡경비는 항상 우발사태를 고려하여 충분한 예비대를 확보하는 것이 중요하다.

Police Science

🌐🔍 경비경찰의 사전검토 사항

① 현지 치안상태와 행사목적을 사전에 파악한다.

② 행사장의 지리적 조건과 시설에 대한 안전성 여부를 검토한다.

③ 수용능력 예측과 동원 경찰력을 사전에 산출한다.

④ 행사시간과 교통량 예측에 의한 교통관리 등을 계획한다.

⑤ 출입구의 위험요소를 제거하고, 비상출입구의 사용가능 여부를 미리 고려한다.

⑥ 행사일시와 기상조건을 확인한다.

⑦ 안내방송시설을 주최 측과 사전에 협의한다.

⑧ 행사장 내부와 외부의 안전사고를 사전에 차단한다.

⑨ 입장자의 제한조건과 좌석구분을 사전고려한다.

⑩ 주차장 관리와 승용차를 어느 지점에서 통제할 것인가를 미리 결정한다.

⑪ 야간행사시 정전에 대비한 발전시설을 검토한다.

⑫ 주최 측 및 유관기관과의 충분한 사전협의를 진행한다.

---

❷ 경비대책

경비대책을 위한 방침은 다음과 같다. ① 행사장 여건, 주민성향을 고려하여 자체 안전요원 및 경력을 대비한다. ② 중요행사의 경우 3선 개념에 의한 경찰력을 운영한다. ③

214　경찰청e, 전게서, pp. 920-921.

수익성행사의 경우 주최측 안전요원을 위주로 배치하며, 경찰은 우발사태대비 개념으로 운용한다. ④ 행사장 전체를 조망·관리할 수 있는 장소에 경찰 지휘본부^{CP: Command Post}를 운용한다. 이때 대규모 행사시에는 관계기관 합동CP를 운용한다. 또한 경비대책을 위한 경찰력을 운용함에 있어서는 1, 2, 3단계로 구분하여 운용한다.

경비대책을 위한 경찰력 운용단계	
1단계	• 관중입장 1시간 전–입장완료 10분 전 • 출입구·매표소·관람 가능장소 등 혼잡예상 지역
2단계	• 관중입장 완료 10분 전(대부분 입장시)–행사종료 20분 전 • 행사장 내부관중 통제
3단계	• 행사종료 20분 전–해산시 • 행사장 내·외곽 관중 해산시 질서유지

3 혼잡경비의 유형별 실시내용

❶ 체육행사 및 공연행사 경비

공식적인 대규모 국제·국내 체육행사 및 공연행사시에는 많은 군중이 운집하기 때문에 안전사고의 예방과 질서유지를 위한 목적으로 중요지점마다 경비인력이 배치되어야 한다. 또한 국제행사에는 정치적 목적의 테러범죄가 발생할 수 있으므로 이에 대한 훈련된 대테러부대의 운용을 준비하여야 한다.

영리를 목적으로 하는 통상적인 체육행사 및 공연행사에 대한 안전유지는 수익자부담원칙에 입각하여 주최 측의 자체 안전요원이 실시하여야 하며, 특별한 혼잡이 예상되는 경우에 한하여 경비경찰이 관여하여야 한다.

Police Science
🔍 **수익자부담이론**Profit Oriented Enterprise Theory

• 자본주의사회에서는 개인의 재산보호나 범죄에서 올 수 있는 신체적 피해로부터의 보호를 개인적 비용에 의해 담보 받을 수밖에 없다는 입장이 수익자부담이론이다.
• 각종 프로 스포츠 경기 및 공연 등은 주최측의 영리를 목적으로 하는 활동이기 때문에 이에 대한 질서유지는 주최 측이 민간경비원 등을 고용하여 1차적인 안전활동을 책임져야 한다.

따라서 경비경찰은 공공의 안녕과 질서를 위협하는 특별한 상황발생시에만 필요최소한으로 개입하여야 한다.

❷ 선거경비

선거경비활동은 각종 선거시 후보자에 대한 신변보호와 유세장 및 투표소 그리고 개표소에서의 선거와 관련한 각종 선거 방해요소를 사전에 예방 및 제거하여 선거상의 치안질서를 유지하는데 목적이 있다.

선거경비를 위해서는 보안안전팀을 운용하며, 이 팀은 선관위와 협조하여 개표소 내곽과 외곽에 대한 사전 안전검측 및 안전유지 업무 및 채증요원 배치 등의 업무를 담당한다. 또한 경비CP^{Command Post} 설치 및 예비대를 운영하여 우발사태에 대비하여야 한다.

선거경비		
투표용지 관련 경비	• 투표용지의 인쇄·보관·호송시 개소별 근무복 무장경찰관 2명 선관위 지원 • 필요시 투표함 운송 에스코트 실시(코스별 지정)	
투표소 경비	• 선관위와 협의, 투표소별 정복 무장경찰관 2명 이상 배치 (투표소로부터 100m 밖 기준) • 경찰서별로 모든 관내를 지원할 수 있는 경찰기동대 및 채증조 운용 • 부재자투표소의 경우도 투표소에 준하여 경비	
개표소 경비	• 3선 개념에 의한 경찰력 운용	
	1선 경비 (개표소 내부)	• 질서문란행위 발생으로 인한 선관위 요청시에만 질서유지 • 선관위 위원장 요청시에만 개표소내 경찰력 투입, 질서회복 및 위원장의 요구가 있을 때에는 즉시 퇴거
	2선 경비 (담장 내곽)	• 선관위와 합동으로 출입자 통제 • 출입문은 정문만 사용하고 기타 출입문은 시정
	3선 경비 (담장 외곽)	• 외곽정문에 선관위 직원과 합동근무, 불순자 출입통제 • 혼잡질서유지, 교통관리에 중점

1 경찰경호 개관

우리나라에서 경호警護라는 용어는 1949년 12월 29일 내무부 훈령 제25호에 의하여 「경호규정」이 제정되면서 최초로 사용되었다.[215] 이 당시의 경호란 '경찰관은 연도, 열차 및 선박 기타 필요하다고 인정하는 장소에 배치되어 피경호인의 신변의 안전을 기하는 것'(경호규정 제3조)이었다.

1963년 「대통령경호실법」이 제정되면서 동법 제2조에 경호를 '호위'와 '경비'로 구별하여 개념을 정의하였다. 이후 제3차 개정(2005)시에 경호의 개념을 새롭게 정의하여 "경호라 함은 경호대상자의 생명과 재산을 보호하기 위하여 신체에 가하여지는 위해를 방지 또는 제거하고, 특정한 지역을 경계·순찰 및 방비하는 등의 모든 안전활동을 말한다."라고 규정하여 오늘에 이르고 있다.[216]

경호는 호위와 경비를 모두 포함하는 개념이기 때문에 구별의 실익이 없다는 점에서 통합되었다고 할 수 있다.[217] 하지만 과거의 역사에서 '호위무사'라는 용어가 있고, 신변보호를 주로 하는 호위와 물리적 방호를 의미하는 경비를 구별할 실익이 전혀 없다고는 할 수 없다. 따라서 경호警護란 정부요인, 국내외 주요인사 등 피경호자의 신체에 대하여 직접적으로 가해지는 위해를 방지 및 제거하기 위하여 따라다니며 곁에서 보호하고 지키는 '호위護衛'와 생명 또는 재산을 보호하기 위해 특정한 지역을 경계·순찰·방비하여 미리 지키고 살피는 '경비警備'를 포함하는 개념이라고 할 수 있다. 경호란 호위와 경비를 기본요소로 하고 있다.

이러한 경호의 개념을 경찰활동에 적용하면, '경찰경호'란 국내외 주요인사 등 피경호자에 대한 신변보호 활동인 호위와 특정 지역 보호활동인 경비를 통하여 그 안전을 도모하는 경찰활동이라고 할 수 있다.

---

215 김두현, 「경호학개론」(서울: 쟁기, 1999), p. 125.
216 대통령경호실법은 "대통령등의경호에관한법률"(2008년 2월 29일)로 개정되었다.
217 이 당시 경호를 호위와 경비로 구별한 이유는, 현직 대통령에 대해서는 본인 및 그 가족에 대한 호위 및 청와대 관저에 대한 경비까지 포함하였지만, 대통령당선자, 전직 대통령 및 기타 국내·외 요인에 대하여는 호위만을 하도록 규정하여 경호대상에 따라 대통령경호실의 임무를 구별하기 위함이었다.

2 경호의 기본원칙

경찰경호는 국가안위와 직결되는 것으로써 경찰에 부여된 임무 중 가장 중요하고 최우선적인 임무이다. 따라서 피경호자를 안전하게 보호하기 위해서는 다음과 같은 원칙을 지켜서 경호에 완벽을 기해야 한다.[218] 경호의 기본원칙에는 4대 일반원칙과 4대 특별원칙이 있다.

경호의 4대 일반원칙에는 ① 3선 경호의 원칙, ② 두뇌경호의 원칙, ③ 방어원칙, ④ 은밀경호원칙 등이 있다. 경호의 4대 특별원칙에는 ① 자기희생의 원칙, ② 자기담당구역 책임의 원칙, ③ 하나의 통제된 지점을 통한 접근의 원칙, ④ 목표물 보존의 원칙 등이 있다.

경호의 4대 일반원칙		
3선 경호의 원칙	• 3선 경호의 원칙이란 경호대상자에 따라서 위해기도시 시간과 공간적으로 이를 지연시키거나 피해를 최소화하기 위한 방어전략으로써 제1선, 제2선, 제3선으로 구분하여 실시하는 경호의 원칙이다. 이는 위해요소의 중복차단과 조기경보를 위한 지역 방호개념이다.[219] • 3선 경호의 개념은 영국 런던수도경찰청에서 최초로 사용하였으며, 이후 미국 비밀경호국(SS: Secret Service)에서 체계화하였다. • 3선 경호는 안전구역인 제1선(행사장 내부), 경비구역인 제2선(행사장 내곽), 경계구역인 제3선(행사장 외곽)으로 구분된다.	
	제1선 (행사장 내부)	• 제1선에서는 대통령경호처에 의한 근접경호(Inner Ring)가 이루어지며 경호대상자의 신변보호, 숙소경비 등이 이루어진다.
	제2선 (행사장 내곽)	• 제2선에서는 경찰에 의한 중간경호(Middle Ring)가 이루어지며 정복경찰관의 일상적 경찰활동, 교통질서유지, 관찰, 통신활동 등이 이루어진다.
	제3선 (행사장 외곽)	• 제3선에서도 경찰에 의한 외곽경호(Outer Ring)가 이루어지며 정보분석, 항만관리, 위험인물 파악, 사건발생 여지의 사전제거 활동 등이 이루어진다.
두뇌경호의 원칙	• 두뇌 및 지능경호원칙은 경호실시 도중 사고가 발생하였을 때 근접경호원의 순발력이나 임기응변적 대처 등으로 사태에 대응하기보다는 사전에 치밀한 경호계획을 수립하고, 위험사태를 사전에 방지하려는 경호활동에 중점을 두어야 한다는 원칙이다.[220]	

---

[218] 경찰대학f, 전게서, p. 280.
[219] 경찰청f, 「경호경비실무」, 2002, pp. 1-2.
[220] 김계원, 「경호학」(서울: 백산출판사, 2005), p. 65.

방어원칙	• 방어원칙이란 경호 중 발생하는 돌발사태시 근접경호원은 공격행위, 즉 총기를 뽑아 사격을 하거나 위해기도자에 돌진하는 등의 행위에 의해 대상자를 보호하기보다는 인간방벽을 형성하거나 경호요원의 신체를 확장하는 등의 방어적인 행위로 대상자를 보호하는 것이 더욱 효과적이라는 원칙이다.**221**	
	방벽효과	• 방벽효과란 경호요원들의 몸으로 경호대상자를 가려 물리적 위해작용이 도달하지 못하도록 하는 효과를 말한다.
	신체확장의 원칙	• 신체확장의 원칙이란 위해상황 발생시 경호요원이 자신의 몸을 최대한 확장시켜 경호대상자를 향한 위해기도자의 공격시야를 가려 자연방벽효과를 극대화하는 것이다.
은밀경호 원칙	• 은밀경호의 원칙이란 "경호는 떠들썩하게, 요란스럽게 하지 말라."는 것으로 근접경호원은 언제나 행동을 은밀하게, 침묵 속에서 행하여 경호대상자의 행동을 방해하지 않으며, 편안한 마음을 갖도록 하고, 항상 대상자의 최근접에서 상황에 대처할 수 있도록 하여야 한다는 원칙이다.**222**	

경호의 4대 특별원칙[223]	
자기희생의 원칙	• 어떠한 희생을 치르더라도 경호대상자의 신변안전이 보호·유지되어야 한다는 것으로서, 경호대상자가 위기에 처했을 때는 육탄방어의 정신으로 경호대상자를 보호하여야 한다.
자기담당구역 책임의 원칙	• 경호원은 각자 자기 담당구역 내에서 일어나는 모든 사태에 대하여 자기만이 책임을 지고 해결하여야 한다는 것으로서, 비록 인근지역에 특별한 상황이 발생되었다고 해서 자기 책임구역을 이탈해서는 안 된다.
하나의 통제된 지점을 통한 접근의 원칙	• 경호대상자와 접근할 수 있는 통로는 경호상 통제된 유일한 통로만이 필요하다는 것으로서 여러 개의 통로와 출입문은 오히려 적에게 접근할 수 있는 기회를 주어 취약성을 증가시켜 주는 결과가 되고 하나의 통제된 출입문이나 통로를 통한 접근도 반드시 경호원에 의하여 확인된 후 허가절차를 밟아 이루어져야 한다.
목표물 보존의 원칙	• 암살기도자 또는 위해를 가할 가능성 있는 불순분자로부터 경호대상자를 격리해야 한다. – 행차코스, 행사예정 장소 등은 원칙적으로 비공개되어야 한다. – 동일한 장소에 수차 행차하였던 곳은 가급적 변경한다. – 대중에게 노출된 도보행차는 가급적 제한한다.

221 상게서, p. 65.
222 상게서, p. 65.
223 상게서, p. 281 재구성.

3 경호의 구분

❶ 경호의 대상에 따른 구분

경호의 대상은 국내 요인과 외국 귀빈으로 구분할 수 있으며, 국내 요인은 갑호, 을호, 병호로 구분하여 실시하며, 외국 귀빈은 외빈 A, B, C, D 및 외빈 E, F 등급으로 구분하여 실시하고 있다.[224]

경호의 대상에 따른 구분[225]			
구분		대상자	경호책임
국내 요인	갑호	· 대통령과 그 가족 · 대통령 당선인과 그 가족 · 대통령 권한대행과 그 배우자	대통령경호처
	을호	· 퇴임 후 10년 이내의 전직 대통령과 그 배우자[226]	대통령경호처
		· 퇴임 후 10년이 경과한 전직대통령. · 대통령선거후보자. · 국회의장, 대법원장, 국무총리, 헌법재판소장	경찰
	병호	· 갑·을호 외에 경찰청장이 필요하다고 인정한 인사	
외국 귀빈	A, B, C, D 등급	· 대통령, 국왕 · 행정수반 · 행정수반이 아닌 총리, 부통령	대통령경호처
	E, F 등급	· 부총리, 왕족, 외빈 A·B·C·D 등급의 배우자 단독방한 · 전직 대통령, 전직총리, 국제기구·국제회의 중요인사 · 기타 장관급 이상으로 경찰청장이 경호가 필요하다고 인정한 외빈	경찰

---

224 경호의 대상에 따른 구분은 외국귀빈에 있어서 통일된 모습을 보이지 못하고 있다. 경찰청(경찰실무전서, 2000)과 경찰대학(경찰경비론, 2004)에서는 외국귀빈을 1등급(대통령, 국왕), 2등급(행정수반), 3등급(수상, 부통령), 4등급(장관급 외빈으로써 경찰청장이 경호가 필요하다고 인정한 인사) 등으로 구분하고 있다. 반면에 중앙경찰학교(경비, 2006) 및 경찰공제회c(경찰실무(Ⅰ), 2005) 등에서는 외국귀빈을 A, B, C, D 등급 및 E, F 등급으로 구분하고 있다. 따라서 본서에서는 최근의 연구성과를 반영하여 중앙경찰학교 및 경찰공제회의 방식으로 구분하였다.

225 「경호규칙」; 경찰청e, 전게서, p. 1013; 경찰공제회c, 「경찰실무Ⅰ(상)」, 2004, p. 414 재구성.

226 「대통령 등의 경호에 관한 법률」 제4조(경호대상).

❷ 행사경호의 성격에 따른 구분

행사성격에 따른 경호는 공식행사와 비공식행사를 구분하여 경호를 실시하는 것이다. 행사의 성격에 따라 공식 경호(1호), 비공식 경호(2호), 약식경호(3호) 등으로 구분하여 실시한다.

행사경호의 성격에 따른 구분[227]	
공 식(1호)	• 사전통보에 의하여 계획되고 준비되는 공개 행사시 실시하는 경호(기념식, 국빈행사 등)
비공식(2호)	• 사전통보나 절차 없이 이루어지는 행사시 실시하는 경호로서 고도의 보안이 요구됨
약 식(3호)	• 일정한 형식에 의하지 않는 경호(출퇴근시의 경호 등)

❸ 장소에 따른 구분

장소에 따른 구분은 경호를 실시하는 장소가 어디인가에 따라 행사장경호, 숙소경호, 연도경호 등으로 구분할 수 있다.[228]

장소에 따른 경호 구분[229]	
행사장 경호	• 경호대상자가 참석하거나 주관하는 행사장에서의 경호
숙소경호	• 경호대상자가 평소 거처하는 공관이나 임시로 머무는 장소에서의 경호
연도경호	• 연도경호란 경호대상자가 행차 혹은 환차할 것으로 예측되는 주·예비 연도에 대한 제반 위해요소를 사전배제 하는 활동을 말한다.

❹ 행사성격에 따른 구분

경호규정상 연도경호에는 육로경호와 철로경호로 구분하나 통상적으로 육로경호를 연도경호라 한다. 연도경호는 행사의 성격에 따라서 완전공식(A형), 공식(B형), 준공식(C형), 완전비공식(880) 등으로 구분할 수 있다.

227 경찰대학f, 전게서, p. 277 재구성.
228 경찰대학 교재인 경찰경비론(2004)에서는 장소에 따른 경호유형을 행사장 경호, 숙소경호, 연도경호 이외에 열차경호, 선박경호, 항공기경호 등으로 설명하고 있다. 김두현교수는 열차경호, 선박경호, 항공기경호 등은 보행경호, 차량경호 등과 함께 이동수단에 의한 경호로 구분하여 설명하고 있다. 김계원(2005)은 행사장경호, 숙소경호, 연도경호 등으로 구분하고 있다. 본서에서는 최근의 연구성과를 반영한 김계원의 구분방법에 따라 장소에 따른 경호를 구분하였다.
229 김계원, 전게서, p. 35 재구성.

행사의 성격에 따른 구분[230]		
완전공식 (A형)	• 대통령 취임식, 외국원수 환·송영 등 완전공개된 행사의 행차 및 환차시에 하는 경호 • 행사보안의 사전 노출로 경호상 위해 가능성이 증대된 공식 행사시 • 1등급 외빈경호 대상으로 결정된 국빈행사시	
공 식 (B형)	• 국경일 등 일정에 의한 공식행사시 • 2·3등급 외빈경호 대상으로 결정된 국빈행사시	
준 공 식 (C형)	• 정례회의 참석, 경제동향 보고 등 사전 경호지시에 의거 실시하는 공개된 비공식 행사시	
완전비공식 (880)	• 행차보안 완전유지, 사전 경호지시가 전무한 행차시	

❺ 경호수준에 따른 구분

경호수준에 따른 구분은 경호보안의 수준이 어느 정도인가를 기준으로 하여 구분하는 방식이다. A급, B급, C급 등으로 구분한다.

경호수준에 따른 구분[231]	
A급	• 행차보안이 사전 노출되어 경호의 위해가 증대된 상황 하의 각종 행사 • 국가원수급의 경호 대상으로 결정된 국빈행사의 경호
B급	• 행사준비 등의 시간적 여유 없이 갑자기 결정된 상황 하의 각종 행사 • 수상급 경호 대상으로 결정된 국빈행사의 경호
C급	• 사전경호조치가 전무한 상태에서 이루어지는 경호

❻ 이동수단에 따른 구분

이동수단에 따른 구분은 경호대상자가 어떠한 이동수단을 사용하는가를 기준으로 하여 구분하는 방식이며, 보행경호, 차량경호, 열차경호, 선박경호, 항공기경호 등이 있다.

---

230 경찰대학f, 전게서, p. 310.
231 경찰대학f, 전게서, p. 277 재구성.

이동수단에 따른 구분	
보행경호	• 경호대상자가 근거리를 도보로 이동할 때 실시하는 경호
차량경호	• 경호대상자가 차량을 이용하여 이동할 때 실시하는 경호 • 경호대상자의 자동차에 동승하여 차내 및 행선지에서 보호임무를 수행하는 동승경호방식과 경호대상자의 차량을 경호차량으로 호위하는 호위경호방식이 있다.
열차경호	• 경호대상자가 열차를 이용하여 이동시에 열차내외에서 이루어지는 경호
선박경호	• 경호대상자가 선박을 이용하여 이동시 실시하는 경호 • 경호대상자가 해군함정이나 경비정, 경호기관 소속 경비정 등을 이용하는 경우와 일반 여객선을 이용하는 방법 등이 있다.
항공기경호	• 경호대상자가 항공기로 이동시에 실시하는 경호이며, 선박경호와 유사 • 경호대상자가 공군기, 공군헬기 등을 이용하는 경우와 일반 민항기, 특별기를 이용하는 방법 등이 있다.

❼ 기타 구분

기타의 경호구분방법에는 근무형태에 의한 구분과 활동시점 및 경호방법에 의한 구분이 있다. 근무형태에 의한 구분방법에는 노출경호와 비노출경호가 있다. 활동시점 및 방법에 의한 구분에는 선발경호와 수행경호가 있다.

근무형태와 활동시점 및 방법에 따른 구분		
근무 형태	노출경호	• 경호수단·방법을 노출, 경호의지를 보여 위해기도자의 범행기도를 포기하게 하는 경호
	비노출경호	• 경호수단·방법을 주변환경에 조화시키는 등 경호대상자의 신분을 노출시키지 않는 경호
활동시점 및 방법	선발경호	• 일정규모의 경호팀이 사전도착, 각종 경호활동을 행하는 경호
	수행경호	• 행사시 이동하는 기간 동안, 행사장에서 경호대상자에 근접하여 하는 경호

4 경호안전업무

❶ 경찰 경호상황본부의 운영

경호업무의 효과적인 수행을 위하여 대통령경호처의 경호상황본부와는 별도로 경찰 경호상황본부를 설치한다. 이때 경찰의 유관부서는 경호업무협조를 위한 제반 지원체계를 구축하게 된다.

	경호상황본부 운영시 책임자의 임무[232]
경비과장	• 경호경비계획의 수립, 경호를 위한 동원 및 배치, 교양 및 훈련, 청원경찰, 예비군의 무기·탄약의 관리, 경호본부 및 경비본부의 운용, 경호관계 기관회의에 관한 사항, 상황유지 및 경과보고에 관한 사항
생활안전과장	• 총포·화약류 등 물적 취약요소의 안전조치에 관한 사항, 행사장, 숙소 등에 대한 안전검측 및 안전유지, 행사장, 숙소, 연도 주변에 대한 특별순찰 실시에 관한 사항 • 안전검측과 안전유지에 관한 업무
정보과장	• 경호관련 정보판단, 첩보수집 및 일반정보사범의 동향파악과 감시에 관한 사항
안보과장	• 안보소관 인적 위해대상자에 대한 안전조치(인적 위해대상자에 대한 동향 및 소재파악 등), 안전대책업무에 대한 관계기관과의 협조, 조정 및 연락, 보안첩보의 수집 등에 관한 사항, 경호안전판단 및 보안첩보수집에 관한 사항
경무과장	• 경호 경찰관의 보급에 관한 사항, 경찰관서의 무기·탄약의 관리에 관한 사항

❷ 안전대책

안전대책은 경호시 피경호자의 신변에 대한 위해요소를 사전에 제거하는 모든 활동으로 구체적인 내용으로는 단계별 사전안전활동, 인적 위해요소의 배제, 물적 취약요소의 배제, 지리적 취약요소의 배제, 경호보안대책 등이 있다.

단계별 안전활동에는 평상시 경찰의 안전활동과 행사전 안전활동이 포함된다. 인적 위해요소의 배제에는 경호관련 단체의 동향감시, 신원조사대상자의 조사, 비표관리 등이 있다. 물적 취약요소의 배제에는 위험물, 자연물, 인공물에 대한 위험을 방지하는 것과 안전조치 및 안전검측 그리고 검식활동 등이 포함된다. 지리적 취약요소의 배제에는 특별방범심방의 실시, 행사장 숙소가 직접 보이는 산악, 연도 양측이 직접 보이는 감제고지[233] 등의 취약고지에 대한 수색 등이 있다. 경보보안대책에는 경호대상자의 움직임과 행사일정을 노출시키지 않는 것 등을 포함한다.

❸ 경호의 실시

경호의 실시는 3선 개념에 의한 경호로 실시된다. 경호는 안전구역인 제1선(행사장 내

---

232 경찰공제회c, 「경찰실무 I (상)」 2004, p. 417 재구성.
233 전략상 관측 등에 의하여 행사장에 대한 위해를 가할 수 있는 지대를 말한다.

부), 경비구역인 제2선(행사장 내곽), 경계구역인 제3선(행사장 외곽)으로 구분되어 실시된다. 일반적으로 MD조는 3시간 전에, 일반 경호경력은 2시간 전에 배치를 완료한다. 또한 경호교통관리가 이루어진다. 경호교통관리의 3대 원칙$^{S.P.T}$은 지정속도관리^{Speed}, 경호교통관리가 필요한 주요지점 확보$^{Pin\ Point}$, 신호개방 또는 순간통제시점^{Timing} 등을 말한다.

3선 개념 경호[234]	

제1선
(안전구역: 내부)
(Inner Ring)
	• 절대안전 확보구역
	• 경호대상자가 위치하는 내부로써 옥내일 경우에는 건물전체를 말하며, 옥외일 경우에는 본부석이 통상적으로 해당
	• 요인의 승·하차장 동선 등의 취약개소로 경호대상자에게 직접적으로 위해를 가할 수 있는 거리내의 지역
	• 제1선의 경호에 대한 주관 및 책임은 경호처에 있으며, 경찰은 경호처의 요청시 경력 및 장비 지원
	  – 출입자 통제
	  – MD 운영
	  – 비표확인 및 출입자 감시

제2선
(경비구역: 내곽)
(Middle Ring)
	• 주경비지역
	• 제1선을 제외한 행사장 중심으로 반경 500m 내외의 취약개소 점검
	• 경호책임은 경찰이 담당하고, 군부대 내부일 경우에는 군이 책임
	  – 바리케이트 등 장애물 설치
	  – 돌발사태 대비 예비대 운영 및 구급차, 소방차 대기

제3선
(경계구역: 외곽)
(Outer Ring)
	• 조기경보지역
	• 행사장 중심으로 위해대상자의 접근을 조기에 경보하고 차단하기 위하여 설정된 선으로 주변 동향파악과 직시고층건물 및 감제고지에 대한 안전확보, 우발사태에 대비책을 강구하여 경호대상자에 대한 위해요소를 제거한다. 통상 경찰이 책임진다.
	  – 감시조 운영
	  – 도보 등 원거리 기동순찰조 운영
	  – 원거리 불심자 검문차단

---

234 경찰공제회c, 전게서, pp. 419–420 재구성.

5 ║ 국가중요시설경비

1 국가중요시설경비 개관

국가중요시설이란 공공기관, 공항·항만, 주요 산업시설 등 적에 의하여 점령 또는 파괴되거나 기능이 마비될 경우 국가안보와 국민생활에 심각한 영향을 주게 되는 시설을 말한다.[235] 국가중요시설은 국방부장관이 관계 행정기관의 장 및 국가정보원장과 협의하여 지정한다.[236]

또한 국가보안목표시설이란 전략무기를 생산하는 국가방위시설, 국가기간산업시설, 주요 행정관청, 전기통신시설, 국민생활에 중대한 영향을 미치는 상수도나 급수원, 군사시설 등을 말한다. 이러한 국가보안목표시설은 매년 국가정보원장이 새로이 지정하여 통보하고 있다.

2 국가중요시설의 분류

❶ 실질적 분류

국가중요시설의 실질적 분류는 시설의 기능·역할의 중요성과 가치의 정도에 분류하는 것이다. 국가안전에 미치는 중요성과 가치의 정도에 따라 국가중요시설 '가'등급, 국가중요시설 '나'등급, 국가중요시설 '다'등급, '기타'등급으로 구분한다.

국가중요시설의 실질적 분류[237]	
가급	• 적에 의하여 점령 또는 파괴되거나, 기능 마비시 광범위한 지역의 통합방위작전수행이 요구되고, 국민생활에 결정적인 영향을 미칠 수 있는 시설 – 대통령실, 국회의사당, 대법원, 정부중앙청사 – 국방부·국가정보원 청사 – 한국은행 본점
나급	• 적에 의하여 점령 또는 파괴되거나, 기능 마비시 일부 지역의 통합방위작전수행이 요구되고, 국민생활에 중대한 영향을 미칠 수 있는 시설

---

235 「통합방위법」 제2조(정의) 제13호.
236 「통합방위법」 제21조(국가중요시설의 경비·보안 및 방호) 제4항.
237 「국가중요시설 지정 및 방호 훈령」 제6조(국가중요시설의 분류) 및 경찰대학f, 전게서, p. 210 재구성.

	– 중앙행정기관 각 부(部)·처(處) 및 이에 준하는 기관 – 대검찰청·경찰청·기상청 청사 – 한국산업은행·한국수출입은행 본점
다급	• 적에 의하여 점령 또는 파괴되거나, 기능 마비시 제한된 지역에서 단기간 통합방위작전수행이 요구되고, 국민생활에 상당한 영향을 미칠 수 있는 시설 – 중앙행정기관의 청사 – 국가정보원 지부 – 한국은행 각 지역본부 – 다수의 정부기관이 입주한 남북출입관리 시설 – 기타 중요 국·공립기관
기타	• 중앙부처장 또는 시·도지사가 필요하다고 지정한 행정 및 산업시설로써 중요도는 별로 없는 시설

❷ 형식적 분류

국가중요시설의 형식적 분류는 사용목적상 분류하는 방법이다. ① 국가 및 공공기관 시설, ② 산업시설, ③ 전력시설, ④ 방송시설, ⑤ 정보통신시설, ⑥ 교통시설, ⑦ 공항, ⑧ 항만시설, ⑨ 수원시설, ⑩ 과학연구시설, ⑪ 교정·정착지원시설, ⑫ 지하공도구 시설, ⑬ 기타 국가안보 및 국민생활에 심대한 영향을 미치는 시설 등으로 분류된다.

일반적으로는 행정시설과 산업시설로 분류된다. 예를 들어 대통령실, 국회의사당, 대법원, 중앙부처기관, 한국은행, 지방관청 등은 행정시설로 분류되며, 일반산업시설, 전력시설, 방송 및 정보통신시설 등은 산업시설로 분류된다.

---

3 국가중요시설의 방호

❶ 국가중요시설의 방호대책

국가중요시설의 관리자(소유자 포함)는 경비·보안 및 방호책임을 지며, 통합방위사태에 대비하여 자체방호계획을 수립하여야 한다. 이 경우 국가중요시설의 관리자는 자체방호계획을 수립하기 위하여 필요하면 시·도경찰청장 또는 지역군사령관에게 협조를 요청할 수 있다.[238]

---

238 「통합방위법」 제21조(국가중요시설의 경비·보안 및 방호) 제1항.

시·도경찰청장 또는 지역군사령관은 통합방위사태에 대비하여 국가중요시설에 대한 방호지원계획을 수립·시행하여야 한다.[239] 국가중요시설의 평시 경비·보안활동에 대한 지도·감독은 관계 행정기관의 장과 국가정보원장이 수행한다.[240]

국가중요시설의 방호대책[241]	
제1지대 (경계지대)	• 시설, 울타리, 전방 취약지점에서 시설에 접근하기 전에 저지할 수 있는 예상 접근로상의 "목"지점 및 감제고지 등을 장악하는 선이다. • 이 선은 소총 유효사거리 개념인 외곽경비지대를 연결하는 선이며, 경력배치나 장애물을 설치하여 방호한다.
제2지대 (주방어지대)	• 시설 울타리를 연하는 선으로 시설내부 및 핵심시설에 적의 침투를 방지하여 결정적으로 중요시설을 방호하는 선으로 방호시설물을 집중적으로 설치하고, 고정초소근무 및 순찰근무로써 출입자를 통제하여 무단침입자를 감시한다.
제3지대 (핵심방어지대)	• 시설의 기능에 결정적인 영향을 미치는 지역에 대한 최후 방어선이다. 주요 핵심부는 지하화 되거나 위장하고, 행상 경비원의 감시 하에 통제가 되도록 하고 방호벽·방탄망·적외선·CCTV 등 방호시설물을 설치하여야 한다. • 유사시에는 결정적인 보호가 될 수 있도록 경비인력을 증강 배치하여야 한다.

❷ 국가중요시설의 통제

국가정보원장은 파괴 또는 기능이 침해되거나 비밀이 누설될 경우, 전략적·군사적으로 막대한 손해가 발생하거나 국가안전보장에 연쇄적 혼란을 일으킬 우려가 있는 시설을 국가보안시설로 지정할 수 있다. 각급기관의 장과 관리기관 등의 장은 국가안전보장에 관련되는 인원·문서·자재·시설의 보호를 위하여 필요한 장소에 일정한 범위의 보호지역을 설정할 수 있다.[242] 보호지역은 그 중요도에 따라 ① 제한지역, ② 제한구역, ③ 통제구역으로 나눈다.[243]

---

239 「통합방위법」 제21조(국가중요시설의 경비·보안 및 방호) 제2항.
240 「통합방위법」 제21조(국가중요시설의 경비·보안 및 방호) 제3항.
241 경찰공제회c,전게서, p. 385.
242 「보안업무규정」 제34조(보호지역) 제1항.
243 「보안업무규정」 제34조(보호지역) 제2항.

보호구역의 구분		
제한 지역	설정 기준	• 비밀 또는 국·공유재산의 보호를 위하여 울타리 또는 방호·경비인력에 의하여 법령에 따른 승인을 받지 않은 사람의 접근이나 출입에 대한 감시가 필요한 지역
	세부 내용	• 경찰기관 전 지역은 제한지역에 해당
제한 구역 (안내요구)	설정 기준	• 비인가자가 비밀, 주요시설 및 III급 비밀 소통용 암호자재에 접근하는 것을 방지하기 위하여 안내를 받아 출입하여야 하는 구역
	세부 내용	• 전자교환기(통합장비)실, 정보통신실 • 발간실(경찰기관) • 송신 및 중계소, 정보통신관제센터 • 경찰청 및 시·도경찰청 항공대 • 작전·경호·정보·보안업무 담당부서 전역 • 과학수사센터
통제 구역 (비인가자 출입금지)	설정 기준	• 보안상 매우 중요한 구역으로서 비인가자의 출입이 금지되는 구역
	세부 내용	• 암호취급소 • 정보보안기록실 • 무기창·무기고 및 탄약고 • 종합상황실·치안상황실 • 암호장비관리실 • 정보상황실 • 비밀발간실 • 종합조회처리실

Police Science

🌐 보안업무규정 시행 세부규칙(시행 2021. 1. 22).

제60조(보호구역 설정) ① 보호구역의 설정기준은 다음과 같다.

1. 제한구역

　　가. 전자교환기(통합장비)실, 정보통신실

　　나. 발간실

　　다. 송신 및 중계소, 정보통신관제센터

　　라. 경찰청 및 시·도경찰청 항공대

　　마. 작전·경호·정보·보안업무 담당부서 전역

바.　과학수사센터

　2.　통제구역

　　가.　암호취급소

　　나.　정보보안기록실

　　다.　무기창·무기고 및 탄약고

　　라.　종합상황실·치안상황실

　　마.　암호장비관리실

　　바.　정보상황실

　　사.　비밀발간실

　　아.　종합조회처리실

4 주한 외국공관저 경비

"외교관계에 관한 비엔나협약"에 따라 공관은 불가침지역이므로 각종 위해로부터 주한 외국공관저 및 외교관의 신변안전을 도모함으로써 외교관계를 유지하고 발전시켜야 한다.

Police Science

⊕🔍 외교관계에 관한 비엔나협약(1964. 4. 24) 제22조

- 공관지역은 불가침이다. 접수국의 관헌은 공관장의 동의 없이는 공관지역에 들어가지 못한다.
- 접수국은 어떠한 침입이나 손해에 대하여도 공관지역을 보호하며, 공관의 안녕을 교란시키거나 품위의 손상을 방지하기 위하여 모든 적절한 조치를 취할 특별한 의무를 가진다.
- 공관지역과 동 지역내에 있는 비품류 및 기타 재산과 공관의 수송수단은 수색·징발·차압 또는 강제집행으로부터 면제된다.

6 ∥ 경찰작전

1 경찰작전 개관

경찰작전은 국지도발 및 국가비상사태 발생시 시·도경찰청장 책임 하에 경찰책임지역 내의 후방지역에서 대간첩작전을 주도하는 것을 말한다. 국가비상사태란 전시·사변 또는 이에 준하는 비상시 각급기관의 행동기준과 필요한 사전조치를 강구하기 위해 비상상황 수준별로 구분 선포하는 사태를 말한다.

비상사태의 종류에는 ① 국지도발 단계(지역 또는 전국단위), ② 전면전으로 비화 단계(국가비상사태)(전국단위) 등이 있다.

2 국지도발 단계(지역 또는 전국단위)

❶ 통합방위사태
● 통합방위사태의 정의 및 구분

통합방위사태란 적의 침투·국지도발사태에 대응하여 선포하는 민·관·군 통합방위태세를 말한다. 통합방위사태는 적의 침투·도발이나 그 위협에 대응하여 갑종사태, 을종사태, 병종사태의 구분에 따라 선포하는 단계별 사태를 말한다. 통합방위사태에는 ① 갑종사태, ② 을종사태, ③ 병종사태 등이 있다.

적의 침투도발이 예상되거나 5명 이내의 소규모 간첩이 침투하여 일부지역에서 부분적인 도발행위를 할 경우, 경찰책임 하에 소탕작전을 실시하는 병종사태가 있다.

병종사태시 시·도경찰작전사령관(시·도지방경찰청장)은 각 경찰서 작전타격대, 기동대, 의무경찰대, 방범순찰대를 지휘하고 내륙지역에서 지역예비군을 작전통제하고 지역군사령부, 국가정보원 등과 협조하여 작전임무를 수행한다.**244**

---

244 경찰공제회c,전게서, p. 456.

용어의 정의[245]	
통합방위	• 통합방위란 적의 침투·도발이나 그 위협에 대응하기 위하여 각종 국가방위요소를 통합하고 지휘체계를 일원화하여 국가를 방위하는 것을 말한다.
통합방위 사태	• 통합방위사태란 적의 침투·도발이나 그 위협에 대응하여 갑종사태, 을종사태, 병종사태의 구분에 따라 선포하는 단계별 사태를 말한다.
통합방위 작전	• 통합방위작전이란 통합방위사태가 선포된 지역에서 통합방위작전에 따라 통합방위본부장, 지역군사령관, 함대사령관 또는 시·도경찰청장(작전지휘관)이 국가방위요소를 통합하여 지휘·통제하는 방위작전을 말한다.

통합방위법 및 계엄법에 따른 구분		
구분		선포요건
통합 방위 사태[246]	갑종 사태	• 갑종사태란 일정한 조직체계를 갖춘 적의 대규모 병력 침투 또는 대량살상무기(大量殺傷武器) 공격 등의 도발로 발생한 비상사태로서 통합방위본부장 또는 지역군사령관의 지휘·통제 하에 통합방위작전을 수행하여야 할 사태를 말한다. • 전국적으로 대규모 무장공비 침투, 사회질서 교란시
	을종 사태	• 을종사태란 일부 또는 여러 지역에서 적이 침투·도발하여 단기간 내에 치안이 회복되기 어려워 지역군사령관의 지휘·통제 하에 통합방위작전을 수행하여야 할 사태를 말한다. • 일부 또는 수개 지역에 무장공비 침투 기습, 파괴활동시 • 군책임하 작전 필요시
	병종 사태	• 병종사태란 적의 침투·도발 위협이 예상되거나 소규모의 적이 침투하였을 때에 시·도경찰청장, 지역군사령관 또는 함대사령관의 지휘·통제 하에 통합방위작전을 수행하여 단기간 내에 치안이 회복될 수 있는 사태를 말한다. • 무장공비 및 간첩의 침투·도발예상 • 소규모 적 침투 및 파괴활동
계엄	비상	• 비상계엄은 대통령이 전시·사변 또는 이에 준하는 국가비상사태시 적과 교전(交戰) 상태에 있거나 사회질서가 극도로 교란(攪亂)되어 행정 및 사법(司法) 기능의 수행이 현저히 곤란한 경우에 군사상 필요에 따르거나 공공의 안녕질서를 유지하기 위하여 선포 • 일반 행정으로 치안을 회복할 수 없는 경우
	경비	• 경비계엄은 대통령이 전시·사변 또는 이에 준하는 국가비상사태시 사회질서가 교란되어 일반 행정기관만으로는 치안을 확보할 수 없는 경우에 공공의 안녕질서를 유지하기 위하여 선포 • 행정 및 사법기능이 현저히 곤란한 경우

---

245 「통합방위법」 제2조(정의).
246 「통합방위법」 제12조(통합방위사태의 선포).

충무 사태	1종	• 전쟁이 긴박한 상태(D-I)에 준한 상황)
	2종	• 전쟁도발 징후 고조/전쟁위험 농후(D-II에 준한 상황)
	3종	• 전쟁도발 징후 현저히 증가(D-III에 준한 상황)
동원령		• 전쟁 도발 징후가 고조된 상황(통상 충무 2종 사태시)

Police Science

🌐 통합방위사태의 건의와 선포 그리고 해제 절차

- 갑종사태, 을종사태 또는 병종사태에 해당하는 상황이 발생하면 법령의 구분에 따라 해당하는 사람은 즉시 국무총리를 거쳐 대통령에게 통합방위사태의 선포를 건의하여야 한다.[247]
- 갑종사태에 해당하는 상황이 발생하였을 때 또는 둘 이상의 특별시·광역시·특별자치시·도·특별자치도에 걸쳐 을종사태에 해당하는 상황이 발생하였을 때는 국방부장관이 건의하여야 한다.
- 둘 이상의 시·도에 걸쳐 병종사태에 해당하는 상황이 발생하였을 때는 행정안전부장관 또는 국방부장관이 건의한다.
- 대통령은 통합방위사태 선포 건의를 받았을 때에는 중앙통합방위협의회와 국무회의의 심의를 거쳐 통합방위사태를 선포할 수 있다.[248]
- 대통령은 통합방위사태를 선포한 때에는 지체 없이 그 사실을 국회에 통고하여야 한다.[249]
- 시·도경찰청장, 지역군사령관 또는 함대사령관은 을종사태나 병종사태에 해당하는 상황이 발생한 때에는 즉시 시·도지사에게 통합방위사태의 선포를 건의하여야 한다.[250]
- 시·도지사는 을종사태나 병종사태 상황 발생에 따른 통합방위사태의 선포 건의를 받은 때에는 시·도 협의회의 심의를 거쳐 을종사태 또는 병종사태를 선포할 수 있다.[251]
- 시·도지사는 을종사태 또는 병종사태를 선포한 때에는 지체 없이 행정안전부장관 및 국방부장관과 국무총리를 거쳐 대통령에게 그 사실을 보고하여야 한다.[252] 시·도지사는 통합방

---

247 「통합방위법」 제12조(통합방위사태의 선포) 제2항.
248 「통합방위법」 제12조(통합방위사태의 선포) 제2항.
249 「통합방위법」 제13조(국회 또는 시·도의회 대한 통고 등) 제1항.
250 「통합방위법」 제12조(통합방위사태의 선포) 제4항.
251 「통합방위법」 제12조(통합방위사태의 선포) 제5항.
252 「통합방위법」 제12조(통합방위사태의 선포) 제6항.

위사태를 선포한 때에는 지체 없이 그 사실을 시·도의회에 통고하여야 한다.[253]
- 통합방위사태 중 갑종사태와 둘 이상의 시·도에 걸친 을종사태는 국방부장관 선포·해제 건의 → 중앙통합방위협의회와 국무회의 선포·해제 심의 → 대통령의 선포·해제 → 국회 통고의 순서로 진행된다.
- 둘 이상의 시·도에 걸친 병종 및 을종 사태의 경우는 행정안전부장관 또는 국방부장관 선포·해제 건의 → 지역 통합방위협의회 선포·해제 심의 → 대통령의 선포·해제 → 시·도 의회 통고의 순서로 진행된다.

❷ 계엄사태

계엄은 비상계엄과 경비계엄으로 구분한다. 대통령은 계엄의 종류, 시행지역 또는 계엄사령관을 변경할 수 있다. 국방부장관 또는 행정안전부장관은 비상계엄 또는 경비계엄에 해당하는 사유가 발생한 경우에는 국무총리를 거쳐 대통령에게 계엄의 선포를 건의할 수 있다.[254] 대통령이 계엄을 선포하거나 변경하고자 할 때에는 국무회의의 심의를 거쳐야 한다.[255] 대통령이 계엄을 선포하였을 때에는 지체 없이 국회에 통고(通告)하여야 한다.[256]

대통령은 비상계엄 또는 경비계엄에 따른 계엄 상황이 평상상태로 회복되거나 국회가 계엄의 해제를 요구한 경우에는 지체 없이 계엄을 해제하고 이를 공고하여야 한다.[257]

대통령이 국회의 계엄해제 요구에 따라 계엄을 해제하려는 경우에는 국무회의의 심의를 거쳐야 한다.[258] 국방부장관 또는 행정안전부장관은 비상계엄 또는 경비계엄에 따른 계엄 상황이 평상상태로 회복된 경우에는 국무총리를 거쳐 대통령에게 계엄의 해제를 건의할 수 있다.[259]

계엄사태는 국방부장관 또는 행정안전부장관의 선포·해제 건의 → 국무회의 선포·해제 심의 → 대통령의 선포·해제 → 국회 통고의 순서로 진행된다.

---

253 「통합방위법」 제13조(국회 또는 시·도의회 대한 통고 등) 제2항.
254 「계엄법」 제2조(계엄의 종류와 선포 등) 제6항.
255 「계엄법」 제2조(계엄의 종류와 선포 등) 제5항.
256 「계엄법」 제4조(계엄 선포의 통고).
257 「계엄법」 제11조(계엄의 해제) 제1항.
258 「계엄법」 제11조(계엄의 해제) 제2항.
259 「계엄법」 제11조(계엄의 해제) 제3항.

통합방위사태 등의 선포절차[260]					
구분		건의	심의	선포	통고
통합방위사태	갑종사태	국방부장관	중앙 통합방위협의회	대통령	국회
	둘 이상의 시·도에 걸친 을종사태	국방부장관	중앙 통합방위협의회	대통령	국회
	둘 이상의 시·도에 걸친 병종사태	행정안전부장관 국방부장관	중앙 통합방위협의회	대통령	국회
	을종사태 병종사태	시·도경찰청장 지역군사령관 함대사령관	지역 통합방위협의회	시·도지사	시·도의회
계엄		국방부장관 행정안전부장관	국무회의	대통령	국회
충무사태		국방부장관	국무회의	대통령	(규정무)
동원령		국방부장관	국무회의	대통령	국회

국지도발 단계의 비상경계 명령	
진돗개	• 무장공비 침투 등 국지도발에 신속히 대비하기 위한 비상경계 명령으로 지역군사령관이나 작전사령관이 발령 • 무장공비 침투 등 국지도발에 대비한 단계별 비상경계 명령
진돗개 '하나'	• 적 침투 및 국지도발 징후가 있거나 침투상황이 발생한 경우
진돗개 '둘'	• 적 침투 및 국지도발이 예상되거나 사전 조치가 필요한 경우
진돗개 '셋'	• 평상시 경계태세 및 출동준비태세

3 전면전으로 비화 단계(국가비상사태)(전국단위)

전면전으로 비화 단계는 국가비상사태를 의미한다. 국가비상사태가 발생하면 한국 합참의장과 한미연합사령관은 연합위기관리 태세를 선포하게 된다. 연합위기관리 태세란 국지전이 확전될 가능성이 있을시 한국 합참의장과 연합사령관이 협의하여 선포하며, 선포시 데프콘과 워치콘의 격상 등 대응강화조치를 검토하게 된다. 연합위기관리 태세에는

---

260 「통합방위법」

충무사태와 군사준비태세인 데프콘이 있다.

충무사태란 국가안전보장에 중대한 영향을 미칠 수 있는 비상사태를 말한다. 충무사태 발생시 각급기관의 행동기준과 필요한 조치사항을 규정하고 있다. 충무사태의 선포는 국방부장관 건의하고 대통령이 발령한다. 충무사태는 데프콘 선포에 따라 단계적으로 선포된다.

충무사태의 종류	
충무1종 사태	• 전쟁이 임박한 최상의 위기상황
충무2종 사태	• 적의 전쟁도발 위협이 현저히 증가된 위기상황
충무3종 사태	• 전면전으로 진전될 가능성이 있는 위기 상황

군사준비태세(데프콘)(DEFCON)의 종류	
DEFCON-1	• 전쟁임박 및 발발 가능성 최고 준비태세 요구
DEFCON-2	• 긴장상태가 고조된 상황
DEFCON-3	• 국지 긴장상태 또는 군사적 개입 가능성이 존재

군사준비태세(데프콘)와 충무사태	
군사준비태세(데프콘)	충무사태
• 전면전에 대비해 발령하는 전투준비태세 • 한·미 정부가 승인하고 연합사령관이 발령	• 적의 전쟁도발 위협이 현저히 증가된 위기상황 • 국방부장관의 건의에 따라 대통령이 발령
• DEFCON-1(최고 준비태세)	• 충무1종 사태(최고 위기상황)
• DEFCON-2(중간 준비태세)	• 충무2종 사태(중간 위기상황)
• DEFCON-3(기본 준비태세)	• 충무3종 사태(기본 위기상황)

한미연합사 정보감시태세(워치콘)(Watchcon)	
개념	• 적의 위협정도에 따라 정보감시 자산의 운영규모를 결정하는 정보감시태세 • 적의 공격징후를 파악하기 위한 정보감시태세 • 5단계로 구성 • 한미연합사령관이 발령
5단계	• 징후 경보가 없는 일상적 상황
4단계	• 일상적 생활을 하고 있으나 잠재적 위협의 존재로 계속 감시할 필요가 있는 상태 • 정전협정 후 한반도 평시상황
3단계	• 국가안보에 중대한 위협을 초래할 우려가 있는 상황 • 정보요원의 근무를 강화하고 전원이 정위치에서 근무하거나 대기, 적정(敵情)을 주의 깊게 감시
2단계	• 국익에 현저한 위험을 초래할 징후가 뚜렷한 상황 • 북한의 도발위협이 심각하여 비상태세를 갖추고 첩보위성의 사진정찰과 정찰기 가동, 전자 신호 정보수집 등 다양한 감시와 분석 활동을 강화 • 북 핵실험·미사일 발사시 등
1단계	• 적 도발이 명백한 상황

4 전시대비 경찰작전

전시대비 경찰작전에는 비상대비계획인 충무계획과 을지연습이 있다. 비상대비계획이란 국가가 전쟁이나 이에 준하는 국가 비상사태에 효율적으로 대처하기 위하여 세우는 계획을 말한다. 정부는 한국전쟁을 교훈삼아 1969년부터 '충무계획'이라는 정부차원의 체계적인 비상대비계획을 매년 수립하여 보완·발전시켜 오고 있다.

을지연습은 충무계획의 실효성 검토 및 전쟁수행 절차 숙달을 목표로 전국규모로 실시하는 도상연습위주의 전시대비 연습이다. 을지연습은 일명, 정부연습으로써 전시, 사변 또는 기타 국가비상시 민·관·군이 합동으로 국가총력전을 수행할 수 있도록 매년 1회 실시하는 전 국민적 연습이다.[261]

을지연습은 국가의 비상사태를 대비하여 평시의 위기관리 대처능력과 전시를 대비한 총합적 대비태세를 확립키 위한 연습으로 전시대비연습을 실시하여 전시에 정부기능 유

---

261 경찰공제회c, 「경찰실무Ⅰ(상)」 2004, pp. 458−459.

지, 국민생활 안정, 군사작전을 지원하는 연습이라고 할 수 있다. 을지연습은 전쟁을 대비하는 데에 주목적이 있다.

화랑훈련(후방지역종합훈련)은 전·평시 적 침투와 도발에 대비해 2년마다 실시하는 후방지역 권역별 종합훈련이다.[262] 통합방위본부가 주관하는 군사훈련 중 하나이다. 화랑훈련은 통합방위본부 주관하에 권역별로 실시하며 후방지역에 대한 전·평시 연계된 작계시행 절차를 숙달하고 지역주민의 안보의식을 고취시키며, 민·관·군·경 통합방위태세를 확인하는데 중점을 두고 실시한다.[263]

을지연습은 전시상황 하에 소관 충무계획을 검토·숙지하는 연습이며, 화랑훈련은 지역방호를 위한 통합방위훈련이라고 할 수 있다. 따라서 을지연습은 전시대비계획인 충무계획의 숙달을 목표로 하는 비상대비연습이며, 화랑훈련은 통합방위태세 확립을 위한 훈련이라고 할 수 있다.

충무계획은 실제적으로 전쟁의 발생이 임박한 경우에 실전에 대비하여 3단계로 대응하는 계획이다.[264] 충무계획의 실효성을 검토하기 위하여 전국적 규모의 도상연습으로써 을지연습을 실시하며, 실제훈련 등이 필요하면 충무훈련을 실시하고 여기서 도출된 분야별로 다시 보완하여 충무계획을 수립한다.[265]

Police Science

🌐🔍 을지 자유의 방패 연습[UFS: Ulchi Freedom Shield]

- 을지 자유의 방패 연습[UFS: Ulchi Freedom Shield]은 1954년부터 유엔사 주관으로 시행해 오던 '포커스렌즈' 군사연습과 1968년 1.21 사태(북한 무장공비 청와대 기습사건)를 계기로 시작된 정부차원의 군사지원훈련인 '을지연습'을 통합한 을지포커스렌즈[UFL] 연습이 기원이다.
- 2008년부터 시작된 '전시작전통제권 전환'에 따라 을지프리덤가디언[UFG]연습으로 명칭을 변경하였다.
- 2022년 을지프리덤실드[UFS]연습으로 명칭을 변경하였다.

---

262 부산광역시, "부산시, 「2022년도 화랑훈련」 실시" 「2022년 6월 13일 보도자료」.
263 서울특별시 홈페이지, "통합방위훈련"(n.d)(from https://news.seoul.go.kr/safe/archives/868)(Retrieved October 6, 2022).
264 경찰대학f, 전게서, p. 400.
265 경찰공제회c, 전게서, p. 459.

❶ 작전타격대(5분 전투 대기부대) 운용

경비경찰에서는 간첩의 출현, 기타 각종 사건·사고, 재해발생, 민생치안 활동상 긴급한 조치가 필요한 경우에 초동조치 및 구조활동을 위하여 즉각 출동할 수 있는 분대규모의 경찰부대인 작전타격대를 운영하고 있다. 이러한 작전타격대는 출동상황에 따라 A형, B형, C형, D형의 휴대장비를 운용하게 된다.

작전타격대의 출동상황별 휴대장비[266]	
A형 (작전임무상황)	• 무장탈영병이나 간첩의 출현을 포함한 작전임무 수행시에 개인화기 등 전투장비 일체
B형 (집단기습시위상황)	• 파출소 기습 등의 집단사태에 대처하기 위한 진압복, 방패, 방독면 등 다중범죄 진압장비 일체
C형 (중요강력사건지원상황)	• 집단폭력배 검거상황의 경우를 대비한 경찰봉, 사과탄, 가스총, 전자봉, 수갑, 경적, 포승줄, 무전기 등의 장비 일체
D형 (인명구조상황)	• 대형안전사고 발생시의 인명구조를 위한 출동시에는 들 것, 로프, 손전등, 확성기, 구명환, 구급낭, 휴대용 구조장비 등 구조상황에 적합한 장비 일체

❷ 경찰검문소의 운용

경찰검문소란 간첩·무장공비 등 불순분자와 범법자 색출을 위해서 중요지점과 취약요소에 설치된 초소로써 차량과 통행인의 검문검색을 통한 불순분자 침투거부 및 조기발견 색출과 각종 범죄를 예방하고 범죄자를 검거함에 그 운영 목적이 있다.[267]

이러한 검문소에는 24시간 운영하는 상설검문소와 비상경계 또는 상황발생시 임시운영하는 임시검문소, 야간에만 운영하는 야간검문소가 있다. 상설검문소는 경찰 단독으로 운용하는 경찰단독초소와 군·경 합동으로 운용하는 합동검문소가 있다.

또한 검문검색의 유형에는 고정검문검색, 유동검문검색, 일제검문검색, 특별검문검색 등이 있다.

---

266 경찰대학, 전게서, pp. 407 – 408.
267 상게서, p. 421.

검문검색의 유형[268]	
고정검문검색	• 특정지점에 검문소를 설치하여 일대를 왕래하는 사람 및 차량에 대하여 계속적으로 검문 검색을 하는 것
유동검문검색	• 일정한 지역을 계속적으로 움직이면서 통행하는 용의자나 용의지역을 적극적으로 검문하는 것으로 거점검문검색이라고도 함
일제검문검색	• 무장간첩이나 불심자가 출현하였거나 출현 징후가 있을 때 계절적 또는 시기적으로 많은 범죄가 발생할 우려가 있을 때 가용경력을 총동원하여 관내 전반적인 검문검색을 실시하는 것
특별검문검색	• 타 관내에서 중요사건이 발생하였거나 수배요청이 있을 때 용의지점 또는 길목에 임시로 검문소를 설치하여 검문검색을 실시하는 것

7 | 대테러업무

1 테러리즘의 개념

❶ 테러리즘의 정의[269]

테러와 테러리즘의 관계에 대한 통일된 정의는 아직까지 존재하지 않고 있다. 일반적으로 테러라는 용어는 역사적으로 살펴보면, 프랑스의 로베스피에르Robespierre의 통치기간과 스탈린stalin 통치 하의 러시아에서 종종 사용되었다. 테러리즘이라는 용어는 테러의 보다 조직화된 형태로 이해하고 있다. 테러는 마음의 상태State of Mind를 의미하는 반면에, 테러리즘은 조직화된 사회적 활동Organized Social Activity으로 간주한다. 가장 좁은 의미의 견해에 의하면 테러는 테러리즘이 없으면 발생할 수 없으며, 테러는 테러리즘의 요체라는 것이다.Terror is the key to terrorism[270]

특히, 마르쿠제Marcuse는 "고도의 선진산업사회에서 인간성 회복을 위한 폭력의 사용은 제3자에 의해서 비판받을 수 없는 신성한 수단이다."라고 주장하며 테러리스트에게

---

268 상게서, pp. 423-424.
269 김창윤e, "적극적 대테러리즘을 위한 경찰과 민간경비의 협력구축방안," 「한국민간경비학회보」, 7, 2006, pp. 166-168.
270 John Richard Thackrah, *Dictionary of Terrorism* (London and New York: Routledge, 2004), pp. 264-265.

폭력사용의 정당성을 부여하였다.

　우리나라에서는 테러리즘을 "정치적인 또는 사회적 영향력을 증대하기 위한 목적으로 조직적이고 계획적으로 비합법적인 폭력을 사용하거나 위협함으로써 상징적인 인물이나 불특정 다수에게 심리적인 공포심을 부여하는 행위"라고 정의한다.[271]

　미국에서는 1972년 독일 뮌헨올림픽에서 팔레스타인 테러리스트들인 검은 9월단the Black September Organization이 이스라엘 선수 9명을 잔인하게 살해한 이후 테러리즘에 대한 대비를 강화하였다. 2001년 9·11 테러리즘 이후에는 뉴테러리즘에 대한 대비를 위해서 국토안보부U.S Department of Homeland Security를 신설하였다.

Police Science

🔍 테러 관련 용어의 정의

테러Terror**와 테러리즘**Terrorism**의 정의**

- 테러란 국가·지방자치단체 또는 외국 정부(외국 지방자치단체와 조약 또는 그 밖의 국제적인 협약에 따라 설립된 국제기구를 포함)의 권한행사를 방해하거나 의무 없는 일을 하게 할 목적 또는 공중을 협박할 목적으로 하는 다양한 심리적 공포상태를 말한다.
- 테러리즘이란 정치적인 또는 사회적 영향력을 증대하기 위한 목적으로 조직적이고 계획적으로 비합법적인 폭력을 사용하거나 위협함으로써 상징적인 인물이나 불특정 다수에게 심리적인 공포심을 부여하는 행위를 말한다.

대對테러Counter Terror

- 테러관련 정보의 수집, 테러혐의자의 관리, 테러에 이용될 수 있는 위험물질 등 테러수단의 안전관리, 시설·장비의 보호, 국제행사의 안전확보, 테러 위협에의 대응 및 무력진압 등 테러예방·대비와 대응에 관한 제반활동을 의미한다.

Police Science

🔍 테러리즘과 뉴테러리즘[272]

- 미국에서는 테러리즘을 "테러리즘은 민족주의자들이나 비밀단체 등에 의해서 일반 시민들에게 영향을 미칠 목적으로 비전투요원과 같은 목표에 대해서 계획적이고, 정치적인 목적으로 행해지는 동기화된 폭력이다."라고 정의한다.

---

271 경찰대학f, 전게서, p. 324.
272 노호래·김창윤, "뉴테러리즘의 특징과 예방정책에 관한 연구"「한국민간경비학회보」, 1, 2002, pp. 215-217.

(Terrorism is premeditated, politically motivated violence perpetrated against noncombatant targets by sub-national or clandestine, usually intended to influence an audience).

- 테러리즘 연구의 세계적인 권위기관인 RISCT[Research Institude for the Study of Conflict and Terrorism]의 윌킨슨[Paul Wilkinson]은 "테러리즘은 조직적인 살해 및 파괴 그리고 살해와 파괴에 대한 협박을 함으로써 개인, 단체, 특정 공동체 혹은 정부를 공포의 분위기로 몰아넣어 테러집단의 정치적 목적을 달성하려고 하는 행위"라고 정의한다.
- 뉴테러리즘은 극단주의자들이 서방에 대한 반감, 특히 미국에 대한 적대감이나 '거대한 사탄문화'와 지역패권에 대한 반대 등 추상적인 이유를 내세워 테러를 감행하는 것을 말한다.
- 뉴테러리즘은 테러집단 자신과 비호세력을 보호하고 공포효과를 극대화하기 위해 요구조건을 제시하는 것도 없고, 정체도 밝히지 않는 소위 '얼굴없는 테러'를 자행한다.

테러 경보단계[273]		
등급	발령기준	조치사항
심각	• 테러 발생이 확실시되는 상태 • 우리나라 대상 명백한 테러첩보 입수	• 테러상황에 총력대응
경계	• 테러 발생가능성이 농후한 상태 • 테러조직이 우리나라 직접 지목·위협	• 대테러 실전대응 준비
주의	• 실제 테러로 발전할 수 있는 상태 • 우리나라 대상 테러첩보 구체화	• 관계기관 협조체계 가동
관심	• 실제 테러발생 가능성이 낮은 단계 • 우리나라 대상 테러첩보 입수	• 테러징후 감시활동 강화

❷ 테러리즘의 특징[274]

19C 테러리즘의 목표는 주로 국왕, 장관, 그리고 장군들이었다. 판사, 은행장 등과 같은 중간단계의 목표들도 있었지만, 이러한 경향은 유럽지역과 그 밖의 지역에서 1970년대까지 이어졌다.

물론 예외적으로 "무고한 사람은 아무도 없다."[There are no innocents]라는 명제 하에 대규

---

[273] 대테러센터, "테러경보"(n.d)(from http://www.nctc.go.kr/nctc/information/press.do)(Retrieved October 13, 2022)).
[274] 김창윤e, 전게논문, pp. 168-169.

모 살상이 이뤄지기도 했지만 그것은 우연한 것이었고, 테러리스트들의 전략의 일부분은 아니었다.

최근 민족주의적인 테러리스트의 테러행위는 손쉬운 목표Soft Targets인 관광객 등에 대해서 무차별적으로 이뤄지고 있다. 그리고 이들의 목표는 유력정치인이나 사회저명인사가 아닌 가능한 많은 사람을 대량살상하는 것으로 전략이 바뀌었다. 이러한 전략의 변화는 경호가 잘 이뤄지는 유력 정치인에 대한 암살이 어렵게 되자, 일반인을 대상으로 하는 테러리즘으로 바뀌었다고 생각할 수 있다.

하지만 테러리스트들의 전략이 변한 보다 근본적인 이유는 첫째, 몇몇의 소수만 적이 아니라 대부분의 일반시민도 모두 그들의 적이라는 신념,[275] 둘째 테러리즘의 목적은 이념의 전파가 아니라 파괴에 있다는 신념,[276] 마지막으로 어린이, 여자, 노인, 그리고 비전투요원에 대한 살인은 군인이나 공공기관의 요원에 대한 것보다도 더한 두려움과 공황을 초래할 수 있다는 신념[277] 때문이라고 볼 수 있다.[278]

오늘날 테러리즘의 가장 큰 특징은 종교적이고 민족주의[279]적인 광신적인 신념Religious and National Fanaticism이며, 이러한 경향은 앞으로도 몇십 년 동안 변하지 않을 것이다.

❸ 테러리즘의 유형

테러리즘의 유형은 이데올로기적 테러리즘, 민족주의적 테러리즘, 국가테러리즘, 사이버테러리즘 등으로 구분할 수 있다.

테러리즘의 유형[280]	
이데올로기적 테러리즘	• 특정 이데올로기의 확산, 관철을 위한 테러리즘으로 좌익테러리즘과 우익테러리즘으로 구분된다. 　－ 우익테러리즘: 특정인종 우월주의(Racism), 파시즘(Facism), 나치즘(Nacism) 등

275　the beliefs that nor just a few figures but the whole enemy society was a legitimate target.

276　the beliefs that the aim was not to propagate an idea but to destroy.

277　the beliefs that the murder of children, women, elderly people, and other noncombatants would spread even more fear and panic than attacks against soldiers and security forces.

278　Walter Laqueur, *No end to war* (New York: continuum, 2003), p. 14.

279　19세기에 등장한 Nationalism은 크게 3가지의 의미를 지니는데, 일단 Nation 이라는 용어는 "국민"의 의미와 "국가" 그리고 "민족"의 의미를 같이 가지고 있다. 역사적으로는 국민(주의)－국가－민족의 순서로 사용되었는데 19세기에 발생한 최초의 Nationalism은 19세기 후반까지 "국민주의"로 사용되었으며, 19세기 말에서 20세기 초까지의 기간 동안에 제국주의와 결합된 Nationalism은 "국가주의"의 의미를 지니는 것이었고, 1945년 이후 식민지와 민족적 분열이 있는 지역에서 추구한 Nationalism이 "민족주의"라는 의미를 가진 것이었다.

280　경찰대학f, 전게서, pp. 327－329.

	– 좌익테러리즘: 막스주의(Marxism), 네오막스주의(Neo-Marxism), 트로츠키즘(Trotskyism), 모택동주의(Maoism), 아나키즘(Anarchism) 등
민족주의적 테러리즘	• 특정한 민족공동체를 기반으로 분리·독립 등을 주장하는 테러리즘이다. • 민족과 종교가 중첩되는 경우가 많으므로 종교적 테러리즘과 명확한 구분이 어렵다.
국가 테러리즘	• 국가자체가 테러의 주체가 되는 경우로 국가테러리즘과 국가간 테러리즘으로 구분하기도 한다. • 국가가 특정한 테러집단을 지원하는 국가지원테러리즘이 있는데 이는 국가테러리즘에 포함된다.
사이버 테러리즘	• 인터넷을 통하여 공공기관의 정보망에 침입하여 정보시스템을 파괴하는 것으로 메일폭탄, 바이러스의 전송 등을 통하여 특정 사이트를 마비시키는 형태로 최근에 증가하고 있다.

2 테러리즘 발생원인

테러리즘의 발생원인은 각 국가의 개별사정에 따라 다르지만 일반적으로는 환경적 원인, 사상적 원인, 심리적 원인으로 구분할 수 있다.

첫째, 환경적 원인으로는 정치적 환경, 경제적 환경, 사회적 환경을 들 수 있다. 정치적 환경과 테러리즘 원인을 논함에 있어서는 강대국의 등장, 정치적 부패, 정치적 불안정 등을 들 수 있다. 경제적 환경과 테러리즘과의 관계는 경제변동과 경제적 빈곤 등을 들 수 있다. 마지막으로 사회적 환경과 테러리즘은 국내외의 사회환경이 직접·간접으로 테러리즘의 발생요인으로 작용하고 있다.

둘째, 사상적 원인으로는 폭력사상, 민족사상, 식민사상, 게릴라 사상, 급진사상 등이 테러리즘과 연관되는 것이다.

셋째, 심리적 원인으로는 사회심리, 개인심리 등이 테러리즘과 연관되는 것이다. 도라드Dollard는 인간의 폭력적 행위는 좌절감에 연유한 것이라고 주장하였다.[281] 1970년대 테드 거Ted R. Gurr는 도라드의 가설을 체계화한 '상대적 박탈감 이론'Relative Deprivation Theory 일명, '좌절-공격이론'Frustration-Aggression Theory을 주장하였다. 상대적 박탈감을 야기시키는 유형은 ① 열망적 박탈감Aspirational Deprivation, ② 체감적 박탈감Decremental Deprivation, ③ 점진적 박탈감Progress Deprivation 등이 있다.[282]

---

281 김두현, 「경호학」(서울: 엑스퍼트, 2022), p. 506.
282 Ted Robert Gurr, *Why Men Rebel* (Princeton: Princeton University Press, 1970), pp. 22-47.

개인심리적 측면에서 테러리즘의 원인을 살펴보면, 개인적 정신상태 또는 개인적 문제에 의한 원인과 심리학적 또는 정신의학적 원인 등이 있다. 개인적 정신상태나 개인적인 동기에서 테러리즘의 원인을 찾으려고 한 해리스[F. G. Harris]는 테러리즘의 동기로 ① 남자다움 또는 여자다움의 과시, ② 비인간화의 욕구, 즉 자기 자신으로부터의 탈출 또는 도피욕구, ③ 우의를 얻기 위한 욕망, ④ 폭력과 유혈이라는 마술에 대한 신념 등을 들고 있다.[283]

심리학적 또는 정신의학적 분석을 통해서 테러리즘의 원인을 찾으려고 한 마골린[Margolin], 마우어[Mauer], 벨로프[Beloff] 등은 테러리스트는 선천적으로 태어나는 것이 아니라 후천적으로 만들어지는 것이라고 주장하면서 자기도취, 후천적인 복수심, 지배욕, 공격성, 편집증, 우월감 등이 그 원인이라고 하였다.

3 테러리즘 대응방안

❶ 우리나라의 대테러부대

1986년 아시안게임과 1988년 서울올림픽을 대비하여 창설된 KNP868은 대테러 예방 및 대응을 위해 만들어진 경찰특수부대로 현재는 서울특별시경찰청 직할부대이다. 1997년 이후에 각 지방청에도 경찰특공대를 창설하였으며, 경찰특공대의 지역적 활동범위에는 제한이 없다. 일반적으로 국내 작전은 경찰특공대가, 해외 작전은 특전사의 대테러전담부대인 707대대가 수행한다.

경찰특공대의 임무는 ① 테러사건에 대한 무력진압작전, ② 폭파테러사건과 관련한 폭발물의 탐색 및 처리, ③ 요인행사 및 국가중요행사의 안전활동지원, ④ 기타 테러사건의 예방 및 저지활동 등이다. 또한 경찰특공대의 대테러 대책 전술운용은 제1단계(준비단계) → 제2단계(선무공작단계) → 제3단계(공격검거단계) → 제4단계(수습단계) 등의 순서로 전술을 운용한다.

❷ 인질협상

협상은 크게 우루과이 라운드, 한미FTA 협상처럼 일반 민간분야에서 실시하는 비즈니스 협상[Business Negotiation]과 경찰, 보건, 의료 등 공공분야에서 실시하는 위기협상[Crisis Negotiation]으로 구분된다. 일반 협상은 협상의 두 당사자가 이성적이고 합리적인 인간이라

---

283 경찰대학f, 전게서, pp. 3334-336.

고 전제한다. 반면에 위기협상은 한쪽은 칼이나 총을 들고 인질을 위협하거나 절벽에서 뛰어내려 자살을 하려는 사람같이 비이성적이고 비합리적인 사람들이라고 전제한다.[284]

영국의 스콧협상기관Scott Negotiation Institute에서는 협상의 8단계를 제시하고 있다. 협상 준비 → 논쟁개시 → 신호 → 제안 → 타결안제시 → 흥정 → 정리 → 타결의 순으로 협상이 이루어진다. 이러한 협상전략은 인질협상전략에도 유용하게 사용할 수 있다.

인질범의 심리	
리마증후군 (Lima Syndrome)	· 인질범이 인질에 동화되는 현상 · 1997년 페루 리마에서 반정부조직 요원들이 127일 동안 인질들과 함께 지내면서 차츰 인질들에게 동화되어 가족과 안부 편지를 주고받고, 미사 의식을 여는 등 인질범이 인질들에게 동화되는 여러 가지 이상 현상을 보인 심리현상을 말한다.
스톡홀름증후군 (Stockholm Syndrome)	· 인질이 인질범에 동화되는 현상 · 1973년 스웨덴 스톡홀름에서 은행에 침입한 4명의 무장강도가 은행 직원들을 볼모로 잡고 6일간 경찰과 대치하였다. 처음에는 인질들도 범인들을 두려워했으나, 시간이 흐르면서 차츰 그들에게 동화되어 자신들을 구출하려는 경찰들을 적대시하고, 사건이 끝난 뒤에도 계속해서 강도들에게 불리한 증언을 하지 않았는데, 이러한 심리현상을 말한다.

Police Science
🌐 경찰특공대

- 테러사건에 대한 무력진압 작전
- 테러사건과 관련한 폭발물의 탐색 및 처리
- 요인경호 및 국가중요행사의 안전활동에 대한 지원
- 테러사건의 예방 및 저지 활동 등

---

284 황세웅·이주락, 「위기협상론」(서울: 영진닷컴, 2009), p. 11.

8 ‖ 방범순찰대 업무

1 방범순찰대의 의의

경찰청은 기존의 파출소를 통합하여 차량순찰을 중심으로 하는 대단위 지구대로 변형하였다. 지구대의 차량순찰 위주 경찰활동으로 현장 범인검거 등의 범죄대응능력은 향상되었다. 하지만 도보순찰 등의 감소로 여성상대 범죄 등 암수범죄에 대한 불만이 제기되었다.[285] 따라서 지구대의 순찰인력 보조와 민생치안 순찰을 확보하기 위해서 각 경찰서에 방범순찰대를 설치하여 운영하고 있다.

방범순찰대는 시위상황 저조시 기동경찰 대원을 민생치안 순찰로 대치하여 일선 지구대의 민생치안 방범순찰활동을 보조하고 있다. 방범순찰대는 경찰청장이 지정하는 도시경찰서에 두며 시·도경찰청장 지휘 감독 하에서 중대 단위로 편성하여 집중관리 운영한다.[286]

방범순찰대는 경비교통과로 통합된 1급지와 2급지 경찰서에서는 경비교통과에서 담당하며, 경비과가 설치된 1급지 경찰서에서는 경비작전계에서 담당한다. 방범순찰대는 경찰서장(경비과장)의 명을 받아 중대장이 운영 관리한다.[287]

이때 방범순찰대원(순찰대원)이란 전투 경찰순경으로서 도시 경찰서에 설치되는 방범순찰 업무에 전종하는 자를 말한다. 기간요원은 방범순찰대의 순경급 이상의 경찰공무원을 말한다.[288]

2 방범순찰대의 편성과 순찰대원의 임무

방범순찰대는 중대본부·소대·분대로 편성한다. 중대의 순찰대원 정원은 166명(전투경찰순경)으로 하고 중대본부와 3개 소대로 편성하며 중대장은 경감으로 보하고 중대부관 및 기간요원은 시·도지방청 실정에 맞도록 배치한다.[289]

소대는 도보순찰소대 및 기동순찰소대로 각각 편성 운영하고 1개 소대는 4개 분대로

---

285 양현호, "치안드론 순찰대 조직 운영 방안에 관한 연구"「경찰복지연구」, 7(1), 2019, p. 19.
286 「방범순찰대 운영규칙」 제4조(설치).
287 「방범순찰대 운영규칙」 제8조(운영).
288 「방범순찰대 운영규칙」 제2조(정의).
289 「방범순찰대 운영규칙」 제7조(편성).

편성하며 소대장은 가급적 경위로 보한다. 분대는 12명으로 편성하고 분대장은 전투경찰 순경 중 선임자로 보한다.[290] 방범순찰대원은 평상시에는 도보 및 기동순찰 실시로 범죄 예방과 제지 등의 임무를 수행하고, 경비상황시에는 다중범죄 진압, 혼잡경비, 작전상황 시에는 대간첩 작전과 비상 거점배치 임무를 수행한다.

방범순찰대원의 임무 (방범순찰대 운영규칙(시행 2021. 1. 22.) 제6조(임무))	
평상시	• 도보 및 기동순찰 실시로 범죄예방과 제지 • 거동수상자 불심검문 • 발생사건·사고 초동조치 • 현행범 체포 • 보호 및 지리안내 • 대민봉사 활동 • 관내 상황파악과 첩보수집 • 기타 경찰서장이 필요하다고 지정하는 근무
경비 상황시	• 다중범죄 진압 • 혼잡경비
작전 상황시	• 대간첩 작전 • 비상 거점배치

9 ‖ 청원경찰업무

1 청원경찰의 개념

청원경찰이란 ① 국가기관 또는 공공단체와 그 관리하에 있는 중요 시설 또는 사업 장, ② 국내 주재駐在 외국기관, ③ 그 밖에 「청원경찰법 시행규칙」으로 정하는 중요시설 에 해당하는 기관의 장 또는 시설·사업장 등의 경영자가 경비(청원경찰경비)를 부담할 것 을 조건으로 경찰의 배치를 신청하는 경우 그 기관·시설 또는 사업장 등의 경비를 담당 하게 하기 위하여 배치하는 경찰을 말한다.[291] 이러한 청원경찰은 「청원경찰법」의 적용

---

290 「방범순찰대 운영규칙」 제7조(편성).
291 「청원경찰법」 제2조(정의).

을 받으며, 배치된 경비구역 내에서 경비와 관련된 경찰업무를 처리한다.

청원경찰은 북한의 남침위협이 강조되던 1960년대 초반 국가중요시설 경비강화를 위해 창설되었다. 이후 경찰과 군을 대신하여 국가중요시설 경비업무를 담당하고 있다.

2 청원경찰의 직무범위

청원경찰은 청원경찰의 배치에 따라 청원경찰의 배치 결정을 받은 자(청원주)와 배치된 기관·시설 또는 사업장 등의 구역을 관할하는 경찰서장의 감독을 받아 그 경비구역만의 경비를 목적으로 필요한 범위에서 「경찰관 직무집행법」에 따른 경찰관의 직무를 수행한다.[292]

청원경찰은 경비구역 내에서의 범죄의 예방·진압, 경비·요인경호 및 대간첩작전 수행, 위해의 방지, 질서유지 등의 직무범위를 가지고 있다. 청원경찰의 직무권한은 경비구역 내에서 불심검문, 보호조치, 위험발생의 방지조치, 범죄의 예방과 제지, 경찰장구의 사용, 분사기의 사용, 무기의 사용 등이 있다.[293]

3 청원경찰의 배치 및 임용

청원경찰을 배치받으려는 자는 「청원경찰법 시행령」 제2조(청원경찰의 배치 신청 등)에서 정하는 바에 따라 관할 시·도경찰청장에게 청원경찰 배치를 신청하여야 한다.[294] 청원경찰의 배치를 받으려는 자는 청원경찰 배치신청서에 ① 경비구역 평면도, ② 배치계획서의 서류를 첨부하여 기관·시설·사업장 또는 장소(사업장)의 소재지를 관할하는 경찰서장을 거쳐 시·도경찰청장에게 제출하여야 한다.[295] 이 경우 배치 장소가 둘 이상의 도일 때에는 주된 사업장의 관할 경찰서장을 거쳐 시·도경찰청장에게 한꺼번에 신청할 수 있다.

청원경찰은 청원주가 임용하되, 임용을 할 때에는 미리 시·도경찰청장의 승인을 받아야 한다.[296] 이때 배치승인은 시설·사업장, 물건에 대한 배치대상시설 해당 여부를 판

---

[292] 「청원경찰법」 제3조(청원경찰의 직무).
[293] 경찰청e, 전게서, pp. 1021 – 1022.
[294] 「청원경찰법」 제4조(청원경찰의 배치).
[295] 「청원경찰법 시행령」 제2조(청원경찰의 배치 신청 등).
[296] 「청원경찰법」 제5조(청원경찰의 임용 등).

단하는 것이며, 임용승인은 임용예정자, 즉 사람에 대한 청원경찰로서의 직무수행에 적격성여부를 판단하는 것이기 때문에 용어상으로 구분된다.

청원경찰 배치신청 후 배치승인을 받은 청원주는 청원경찰 임용예정자에 대하여 임용승인 신청을 하여야 한다. 이때 배치승인과 임용승인은 경찰의 권한이며, 배치신청과 임용은 청원주의 권한이다. 만약 임용승인 없이 청원주가 청원경찰을 임용하면 과태료 부과의 대상이 되며, 당사자는 청원경찰의 신분을 가질 수 없게 된다.

청원경찰의 배치결정과 임용승인은 원칙적으로 시·도경찰청장의 권한이지만 관할 경찰서장에게 위임되어 있다.[297] 따라서 청원경찰의 배치순서는 배치신청(청원주) → 배치결정(관할 경찰서장) → 임용승인신청(청원주) → 임용승인(관할 경찰서장) → 임용(청원주)의 순서가 된다.

청원경찰의 업무수행상 필요한 경우, 청원주가 기부채납한 무기에 한하여 대여한다. 무기대여 전 반드시 기부체납하여야 하며, 이후로는 국가소유이다. 또한 대여하는 무기는 청원주가 구입하여 기부체납한 무기에 한정한다.

「청원경찰법」 제4조(청원경찰의 배치) 제2항 및 제3항, 제5조(청원경찰의 임용 등) 제1항, 제9조의 3(감독), 제12조(과태료)의 권한을 관할 경찰서장에게 위임한다. 다만, 청원경찰을 배치하고 있는 사업장이 하나의 경찰서의 관할구역에 있는 경우로 한정한다.[298]

국가중요시설 중 경비경찰이 상주하는 곳은 국회·김포공항·인천국제공항, 정부 세종로청사·과천청사·대전청사 등이며, 나머지 시설은 자체 고용된 청원경찰이 경비를 맡는다. 그 밖에 2002년 12월 18일 개정된 「경비업법」에 따라 특수경비원도 국가중요시설의 경비책임자(관할 경찰서장)와 시설주의 감독을 받아 시설을 경비하고, 도난·화재 등의 위험발생을 방지하는 업무를 수행할 수 있게 되었다.

Police Science

🌐 청원경찰의 연원[299]

- 청원경찰제도는 우리 고유의 제도가 아니며, 그 연원淵源은 일제시대의 '청원순사請願巡査'제도까지 거슬러 올라간다. 제2차 세계대전 때 일제는 전쟁수행을 위해서 전투기·전함 등 군수공장을 두고 있었으며 이들 군수시설의 경비 필요성을 절감하고 있었다.

- 그러나 국가예산을 전쟁수행에 투입한 결과, 군수시설의 경비에까지 예산을 투입하지 못하

---

297 「청원경찰법」 제10조의 3조(권한의 위임).
298 「청원경찰법」 제20조(권한의 위임).
299 박병식, 「민간경비론」(서울: 법률출판사, 1996), p. 33.

였다. 이에 국가예산의 절감차원에서 군수시설의 시설주에게 소요경비를 부담하게 하고, 경비책임을 지우는 청원순사를 의무적으로 두게 한 것이다.

- 1960년대 우리나라는 정부주도에 의한 경제개발정책의 시행으로 국가중요시설이 건설되었으며, 이에 수반하여 무장공비 등의 침투 및 파괴로부터 시설을 방호하기 위한 대책이 중요현안으로 대두되었다.
- 그러나 당시 군과 경찰은 국토방위와 민생치안의 유지에도 벅찬 상황이어서 국가중요시설에 경비를 투입할 만한 여력이 없었다.
- 이에 1962년 4월 3일 「청원경찰법」을 제정하여, 시설주가 소요경비를 부담할 것을 조건으로 경비력을 강화시키기 위한 인력을 투입하였는데, 이것이 오늘날의 청원경찰이다.
- 청원경찰은 1973년 12월 31일 전면개정을 거치면서, 근무지역 내에서 경찰관직무집행법에 의한 직무를 행하는 준경찰력으로 자리매김하면서 오늘에 이르고 있다.

청원경찰법의 주요 내용[300]	
직무범위[301]	• 청원주와 그 구역을 관할하는 경찰서장의 감독을 받아 그 경비구역만의 경비를 목적으로 필요한 범위에서 「경찰관 직무집행법」에 따른 경찰관의 직무를 수행
배치[302]	• 청원주의 배치신청 • 시·도경찰청장의 배치 여부 결정(경찰서장에게 위임)
임용[303]	• 청원주의 임용승인 신청 • 시·도경찰청장의 임용승인(경찰서장에게 위임)
임용자격[304]	• 18세 이상인 사람 • 신체가 건강하고 팔다리가 완전할 것 • 시력(교정시력 포함)은 양쪽 눈이 각각 0.8 이상일 것
권한의 위임[305]	• 시·도경찰청장은 권한의 위임규정에 따라 다음의 권한을 관할 경찰서장에게 위임한다. 다만, 청원경찰을 배치하고 있는 사업장이 하나의 경찰서의 관할구역에 있는 경우로 한정한다. 　- 청원경찰 배치의 결정 및 요청에 관한 권한

---

300 「청원경찰법」(시행 2021. 1. 1.)
301 「청원경찰법」 제3조(청원경찰의 직무)).
302 「청원경찰법」 제4조(청원경찰의 배치)).
303 「청원경찰법」 제5조(청원경찰의 임용 등) 제1항.
304 「청원경찰법 시행령」 제3조(임용자격).
305 「청원경찰법 시행령」 제20조(권한의 위임).

	– 청원경찰의 임용승인에 관한 권한 – 청원주에 대한 지도 및 감독상 필요한 명령에 관한 권한 – 과태료 부과·징수에 관한 권한
배치순서	• 배치신청(청원주) → 배치결정(관할 경찰서장) → 임용승인신청(청원주) → 임용승인(관할 경찰서장) → 임용(청원주)
복무306	• 청원경찰의 복무에 관하여는 「국가공무원법」 제57조, 제58조 제1항, 제60조 및 「경찰공무원법」 제24조를 준용한다. • 국가공무원법 제57조(복종의 의무) 제1항: 공무원은 직무를 수행할 때 소속 상관의 직무상 명령에 복종하여야 한다. • 국가공무원법 제58조(직장 이탈 금지): 공무원은 소속 상관의 허가 또는 정당한 사유가 없으면 직장을 이탈하지 못한다. • 국가공무원법 제60조(비밀 엄수의 의무): 공무원은 재직 중은 물론 퇴직 후에도 직무상 알게 된 비밀을 엄수(嚴守)하여야 한다. • 경찰공무원법 제24조(거짓 보고 등의 금지) 제1항: 경찰공무원은 직무에 관하여 거짓으로 보고나 통보를 하여서는 아니 된다. • 경찰공무원법 제24조(거짓 보고 등의 금지) 제2항: 경찰공무원은 직무를 게을리하거나 유기(遺棄)해서는 아니 된다.
무기휴대307	• 시·도경찰청장은 청원경찰이 직무를 수행하기 위하여 필요하다고 인정하면 청원주의 신청을 받아 관할 경찰서장으로 하여금 청원경찰에게 무기를 대여하여 지니게 할 수 있다.
쟁의행위의 금지308	• 청원경찰은 파업, 태업 또는 그 밖에 업무의 정상적인 운영을 방해하는 일체의 쟁의행위를 하여서는 아니 된다.
직권남용 금지309	• 청원경찰이 직무를 수행할 때 직권을 남용하여 국민에게 해를 끼친 경우에는 6개월 이하의 징역이나 금고에 처한다.
벌칙310	• 쟁의행위의 금지를 위반하여 파업, 태업 또는 그 밖에 업무의 정상적인 운영을 방해하는 쟁의행위를 한 사람은 1년 이하의 징역 또는 1천만 원 이하의 벌금에 처한다.
과태료311	• 청원경찰의 배치에 따른 시·도경찰청장의 배치 결정을 받지 아니하고 청원경찰을 배치하거나 청원경찰의 임용 등에 따른 시·도경찰청장의 승인을 받지 아니하고 청원경찰을 임용한 자에게는 500만 원 이하의 과태료를 부과한다.

---

306 「청원경찰법」 제5조(청원경찰의 직무) 제4항.
307 「청원경찰법」 제8조(제복착용과 무기 휴대) 제2항.
308 「청원경찰법」 제9조의 4(쟁의행위의 금지).
309 「청원경찰법」 제10조(직권남용 금지 등) 제1항.
310 「청원경찰법」 제11조(벌칙).
311 「청원경찰법」 제12조(과태료).

제**4**장 교통경찰

제1절 교통경찰 개관

1 교통경찰의 의의

1 교통경찰의 개념

교통경찰에서의 교통은 다음과 같은 요소를 포함하고 있다.**312** ① 교통은 공간적 장소의 변화 또는 장소적 이동이다. 이에는 사람의 이동, 화물이 수송, 정보의 통신도 포함된다. ② 교통은 거리저항을 극복하는 이동이다. ③ 교통은 체계적인 교통기관에 의한 이동이다. ④ 교통은 반복현상을 갖는 이동이다. 따라서 교통은 "반복현상을 가지고 체계적인 기관에 의하여 거리저항을 극복하면서 행해지는 인간, 화물, 정보의 장소적 이동"이라고 정의할 수 있다.**313**

「도로교통법」제1조(목적)에는 "이 법은 도로에서 일어나는 교통상의 모든 위험과 장해를 방지하고 제거하여 안전하고 원활한 교통을 확보함을 목적으로 한다."라고 규정하고 있다.**314** 도로교통법은 ① 교통상의 위험과 장해 방지 및 제거, ② 안전하고 원활한 교통의 확보를 주된 목적으로 한다.

따라서 교통경찰이란 교통에서 발생되는 모든 위해를 방지하고 제거하여 ① 교통의

---

312 경찰대학g, 「경찰교통론」, 2004, pp. 3-4.
313 김대웅, 「도시종합교통계획」(서울: 형설출판사, 1994), p. 21.
314 「도로교통법」제1조(목적).

안전과 ② 교통의 원활한 소통을 도모함을 목적으로 하는 경찰을 말한다. 교통경찰은 교통의 발전보다는 교통의 발달에서 오는 국민의 생명과 재산에 대한 위해를 예방하고 소통을 확보하는 것이 주목적이다.

　　교통은 공간적 관계에 의한 분류와 교통기관에 의한 분류가 있다. 전자는 육로교통, 수로교통, 항공교통 등으로 분류할 수 있으며, 후자는 자동차교통, 기차교통, 항공기교통, 인력·축력에 의한 교통 등으로 분류할 수 있다.

　　교통경찰의 대상이 되는 교통은 정보의 장소적 이동을 제외한 일반교통영역 중에서 도로교통이다. 따라서 일반교통 중에서도 철도교통·항공교통은 제외되며, 해상교통은 해양경찰의 대상이 된다.

교통경찰의 자세[315]	
정체와 위험이 있는 곳에 있어라	• 관내의 교통현황을 파악하여 지역실정에 맞는 지도단속을 실시하라. • 가족 등과 함께 운전하는 운전자에 대하여는 지도계몽을 원칙으로 하라. • 교통사고현장에서는 사상자의 수용, 구호와 조사가 끝나는 대로 통제한 교통을 신속히 해제하여 교통을 회복시켜라.
안전과 소통을 항상 염두에 두어라	• 무리한 교통지도단속으로 인하여 교통의 원활한 흐름을 방해하여서는 안된다. • 출퇴근시간 등 상습정체시간은 소통을 최우선하여 국민불편을 최소화하라. • 교통정리를 할 때에는 당해 지역 교통상황에만 치중하지 말고, 관내의 교통흐름을 파악하여 다른 지역에 미치는 영향을 고려하라. • 사고발생을 인지하거나 신고를 접수했을 때는 신속히 계통을 통하여 상황을 전파하고 사고로 인한 교통정체나 피해를 최소화하라.
단속을 위한 단속을 하지 마라	• 실적위주의 무리한 단속이나 부도덕한 함정단속을 지양하고 정정당당한 단속으로 국민으로부터 오해나 비난을 받지 않도록 하라.
나의 안전을 확보하라	• 지도단속을 할 때에는 차를 안전한 곳으로 유도하여 정차시켜 안전을 확보한 후 단속하라. • 교통사고현장에 출동할 때에는 성급한 현장출동으로 자체 사고가 발생하지 않도록 필요한 주의를 기울여라. • 사상자의 수용, 구호, 현장보존의 필요에 의하여 교통을 통제하거나 일방통행 등의 조치를 할 때는 연쇄사고 발생 및 사고조사자의 부상을 방지하라.
전문지식을 갈고 닦아라	• 교통관계법규 등 전문지식과 기술 및 그 집행요령을 정확하게 습득하여 변화하는 교통환경에 부응하라. • 사고조사는 기술적이며 전문적으로 실시하여 공정하고 정확한 교통사고조사로 민원의 소지를 없애라.

교통행정업무는 과학적이고 합리적으로 추진하라	• 교통단속계획이나 지시는 현실성이 있고 시기에 적절하며 과학적인 방법으로 수행하여 최대한의 성과를 거둘 수 있도록 하라. • 교통안전과 소통을 위해 전체적인 방향에서 접근될 수 있도록 하며 주민을 위한 것이 되도록 하라.
교통민원은 친절하고 신속히 처리하라	• 교통내근요원은 교통경찰의 얼굴임을 명심하고 민원인을 대할 때는 항상 친절하라. • 민원은 한번 방문으로 접수 · 처리되는 원스톱서비스가 되도록 하며, 부득이한 경우 민원인에게 명확히 처리일시를 알려주어 불편을 최소화하라. • 불필요한 구비서류를 제출하거나 지연시키는 일이 없도록 하며, 교통민원은 접수된 순서에 따라 공정, 신속하게 처리하라.

2 교통경찰의 법적 근거 및 직무내용 역량

교통경찰의 법적근거에는 「경찰법」, 「경찰관직무집행법」, 「도로교통법」, 「형법」, 「교통사고처리특례법」, 「특정범죄가중처벌에관한법률」 등이 있다.

교통경찰의 법적 근거	
교통경찰의 사물관할	• 경찰법(시행 2021. 7. 1.) • 경찰관직무집행법(시행 2022. 2. 3.)
교통경찰의 일반법(작용법)	• 도로교통법(시행 2022. 10. 20.)
교통사고의 처리	• 형법(시행 2021. 12. 9.) • 교통사고처리 특례법(시행 2017. 12. 3.) • 특정범죄 가중처벌 등에 관한 법률(제5조의 3)(시행 2020. 5. 5.)

교통의 분류		
공간적 관계 분류	육로교통	• 도로교통(도시교통, 공로교통), 철도교통, 삭 · 궤도교통
	수로교통	• 하천교통, 운하교통, 호반교통, 해양교통
	항공교통	• 국내항공교통, 국제항공교통
교통기관 분류	• 자동차교통, 기차교통, 항공기교통, 인력 · 축력에 의한 교통	

---

315 경찰대학k, 전게서, pp. 847－848; 경찰청e, 전게서, pp. 885－886 재구성.

교통경찰의 직무내용 역량[316]		
관리	교통내근	① 부서원 고충해소 등 관리, ② 지역 실정 맞춤 업무추진, ③ 유관기관 네트워킹, ④ 민원 대응, ⑤ 상황 대응, ⑥ 시설관리 계획 수립
	교통외근	① 부서원 고충해소 등 관리, ② 정책수립 및 관리, ③ 지역실정 맞춤 업무추진, ④ 상황 대응, ⑤ 사고현장 지휘
	교통조사	① 민원 대응, ② 유관기관 네트워킹, ③ 교통사고 추론, ④ 사고 경위 브리핑
실무	교통내근	① 정보수집, ② 업무처리 절차 준수, ③ 교통 문제상황 민감성 인식, ④ 민원 대응, ⑤ 분석적 사고
	교통외근	① 관내 지리정보 분석, ② 교통상황 모니터링, ③ 상황 대응, ④ 민원 대응
	교통조사	① 증거수집, ② 자료관리 및 문서화, ③ 교통사고 추론

3 교통의 4E와 3E 원칙

영국에서 교통의 안전과 원활을 도모하기 위하여 설정한 것으로서, 교통경찰운용의 기본이 되며 교통경찰이 취하여야 할 행동지침의 성격을 갖는다.

교통의 4E와 3E 원칙			
4E	3E	교통안전교육 (Education)	• 교통안전에 관한 교육훈련·홍보·계몽 등 교통안전의식을 고취시키고, 그 실천을 유도하는 활동
		교통안전공학 (Engineering)	• 교통안전에 관한 도로환경정비·교통안전시설·차량 등과 같은 물질적 요소로서 교통사고 방지 및 교통체증 해소에 기여하는 대책의 추진
		교통단속 (Enforcement)	• 교통규제·면허제도·교통지도 및 단속이 포함되며, 교통법규를 준수하지 않는 도로이용자에 대해서 단속을 실시하여 도로교통의 질서를 유지하는 것
	교통환경 (Environment)		• 자동차교통과 관련된 주위의 사물실태를 말하며, 주로 불량환경의 개선으로 교통안전을 실현하는 것으로 3E 원칙에 가장 최근에 추가된 원칙임.

---

316 경찰청j, 전게서, pp. 9-10.

교통경찰의 활동은 다음과 같은 특성을 가지고 있다.

첫째, 모든 계층의 사람이 교통경찰의 대상이 된다. 운전자뿐만 아니라 보행자도 교통경찰의 대상이 된다.

둘째, 사회활동에 중대한 영향을 미친다. 따라서 교통경찰활동 시에는 편의주의원칙에 의하여 사회생활에 미치는 영향을 고려하여 조치를 취하여야 한다.

셋째, 경찰활동 평가의 창구가 된다. 교통경찰은 국민과 직접 접촉을 하므로 그 활동의 당부는 경찰에 대한 평가로 이어진다. 따라서 교통경찰관은 관계법령의 숙지하고 친절·겸손하고 의연한 자세로 직무에 임하여야 한다.

넷째, 기술적 분야에 속하는 사항이 많다. 교통단속이나 교통사고의 조사를 위해서는 자동차에 대한 해박한 지식이 요구되고, 교통규제를 위해서는 교통시설에 대한 지식이 필요하다.

다섯째, 일반행정 분야와의 협력을 필요로 한다.

여섯째, 교통환경의 변화가 급박하다.

일곱째, 전국적인 관련성이 강하다.

CHAPTER 04
교통경찰

3 ║ 교통경찰관의 종류

교통경찰활동 업무를 담당하는 교통경찰관에는 교통행정요원, 교통외근요원, 교통싸이카요원, 교통순찰차요원, 고속도로교통순찰차요원, 교통사고조사요원, 교통안전시설요원, 운전면허요원, 교통요원 등이 있다.

교통경찰관의 종류[317]	
교통행정요원	• 경찰관서(경찰청, 시·도경찰청, 경찰서 등)에서 교통행정업무를 수행하는 내근경찰
교통외근요원	• 도로에서 도보로 교통정리, 지도·단속 등의 업무를 수행하는 경찰관
교통싸이카요원	• 교통싸이카에 승무하여 교통정리, 지도·단속 등의 업무를 수행하는 경찰

고속도로 교통순찰차요원	• 고속도로에서 교통순찰차에 승무하여 교통정리, 단속·사고조사 등의 업무를 수행하는 경찰관
교통사고조사요원	• 각급 경찰관서에서 교통사고를 조사·처리하는 경찰관
교통안전시설요원	• 교통안전시설을 설계, 설치·관리하는 경찰관
운전면허요원	• 자동차운전면허 발급업무를 감독하는 경찰관
교통요원	• 위의 모든 요원을 통칭하는 요원

제2절 신뢰의 원칙

1 ‖ 신뢰의 원칙 의의

신뢰의 원칙이란 스스로 교통법규를 준수하는 운전자는 다른 교통관여자가 교통규칙을 준수할 것이라고 신뢰하면 족하고, 타인이 교통규칙에 위반하여 비이성적으로 행동할 것까지 예견하고 방어조치를 취할 의무는 없다는 원칙이다. 신뢰의 원칙은 운전자로 하여금 타인의 적법한 행위를 신뢰할 수 있게 함으로써 과실범의 처벌을 완화하고 주의의무를 합리적으로 조정하여 원활한 교통을 가능하게 하는 원칙이다.

신뢰의 원칙은 자동차교통의 양적인 증가와 교통수단의 중요성을 고려하고, 교통범죄자에 대한 관용이 필요하다는 이유로 독일판례(1935)에서 처음 인정된 이래 판례와 학설을 통하여 확립되었다. 우리나라의 경우에도 고속도로상의 무단횡단사고 등에서 이 원칙을 인정(1971)한 이래 점차 확대 적용하고 있다.

---

317 경찰청e, 전게서, p. 647.

1 자동차와 자동차의 사고

첫째, 운전자는 중앙선 표시가 있는 도로에서 차선을 침범한 경우, 중앙선이 표시되지 않은 도로를 운행하는 자동차운전자의 마주 오는 차가 도로 좌측부분으로 운행하는 경우에 대한 주의의무가 없다.

둘째, 교차로에서 통행의 우선순위와 관련하여 우선권을 가진 차량의 운전자는 상대방 차가 대기할 것을 기대하면 족하다고 하였다. 이러한 기대 신뢰 하에 상당한 주의를 한 이상 상대방 차량측의 부주의로 야기된 충돌사고에 대한 책임이 없다.

셋째, 신호를 무시하고 진행하는 차량을 예상하여 사고를 방지하여야 할 주의의무가 없고, 무모한 앞지르기를 하는 차량을 위해 서행하여야 할 업무상 주의의무는 없다. 또한 운전자가 후방을 주시하여 2차선과 인도 사이로 추월하려는 오토바이를 위하여 정차하거나 서행하여도 오토바이를 선행하도록 할 주의의무는 없다.

2 자동차와 자전거의 사고

첫째, 자동차운전자는 자동차전용도로에서의 자전거출현에 대한 예견의무가 없다.

둘째, 반대방향에서 진행하던 자전차가 전방 5, 6미터 지점에서 서행 중인 피고인 차량 앞으로 횡단하던 중 넘어진 경우나 야간에 무등화인 채로 도로횡단을 하는 경우 이를 예측할 주의의무는 없다.

3 자동차와 보행자에 대한 사고

자동차와 보행자의 사고에 대하여 대법원은 신뢰의 원칙을 철저히 적용하고 있지 않다.

첫째, 횡단보도 아닌 곳에서의 무단횡단의 경우 운전자의 주의의무를 인정하였다.

둘째, 고속도로에서 보행자가 무단횡단하다가 충돌한 경우에는 주의의무가 없다.

셋째, 육교 밑을 무단횡단하는 보행자를 충격한 사건에서 운전자에 대한 주의의무가 없다.

넷째, 횡단보도의 신호가 적색인 경우에 보행자에 대한 운전자는 보행자가 횡단보도를 건너지 않을 것으로 신뢰해도 좋다고 하였다. 또 운전사가 무면허인 상태에서 제한속도를 초과하여 진행한 잘못이 있다 하더라도 그러한 잘못이 사고의 원인이 되었다고는 볼 수 없다.

다섯째, 자동차전용도로에서의 보행자를 충격한 경우에 운전자의 주의의무를 부정하였다.

4 기타의 주의의무를 부정한 사례

고속도로에서의 노면의 장애물에 대하여 판례에서는 자동차 전용의 고속도로의 주행선상에 아무런 위험표시 없이 노면보수를 위한 모래무더기가 있으리라는 것은 일반적으로 예견할 수 있는 사정이 아니라고 판단하였다.

제3절 교통규제

1 교통규제의 의의

교통규제란 안전시설이나 속도·주차규제 등으로 통행규칙을 설정하는 것을 말한다. 또한 안전시설이란 도로이용자에 대하여 필요한 정보를 사전에 정확하게 전달하고, 통일되고 균일한 행동이 이루어지도록 규제함으로써 원활한 소통과 교통의 안전을 확보하는 것으로 도로교통법상의 신호기 및 교통안전표지가 이에 해당한다.[318]

교통규제의 실시는 현지조사와 판단에 의거 타당성(합리성), 계획성, 일관성, 간명성, 합법성, 관련 교통시설과의 조화, 유지관리의 용이성 등을 참작하고 관련자의 의견을 들어 계획하여야 한다.

---

[318] 상게서, p. 696.

2 ┃ 교통규제의 종류

도로이용자에게 교통규제를 주지시키기 위한 수단에는 신호기, 안전표지, 교통경찰관 등의 수신호 또는 지시와 명령이 있다.

1 신호기

신호기는 차의 진행, 정지, 방향전환, 주의 등의 신호를 표시하기 위하여, 주로 문자, 기호 또는 등화 등으로 표시되는 것으로써 사람이나 전기의 힘에 의하여 조작된다. 이러한 신호기를 설치할 때에는 차량교통량, 보행자교통량, 통학로, 교통사고기록, 비보호좌회전 등을 고려해야 한다. 신호등의 등화는 4색 등화로 표시되는 신호등의 경우 좌로부터 적색→황색→녹색화살표시→녹색 등의 순으로 등화된다.

2 안전표지

안전표지는 주의, 규제, 지시 등을 표시한 표지와 이를 보충하는 보조표지, 주의·규제·지시의 내용을 도로바닥에 표시한 기호, 문자, 선 등의 노면표지를 말한다.

교통안전표지	
주의표지	• 도로상태가 위험하거나 도로 또는 그 부근에 위험물이 있는 경우에 필요한 안전조치를 할 수 있도록 이를 도로사용자에게 알리는 표지 • 자전거 표지, 도로공사 중 표지, 비행기 표지, 터널표지 등
규제표지	• 도로교통의 안전을 위하여 각종 제한·금지 등의 규제를 하는 경우에 이를 도로사용자에게 알리는 표지 • 보행자횡단금지표지 등
지시표지	• 도로의 통행방법·통행구분 등 도로교통의 안전을 위하여 필요한 지시를 하는 경우에 도로사용자가 이에 따르도록 알리는 표지 • 자동차전용도로표지, 자전거주차장표지 등
보조표지	• 주의표지·규제표지 또는 지시표지의 주기능을 보충하여 도로사용자에게 알리는 표지
노면표지	• 도로교통의 안전을 위하여 각종 주의·규제·지시 등의 내용을 노면에 기호·문자 또는 선으로 도로사용자에게 알리는 표지

1 교통지도단속의 의의

교통지도단속이란 도로에서의 위험을 방지하고 교통의 안전과 원활을 도모하기 위하여 교통법규 위반자를 감시·예방·적발·검거하는 경찰활동을 말한다. 교통단속의 목적은 위반자 처벌이 아니라 도로교통법 제1조에서 규정하고 있듯이 교통안전과 소통의 확보에 있다.[319]

교통지도단속에는 지도 및 경고, 교통법규위반자의 제지·검거, 교통흐름의 정리, 각종 보호·원호활동 등이 있다. 이중에서 교통법규위반자의 제지·검거가 핵심활동이다. 또한 교통지도단속을 위한 기본자세로는 합법성, 합리성, 타당성 등을 들 수 있다.

교통지도단속을 위한 교통경찰의 기본자세	
합법성	• 각종 법령을 정확하게 이해하고 적용할 것
합리성	• 경찰활동의 수단방법은 객관적 위반행위의 발견과 신속한 조치에 적합할 것
타당성	• 각종 업무에 인권침해, 과잉단속이 없도록 사회양식에 비추어 타당할 것

1 기능 및 역할

교통지도단속은 설정된 교통규칙 및 계획된 교통흐름을 실제교통의 현장에서 실현시켜 가는 수단으로서 기능한다. 예를 들어 교통지도단속의 주기능으로써 음주운전·무면허운전 등의 경우에는 그 이후에 운전을 계속하지 못하도록 필요한 조치를 취하는 것을 들 수 있다.

또한 교통지도단속의 역할은 도로이용자가 교통규칙을 준수하는 사회적 풍토를 조성하는 것이다. 따라서 교통지도단속활동은 ① 규칙의 이해와 안전행동의 교시, ② 교통위반행위의 억지, ③ 교통위반행위의 배제(진압), ④ 위반행위에 대한 법적 제재조치의 실

---

[319] 도로교통법 제1조(목적) 이 법은 도로에서 일어나는 교통상의 위험과 장애를 방지하고 제거하여 안전하고 원활한 교통을 확보함을 목적으로 한다.

현,[320] ⑤ 국민과 경찰의 연대의식[321] 등과 같은 역할을 구체적으로 하게 된다.

2 교통위반자 단속요령

교통법규 위반자를 지도 및 단속시에는 ① 위반행위의 명확한 확인, ② 안전한 곳으로의 유도정차, ③ 경례 후 위반사항의 고지 및 면허증제시 요구, ④ 범칙금 납부통고서(출두지시서 등) 발부, ⑤ 경례 후 발차지시 등과 같은 5대 원칙을 준수하여야 한다.

무인교통단속의 경우 단속대상은 과속, 버스전용차로위반, 갓길위반, 신호위반 등이며, 설치장소는 교통사고가 빈번한 곳, 법규위반행위가 빈번히 이루어지는 곳 등이다.

3 교통지도단속의 종류

교통지도단속의 종류는 내용에 의한 분류, 단속판단기준에 따른 분류, 그리고 단속목적에 따른 분류 등이 있다.

교통지도단속의 종류		
구분		내용
내용	기동순찰 및 가두교통감시	• 교통경찰관 등의 감시인력이 도로교통현장에서 다른 교통경찰활동을 신속하고 정확하게 실시하기 위한 기본적 활동
	지도경고	• 교통위반사실이나 질서문란행위를 지적하고 교통법규 준수를 지도 및 경고하는 활동
	교통위반의 적발	• 도로교통현장의 가장 중추적 기능으로 법적 제재를 피하기 위한 절차까지 포함된 활동
	교통정리 및 교통류의 정렬	• 교차로, 횡단보행자가 많은 횡단보도 등 차량 교통류가 많은 장소에서 교통의 흐름을 안전하고 원활하게 하는 활동

---

320 이에 의하여 교통규칙의 강행성과 실효성이 보장된다.
321 교통지도단속이 공정하고 합리적일 때 국민과 경찰의 연대감이 높아지므로, 통일성과 타당성 있는 단속과 단속자의 정중한 태도 등이 요구된다.

	보호 및 각종 원조	• 도로횡단시 및 위험성이 높은 장소에서 교통감시, 직접적인 보호유도, 운전자에 대한 지리안내, 고장차량 원조 등을 하는 활동
단속판단 기준	선택적 단속	• 교통사고의 주요원인 및 교통체증 원인을 날짜·시간·장소·요일·계절 등으로 구체적으로 분석하여 그 위반행위를 중점 단속하는 방법
	질적 단속	• 교통법규 위반자에 대하여 교통사고 위험도가 가장 높아 사고와 직결되고 있는 요인행위를 집중 단속하는 방법
	양적 단속	• 교통단속이 지나치게 질적 단속에 집중되면 경미한 위반행위가 방치되므로, 비디오촬영 등을 활용하여 단속건수를 많이 하여 질서확립과 교통사고를 예방하는 방법
단속목적	안전목적	• 신호위반, 중앙선침범, 차로위반, 통행우선순위위반, 과속, 회전위반, 안전거리위반, 진로양보의무위반, 앞지르기방법 위반 등은 안전을 목적으로 하는 단속
	소통목적	• 통행금지 또는 제한위반, 정차 및 주차위반단속 등은 소통을 위한 단속
	기타목적	• 등화조작의무위반, 신호조작의무위반, 각종 교육미필 등은 소통과 안전에 별로 관계없는 기타 단속

2 ‖ 교통정리 및 교통순찰

1 교통정리

광의의 교통정리란 모든 신호나 표지에 의한 교통정리방법과 아울러 교통상의 모든 법규위반자를 단속하는 행위까지 포함하여 말한다. 협의의 교통정리란 경찰이 모든 신호나 표지의 방법으로 통행을 지휘하는 적극적이며, 구체적인 행위를 말하며, 도로상의 운전자나 보행자에게 어떻게, 또 어디로 가야 하며, 또 가서는 안 될 곳, 또는 혼잡의 경우나 비상사태 하에 있을 때 일정한 지점에 정지해 있을 것을 명하는 행위 등을 말한다.[322]

이러한 교통정리의 4대 원칙에는 ① 교통군 단순화의 원칙, ② 도로능률 증진의 원칙, ③ 교통평등의 원칙, ④ 우선교통권의 원칙 등이 있다.

---

[322] 경찰대학g, 전게서, p. 251.

교통정리의 4대 원칙[323]		
교통군 단순화의 원칙	• 교통군 단순화의 원칙이란 항상 교통이동군을 단순화하는데 힘써야 한다는 원칙 • 방향에 의한 단순화란 동쪽에서 오는 교통은 통행을 시키며, 서쪽에서 오는 교통은 통행을 금지하는 것 • 속력에 의한 단순화란 고속차마와 완속차마의 통행구분, 보도와 차도의 구분 등을 하는 것 • 교통물체의 종류에 의한 단순화란 자동차는 통행하게 허용하되, 자전거나 우마차는 통행하지 못하게 하는 것 • 기타로는 교차로 등을 통과하는 교통군의 통행시간 조절 등		
도로능률 증진의 원칙	• 도로를 가능한 최대로 사용할 것을 도모하는 것으로써, 도로의 활용을 극대화한다는 원칙		
교통평등의 원칙	• 각종 교통대상에 교통의 기회를 평등하게 부여하여야 한다는 원칙		

우선 교통권의 원칙	• 우선 교통권의 원칙이란 각종 교통물체 가운데서 특정지에 대하여는 다른 자보다 먼저 통행할 권리를 부여한다는 원칙
	• 진행방법에 따른 우선권은 진행하는 것은 방향을 전환하는 것보다 우선권을 준다는 것
	• 도로에 따른 우선권은 간선도로 또는 주요도로 통행 교통물체는 보조도로 또는 소도로 통행 교통물체보다 우선한다는 것
	• 교통의 종류에 따른 우선권
	  – 기차나 전차 등의 궤도차가 우선
	  – 고속도 차가 완속도 차보다 우선
	  – 짐을 실은 차가 빈차보다 우선		

2 교통순찰

　　교통순찰이란 교통정체와 교통법규 위반행위를 예방하여 원활하고 안전한 소통의 확보를 위한 목적으로 특정장소나 지역을 보행 또는 기동순회하는 것이다. 이러한 교통순찰에는 고정순찰, 역순찰, 합동순찰, 정지관찰 등이 있다.

---

323 경찰공제회c, 전게서, p. 126.

교통순찰의 종류		
고정순찰	• 고정된 순찰노선이나 순찰시간에 따라 행하는 순찰방법 • 고정순찰은 상습적 혹은 악의적인 교통법규 위반운전자나 보행자들이 악용하기 쉽기 때문에 역순찰을 병행하는 것이 바람직
역순찰	• 지금 막 지나온 순찰장소를 다시 돌아가서 순찰하는 등 순찰의 방법을 변경하는 순찰방법 • 고정순찰을 악용하는 상습적 혹은 악의적인 법규위반자의 단속에 효과적
합동순찰	• 한 대의 순찰차는 교통군을 앞질러 가고 다른 순찰차는 그 차량들의 뒤를 따르는 방법 등을 이용한 순찰방법
정지관찰	• 휴식순찰 또는 차도 밖 순찰이라고도 하며, 교통상태의 조사, 촉법적 교통법규 위반자의 단속 또는 중대사고가 빈번한 위험지역에서의 단속을 목적으로 미리 예정된 지역에 정차해 있는 것

3 ‖ 교통관련 행정처분

1 벌점

❶ 벌점의 정의

벌점은 행정처분의 기초자료로 활용하기 위하여 법규위반 또는 사고야기에 대하여 그 위반의 경중, 피해의 정도 등에 따라 배점되는 점수를 말한다. 법규위반 또는 교통사고로 인한 벌점은 행정처분기준을 적용하고자 하는 당해 위반 또는 사고가 있었던 날을 기준으로 하여 과거 3년간의 모든 벌점을 누산하여 관리한다.

무위반·무사고 기간 경과로 인한 벌점 소멸의 경우, 처분벌점이 40점 미만인 경우에, 최종의 위반일 또는 사고일로부터 위반 및 사고 없이 1년이 경과한 때에는 그 처분벌점은 소멸한다.[324]

❷ 벌점 등 초과로 인한 운전면허의 취소·정지

벌점·누산점수 초과로 인한 면허 취소의 경우, 1회의 위반·사고로 인한 벌점 또는 연간 누산점수가 다음 표의 벌점 또는 누산점수에 도달한 때에는 그 운전면허를 취소한

---

324 「도로교통법 시행규칙」 별표 28(운전면허 취소·정지처분 기준) 1. 일반기준 나. 벌점의 종합관리.

다. 벌점·처분벌점 초과로 인한 면허 정지의 경우, 운전면허 정지처분은 1회의 위반·사고로 인한 벌점 또는 처분벌점이 40점 이상이 된 때부터 결정하여 집행하되, 원칙적으로 1점을 1일로 계산하여 집행한다.[325]

벌점·누산점수 초과로 인한 면허 취소	
기간	벌점 또는 누산점수
1년간	• 121점 이상
2년간	• 201점 이상
3년간	• 271점 이상

❸ 행정처분의 취소

교통사고(법규위반을 포함)가 법원의 판결로 무죄확정(혐의가 없거나 죄가 되지 않아 불송치 또는 불기소(불송치 또는 불기소를 받은 이후 해당 사건이 다시 수사 및 기소되어 법원의 판결에 따라 유죄가 확정된 경우는 제외)를 받은 경우를 포함)된 경우에는 즉시 그 운전면허 행정처분을 취소하고 당해 사고 또는 위반으로 인한 벌점을 삭제한다. 다만, 법 제82조(운전면허의 결격사유) 제1항 제2호 또는 제5호에 따른 사유로 무죄가 확정된 경우에는 그러하지 아니하다.[326]

● 사고결과에 따른 벌점기준

자동차 등의 운전 중 교통사고를 일으킨 경우, 교통사고 발생 원인이 불가항력이거나 피해자의 명백한 과실인 때에는 행정처분을 하지 아니한다. 자동차 등 대 사람 교통사고의 경우 쌍방과실인 때에는 그 벌점을 2분의 1로 감경한다. 자동차 등 대 자동차 등 교통사고의 경우에는 그 사고원인 중 중한 위반행위를 한 운전자만 적용한다. 교통사고로 인한 벌점산정에 있어서 처분 받을 운전자 본인의 피해에 대하여는 벌점을 산정하지 아니한다.[327] 사고결과에 따른 벌점기준은 다음과 같다.

---

325 「도로교통법 시행규칙」 별표 28(운전면허 취소·정지처분 기준) 1. 일반기준 다. 벌점 등 초과로 인한 운전면허의 취소·정지

326 「도로교통법 시행규칙」 별표 28(운전면허 취소·정지처분 기준) 1. 일반기준 마. 행정처분의 취소.

327 「도로교통법 시행규칙」 별표 28(운전면허 취소·정지처분 기준) 3. 정지처분 개별기준 나. 자동차 등의 운전 중 교통사고를 일으킨 때

사고결과에 따른 벌점기준[328]			
구분		벌점	내용
인적 피해 교통 사고	사망 1명마다	90	• 사고발생 시부터 72시간 이내에 사망한 때
	중상 1명마다	15	• 3주 이상의 치료를 요하는 의사의 진단이 있는 사고
	경상 1명마다	5	• 3주 미만 5일 이상의 치료를 요하는 의사의 진단이 있는 사고
	부상신고 1명마다	2	• 5일 미만의 치료를 요하는 의사의 진단이 있는 사고

● 조치 등 불이행에 따른 벌점기준

조치 등 불이행에 따른 벌점기준[329]			
불이행사항	적용법조	벌점	내용
교통 사고 야기시 조치 불이행	도로교통법 제54조 (사고발생시 조치) 제1항	15	1. 물적 피해가 발생한 교통사고를 일으킨 후 도주한 때
		30	2. 교통사고를 일으킨 즉시(그때, 그 자리에서 곧)사상자를 구호하는 등의 조치를 하지 아니하였으나 그 후 자진신고를 한 때 가. 고속도로, 특별시·광역시 및 시의 관할구역과 군(광역시의 군을 제외)의 관할구역 중 경찰관서가 위치하는 리 또는 동 지역에서 3시간(그 밖의 지역에서는 12시간) 이내에 자진신고를 한 때
		60	나. 가목에 따른 시간 후 48시간 이내에 자진신고를 한 때

2 범칙금 부과

❶ 의의

범칙금 통고처분제도란 경미한 교통법규 위반자에 대하여 경찰관이 직접 위반장소에서 위반자에게 범칙금을 납부할 것을 통고하여 범칙금을 납부하도록 하고 운전을 계속하게 하는 제도를 말한다. 이는 경미한 법규위반자를 즉심에 회부하는 번잡성을 피하고 신속·간편하게 처리하여 즉심을 받는 것과 동일한 효과를 부여하여 사무처리의 능률을 기하며, 운전자에게는 재판을 받는 부담을 없애는 제도이다.

---

328 「도로교통법 시행규칙」 별표 28(운전면허 취소·정지처분 기준) 3. 정지처분 개별기준 나. 자동차 등의 운전 중 교통사고를 일으킨 때
329 「도로교통법 시행규칙」 별표 28(운전면허 취소·정지처분 기준) 3. 정지처분 개별기준 나. 자동차 등의 운전 중 교통사고를 일으킨 때

통고처분	
의의	• 통고처분이란 경미한 교통법규 위반자(범칙자)에 대해 경찰관이 범칙금을 납부할 것을 통고하는 제도 • 즉결심판에 따른 번잡성을 간소화하고, 운전자의 편의를 제고하는 제도
범칙행위	• 도로교통법 각 항목에 해당하는 위반행위
범칙자	• 범칙행위를 한 사람

❷ 범칙행위·범칙자·범칙금의 정의

● 범칙행위

범칙행위란 도로교통법 제156조 각 호 또는 제157조 각 호의 죄에 해당하는 위반행위를 말하며, 그 구체적인 범위는 도로교통법시행령(범칙행위 및 범칙금액표(운전자))에 규정되어 있다.

● 범칙자

범칙자란 범칙행위를 한 사람으로서 다음에 해당하지 아니하는 사람을 말한다. ① 범칙행위 당시 운전면허증을 제시하지 못한 자동차 등의 운전자, ② 범칙행위로 교통사고를 일으킨 사람. 다만, 「교통사고처리 특례법」 제3조 제2항 및 제4조의 규정(피해자의 처벌의사가 없거나 종합보험 등에의 가입으로 가해자를 처벌하지 않게 되는 경우) 업무상과실치상죄·중과실치상죄 또는 도로교통법 제151조(차의 운전자가 다른 사람의 건조물이나 그 밖의 재물을 손괴한 죄)의 죄에 대한 벌을 받지 아니하게 된 사람은 제외한다. ③ 국제운전면허증을 가진 사람 등이다.

범칙행위 당시 운전면허증을 제시하지 못한 자동차 등의 운전자는 무면허로 처벌되고 범칙행위로 교통사고를 일으킨 사람은 형사처벌의 대상이 되며, 국제운전면허증을 가진 사람은 즉결심판에 회부된다.

Police Science

🌐🔍 국제운전면허증 관련 사례

• 외국인이 자국(외국) 면허증으로 국내에서 운전: 무면허에 해당
• 내국인이 국내발급 국제운전면허증으로 운전: 운전면허휴대의무불이행으로 통고처분 대상
  (국내 운전면허증을 미소지한 경우)

- 국제운전면허증 소지자가 법규위반을 한 경우: 교통즉심사범 적발보고서를 발부하여 즉결 심판에 회부, 즉 즉결심판 대상이며 통고처분을 하여서는 안됨
- 외국인이 국내면허증을 소지한 경우: 국내인과 동일하게 처리
- 외국인이 무면허인 경우는 위반행위에 따라 범칙금납부통고서를 발부하는 한편 무면허운전 으로 형사입건

● 범칙금

범칙금이라 함은 범칙자가 통고처분에 의하여 국고에 납부하여야 할 금전을 말하며, 그 범칙금의 액수는 범칙행위의 종류·지역·차종에 따라 대통령령으로 정한다.

❸ 통고처분의 대상

경찰서장은 범칙자로 인정되는 사람에 대하여는 그 이유를 명시한 범칙금납부통고서로 범칙금을 납부할 것을 통고할 수 있다. 경찰공무원이 현장에서 범칙금통고서를 발부할 때에는 범칙금납부통고서·범칙금납부고지서·영수증서·영수필통지서를 일련번호로 작성하여 동시에 발급한다. 다만, 다음에 해당하는 사람에 대하여는 통고처분이 아니라 즉결심판을 청구하여야 한다.

Police Science
🌐 통고처분이 아니라 즉결심판 청구 대상자

1. 성명 또는 주소가 확실하지 아니한 사람
2. 달아날 염려가 있는 사람
3. 범칙금납부통고서를 받기를 거부한 사람

❹ 범칙금의 납부

범칙금납부통고서를 받은 사람은 10일 이내에 경찰청장이 지정하는 국고은행, 그 지점이나 대리점 또는 우체국에 납부하여야 한다. 다만, 천재·지변 그 밖의 부득이한 사유로 말미암아 그 기간 내에 범칙금을 납부할 수 없는 때에는 그 부득이한 사유가 없어지게 된 날로부터 5일 이내에 납부하여야 한다(1차 납부).

납부기간 내에 범칙금을 납부하지 아니한 사람은 납부기간이 만료되는 날의 다음날부터 20일 이내에 통고받은 범칙금에 그 100분의 20을 더한 금액을 납부하여야 한다(2차 납부).

범칙금 납부기한 내에 공휴일이 있을 때는 그 공휴일도 계산하며, 범칙금은 분할하여 납부할 수 없다. 마지막으로 범칙금을 납부한 사람은 그 범칙행위에 대하여 다시 벌받지 아니한다.

3 즉결심판의 청구

❶ 즉결심판의 대상자

경찰서장은 교통법규 위반자로서 다음에 해당하는 사람에 대하여는 지체 없이 즉결심판을 받도록 하여야 한다.

Police Science

🌐 교통법규 위반자 중 즉결심판 대상자

1. 성명 또는 주소가 확실하지 아니한 사람

2. 달아날 염려가 있는 사람

3. 범칙금납부통고서를 받기를 거부한 사람

4. 범칙행위 당시 면허증 제시의무를 불이행한 사람

5. 국제운전면허증을 소지한 사람

---

❷ 즉결심판 대상자 등의 처리

즉결심판 대상자에 대하여는 즉결심판을 위한 출석일시·장소 등을 알리는 즉결심판 출석통지서를 출석일 10일 전까지 발송하여야 한다. 통고처분을 받은 사람이 납부기한 내에 범칙금을 납부하지 않는 경우에는 범칙금 등의 납부와 즉결심판을 위한 출석일시·장소 등을 알리는 즉결심판 및 범칙금등납부통지서를 발송하여야 한다.

경찰서장은 즉결심판최고에도 불구하고 통고처분불이행자가 지정된 기일까지 범칙금 등을 납부하지 아니하거나 즉결심판기일에도 출석하지 아니하여 즉결심판절차가 진행되지 못한 경우에는 통고처분 불이행자의 운전면허의 효력을 일시 정지시킬 수 있다.[330]

---

330 경찰대학g, 전게서, p. 377.

1 ∥ 교통사고의 의의

1 교통사고의 정의

도로교통은 일반시민들의 공간적 거리감을 완화하여 많은 생활편의를 가져다 주었지만 교통사고로 인해 소중한 생명과 재산을 잃게 하는 문제점을 가지고 있다. 교통사고란 차의 교통으로 인하여 사람을 사상하거나 물건을 손괴하는 경우를 말한다. 또한 중점단속 대상인 사고요인행위란 교통사고 야기와 직접적으로 관련되는 것으로서 음주, 과속, 신호위반, 중앙선침범 등이 이에 해당한다.

2 교통사고의 특성

교통사고는 도로에서 우발적으로 발생되므로 현장이 즉시 변경될 뿐만 아니라 현장보존이 곤란하며, 목격자 확보 등의 인적 증거 및 유류품수집 등의 물적 증거 확보가 곤란하다. 따라서 인적 증거의 경우 사후에 조작되는 경우가 자주 발생하게 된다. 이러한 교통사고의 특성은 우발성, 현장보존의 곤란성, 증거확보의 곤란성 등을 들 수 있다.

교통사고의 특성	
우 발 성	• 교통사고는 과실에 의한 것이 보통이므로 우발적인 성격을 지닌다. • 차를 이용해 고의로 범한 범행은 교통사고가 아니다.
현장보존의 곤 란 성	• 교통사고는 우발적으로 발생하므로 현장이 변경되기 쉽고 교통소통을 위하여 현장을 계속적으로 보존하기 곤란하다.
증거확보의 곤 란 성	• 교통사고는 범인과 목격자·참고인 등의 유동성으로 인하여 인적증거의 확보가 곤란하고, 사고현장의 물적 증거도 교통의 흐름으로 멸실되기 쉽다. • 따라서 교통사고의 경우는 가급적이면 신속히 현장에 출동하는 것이 증거확보에 유리하다.

3 교통사고에 적용되는 법령

교통사고에 적용되는 법령에는 형법, 도로교통법, 특정범죄가중처벌등에관한법률, 교통사고처리특례법 등이 있다.

교통사고에 적용되는 법령	
형 법	• 업무상과실치사상죄(제268조)
도 로 교 통 법	• 도로에서의 사고만 해당 • 인적피해 없이 단순히 물적피해만 내고 도주한 경우
특정범죄가중처벌 등에 관한 법률	• 인적피해가 있는 경우에 구호조치를 취하지 않고 도주한 경우(도주차량운전자)
교통사고처리특례법	• 일반적인 교통사고 • 도로 외에서의 교통사고에도 적용 • 다만, 도주사건의 경우에는 도로교통법 또는 특가법이 우선 적용됨

4 교통사고의 원인

교통사고는 ① 인적요인, ② 차량적 요인, ③ 도로적 요인 등 복합적 요인에 의해서 발생한다.

❶ 인적 요인

인적요인은 신체·생리적 요인과 심리적 요인 및 사회·문화적 요인으로 구분한다. 신체·생리적 요인은 일시적인 요인과 지속적인 요인으로 나누어지며, 여기에서 약물복용, 음주, 과로현상은 일시적 요인이고 지체부자유, 지병, 연령은 지속적인 요인이다. 심리적 요인이란 흔히 운전자 또는 보행자의 성격변수라고도 불리우며, 보통 행위변수와 태도변수로 나누어진다. 행위변수는 운전 또는 보행행동 등을 말하고, 태도변수는 개인 또는 는 집단의 책임감, 자제력, 안정감, 안전관 등 교통안전과 관계가 깊은 가치관 및 태도를 말한다.[331]

사회문화적 요인은 흔히 교통문화라고 불리며 이는 사회가 가지고 있는 교통안전에

---

[331] 경찰대학g, 전게서, p. 27.

대한 가치관, 규범, 인명관 등의 의지구조와 법, 정책 등 교통안전에 관련된 제도적 특징을 말한다.

인적 요인 중 운전자의 인지반응과정[PIEV]이 있는데 이는 운전자가 운전 중 시각-청각에 의해 자극을 전달받고, 이 자극을 판단 행동하기까지의 일련의 과정을 4단계로 정리한 것으로 피브[PIEV]과정이라고 한다.

운전자의 인지반응과정(PIEV)	
지각(Perception)	• 자극을 느끼는 과정
식별(Intellection)	• 자극을 식별하고 이해하는 과정
판단(Emotion)	• 적절한 행동을 결심하는 의사결정과정
행동(Volition)	• 행동실행 및 이에 따른 차량 작동직전까지 과정

❷ 차량적 요인

차량적 요인은 자동차 구조 및 검사문제, 자동차 형식승인, 자동차 정비, 안전부품 기타 법규 등 여러 가지가 있다. 특히 차량의 특성에는 수막현상, 스탠딩 웨이브현상, 베이퍼록현상, 페이드현상 등이 있으며, 이러한 특성을 이해하는 것은 교통사고 예방에도 중요하다고 할 수 있다.

교통사고의 차량적 요인[332]	
수막현상 (Hydroplaning)	• 수막현상은 비가 내려 노면에 많은 물이 고여 있을 때 고속으로 주행하면 자동차의 타이어와 노면사이에 수막이 생겨 타이어가 노면에 직접 접촉되지 않고, 마치 수상스키를 타는 것과 같이 차가 물위를 달리는 것과 같은 현상이다.
스탠딩 웨이브현상 (Standing wave)	• 스탠딩웨이브현상은 타이어가 고속으로 회전함에 따라 타이어의 공기부족으로 인해 접지면과 떨어지는 타이어의 일부분이 부풀어서 물결모양으로 변형되며, 온도가 높아지면서 타이어의 표면이 용해되거나 파열되는 현상이다. • 이런 현상은 특히 고속도로에서 100km/h가 넘는 고속주행시에 주로 발생하며, 타이어의 공기압이 낮으면 100km/h 이내라도 발생한다.
베이퍼록현상 (Vapor lock)	• 베이퍼록현상은 브레이크액이 끓어 올라 파이프 안에 기포가 발생하여 브레이크 페달을 밟아도 갑자기 브레이크가 듣지 않는 현상이다.

332 상게서, pp. 42-43.

	• 베이퍼록현상은 내리막길에서 브레이크를 너무 많이 사용하여 브레이크 슈(shoe)와 드럼 (drum)이 열을 받아 휠 실린더가 과열되어 발생하는 것이므로 내리막길에서는 엔진브레 이크를 사용하는 것이 안전하다.
페이드현상 (Fade)	• 페이드현상은 브레이크를 너무 많이 사용하여 브레이크 슈와 드럼이 과열되어 브레이크 라 이닝이 고온으로 변질되고 마찰계수가 줄어들어서 브레이크가 듣지 않게 되는 현상이다. • 베리퍼록과 페이드현상은 풋 브레이크를 너무 많이 사용함에 따라서 주로 발생하므로 긴 내리막길에서는 풋 브레이크를 사용하지 말고 엔진 브레이크를 사용하는 것이 안전하다.

❸ 도로적 요인

도로적 요인은 주로 수동적 측면에서 시설측면의 집합개념이라고 할 수 있다. 교통사고에 직접·간접으로 관련되는 도로의 구조를 이루는 요소는 크게 횡단면과 선형부 및 교차부로 구분할 수 있다. 도로횡단면은 주로 차도와 길어깨의 폭을 포함하여 중앙분리대까지 의미한다. 그리고 설계상의 기술적 문제가 담긴 선형부는 직선부와 곡선부로 이루어지며 평면, 종단, 배합선 및 편구배 등이 있으며, 교차부에는 평면교차, 입체교차가 대표적인 형태이다.[333]

Police Science

🌐 블랙아이스(Black Ice) 현상

• 블랙아이스(도로위 살얼음)는 도로 표면에 코팅한 것처럼 얇은 얼음막이 생기는 도로결빙 현상을 말한다.

• 도로 위에 녹은 눈이나 이슬비 혹은 부슬비가 갑작스러운 기온 저하(0℃ 미만)로 인해 도로 표면이 코팅한 것처럼 얼어붙으면서 얇은 빙판처럼 얼어붙은 도로결빙 현상을 말한다. 일명 도로의 저승사자로 불린다.

• 도로위 도로 위에 쌓였던 매연과 함께 얼면서 아스팔트와 같은 검은색을 띠기 때문에 운전자가 육안으로 파악하기 힘들다. 겨울철 교통사고의 주요 원인이다.

• 블랙아이스는 시간상으로는 기온이 떨어진 늦은 저녁이나 안개가 낀 이른 새벽에 많이 발생하고 그늘진 도로나 터널, 지하도, 교량, 고가도로 등에서 많이 생긴다.

• 급출발, 급가속, 급제동, 급회전은 절대 금물이다.

---

333 경찰대학g, 전게서, p. 47.

교통사고의 구성요건에는 객관적 구성요건과 주관적 구성요건이 있다. 객관적 구성 요건에는 ① 차에 의한 사고, ② 교통으로 인하여 발생한 사고, ③ 피해의 발생 등이 있 으며, 주관적 구성요건에는 업무상 과실이 있다.

1 차에 의한 사고

❶ 차

「도로교통법」 제2조(정의) 17호에서 말하는 '차'란 ① 자동차, ② 건설기계, ③ 원동 기장치자전거, ④ 자전거, ⑤ 사람 또는 가축의 힘이나 그 밖의 동력動力으로 도로에서 운 전되는 것을 말한다. 다만, 철길이나 가설架設된 선을 이용하여 운전되는 것, 유모차, 보행 보조용 의자차, 노약자용 보행기 등 차마에서 제외하는 기구·장치는 제외한다.[334]

구별개념	
경운기	• 경운기는 자동차관리법 상의 '자동차'에 해딩되지 않으며, '차'에만 해당된다. 따라서 도로교통법상의 무면허운전이나 음주운전을 하여도 처벌되지 않는다.
건설기계	• 도로교통법에 따라서 건설기계는 '자동차'의 개념에 포함된다. 따라서 제1종 대형 또 는 보통면허를 취득하지 않고 덤프트럭, 아스팔트살포기, 노상안정기, 콘크리트펌프트 럭, 콘크리트 믹서트럭, 트럭적재식 천공기, 도로를 운행하는 3톤 미만의 지게차 등을 운전한 경우 무면허운전 및 음주운전으로 처벌된다.
50cc 미만 원동기장치자전거	• 도로교통법은 명시적으로 50cc 미만의 원동기장치자전거를 포함시키고 있으므로 규 제대상에 포함된다.

❷ 자동차

「도로교통법」 제2조(정의) 18호에서 말하는 '자동차'란 철길이나 가설된 선을 이용하 지 아니하고 원동기를 사용하여 운전되는 차(견인되는 자동차도 자동차의 일부로 본다)로서 ① 승용자동차, ② 승합자동차, ③ 화물자동차, ④ 특수자동차, ⑤ 이륜자동차, ⑥ 건설

---

[334] 「도로교통법」 제2조(정의) 17호.

기계를 말한다. 단, 원동기장치자전거는 제외한다.[335]

❸ 원동기장치자전거

「도로교통법」 제2조(정의) 19호에서 말하는 '원동기장치자전거'란 이륜자동차 가운데 배기량 125시시 이하(전기를 동력으로 하는 경우에는 최고정격출력 11킬로와트 이하)의 이륜자동차와 배기량 125시시 이하(전기를 동력으로 하는 경우에는 최고정격출력 11킬로와트 이하)의 원동기를 단 차(「자전거 이용 활성화에 관한 법률」 제2조 제1호의 2에 따른 전기자전거는 제외한다)를 말한다.[336]

❹ 자전거

「도로교통법」 제2조(정의) 20호에서 말하는 '자전거'란 「자전거 이용 활성화에 관한 법률」 제2조(정의) 제1호 및 제1호의 2에 따른 자전거 및 전기자전거를 말한다.

Police Science

🔍 자전거 이용 활성화에 관한 법률(시행 2021. 1. 1.)

제2조(정의) 이 법에서 사용하는 용어의 뜻은 다음과 같다.

1. "자전거"란 사람의 힘으로 페달이나 손페달을 사용하여 움직이는 구동장치驅動裝置와 조향장치操向裝置 및 제동장치制動裝置가 있는 바퀴가 둘 이상인 차로서 행정안전부령으로 정하는 크기와 구조를 갖춘 것을 말한다.

1의 2. "전기자전거"란 자전거로서 사람의 힘을 보충하기 위하여 전동기를 장착하고 다음 각 목의 요건을 모두 충족하는 것을 말한다.

    가. 페달(손페달을 포함한다)과 전동기의 동시 동력으로 움직이며, 전동기만으로는 움직이지 아니할 것

    나. 시속 25킬로미터 이상으로 움직일 경우 전동기가 작동하지 아니할 것

    다. 부착된 장치의 무게를 포함한 자전거의 전체 중량이 30킬로그램 미만일 것

---

335 「도로교통법」 제2조(정의) 18호.
336 「도로교통법」 제2조(정의) 19호.

2 교통으로 인하여 발생한 사고

❶ 교통의 개념

교통사고에 있어서 교통이란 차의 운전을 말하고, 운전이란 도로에서 차마 또는 노면전차를 그 본래의 사용방법에 따라 사용하는 것(조종 또는 자율주행시스템을 사용하는 것을 포함)을 말한다.[337] 이는 직접적인 차의 운행 외에도 차의 운행과 밀접하게 관련된 부수적인 행위를 포함한다. 또한 차체에 의하여 발생한 경우 이외에 적재된 화물이나 차량과 밀접하게 연결된 부위에 의하여 발생한 경우도 포함된다.

❷ 도로에서의 사고여부

「도로교통법」상으로는 '도로'에서 일어난 사고만이 교통사고에 해당된다. 그러나 「교통사고처리특례법」 제3조(처벌의 특례) 2항에 '차의 교통으로 제1항의 죄' 중 "업무상과실치상죄 또는 중과실치상죄와 도로교통법 제151조(벌칙)[338]의 죄를 범한 운전자에 대하여"라고 규정하고 있다. 따라서 반드시 도로에서 발생한 사고일 것을 요하지 않고 도로 이외의 장소에서 발생한 사고의 경우에도 교통사고에 해당한다.

도로의 4대 요건	
형태성	• 차로의 설치, 노면의 균일성 유지 등 자동차 기타 운송수단의 통행이 가능한 형태를 구비한 경우
이용성	• 사람의 왕복, 화물수송, 자동차의 운행 등 공중의 교통영역으로 이용되고 있는 경우
공개성	• 공중의 교통에 이용되고 있는 불특정 다수인을 위하여 이용이 허용되고 실제 이용되고 있는 경우
교통경찰권	• 공공의 안전과 질서유지를 위해 교통경찰권이 발동될 수 있는 장소

---

[337] 「도로교통법」 제2조(정의) 26호.
[338] 「도로교통법」 제151조(벌칙) 차 또는 노면전차의 운전자가 업무상 필요한 주의를 게을리하거나 중대한 과실로 다른 사람의 건조물이나 그 밖의 재물을 손괴한 경우에는 2년 이하의 금고나 500만 원 이하의 벌금에 처한다.

🌐 도로성 여부의 중요성

- 「도로교통법」상의 '도로'의 개념은 무면허운전 등의 금지(동법 제43조), 술에 취한 상태에서의 운전 금지(동법 제44조) 및 도로공사의 신고 및 안전조치(동법 제69조) 등 「도로교통법」상의 여러 가지 규제에 관한 규정의 적용기준이 된다는 점에서 중요하다.
- 도로 이외의 장소에서의 교통사고에 대해서는 「형법」이 아닌 「교통사고처리특례법」이 적용된다. 또한 도로 이외의 장소에서의 단순 물피 교통사고는 교통사고이긴 하지만 「교통사고처리특례법」이 적용되지 않으므로 단순 민사관계에 불과하게 된다.
- 도로성의 판단에 관한 판례의 입장은 그곳이 일반교통에 사용되는 곳인가의 여부에 따라 결정된다고 보고 있다. '일반인의 자유로운 통행 여부'가 중요하다고 할 수 있다.
- 특정인 또는 그들과 관련된 특정한 용건이 있는 자들만이 사용할 수 있고, 자주적으로 관리되는 장소는 도로에 포함되지 않는다고 판시하고 있다.
- 판례는 빌딩주차장, 주점 고객전용 주차장, 여관 앞 공터, 나이트클럽 주차장 등은 도로가 아니라고 보고 있다.
- 아파트단지의 도로여부에 대하여 판례는 경비원이 일반인의 출입을 통제하는 곳은 도로가 아니지만 누구나 출입이 허용되는 단지는 도로로 본다. 따라서 출입이 통제되는 아파트단지의 도로는 도로가 아니기 때문에 음주운전이나 무면허운전으로 단속할 수 없다.

3 피해의 결과발생

타인에 대한 생명·신체 및 재산에 대한 피해가 반드시 있어야 한다. 피해가 없는 경우에는 차의 운행 중 충돌, 접촉 등이 있다 하더라도 교통사고가 아니다. 여기서의 피해에는 정신적인 것, 가해운전자 자신의 차량과 자신의 신체, 범행의 수단 또는 도구로 제공된 차량은 포함되지 않는다.

대법원 판례에 의하면, 1일간의 관찰을 요하는 정도나 피해자가 임신 6주에 2주의 안정관찰을 요할 정도는 이를 부상으로 볼 수 없으며, 가해운전자 자신과 운전하던 차량이나 범행의 수단 또는 도구로 제공된 차량 자체는 포함되지 않는다고 판시하였다. 또한 재물은 유형적 재물만을 의미하며, 정신적 손해 등 무형적인 피해는 일반적으로 제외된다.

4 업무상과실이 있을 것

교통사고는 과실범이고 결과범이다. 다만, 「특정범죄 가중처벌 등에 관한 법률」 위반 (도주차량)의 경우는 고의와 과실이 결합이기 때문에 형사처벌된다. 따라서 교통사고는 업무상 과실이어야 하며, 고의의 경우에는 해당되지 않는다.

3 ∥ 교통사고의 처리

교통사고는 크게 인적 피해사고, 물적 피해사고, 도주사고로 구분할 수 있다. 또한 교통사고와 관련되는 법령은 「도로교통법」, 「교통사고처리특례법」, 「특정범죄 가중처벌 등에 관한 법률」 등이 있다.

1 교통사고

❶ 인적 피해사고

인적 피해사고는 치사사고와 치상사고로 구분할 수 있다. 치사사고가 발생한 경우, 「교통사고처리특례법」 제3조(처벌의 특례) 제1항에 근거하여 형사입건한다. 치상사고의 경우는 피해자의 불벌의사 여부에 따라 공소권 없음이 되기도 하고 형사입건이 되기도 한다.

Police Science

🌐🔍 교통사고처리 특례법(시행 2017. 12. 3.)

제3조(처벌의 특례) ① 차의 운전자가 교통사고로 인하여 「형법」 제268조(업무상과실·중과실 치사상)의 죄를 범한 경우에는 5년 이하의 금고 또는 2천만 원 이하의 벌금에 처한다.

인적 피해교통 사고	
불벌의사 유(有) (합의 성립)	• 「교통사고처리특례법」 제3조(처벌의 특례) 제2항을 적용하여 공소권 없음으로 처리하고 원인행위만 「도로교통법」을 적용하여 처리
불벌의사 무(無) (합의 불성립)	• 「교통사고처리특례법」 제3조 제1항을 적용하여 형사입건
특례단서 12개항 사고	• 피해자의 의사와 관계없이 「교통사고처리특례법」 제3조 제1항을 적용하여 형사입건

❷ 물적 피해사고

물적 피해사고의 경우에는 피해자의 불벌의사 여부에 따라 현장 및 경찰서에서 종결되기도 하고, 형사입건되기도 한다.

물적 피해교통 사고	
불벌의사 유(有) (합의 성립)	• 합의 성립, 종합보험이나 공제조합에 가입한 경우에는 초동경찰관이 근무일자에만 사고 관련 차량의 인적사항, 차량번호 기록을 유지한다. • 경찰서에서 처리하는 경우, 교통사고접수대장에 기록하고 판정에 이의가 없는 경우, 물피 교통사고처리 결과보고서 작성으로 종결한다. • 판정에 이의를 제기하여 조사가 필요한 경우에는 실황보고서 등 최소한의 서류만 작성한다.
불벌의사 무(無) (합의 불성립)	• 합의가 불성립된 경우, 「도로교통법」 제151조**339**를 적용하여 형사입건한다. 이때 피해액이 20만 원 미만이면 즉심으로 회부한다.
수개 행위 경합시	• 단순 물적 피해사고 이외에 인적 피해사고, 음주운전 등이 경합된 경우에는 단순 물적 피해사고 부분에 대해서는 피해자의 불법의사가 있을 때에는 불입건한다. • 사건송치기록에 불입건한 단순 물적피해사고의 발생경위, 피해내역 등에 대한 수사보고서를 작성하여 기록에 편철한다.

❸ 도주사고

도주사고는 인적 피해사고, 단순 물적 피해사고, 미신고사고 등으로 구분할 수 있다.

CHAPTER 04
교통경찰

---

339 「도로교통법」 제151조(벌칙) 차 또는 노면전차의 운전자가 업무상 필요한 주의를 게을리하거나 중대한 과실로 다른 사람의 건조물이나 그 밖의 재물을 손괴한 경우에는 2년 이하의 금고나 500만 원 이하의 벌금에 처한다.
340 「특정범죄 가중처벌 등에 관한 법률」 제5조의 3(도주차량 운전자의 가중처벌) ① 「도로교통법」 제2조에 규정된

도주사고	
인적 피해사고	• 인적 피해사고를 야기하고 도주한 경우, 「특정범죄 가중처벌 등에 관한 법률」 제5조의 3 (도주차량 운전자의 가중처벌)[340]을 적용하여, 형사입건한 후 공소권 있음으로 처리한다.
물적 피해사고	• 단순 물적피해사고를 야기하고 도주한 경우, 「도로교통법」 제148조(벌칙)[341]를 적용하여 형사입건한 후 공소권 있음으로 처리한다.
미신고사고	• 교통사고 야기 후 사상자 구호 등 사후조치는 하였으나 신고를 하지 않은 경우, 「도로교통법」 제154조의 4호[342]를 적용하여 형사입건한다.

2 교통사고처리 특례법

「교통사고처리 특례법」(교특법)은 교통사고 야기자에 대하여 형사처벌 등의 특례를 정함으로써 교통사고로 인한 피해의 신속한 회복을 추진하고 국민생활의 편익을 증진함을 목적으로 제정되었다. 동법은 업무상과실이나 중대한과실로 교통사고를 일으킨 운전자에 대한 처벌 등의 특례를 정하여 피해를 보다 신속하게 회복하고 국민생활의 편익을 증진하기 위한 법률로, 교통사고 처리에 있어서 가장 중요한 법 중 하나다.

일반적으로 교통사고는 「형법」및 「도로교통법」의 적용을 받아 대인사고의 경우에는 '5년 이하의 금고 또는 2,000만 원 이하의 벌금'에 처한다. 대물사고의 경우에는 '2년 이하의 금고 또는 500만 원 이하의 벌금'에 처한다. 그런데 피해자가 경미한 상해를 입은 경우에도 운전자를 무조건 형사처벌 한다면 전국민이 전과자로 전락할 수 있다.

또한 운전자를 처벌하는 것보다는 피해자가 조속히 회복할 수 있도록 지원하는 것이 우선이다. 때문에 교통사고처리법에서는 운전자가 보험에 가입해 있으며 피해자와 합의하는 한, 업무상과실치상 또는 중과실치상에 대한 처벌을 면할 수 있도록 특례를 규정하고 있다.

「교특법」에서는 사고를 낸 운전자라도 처벌이 면제되는 경우를 정하고 있다. 피해자

자동차·원동기장치자전거의 교통으로 인하여 「형법」 제268조의 죄를 범한 해당 차량의 운전자(이하 "사고운전자"라 한다)가 피해자를 구호(救護)하는 등 「도로교통법」 제54조 제1항에 따른 조치를 하지 아니하고 도주한 경우에는 다음 각 호의 구분에 따라 가중처벌한다.

341 「도로교통법」 제148조(벌칙) 제54조 제1항에 따른 교통사고 발생 시의 조치를 하지 아니한 사람(주·정차된 차만 손괴한 것이 분명한 경우에 제54조 제1항 제2호에 따라 피해자에게 인적 사항을 제공하지 아니한 사람은 제외한다)은 5년 이하의 징역이나 1천 500만 원 이하의 벌금에 처한다.

342 「도로교통법」 제154조(벌칙) 다음 각 호의 어느 하나에 해당하는 사람은 30만 원 이하의 벌금이나 구류에 처한다. 4. 제54조 제2항에 따른 사고발생 시 조치상황 등의 신고를 하지 아니한 사람.

가 운전자의 처벌을 원치 아니하면 처벌을 할 수 없다(반의사불벌죄). 또한 교통사고를 일으킨 차가 보험(또는 공제)에 가입된 경우에도 그 사고 운전자에 대하여 공소를 제기하지 못한다(보험가입의 특례).

하지만 이러한 특례에도 제한은 있다. 교특법 위반 교통사고에서는 보험 가입과 상관없이 운전자를 처벌할 수 있는 것이다. 대표적인 교특법 위반 사례로는 뺑소니, 음주운전, 12대 중과실 등이 있다. 뺑소니는 교통사고를 일으킨 후 도로교통법상 조치를 취하지 않고 도주하거나 피해자를 사고 장소로부터 옮겨 유기하고 도주하는 것을 말한다. 음주운전은 음주측정 요구에 따르지 아니한 경우(운전자가 채혈 측정을 요청하거나 동의한 경우는 제외)와 운전자의 혈중알코올농도가 0.03% 이상인 상태에서 운전한 것을 의미한다.

특례적용이 안 되는 사고로는 ① 사망사고, ② 뺑소니사고(도주 또는 유기도주), ③ 12대 중대사고 등이 있다. 따라서 보험회사에 종합(무한)보험에 가입되어 있거나, 피해자가 처벌을 원치 않아도 12대 중과실에 해당하는 사고를 야기한 경우에는 별도의 형사처벌을 받아야 한다.

「교통사고처리 특례법」상 12대 중대사고(중과실)에는 ① 신호·안전표시 위반, ② 중앙선침범, ③ 과속(제한속도보다 20km 초과), ④ 앞지르기방법, 금지시기, 금지장소 또는 끼어들기의 금지를 위반, ⑤ 철길건널목 통과방법 위반, ⑥ 횡단보도 보행자 보호의무 위반, ⑦ 무면허운전, ⑧ 음주·약물운전, ⑨ 보도침범, ⑩ 승객추락 방지의무 위반, ⑪ 어린이보호구역 안전운전의무 위반, ⑫ 화물이 떨어지지 않도록 필요한 조치를 하지 않고 운전 등이 있다.

Police Science

🌐🔍 교통사고처리 특례법(시행 2017. 12. 3.)

제3조(처벌의 특례) ① 차의 운전자가 교통사고로 인하여 「형법」 제268조의 죄를 범한 경우에는 5년 이하의 금고 또는 2천만 원 이하의 벌금에 처한다.

② 차의 교통으로 제1항의 죄 중 업무상과실치상죄業務上過失致傷罪 또는 중과실치상죄重過失致傷罪와 「도로교통법」 제151조의 죄를 범한 운전자에 대하여는 피해자의 명시적인 의사에 반하여 공소公訴를 제기할 수 없다. 다만, 차의 운전자가 제1항의 죄 중 업무상과실치상죄 또는 중과실치상죄를 범하고도 피해자를 구호救護하는 등 「도로교통법」 제54조 제1항에 따른 조치를 하지 아니하고 도주하거나 피해자를 사고 장소로부터 옮겨 유기遺棄하고 도주한 경우, 같은 죄를 범하고 「도로교통법」 제44조 제2항을 위반하여 음주측정 요구에 따르지

아니한 경우(운전자가 채혈 측정을 요청하거나 동의한 경우는 제외한다)와 다음 각 호의 어느 하나에 해당하는 행위로 인하여 같은 죄를 범한 경우에는 그러하지 아니하다.

1. 「도로교통법」 제5조에 따른 신호기가 표시하는 신호 또는 교통정리를 하는 경찰공무원 등의 신호를 위반하거나 통행금지 또는 일시정지를 내용으로 하는 안전표지가 표시하는 지시를 위반하여 운전한 경우

2. 「도로교통법」 제13조 제3항을 위반하여 중앙선을 침범하거나 같은 법 제62조를 위반하여 횡단, 유턴 또는 후진한 경우

3. 「도로교통법」 제17조 제1항 또는 제2항에 따른 제한속도를 시속 20킬로미터 초과하여 운전한 경우

4. 「도로교통법」 제21조 제1항, 제22조, 제23조에 따른 앞지르기의 방법·금지시기·금지장소 또는 끼어들기의 금지를 위반하거나 같은 법 제60조 제2항에 따른 고속도로에서의 앞지르기 방법을 위반하여 운전한 경우

5. 「도로교통법」 제24조에 따른 철길건널목 통과방법을 위반하여 운전한 경우

6. 「도로교통법」 제27조 제1항에 따른 횡단보도에서의 보행자 보호의무를 위반하여 운전한 경우

7. 「도로교통법」 제43조, 「건설기계관리법」 제26조 또는 「도로교통법」 제96조를 위반하여 운전면허 또는 건설기계조종사면허를 받지 아니하거나 국제운전면허증을 소지하지 아니하고 운전한 경우. 이 경우 운전면허 또는 건설기계조종사면허의 효력이 정지 중이거나 운전의 금지 중인 때에는 운전면허 또는 건설기계조종사면허를 받지 아니하거나 국제운전면허증을 소지하지 아니한 것으로 본다.

8. 「도로교통법」 제44조 제1항을 위반하여 술에 취한 상태에서 운전을 하거나 같은 법 제45조를 위반하여 약물의 영향으로 정상적으로 운전하지 못할 우려가 있는 상태에서 운전한 경우

9. 「도로교통법」 제13조 제1항을 위반하여 보도步道가 설치된 도로의 보도를 침범하거나 같은 법 제13조 제2항에 따른 보도 횡단방법을 위반하여 운전한 경우

10. 「도로교통법」 제39조 제3항에 따른 승객의 추락 방지의무를 위반하여 운전한 경우

11. 「도로교통법」 제12조 제3항에 따른 어린이 보호구역에서 같은 조 제1항에 따른 조치를 준수하고 어린이의 안전에 유의하면서 운전하여야 할 의무를 위반하여 어린이의 신체를 상해傷害에 이르게 한 경우

12. 「도로교통법」 제39조 제4항을 위반하여 자동차의 화물이 떨어지지 아니하도록 필요한 조치를 하지 아니하고 운전한 경우

교통사고처리특례법상 12대 예외 항목(중과실)	
신호·안전표시 위반	• 신호기가 표시하는 신호 또는 교통정리를 하는 경찰공무원 등의 신호를 위반하거나 통행금지 또는 일시정지를 내용으로 하는 안전표지가 표시하는 지시를 위반하여 운전한 경우
중앙선침범	• 중앙선을 침범하거나 횡단 등의 금지를 위반하여 횡단·유턴 또는 후진한 경우
과속	• 자동차 등과 노면전차의 속도에 따른 제한속도를 시속 20킬로미터 초과하여 운전한 경우
앞지르기방법 등 위반	• 앞지르기의 방법·금지시기·금지장소 또는 끼어들기의 금지를 위반하거나 갓길 통행금지 등에 따른 고속도로에서의 앞지르기 방법을 위반하여 운전한 경우
철길건널목통과 방법위반	• 철길건널목 통과방법을 위반하여 운전한 경우
횡단보도보행자보호 의무위반	• 횡단보도에서의 보행자 보호의무를 위반하여 운전한 경우
무면허운전	• 운전면허 또는 건설기계조종사면허를 받지 아니하거나 국제운전면허증을 소지하지 아니하고 운전한 경우
음주·약물운전	• 술에 취한 상태에서 운전을 하거나 과로한 때 등의 운전 금지를 위반하여 약물의 영향으로 정상적으로 운전하지 못할 우려가 있는 상태에서 운전한 경우
보도침범	• 보도(步道)가 설치된 도로의 보도를 침범하거나 차마의 통행에 따른 보도 횡단방법을 위반하여 운전한 경우
승객추락방지 의무위반	• 승객의 추락 방지의무를 위반하여 운전한 경우
어린이보호구역 안전운전의무 위반	• 어린이 보호구역에서 어린이 보호구역의 지정 및 관리에 따른 조치를 준수하고 어린이의 안전에 유의하면서 운전하여야 할 의무를 위반하여 어린이의 신체를 상해(傷害)에 이르게 한 경우
화물이 떨어지지 않도록 필요한 조치를 하지 않고 운전	• 자동차의 화물이 떨어지지 아니하도록 필요한 조치를 하지 아니하고 운전한 경우

3 공소권 유무

❶ 필요성

교통사고 발생시 「교통사고처리 특례법」 제3조(처벌의 특례) 제2항 단서의 12개항 예외사유에 해당하는지 여부에 대한 조사는 공소권 유무에 대한 조사이기도 하지만 과실유무에 대한 조사이기도 하다.[343] 처벌특례 12개항에 해당되지 않는 한 피해자와 합의, 종합보험 또는 공제조합에 가입된 경우, 공소권이 없으므로, 공소권 유무를 밝히는 것이 필요하다.

❷ 공소권 유무에 대한 조사

공소권 유무에 대한 조사는 '피해자의 처벌불원의사 또는 합의여부 조사'와 '보험관련사항 조사'가 있다.

● 피해자의 처벌의사 또는 합의여부 조사

'피해자의 처벌불원의사 또는 합의여부 조사'는 피해자가 처벌을 원치 않는다는 의사를 표시하거나 가해운전자와 합의를 한 경우, 「교통사고처리 특례법」 제3조(처벌의 특례) 제2항 단서의 12개 예외사유에 해당하지 않는 한 공소권 없음으로 처리한다.

피해자의 처벌의사 또는 합의 여부 조사	
의사표시기간	• 제1심판결 선고 전까지 효력발생
의사표시자	• 피해자 본인, 미성년자(20세 미만)는 법정대리인도 가능
의사표시방법	• 명시적, 무조건적
효력	• 상해정도, 치료기간, 결과를 모르고 한 합의는 차오이 이사표시로 효력부인

● 보험 관련사항 조사

「교통사고처리 특례법」 제4조(보험 등에 가입된 경우의 특례) 제1항에 의하면 교통사고를 일으킨 차가 「보험업법」, 「여객자동차 운수사업법」, 「화물자동차 운수사업법」 등에 따른 보험 또는 공제에 가입된 경우에는 업무상과실 또는 중과실치상·재물손괴의 범죄를 당한 당해차의 운전자에 대하여 공소를 제기할 수 없다고 규정하고 있다.[344] 교통사고를 일으킨 자가 보험 또는 공제에 가입된 경우, 처벌불원의사가 있는 것으로 간주한다.

하지만 「교통사고처리 특례법」 제3조(처벌의 특례) 제2항의 단서에 해당하는 경우와

---

343 경찰대학g, 전게서, p. 425.
344 제4조(보험 등에 가입된 경우의 특례) ① 교통사고를 일으킨 차가 「보험업법」 제4조, 제126조, 제127조 및 제128조, 「여객자동차 운수사업법」 제60조, 제61조 또는 「화물자동차 운수사업법」 제51조에 따른 보험 또는 공제에 가입된 경우에는 제3조 제2항 본문에 규정된 죄를 범한 차의 운전자에 대하여 공소를 제기할 수 없다. 다만, 다음 각 호의 어느 하나에 해당하는 경우에는 그러하지 아니하다.

피해자가 신체의 상해로 인하여 생명에 대한 위험이 발생하거나 불구^{不具}가 되거나 불치^{不治} 또는 난치^{難治}의 질병이 생긴 경우에는 공소제기가 가능하다. 따라서 「교통사고처리 특례법」상 12대 중과실과 중상해의 경우, 자동차종합보험 또는 공제조합 가입시에도 공소제기가 가능하다.

관련 판례[345]	
판례상 중상해를 인정한 예	• 콧등의 길이 2.5cm, 깊이 0.56cm 절단 상처(대법원 70도1638) • 실명(대법원 4292형사395) • 허 1.5cm 절단으로 발음곤란(부산지방법원 64고6813)
판례상 중상해를 부정한 예	• 전치 3주의 흉부자상 및 전치 1–2개월의 다리 골절)대법원 2005도7527) • 치아 2개 탈구(대법원 4292형상413)
독일 형법 제226조(중상해)	• 시각, 청각, 언어능력의 상실 및 이에 대한 이식 가능성을 상실한 경우, 신체 중요 부분의 상실 및 지속적 사용이 불가능한 경우, 중대한 신체 변형 혹은 중환, 마비, 정신병이나 정신장애 ※ 일본은 중상해 규정없음

교통사고 처리기준	
치사사고	「교통사고처리 특례법」 제3조 제1항을 적용하여 형사입건 처리

치상사고	• 피해자의 불벌의사가 있을 경우, 합의가 되었을 때에는 「교통사고처리 특례법」 제3조(처벌의 특례) 제2항을 적용
	  – 공소권 없음으로 처리
	  – 그 원인행위만 도로교통법 해당 법조를 적용하여 통상 처리
	• 피해자의 불벌의사가 없을 경우, 합의가 안 되었을 때에는 「교통사고처리 특례법」 제3조 제1항을 적용
	  – 형사입건 처리
	• 피해자의 의사에 관계 없이 처벌하는 경우, 합의여부와 상관없이 사고의 원인행위가 「교통사고처리 특례법」 제3조 제2항의 단서의 도주, 유기 후 도주 그리고 12개 중과실 항목에 해당될 때에는 「교통사고처리 특례법」 제3조 제1항을 적용
	  – 형사입건 처리

물피사고	• 피해자의 불벌의사가 있는 경우, 합의가 되었을 때는 「교통사고처리 특례법」 제3조 제2항을 적용

---

345 대검찰청, "교통사고처리특례법 위헌 결정에 따른 업무처리 지침 시행" 「보도자료」, 2009.2.27.

	– 공소권 없음으로 처리 – 그 원인행위만 「도로교통법」 해당 법죄를 적용하여 통상 처리 • 피해자의 불벌의사가 없는 경우, 「도로교통법」 제151조(벌칙)를 적용 – 형사입건 처리 – 단, 피해액이 20만 원 미만일 경우, 즉심 회부
보험·공제	• 가해자(차량)가 교통사고(치상·물피)로 인한 피해를 전액 보상할 수 있는 보험 또는 공제에 가입한 경우, 「교통사고처리 특례법」 제4조(보험 등에 가입된 경우의 특례) 제1항을 적용 – 공소권 없음으로 처리 – 그 원인행위만 「도로교통법」 해당 법죄를 적용하여 통상 처리 • 치상사고의 원인행위가 「교통사고처리 특례법」 제3조 2항 단서의 내용일 경우, 보험 등에 가입되었더라도 형사입건 처리
교통사고 야기 후 도주사건	• 인명피해사고를 야기하고 도주한 경우, 「특정범죄 가중처벌 등에 관한 법률」 제5조의 3을 적용 – 형사입건 처리 • 물적피해사고를 야기하고 도주한 경우, 「도로교통법」 제148조(벌칙)를 적용 – 형사입건 처리
미신고 사고	• 교통사고 야기 후 사상자 구호 등 사후조치는 하였으나 신고를 하지 않았을 경우, 「도로교통법」 제154조의 4호를 적용 – 형사입건 처리

제5장 정보경찰

제1절 정보경찰 개관

1 정보경찰의 의의

1 정보경찰의 개념

정보경찰은 정보, 보안, 외사 등 국내정보를 포괄하는 광의의 정보경찰과 직제상 정보과에서 취급하는 정보만을 취급하는 협의의 정보경찰로 구분할 수 있다.[346] 안보과나 외사과의 경찰을 정보경찰이라고 하지는 않으며, 정보과 경찰만을 정보경찰이라고 한다. 「경찰청과 그 소속기관 등 직제」 제14조(정보국)에 소속된 경찰에 한해서 정보경찰이라고 한다.[347] 「정보경찰 활동규칙」에서는 이러한 정보경찰을 '정보관'이라고 부른다.

정보경찰이란 국가 안전보장, 사회질서 유지, 국민 생활보호, 기타 치안상 필요한 정보를 수집, 작성하고 이를 배포하는 것을 주임무로 하는 경찰 활동이라고 할 수 있다.

정보경찰을 형식적으로 말하며 각급 경찰관서에 소속되어 정보업무에 종사하는 경찰을 말한다고 할 수 있다. 실질적으로는 국가의 안전을 침해하는 개인이나 단체의 모든 위해행위를 예방하고 수사하는 경찰을 의미한다. 일반 경찰작용보다는 높은 국가적 견지에서 국가안전에 대한 모든 위해요소를 예방하고 수사하는 정보경찰의 개념은 국가안전이란 문제와 위해요소를 예방하고 수사하는 것으로 집약된다.

---

[346] 경찰청h, 「경찰서 정보과장 메뉴얼」, 2012, p. 7.
[347] 이종필, "정보경찰의 직무만족에 관한 연구"「박사학위논문」, 한세대학교 일반대학원, 2020, p. 34.

따라서 정보경찰이란 공공의 안녕과 질서에 대한 위험 또는 경찰위반 상태를 제거하기 위한 경찰활동을 위하여 그 전제가 되는 치안정보 또는 그 배경이 되는 정치나 경제 등 사회의 일반적인 정보 등을 수집·분석·작성·배포하는 경찰을 말한다.

경찰의 정보활동은 기능분장상 정보국, 정보부, 정보과 등에서 담당하고 있다. 그러나 범죄정보·보안정보·외사정보 등 다른 기능에서도 취급하므로 정보수집의 의무는 모든 경찰관에게 있다. 정보활동은 경찰위반 상태의 예방적 차원이나 사후진압적 차원에서도 모두 필요한 것이다.

정보활동을 하는 경찰 정보관은 명백히 위법하다고 판단되는 지시를 받으면 집행을 거부할 수 있고, 이를 거부했다는 이유로 인사상 불이익을 받지 않는다.

정보경찰의 자세[348]	
정보는 국가의 거울이라는 사명감을 가져라	· 정보경찰은 국가의 눈과 귀라는 사명감을 가져라. · 사회 제반 분야에 대한 정보를 수집, 전파하여 사회안녕과 국가발전에 기여한다는 자부심을 가져라.
목적의식을 가져라	· 정보는 의사결정에 활용되지 않으면 무용지물일 뿐이다. · 의사결정권자의 판단에 도움이 될 수 있도록 목적의식을 가지고 정보를 생산하라. · 고정관념과 관습에서 벗어나 새로운 각도에서 사물을 보라.
경찰력 발동의 근거를 제공하는 역할을 한다는 것을 명심하라	· 사회 제반 분야의 갈등관계를 대화와 타협으로 조정할 수 있도록 필요한 정보를 수집, 전파하여 관련 대책을 제시하라. · 경찰상황에 대한 신속하고 정확한 정보수집은 효과적인 경찰력 발도를 위한 기본이라는 인식을 가져라.
정보마인드를 가져라	· 오관을 총동원하여 사물을 관찰하라. · 사안에 대한 면밀한 분석습관과 거시적인 안목 그리고 정보적 감각을 갖도록 노력하라. · 진실은 숨겨져 있다. 이면까지도 꿰뚫어 보는 양면적 시각을 가져라. · 정보에 지름길은 없다. 폭넓은 지식과 끊임없는 연구, 그리고 원만한 인간관계와 적극적인 근무자세가 진주 같은 정보를 만들 수 있다는 것을 명심하라.
객관적인 자세를 견지하라	· 정보는 공공의 이익을 위한 것이지 결코 사용(私用)의 대상이 되어서는 안 된다. · 정보대상과의 지나친 유착은 객관적인 정보판단을 방해하는 요인이므로 일정한 관계를 유지하라. · 관련된 모든 자료를 수집하여 객관적으로 분석하고 판단하는 자세를 갖도록 하라 · 정보활동에 있어서 공명심은 금물이다. · 공명을 세우겠다는 생각보다는 "나에게 주어진 책임을 완수하겠다."는 자세를 가져라.

형식적 타성에서 벗어나라	• 정보는 보고서 작성을 위한 자료가 아니다. 형식적인 보고서 작성을 위하여 인력 과 시간을 낭비하지 말라. • 완전한 정보만을 요구하지 말라. • 귀중한 정보는 사소한 것에서 출발한다.
정보를 적시, 적소에 적정하게 전파하라	• 정보는 흐르지 않으면 썩고 만다. 필요한 곳에, 적시에 전파하라. • 정보의 누설은 불필요한 오해와 결과를 초래하므로 알아야 하는 사람에게 필요한 양만큼만 전파하라. • 정보활동 중에 지득한 비밀은 무덤까지 가져간다는 자세를 가져라.

🌐🔍 정보경찰의 기원[349]

- 정보경찰의 기원은 일본 제국주의시대 특별고등경찰로 거슬러 올라간다. 일명 특고경찰은 국민의 사상의 영역까지 감시·통제하는 비밀경찰조직이었다. 일본이 패전하면서 미군정은 특고경찰을 폐지하기에 이른다. 그 후 1947년 12월 13일 관구경찰청에 정보업무를 담당하는 사찰과를 설치하였다.
- 사찰과는 1948년에 실시하게 되어 있는 총선거에 대비하여 비합법적인 활동과 모략적·파괴적 행동을 예방하기 위한 것이었다.
- 그 후 사찰과란 명칭은 1960년에 정보과 혹은 정보계로 개칭되어 오다가 군사정부 시대에 한층 그 조직이 강화되어 최근에는 정보국, 정보과, 정보보안과 형태로 방대한 조직을 유지하고 있다.
- 경찰정보관리체제의 경우, 1972년 치안본부가 UNIVAC9400을 도입하여 주민등록전산화를 실시한 것이 경찰정보화의 효시다.[350]

2 정보경찰의 법적 근거 및 직무내용 역량

정보경찰의 법적 근거에는 「경찰법」, 「경찰관직무집행법」, 「정보경찰 활동규칙」, 「견경찰관의 정보수집 및 처리 등에 관한 규정」, 「공직후보자 등에 관한 정보의 수집 및 관리에 관한 규정」, 「수사첩보 수집 및 처리 규칙」 등이 있다.

---

348 경찰대학k, 전게서, pp. 847−848; 경찰청e, 전게서, pp. 885−886 재구성.
349 노호래, "정보경찰의 역사적 변천과정에 관한 비판적 검토"「한국경찰연구」, 3(2), 2004, p. 33.
350 김창윤a, "경찰정보관리체제의 실태분석과 발전방안"「치안정책연구」, 15, 2001, p. 171.

정보경찰의 법적 근거	
정보경찰의 사물관할	• 경찰법(시행 2021. 7. 1.) • 경찰관직무집행법(시행 2022. 2. 3.)
정보경찰의 일반규칙(작용규칙)	• 정보경찰 활동규칙(시행 2021. 6. 14.) • 경찰관의 정보수집 및 처리 등에 관한 규정(시행 2021. 3. 23.)
정보경찰 세부규정	• 공직후보자 등에 관한 정보의 수집 및 관리에 관한 규정(시행 2022. 6. 7.) • 수사첩보 수집 및 처리 규칙(시행 2021. 9. 16.)

정보경찰의 직무내용 역량[351]		
관리	정보	① 준법 관리, ② 집회시위 상황 대비, ③ 정보분석
실무	정보분석	① 정보수집 준비, ② 정보수집·작성, ③ 수집·작성된 정보의 처리
	상황정보	① 공공안녕 위험요인 분석, ② 대화 경찰 활동
	정보외근	① 정보수집

Police Science

🌐 정보경찰의 활동범위

• 「경찰법」, 「경찰관직무집행법」, 「경찰청과 그 소속기관 직제」 그리고 「정보활동 규칙」등에서 규정한 정보활동의 범위는 다음과 같다. ① 범죄정보, ② 국민 안전과 국가안보를 저해하는 위험요인에 관한 정보, ③ 국가 중요시설·주요인사의 안전 및 보호에 관한 정보, ④ 집회·시위 등 사회갈등과 다중운집에 따른 질서·안전 유지에 관한 정보, ⑤ 국민의 생명·신체의 안전이나 재산의 보호 등 생활의 평온과 관련된 정책의 입안·집행·평가에 관한 정보, ⑥ 공공기관의 장이 요청한 신원조사 및 사실확인에 관한 정보, ⑦ 그 밖에 재난·공공갈등 등 공공안녕에 대한 위험의 예방과 대응에 관한 정보 등이다.

우리나라의 경우 북한과 대치하고 있는 특수성 때문에 정보경찰의 업무대상은 다른 나라에 비하여 복잡한 양상을 띠고 있다. 정보업무를 일반정보, 보안정보, 외사정보로 나누고 있다. 일반정보로서는 정치, 경제, 사회, 문화 등에 관한 정보처리를 하고 있다.

보안정보에서는 보안관계업무를 다루고 있다. 외사정보에서는 국내외국인 및 국외의 내국인에 관한 업무를 각각 처리하고 있다. 정보경찰의 특성은 성질상의 특성과 수단상의 특성으로 구별할 수 있다.

정보경찰과 일반경찰의 성질상 차이점		
구분	정보경찰	일반경찰
목적	• 공공의 안녕과 질서유지	• 국민의 생명·신체 및 재산의 보호
성격	• 예방적 경찰	• 예방 및 사후진압 경찰
활동지침	• 사전적·예방적 활동 • 사후진압 단계에서의 정보지원	• 예방 및 사후적·진압적 활동 • 사전수사 및 사후 교정교사 가능
대상범죄	• 위태성 범죄를 대상	• 침해성 범죄를 대상
보호법익	• 국가안전	• 개인적 법익

❶ 성질과 수단상의 특성

정보경찰의 성질은 ① 기초활동성, ② 사실행위성, ③ 비권력성, ④ 광범성, ⑤ 비공개성의 특징을 갖는다.

정보경찰의 성질상의 특성	
기초활동성	• 정보수집활동은 각종 경찰활동의 기초가 되는 활동이다. 따라서 정보기능에는 최종적인 조치권한이 없으며 최종적인 조치권한은 다른 기능 또는 타기관에서 실행한다.
사실행위성	• 정보활동은 비권력작용이고, 국민의 자유와 권리를 침해하지 않는 범위내에서 하여야 한다. 따라서 정보수집활동은 구체적인 수권규정이 없어도 경찰법이나 경찰관직무집행법상의 사물관할(임무 또는 직무)의 규정만으로도 가능하다.
비권력성	• 입수내용에 대한 진위 여부를 식별하고 중요도(우선순위)를 가릴 줄 아는 능력이 있어야 한다.
광범성	• 경찰정보활동은 기초적인 활동이므로 그 범위가 광범위하다. 경찰의 첩보활동에는 치안정보

	뿐만 아니라 치안정보의 배경이 되는 내외의 정치나 경제, 사회, 문화 등의 일반적 정보 등이 포함된다.
비공개성	• 정보경찰의 활동수단은 비공식적 활동에 의한 국가안전보장의 수단이므로 비밀활동임을 그 수단상의 특징으로 한다. • 정보경찰은 그 존재 및 활동이 비공개되고, 비노출되어야 한다. • 정보경찰의 활동(예를 들어 미행, 감시, 도청 등)은 국민의 일반에게 공개되어서는 그 목적을 달성할 수 없다. • 잘못하면 반격을 받을 우려가 많기 때문에 비밀스러운 정보기술로서 이루어지는 경우가 많다.

❷ 조직상의 특성

정보경찰의 조직상의 특성	
총 괄 성	• 정보조직은 목적달성을 위해 기획기능·첩보수집기능·분석 및 생산기능·수요자에게 적시에 배포하는 기능을 할 수 있도록 조직되어 있다.
전 문 성	• 정보조직은 전문분야의 업무에 전념할 수 있도록 세분되어 있다.
조 정	• 총괄성과 전문성이라는 원칙을 융합시키기 위해 조정이 필요하다.

3 ‖ 정보경찰의 자질과 자세

1 기본자질

정보요원의 기본자질	
대 인 능 력	• 정보수집은 대부분 사람과의 접촉에서 시작되므로, 정보요원은 인간관계를 잘 유지해야 하고, 사람을 판별하는 능력이 뛰어나야 한다.
주 의 력	• 다양한 관심과 호기심을 갖고 세심한 주의력을 가져야 한다.
식 별 력	• 입수내용에 대한 진위 여부를 식별하고 중요도(우선순위)를 가릴 줄 아는 능력이 있어야 한다.
탐 구 심	• 어떤 징후를 포착하면 강한 집착력을 가지고 종결될 때까지 파헤쳐 보는 집념을 가져야 한다.
논리적인 사고력	• 정보수집과정에서의 중복·누락·부족 등을 피하기 위해서는 순서에 입각한 합리적이

	고 논리적인 사고력이 필요하다.
다양한 재능	• 광범위한 분야에 대해 다양하게 재능을 가져야 한다.
정보적 감각	• 남들이 평범하게 보는 사소한 정보 속에서 가치있는 정보를 창출·발굴해내고, 미래를 예측할 수 있는 감각이 있어야 한다.

2 정보요원의 자세

정보요원의 자세	
목 적 의 식	• 수집계획이나 지침을 숙지하고 무엇 때문에, 어떤 내용을 수집하겠다는 뚜렷한 목적의식을 가지고 임해야 한다.
타인의 견해존중	• 항상 타인의 견해를 존중하여 경청하고 수용하는 자세로 임해야 한다.
개인적 보상을 탐내지 말 것	• 정보요원은 개인의 명예나 돈에 대해서는 초연하고 묵묵히 일하는 자세를 가져야 한다.
행 동 성	• 정보가 발생되는 현장에 가능한 한 직접 나가 보고, 듣고, 느껴야 한다.
사 명 감	• 성실과 책임감을 가지고 임무를 수행해야 한다.

Police Science
🌐 대화경찰관 제도[352]

- 경찰청(정보국)은 집회시위 현장에서 집회 참가자와 경찰 간 가교 역할을 수행하는 '대화경찰관제'를 2018년 10월 5일부터 전국으로 확대시행하였다.
- 대화경찰관제는 별도 식별표식을 부착한 대화경찰관을 집회 현장에 배치해 집회 참가자나 주최자, 일반 시민들이 집회와 관련해 경찰의 조치와 도움이 필요할 경우 언제든지 쉽게 찾을 수 있도록 쌍방향 소통채널을 마련한 것으로, 집회시위 자유를 보장함과 동시에 시민과 경찰 간 상호 신뢰 형성을 돕는 제도이다.
- 대화경찰관제는 '자율과 책임' 아래 평화적 집회를 보장하는 촉매제 역할을 위해 도입되었다.

---

352 경찰청 브리핑, "경찰청, '대화경찰관' 제도를 전국으로 확대시행", 2018.10.04.

1 ▌ 정보의 의의

1 정보의 개념

정보Intelligence는 정보기관이 조직활동을 통하여 수집된 첩보를 평가·분석·종합·해석하여 얻어진 완전한 지식을 말한다. 따라서 정보의 자료가 되는 첩보Information와 구별되며, 새로이 알려지는 것이고 행동하기 전에 알아야 할 것이라는 점에서 이미 알려진 것을 의미하는 지식Knowledge과도 구별된다.

정보란 수집된 첩보를 평가. 분석. 종합. 해석한 결과로서 작성된 지식을 말한다. 정보란 첩보의 개념을 떠나 존재할 수 없으며 국가의 목적, 즉 정책적인 사용 목적 없이는 생산의 의의를 잃는다. 정보활동의 4대 기능은 ① 첩보수집, ② 정보분석, ③ 비밀공작, ④ 방첩 등이다.[353]

광의의 정보			
구분	자료(Data)	첩보(Information)	정보(Intelligence)
의 미	단순사실, 신호, 소재	목적의식에 의해 수집된 자료	일정 절차에 따라 처리된 유용한 정보
용 어	데이터(자료)	1차정보, 첩보, 생정보	2차정보, 정보, 가공정보, 지식
활 동	입 력	수 집	평가·분석·가공
활동특성	임 의 적	의 식 적	의 식 적
활동주체	전 임 직 원	전 임 직 원	정보전문부서
특 성	무 의 미	불 확 실 성	확 실 성
유 용 성	小	中	大
시 간	자 동 적	신 속 성	지 연 성

---

353 정욱상, 「국가정보와 경찰정보Ⅰ」(서울: 백산출판사, 2015), p. 209.

정보와 첩보의 구별		
구분	정보(Intelligence)	첩보(Information)
정 확 성	• 객관적으로 평가된 정확한 지식	• 부정확한 전문지식을 포함
완 전 성	• 특정한 사용목적에 맞도록 평가·분석· 종합·해석하여 만든 완전한 지식	• 기초적·단편적·불규칙적·미확인 상태 의 지식
적 시 성	• 정보사용자가 필요로 하는 때에 제공되 어야 하는 적시성이 특히 요구됨	• 시간에 구애받지 않고 과거와 현재의 것 을 불문
사용자의 목 적 성	• 사용자의 목적에 맞도록 작성된 지식	• 사물에 대해 보고 들은 상태 그 자체의 묘사이므로 목적성이 없음
생산과정의 특 수 성	• 첩보의 요구·수집 및 정보의 생산·배포 등의 과정을 거치면서 여러 사람의 협동 작업을 통하여 생산	• 협동작업이 아닌 단편적이고 개인의 식 견에 의한 지식
공 통 점	• 지식으로서의 자료적 가치를 갖는다.	

정보의 개념에 대한 주요 학자들의 견해[354]	
제프리 리첼슨 (Jeffery T. Richelson)	• 정보는 외국이나 국외지역과 관련된 제반 첩보자료들을 수집·평가·분석·종합과 판단의 과정의 거쳐서 생산된 산출물
마이클 허만 (Michael Herman)	• 정보란 정책에 활용하는 목표로 수집된 자료를 처리, 해석, 판단하여 사용자 요구를 충족시켜 주는 비밀리에 작성된 특수한 지식체계(Particular Kind of Knowledge) • 정부 내에서의 조직된 지식
에이브럼 슐스키 (Abram N. Shulsky)	• 정보란 국가안보, 국가이익 추구, 외부위협에 대처하는 정책입안에 참고가 되는 사 항을 수집, 처리한 정책선택 상품 • 국가안보 이익을 극대화하고, 실제적 또는 잠재적 적대세력의 위험을 취급하는 정 부의 정책 수립과 정책의 구현과 연관된 자료
마크 로웬탈 (Mark M. Lowenthal)	• 정보란 국가안보에 필요한 구체적 정보를 정책결정권자가 요구하면 정보기관이 수 집, 분석하여 제공하는 정보 생산물 • 정보란 정책결정자의 필요에 부응하는 지식을 말하며, 이를 위해 수집 가공된 것
마이클 워너 (Michael Warner)	• 정보는 우리 측에 해악을 끼칠 수 있는 다른 국가나 다양한 적대세력의 영향을 완 화시키거나 그에 영향을 미치거나 또는 단지 그들을 이해하기 위한 노력을 지원하 는 비밀스러운 그 무엇

354 김윤덕b, 「국가정보학」(서울: 박영사, 2006), pp. 15−16; 한희원, 「국가정보학원론」(서울: 법률출판사, 2010),

셔먼 켄트 (Sherman Kent)	• 정보는 국가정보기관이 첩보활동으로 수집, 검증처리하여 국가최고정책결정권에게 제공하는 국가존립의 사활이 달린 지식 • 정보는 국가정책 운영을 위한 지식(Knowledge), 첩보(Information), 활동(Activities), 조직(Organizations) 등을 포괄하는 개념[355] • 정보의 개념 중 가장 권위있는 해석으로 간주
제니퍼 심슨 (Jennifer Sims)	• 대통령이나 수상의 전략정책 수립에 필요한 정보 수집, 분석처리로 이루어진 비밀스런 내용
패트 홀트 (Pat M. Holt)	• 정보는 첩보자료를 분석, 정리하여 정책수립에 도움이 되는 수준 높은 보고서
칼 클라우제비츠 (Carl von Clausewitz)	• 적국과 그 군대에 대한 제반 첩보

2 정보의 특성과 요건

❶ 정보의 특성

정보의 특성	
합 목 적 성	• 정보는 국가목적의 정책자료로서 국가의도에 맞추어 만들어지는 지식이므로 합법성 보다는 합목적성이 지배한다.
전 문 성	• 정보의 생산을 위해서는 첩보수집의 기술과 분석기법 등 고도의 전문기법과 상당한 경험이 요구된다.
변수에 의한 제약성 (존재 구속성)	• 정보는 과거·현재 및 미래의 사상(事象)을 근간으로 생산되어 변수에 부딪치는 경우가 많다.

❷ 정보의 요건

정보의 요건[356]	
적 실 성 (Relevancy)	• 적실성이란 정보가 현안 문제와 어느 정도 밀접하게 관련이 되어 있느냐의 문제로 목적이나 정책방향 등에의 부합정도를 말한다. • 적실성에 대한 고려는 분석과정에서 가장 중요하게 검토된다.

---

pp. 10－12; 최평길, 「국가정보학」(서울: 박영사, 2012), p. 262 재구성.

355 Sherman Kent, *Intelligence for American World Policy* (Princeton, N. J: Princeton University, 1949), pp. 3－4.

356 문경환·이창무, 「경찰정보학」(서울: 박영사, 2011), pp. 14－19 재구성.

정 확 성 (Accuracy)	• 정확성이란 정보의 사실(Fact)과의 일치 여부를 의미한다. • 경찰청에서 경찰서 등에게 특별첩보요구(SRI: Special Requirements for Information)를 보낸 후 이를 취합하여 부석하는 방법을 활용하는 것은 정확성을 담보하기 위함이다. • 정보는 행동방책 등의 결정요소이므로 내용이 부정확할 경우 오류를 범하게 된다. 부정확한 것은 첩보에 불과하다.
적 시 성 (Timeliness)	• 적시성은 정보가 국가안보나 치안질서 유지 및 정책결정 등이 이루어지는 시점에 비추어 가장 적절한 시기에 사용될 수 있느냐를 검토하는 것을 말한다. • 정보는 사용자가 가장 필요한 시기에 알맞게 제공되어야 한다. 너무 빠르거나 너무 늦게 제공되어서는 안 된다.
완 전 성 (Completeness)	• 완전성이란 정보가 그 자체로서 정책결정에 필요가능한 모든 내용을 충분히 망라하고 있는가를 의미한다. • 완전성은 첩보와 정보를 구분하는 기준이 된다. • 완전성을 높이려고 반복적으로 추가 첩보를 요구하게 되면 '무한회귀의 오류'에 빠지게 된다.
객 관 성 (Objectivity)	• 객관성이란 정보가 생산 또는 사용될 때 국익증대와 안보추구라는 차원에서 온전히 객관적 입장을 유지해야 함을 의미한다. • 객관성을 상실하게 되면 ① 자기반사 오류(Mirror Imaging), ② 지나친 고객지향(Clientism), ③ 겹층쌓기(Layering), ④ 집단사고(Group Thinking) 등을 낳게 된다. • 자기반사 오류는 거울이미지라고도 한다. 정보대상 국가나 단체, 개인이 자신이 생각하고 있는 목표나 관심사항과 유사할 것이라고 생각함으로써 국가 간의 차이 등을 고려하지 못하게 됨을 말한다. • 지나치 고객지향은 같은 일을 너무 오랫동안 함으로써 일어날 수 있는 오류를 말한다. 너무 과도하게 집중함으로써 오히려 비판할 능력(Necessary Criticality)을 잃는 것을 말한다.[357] • 겹층쌓기는 다른 분석에서의 판단을 그 이후에 생겼을지도 모를 불확실성을 고려하지 않고 그대로 또 다른 분석에 사용하는 것을 말한다. • 집단사고는 행당 정보기관의 조직적 특성 때문에 분석관 개인의 개별적 의견이나 판단이 허용되지 않고 집단적으로 사고하는 경향을 말한다.

357 Mark M. Lowental, *Intelligence; From Secrets to Policy(3rd ed.)* (Washington, D.C: Q Press, 2006), p. 119.

3 정보의 분류

사용수준 및 활용방식에 따른 분류[358]	
전 략 정 보	• 전략정보(Strategic Intelligence)는 국가정책과 안전보장에 막대한 영향을 주는 국가수준의 정보(국가의 기본적 종합정보)이다. • 평시에는 국가의 안전과 관련된 정책결정의 기초가 되며, 전시에는 군사작전계획의 기초로 사용된다. • 전략정보는 경찰 기관 혹은 관서 단위의 우선순위 의사결정의 기반으로서 기능을 담당한다. • 전략정보는 법집행기관의 장기적 목표에 초점을 맞춘 정보이다. 범죄환경에서 현재와 새로 나타나는 추세, 공공의 안전과 질서에 대한 위협, 이를 통제할 수 있는 대응 방법 개발 등에 도움이 되는 정보이다.[359] • 전략정보는 장기적인 추세와 경찰 활동의 우선순위에 대한 정보이다.
전 술 정 보	• 전술정보(Tactical Intelligence)는 전략정보의 기본적인 방침하에서 이를 구체적으로 수행하기 위한 세부적이고 부분적인 정보이다. • 전략정보와는 상대적으로 구별되지만 적극정보의 성격을 지닌다는 점에서는 공통적이다. • 전술정보는 관서 혹은 부서 단위의 자원 배분 단위 의사결정의 기반으로서 기능을 담당한다. • 전술정보는 구체적인 범죄 사건에 대한 의사결정에 대한 정보. • 특정 관서와 부서 혹은 팀에 있어 해당 관할 지역에서 빈발하는 특정 범죄를 예방하거나 검거하기 위해 특정 시간대에 일정한 경찰력을 배치하고 순찰 또는 검거활동을 결정한다면 이는 전술정보를 가지고 경찰자원을 배분하는 활동에 해당한다.
작 전 정 보	• 작전정보(Operational Intelligence)는 경찰 개인 혹은 팀 단위의 구체적인 범죄사건 대응을 위한 의사결정의 기반이 되는 정보이다. • 특정 사건 범인을 검거하기 위해 자금 추적, 조직도, 공범 등의 정보를 취합하고 범인의 행방, 어떤 증거로 혐의를 입증할지 등 불법행위의 특정한 요소와 관련된 가설과 추론, 대응을 위한 의사결정 필요 정보를 수사팀에 제공한다.
종합	• 정보는 정보의 사용수준과 활용 목적 그리고 범위에 따라서 전략, 전술, 작전이라는 3가지 측면으로 구분한다. • 전략정보는 조직 활동의 우선순위 설정과 정책 수립을 위한 정보이다. • 전술정보는 인력·예산·장비 등 자원 배분을 위한 정보이다. • 작전정보는 구체적인 범죄 사건을 제입하거나 예방하기 위한 정보이다.

---

358 장광호·김문귀, "영국의 범죄정보 기반 경찰활동에 관한 연구"「한국경호경비학회」, 54, 2018, pp. 107－108.
359 Jerry H. Ratcliffe, *Integrated Intelligence and Crime Analysis: Enhanced Information Management for Law Enforcement Leaders*, NCJ Number: 219771, 2007, pp. 56－59.

사용목적에 따른 정보분류[360]	
적 극 정 보	• 적극정보(Positive Intelligence)란 국가이익의 증대를 위한 정책의 입안과 계획수립 및 정책계획의 수행에 있어서 필요한 정보를 말한다. • 정책정보(Policy Intelligence)라고도 한다. 정치, 경제, 군사, 과학 기타 각 분야의 국가정책들이 적극정보가 추구하는 정보요소들이다. • 국가정책과 관련하여 주요정책 수행상의 문제점, 정책환경의 진단, 집행과정상의 문제점 및 정책과 관련된 민심의 동향이나 여론 보고 등이 그 예에 해당한다.
소 극 정 보	• 소극정보(Negative Intelligence)는 방어적 의미의 정보로서 국가의 안전을 유지하는 경찰기능의 기초가 되는 정보를 말한다. • 소극적·방어적 의미의 정보이다. • 치안정보, 보안정보(Security Intelligence), 방첩정보 혹은 대(對)정보(Counter-Intelligence)라고도 한다.

정보출처에 의한 정보분류[361]	
근 본 출 처	• 근본출처 정보는 직접정보를 말한다. • 정보입수자가 직접적으로 얻은 정보를 의미한다. • 정보가 획득되는 실질적인 원천이다.
부차적 출처	• 부차적 출처 정보는 간접정보를 말한다. • 중간매체를 통하여 얻은 정보를 의미한다. • 근본출처에서 획득한 정보를 정보기관에 전달해준 사람 또는 기관을 말한다.
정 기 출 처	• 정기출처 정보란 정기적으로 정보를 획득할 수 있는 출처(정기간행물·방송·신문 등)를 말한다.
우 연 출 처	• 우연출처 정보란 우연히 혹은 부정기적으로 얻어지는 정보를 말한다. • 정보관(IO: Intelligence Office)이 다중이 모인 장소, 다방, 공원, 시장 등에서 우연히 얻은 정보를 말한다.
비 밀 출 처	• 비밀출처 정보와 공개출처 정보는 출처의 비밀정도에 따른 분류이다. • 비밀출처 정보는 외부로부터 강력히 보호를 받아야 하는 정보를 말한다.
공 개 출 처	• 공개출처 정보는 신문·잡지·방송·서적· 기타 공개적인 정보 등을 말한다. • 공개정보 90%, 비밀정보 10% • 10%의 비밀정보 및 첩보를 수집하기 위해서 90%의 정보예산을 투입한다.

360 경찰대학h, 「경찰정보론」, 2004, pp. 48-49.
361 최평길, 전게서, pp. 28-30 재구성.

CHAPTER 06
정보경찰

대상 지역에 따른 정보분류[362]	
국 내 정 보	• 국내정보(Domestic Intelligence)는 국내 보안정보와 국내 정책정보로 구분된다. • 국내 보안정보는 국내에 침투한 간첩이나 반국가 세력의 안보위협으로부터 국가의 안전을 유지하는데 필요한 정보를 말한다. • 국내 정책정보는 국내 경제, 사회, 과학기술 등 국가 내부의 정책결정에 필요한 정보를 의미한다.
국 외 정 보	• 국외 정보(Foreign Intelligence)는 국외 보안정보와 국외 정책정보로 구분된다.

분석형태에 따른 정보분류[363]	
기 본 정 보	• 기본정보(Basic Intelligence)란 과거의 사실이나 사건들에 대한 정적인 상태를 기술하여 놓은 정보를 말한다. • 모든 사상(事象)의 정적이고 기초적인 상태를 기술한 정보이다. • 현용정보나 판단정보를 작성하는 기초가 된다. • 각국의 인구수, 경제력, 국토면적 등과 같은 다양한 통계자료 등이 대표적이다.
현 용 정 보	• 현용정보(Current Intelligence)란 기본정보를 바탕으로 매일매일 국내외의 주요 정세 가운데 국가안보나 정책결정에 영향을 미치는 내용을 선별하여 보고하는 형태의 정보를 말한다. • 시계열을 기준으로 할 때 현재에 해당하며 모든 사물이나 상태의 동적인 상태를 보고하는 정보이다. • 모든 사상의 동태를 현재의 시점에서 객관적으로 기술한 정보(시사정보·현행정보·현상정보)를 말한다. • 현용정보는 TV·라디오 등 방송매체에 의해 가장 신속하게 입수할 수 있다. • 대통령에게 매일매일의 정보 상황을 보고하는 대통령 일일보고(PDB: President Daily Briefing)가 대표적이다.
판 단 정 보	• 판단정보(Speculative Evaluative Intelligence)는 기본정보와 현용정보를 기초로 체계적인 분석을 통해 미래상황을 예측·판단하여 사용자에게 예고 및 대응방안을 지원하는 것을 목적으로 하는 정보이다.[364] • 특정문제를 체계적이며 실증적으로 연구하여 미래에 있을 어떤 상태를 추리·평가한 정보(기획정보)를 말한다. • 정보활동의 가장 본질적인 이유라 할 수 있는 예측을 주된 목적으로 하는 정보이다. • 종합적인 분석과 과학적 추론을 필요로 하므로 분석형태에 따른 분류에 있어서 가장 정선된 형태의 정보라고 할 수 있다.

---

362 상게서, p. 27.
363 문경환·이창무, 전게서, pp. 26-27 재구성.
364 정육상, 전게서, p. 65.

종합	• 켄트(Sherman Kent)는 국가정보를 시계열(Time Series)에 따라 분류하였다. 켄트식 분류라고도 한다. • 서술적으로 제공되는 기본정보, 현재 활용 가능한 현용정보, 그리고 미래에 대한 전망과 판단을 가능하게 하는 판단정보로 분류하였다. • 각각의 정보형태가 그 분석형태를 달리하므로 이를 분석형태에 따른 분류라고 한다.

수집활동에 따른 정보분류[365]	
인간정보	• 인간정보(HUMINT: Human Intelligence)는 인적 수단을 사용하여 수집한 정보를 말한다. • 정보관(IO: Intelligence Office)과 외교관인 주재관(Attache) 등이 대표적이다. • 주재관은 공직가장(Official Cover)이라고 한다. • 공직이 아닌 다양한 직업으로 가장하는 방법을 비공직 가장(NOC: Non Office Cover)이라고 한다. • 공적인 인적 수단 외에도 공작원, 협조자, 망명자, 여행객 등도 인간정보의 대표적인 사례에 속한다.
기술정보	• 기술정보(TECHINT: Technical Intelligence)는 기술적 수단을 사용하여 수집한 정보를 말한다. • 영상정보(IMINT: Imagery Intelligence)는 인공위성, 항공촬영, 레이더 등을 통한 시각적 정보를 말한다. • 신호정보(SIGINT: Signal Intelligence)는 시각적 정보 이외의 음성, 이메일, 레이더 신호, 적외선의 방사현상, 방사능 물질의 방사현상 등 각종 신호(signal)를 통한 정보를 말한다. • 징후계측정보(MASINT: Measurement and Signature Intelligence)는 대상 목표의 위치 이동 등을 확인하고 묘사하는 정보를 말한다.
공개출처 정보	• 공개출처정보(OSINT: Open Source Intelligence)는 인터넷, 신문, 방송, 학술논문 등 공개출처에서 얻어진 자료로 만들어진 정보를 말한다. • 국가 또는 기업의 정보가 더욱 공개되는 추세를 보임에 따라 공개출처정보의 중요성이 더욱 강조되고 있다.[366]

판단을 나타내는 용어[367]	
판단됨	• 근본출처 정보는 직접정보를 말한다. • 어떤 징후가 나타나거나 상황이 전개될 것이 거의 확실시 되는 근거가 있는 경우
예상됨	• 부차적 출처 정보는 간접정보를 말한다. • 첩보 등을 분석한 결과 단기적으로 어떤 상황이 전개될 것이 비교적 확실한 경우

365 문경환·이창무, 전게서, pp. 32－33.
366 정육상, 전게서, p. 67.
367 경찰청c, 「정보보고서 용어사용 요령집」, 1996, p. 55.

전망됨	· 과거의 움직임이나 현재 동향, 미래의 계획 등으로 미루어 장기적으로 활동의 윤곽이 어떠하리라는 예측을 할 경우
추정됨	· 우연출처 정보란 우연히 혹은 부정기적으로 얻어지는 정보를 말한다. · 구체적인 근거 없이 현재 나타난 동향의 원인·배경 등을 다소 막연히 추측할 경우
우려됨	· 구체적인 징후는 없으나 전혀 그 가능성을 배제하기 곤란하여 최소한의 대비가 필요한 경우

용어의 정의 (수사첩보 수집 및 처리 규칙)(시행 2021. 9. 16.) 제2조(정의)	
수사첩보	· 수사첩보라 함은 수사와 관련된 각종 보고자료로서 범죄첩보와 정책첩보를 말한다.
범죄첩보	· 범죄첩보라 함은 대상자, 혐의 내용, 증거자료 등이 특정된 입건 전 조사(조사) 단서 자료와 범죄 관련 동향을 말하며, 전자를 범죄사건첩보, 후자를 범죄동향첩보라고 한다.
기획첩보	· 기획첩보라 함은 일정기간 집중적으로 수집이 필요한 범죄첩보를 말한다.
정책첩보	· 정책첩보라 함은 수사제도 및 형사정책 개선, 범죄예방 및 검거대책에 관한 자료를 말한다.
수사첩보 분석시스템	· 수사첩보분석시스템이란 수사첩보의 수집, 작성, 평가, 배당 등 전 과정을 전산화한 시스템으로서 경찰청 범죄정보과(사이버수사기획과)에서 운영하는 것을 말한다. – 수사국 범죄첩보분석시스템(CIAS: Criminal Intelligence Analysis System) – 사이버수사국 사이버첩보관리시스템(CIMS: Cyber Intelligence Management System)

2 ||| 정보의 순환

정보활동은 ① 소요되는 정보요구를 결정하고(정보의 요구) ② 요구를 충족시키기 위한 첩보를 수집한 후(첩보의 수집) ③ 수집된 첩보를 평가·분석·종합·해석하여 정보를 생산하고(정보의 생산) ④ 생산한 정보를 사용자에게 배포하는(정보의 배포) 4단계를 순환하면서 이루어지는데, 이러한 연속적 과정을 정보순환이라 한다.

1 정보의 요구

❶ 정보의 요구과정

정보를 요구하기 위해서는 ① 첩보의 기본요소를 결정하고 ② 첩보수집계획서를 작성하여 ③ 수집활동에 적합한 시기에 요구내용을 구두나 서면으로 명령하면 된다. 그리고 ④ 요구된 내용이 잘 수집되고 있는지, 수집지시된 내용 중에서 필요없는 내용이나 보완해야 할 요구사항은 없는지를 검토하고, 계획서를 작성·하달한다(사후검토).

❷ 정보의 요구방법

효과적인 정보수집을 위해서는 우선순위를 결정하고 이에 따라 수집요구 및 활동이 이루어져야 한다. 정보활동의 우선순위에는 PNIO, EEI, SRI, OIR 등이 있다.

정보활동의 우선순위	
국가정책목표	• 국가정책목표(NPO: National Policy Objective)는 선거에서 당선된 대통령, 의회 내 다수당에서 선출된 수상이 국민에게 공약한 정책을 정권인수과정을 거치면서 정부예산과 연계하여 확정한 정책을 말한다.[368] • 대통령의 국가정책목표는 대통령정책 우선순위(Priorities for the President) 혹은 국정과제(National Policy Agenda)라고 한다. • 장관이 소관 부처에서 수행해야 할 정책은 각료정책계획(The Cabinet Road Map)이라고 한다.
국가정보목표 우선순위	• 국가정보목표 우선순위(PNIO: Priority of National Intelligence Objective)는 국가안전보장이나 정책에 관련되는 국가정보, 정부의 연간 기본정책의 수립·시행에 필요한 정보를 말한다. • 모든 정보기관 활동의 기본방침이 된다.
첩보기본요소	• 첩보기본요소(EEI: Essential Eliments of Information)는 정부 각 부처 정책 수행에 필요한 정보를 말한다. • 계속적이고 반복적이며 전지역에 걸쳐 수집되어야 할 사항과 해당 부서의 정보활동을 위한 일반적인 지침(통상의 첩보수집계획서)이다.
특별첩보요구	• 특별첩보요구(SRI: Special Requirements for Information)는 임시적이며 돌발적이며 특수 지역적 특수상황에 대한 단기적 문제해결을 위한 첩보요구(보통 경찰업무에서 활용되는 정보요구)를 말한다.
기타 정보요구	• 기타 정보요구(OIR: Other Intelligence Requirement)는 급변하는 정세변화에 따라 불가피하게 국가정책의 수정이 요구되는 경우에 필요한 정보를 요구하는 것을 말한다.

---

368 최평길, 전게서, pp. 275－276.

2 첩보수집

첩보가 존재하는 장소적 개념을 첩보원천(출처)이라고 한다. 첩보의 출처에는 공개출처와 비공개출처가 있다. 또한 콘택트Contact는 사전적으로 정보원情報源이라는 의미를 가진다. 첩보세계에서는 '정직한 협조자'의 의미로 쓰인다. 이와 달리 간첩이나 포섭한 외국 정부 인사 등은 '보이지 않는 협조자'라고 칭한다. 정보원은 요원Agent 혹은 비공식 요원Informal 등으로 부른다.

첩보수집의 원칙	
유　용　성	• 수집된 첩보는 사용자의 임무 수행에 도움이 되어야 한다.
중　요　성	• 중요도가 높은 것부터 우선적으로 수집해야 한다.
수 집 가 능 성	• 첩보는 수집가능해야 한다. 따라서 필요한 첩보를 얻기 위한 출처의 연구 및 개발이 요구된다.
출처의 신빙성	• 첩보에는 역정보·허위정보·착오 등의 가능성이 있으므로 신빙성에 대한 평가가 반드시 필요하다.

경찰첩보의 종류와 정의[369]	
수사첩보	• 수사첩보란 수사와 관련된 각종 보고자료로서 범죄첩보와 정책첩보를 말한다.
범죄첩보	• 범죄첩보란 대상자, 혐의 내용, 증거자료 등이 특정된 입건 전 조사 단서 자료와 범죄 관련 동향을 말하며, 전자를 범죄사건첩보, 후자를 범죄동향첩보라고 한다.
기획첩보	• 기획첩보란 일정기간 집중적으로 수집이 필요한 범죄첩보를 말한다.
정책첩보	• 정책첩보란 수사제도 및 형사정책 개선, 범죄예방 및 검거대책에 관한 자료를 말한다.

3 정보의 생산

정보의 생산이란 수집된 첩보가 정보생산기관에 전달되어 정보사용자의 요구에 맞도록 평가·분석·종합·해석의 과정을 거쳐 정보보고서를 작성하는 과정을 말한다.

369　「수사첩보 수집 및 처리 규칙」 제2조(정의).

정보의 생산과정	
첩보의 평가	• 평가란 첩보의 내용을 파악하여 첩보의 적합성, 출처의 신뢰성, 내용의 정확성 등을 검토하는 것을 말한다.
첩보의 분석	• 평가된 첩보를 구성요소별로 세분화하고 세분화된 요소들의 인과관계, 패턴이나 경향, 상관관계 등을 논리적으로 검토하여 행정의 예측과 조정에 도움이 되게 하는 것을 말한다.
첩보의 종합	• 부여된 주제에 대한 정보를 생산하기 위하여 같은 유형으로 분류된 사실을 하나의 통일체로 결합하는 과정으로, 분석에서 확인된 단편적인 자료와 여러 가지 사실을 맞추어 하나의 통일체를 만드는 작업을 말한다. 분석과 종합은 흔히 동시에 이루어진다.
첩보의 해석	• 평가·분석·종합된 정보에 대하여 그 의미와 중요성을 결정하고 결론을 도출할 수 있게 하는 과정으로, 주관이 개입될 가능성이 많으므로 주의해야 한다.
결론의 도출	• 해석에서 나타난 여러 가정을 확정하고 최초에 부여된 문제에 대한 해답을 주는 가장 중요한 과정이다.

4 정보의 배포

정보의 배포란 생산된 정보를 필요로 하는 공인된 사람과 기관, 즉 사용자에게 적절한 형태와 내용을 갖추어서 적시에 전파하는 것을 말한다.

정보배포의 원칙	
필 요 성 (차단의 원칙)	• 정보를 알아야 할 필요가 있는 대상자에게 알려야 하고, 알 필요가 없는 대상에게는 알려서는 안 된다.
적 시 성	• 정보를 필요로 하는 대상에게 적시에 배포해야 한다.
보 안 성	• 정보누설로 초래되는 결과를 방지하기 위한 보안대책을 강구해야 한다.
계 속 성	• 정보가 배포되었으면 관련된 새로운 정보는 계속 배포해 주어야 한다. 정기적인 정보는 변동사항이 없어도 변동사항이 없음을 통보해야 한다.

학자들의 정보과정 분류[370]	
라스웰 (Harold D. Lasswell)	• 정보과정을 3단계로 압축 • ① 수집(Gathering) → ② 처리(Processing) → ③ 전파(Dissemination)

370 최평길, 전게서, pp. 246-248.

	• 라스웰의 7단계 정책결정과정[371] • ① 정보활동(Intelligence Function) → ② 지지획득(Promotion) → ③ 정책수립(Prescription) → ④ 정책선언(Invocation) → ⑤ 실행(Application) → ⑥ 종료(Termination) → ⑦ 평가(Appraisal Function)
로웬탈 (Loventhal)	• 정보과정을 7단계로 분류 • ① 정보요구(Identifying Intelligence Requirements) → ② 정보수집(Collection) → ③ 정보처리 및 활용(Processing and Exploitation) → ④ 정보분석 및 생산(Analysis and Production) → ⑤ 전파(Dissemination) → ⑥ 수용자 이용(Consumption) → ⑦ 환류(Feedback)
트레버튼 (Gregory Treverton)	• 정보순환과정(Intelligence Cycle)을 4단계로 분류[372] • ① 요구제기(Policy Needs) → ② 자료수집(Collection) → ③ 처리분석(Processing and Analysis) → ④ 전파(Dissemination)

제3절 정보경찰 활동

정보경찰의 첩보수집 내역, 평가 및 처리결과는 범죄첩보분석시스템^{CIAS: Criminal Intelligence Analysis System}를 이용하여 전산관리한다. 경찰공무원이 입수한 모든 수사첩보도 CIAS를 통하여 처리되어야 한다.[373] 수사첩보에 의해 사건해결 또는 중요범인을 검거하였을 경우 첩보제출자를 사건을 해결한 자 또는 검거자와 동등하게 특별승진 또는 포상할 수 있다.

---

[371] Harold D. Lasswell, "Research in Policy Analysis: The Intelligence and Appraisal Functions" in Frde I. Greenstein & Nelson W. Polsby, *Handbook of Political Science* (Addison-Wesley Publishing Company, 1975), pp. 1-17.

[372] Gregory Treverton, *Reshaping National Intelligence for An age of Information* (Cambridge, UK: Syndicate of the University of Cambridge, 2003), pp. 105-106.

[373] 「수사첩보 수집 및 처리 규칙」 제8조(첩보처리) 제2항.

범죄첩보의 성적평가 및 배점[374]		
구분	평가내용	배점
특보	• 전국단위 기획수사에 활용될 수 있는 첩보 • 2개 이상의 시·도경찰청과 연관된 중요 사건 첩보 등 경찰청에서 처리해야 할 첩보	10점
중보	• 2개 이상 경찰서와 연관된 중요 사건 첩보 등 시·도경찰청 단위에서 처리해야 할 첩보	5점
통보	• 경찰서 단위에서 조사할 가치가 있는 첩보	2점
기록	• 조사할 정도는 아니나 추후 활용할 가치가 있는 첩보	1점
참고	• 단순히 수사업무에 참고가 될 뿐 사용가치가 적은 첩보	0점

정책첩보의 성적평가결과 및 배점[375]		
구분	평가내용	배점
특보	• 전국적으로 활용·시행할 가치가 있는 첩보	10점
중보	• 시·도경찰청 단위에서 활용·시행할 가치가 있는 첩보	5점
통보	• 경찰서 단위에서 활용·시행할 가치가 있는 첩보	2점
기록	• 추후 활용·시행할 가치가 있는 첩보	1점
참고	• 단순히 수사업무에 참고가 될 뿐, 활용·시행할 가치가 적은 첩보	0점

1 ‖ 범죄정보 수집

경찰의 범죄정보는 크게 ① 수사 정보, ② 사건 정보, ③ 범죄예방 정보로 구분할 수 있다. 수사 정보활동은 이미 발생한 범죄에 대한 정보를 수집하거나 증거를 수집하는 활동을 말한다. 사건 정보활동은 범죄나 공안을 위해하는 구체적인 사건 등이 발생할 우려가 있는 경우의 정보수집 활동을 말한다.[376] 범죄예방 정보활동은 각종 범죄로부터 국민의 생명·신체 및 재산을 보호하기 위한 범죄예방과 관련된 정보수집 활동을 말한다.

374　「수사첩보 수집 및 처리 규칙」제11조(평가) 제1항.
375　「수사첩보 수집 및 처리 규칙」제11조(평가) 제2항.
376　조병인, "국내체류 외국인의 범죄피해와 보호실태"「피해자학연구」, 5, 1997, p. 74.

2 ║ 치안정보 수집

치안정보는 치안에 관한 기초정보를 말한다. 치안정책의 수립·집행, 치안행정 전반에 걸친 문제점 및 제도개선 사항에 관한 정보라고도 한다.[377] 경찰은 정치·경제·노동·사회·학원·종교·문화 등 모든 분야에서 관련되는 치안정보를 수집한다. 정보기능에서는 보안·외사·수사정보를 제외한 치안 정보업무를 담당한다. 치안정보 수집활동으로 수집된 정보는 다른 경찰활동 또는 타기관의 활동에 기초가 된다.

철거민 투쟁 등 집단 민원현장과 노사갈등 현장에서는 이해관계자간 자율 해결을 원칙으로 하되, 폭력사태 등 공공 안녕 위해요소와 관련해서는 정보활동을 할 수 있다. 다만, 분쟁 내용에 부당하게 개입하거나 이해당사자들에게 화해를 강요하는 행위 등은 금지된다.

정당·선거와 관련해서는 사건·사고나 집회·시위 등 위험 예방 차원의 정보활동은 가능하다. 정치 관여를 목적으로 한 정보수집, 온라인상에 정치적인 내용의 글을 올리는 등 정치개입 행위는 금지된다. 언론·교육·종교기관이나 시민사회단체, 기업, 정당 등 민간 영역에 대한 상시 출입을 금지하고, 규칙에 명시된 직무수행에 필요한 경우에 한해 일시적으로 출입이 허용된다.

3 ║ 집회 및 시위 관련 정보 수집

집회·시위 현장에서는 집회·시위 자유라는 기본권과 참가자 안전을 보장하는 차원에서 안전사고나 불법행위 예방 등과 관련한 정보활동이 가능하다. 경찰관서장은 집회·시위 현장에서 대화·협의·안전 조치 등 업무를 수행하는 대화경찰관을 배치·운영할 수 있다.[378]

옥외집회나 시위를 주최하려는 자는 신고서를 옥외집회나 시위를 시작하기 720시간 전부터 48시간 전에 관할 경찰서장에게 제출하여야 한다. 다만, 옥외집회 또는 시위 장소가 두 곳 이상의 경찰서의 관할에 속하는 경우에는 관할 시·도경찰청장에게 제출하여야

---

377 황규진, "치안정보의 개념에 관한 연구" 「경찰학연구」, 9(1), 2009, p. 80.
378 「정보경찰 활동규칙」 제5조(집회·시위의 질서 및 안전 유지를 위한 정보활동) 제4항.

하고, 두 곳 이상의 시·도경찰청 관할에 속하는 경우에는 주최지를 관할하는 시·도경찰청장에게 제출하여야 한다.**379**

관할 경찰관서장은 신고서의 기재 사항에 미비한 점을 발견하면 접수증을 교부한 때부터 12시간 이내에 주최자에게 24시간을 기한으로 그 기재 사항을 보완할 것을 통고할수 있다. 보완 통고는 보완할 사항을 분명히 밝혀 서면으로 주최자 또는 연락책임자에게 송달하여야 한다.**380**

신고서를 접수한 관할 경찰관서장은 신고된 옥외집회 또는 시위가 법령에 위반된다고 인정할 때에는 신고서를 접수한 때부터 48시간 이내에 집회 또는 시위를 금지할 것을 주최자에게 통고할 수 있다.**381**

집회 또는 시위의 주최자는 금지 통고를 받은 날부터 10일 이내에 해당 경찰관서의 바로 위의 상급경찰관서의 장에게 이의를 신청할 수 있다. 이의신청을 받은 경찰관서의 장은 접수 일시를 적은 접수증을 이의 신청인에게 즉시 내주고 접수한 때부터 24시간 이내에 재결裁決을 하여야 한다. 이 경우 접수한 때부터 24시간 이내에 재결서를 발송하지 아니하면 관할 경찰관서장의 금지 통고는 소급하여 그 효력을 잃는다.**382**

집회 및 시위 관련 용어[383]	
옥외집회	• 옥외집회란 천장이 없거나 사방이 폐쇄되지 아니한 장소에서 여는 집회를 말한다.
시위	• 시위란 여러 사람이 공동의 목적을 가지고 도로, 광장, 공원 등 일반인이 자유로이 통행할 수 있는 장소를 행진하거나 위력(威力) 또는 기세(氣勢)를 보여, 불특정한 여러 사람의 의견에 영향을 주거나 제압(制壓)을 가하는 행위를 말한다.
주최자	• 주최자(主催者)란 자기 이름으로 자기 책임 아래 집회나 시위를 여는 사람이나 단체를 말한다. 주최자는 주관자(主管者)를 따로 두어 집회 또는 시위의 실행을 맡아 관리하도록 위임할 수 있다. 이 경우 주관자는 그 위임의 범위 안에서 주최자로 본다.
질서유지인	• 질서유지인이란 주최자가 자신을 보좌하여 집회 또는 시위의 질서를 유지하게 할 목적으로 임명한 자를 말한다.
질서유지선	• 질서유지선이란 관할 경찰서장이나 시·도경찰청장이 적법한 집회 및 시위를 보호하고 질서유지나 원활한 교통 소통을 위하여 집회 또는 시위의 장소나 행진 구간을 일정하게 구획

---

379 「집회 및 시위에 관한 법률」 제6조(옥외집회 및 시위의 신고 등) 제1항.
380 「집회 및 시위에 관한 법률」 제7조(신고서의 보완 등).
381 「집회 및 시위에 관한 법률」 제8조(집회 및 시위의 금지 또는 제한 통고) 제1항.
382 「집회 및 시위에 관한 법률」 제9조(집회 및 시위의 금지 통고에 대한 이의신청 등).
383 「집회 및 시위에 관한 법률」 제2조(정의).

	하여 설정한 띠, 방책(防柵), 차선(車線) 등의 경계 표지(標識)를 말한다.
경찰관서	• 경찰관서란 국가경찰관서를 말한다.

Police Science

🌐🔍 채증활동

- 채증활동이란 각종의 집회나 시위 및 치안 위해사태의 발생시에 위법상황을 촬영·녹화 또는 녹음 등의 방법으로 채증을 함으로써 사후에 정확한 진상파악과 위법자의 사법처리를 위한 증거자료를 확보하기 위한 활동이다.
- 채증활동은 시·도경찰청과 경찰서 등에서 편성된 채증반을 통하여 한다. 채증활동은 궁극적으로는 수사 또는 보안 활동을 위한 것이므로 이들과 합동으로 이루어진다.
- 정보기능에서 담당하던 채증활동은 현재 경비기능에서 담당하고 있다.

집회·시위신고처리 흐름도[384]

┌─────────────────────────┐
│ 시·도경찰청 │
│ 정보과 │
├─────────────────────────┤
│ 정보분석과 및 정보상황과 │
│ - 노정, 경제, 학원, 사회 등 │
└─────────────────────────┘

지시↓ ↑③ 집회신고 보고

유관기관 및 관서	협조→	경찰관서 정보과	신고 및 교부↔	집회신고인
① 해당 경찰서 ② 노동청 ③ 시·도청 ④ 해당 기관		① 신고서 접수, 집회시간, 금지장소, 질서유지인 등 검토 ② 접수증 교부 ④ 각과 통보 (경비교통과 등) ⑤ 심사위원회 개최 ⑥ 보완·금지·제한 통고		① 집회신고 ② 접수증 교부

↓

┌─────────────────┐
│ 문서보관 활용 │
└─────────────────┘

---

384 경찰청h, 전게서, p. 81; 문경환·이창무, 전게서, p. 206 재구성.

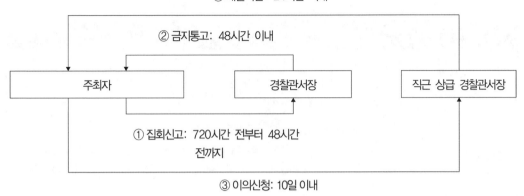

집회 · 시위의 신고절차 등

④ 재결기한: 24시간 이내

② 금지통고: 48시간 이내

| 주최자 | 경찰관서장 | 직근 상급 경찰관서장 |

① 집회신고: 720시간 전부터 48시간
전까지

③ 이의신청: 10일 이내

4 ‖ 정책정보 제공

정책정보는 국민 생활의 평온과 관련된 정책의 입안 · 집행 · 평가에 관한 정보를 말한다. 정책정보는 정책결정에 필요한 정보를 말한다. 현재 시행 중이거나 시행예정인 다른 정부의 주요 정책과 관련하여 시행상의 문제점이나 개선 요망사항, 치안질서 또는 치안 정책에의 영향 등을 중점적으로 수집한다.[385] 정책정보는 다른 공공기관장이 경찰기관장에게 요청한 경우에만 수집할 수 있다.

정책정보는 「경찰법」 제3조(경찰의 임무)와 「경찰관직무집행법」 제2조(직무의 범위)에 근거를 두고 있다. 이에 따라 「경찰청과 그 소속 기관 직제」 제14조(공공안녕정보국)의 업무로 정책정보의 수집을 분장하고 있다.

경찰의 치안정보는 정부의 정책의제, 정책결정, 정책집행 및 정책평가의 전과정에 영향을 준다. 특정한 문제가 정부의 정책의제로 되는 경우 양측 이해관계인들은 갈등과 대립을 야기할 수 있다. 이러한 의미에서 치안정보와 정책정보는 밀접한 관련을 갖는다.

경찰의 정책정보는 정부정책에 있어 귀중한 자료가 된다. 경찰의 정책정보로 인하여 정부정책의 시행과 정책오류시정 등에 있어서 비용을 최소화한다. 정책정보는 정책결정

---

385 문경환 · 이창무, 전게서, p. 195.

단계 외에도 정책의제설정 단계, 정책집행 단계, 정책평가 단계 등에서도 매우 중요한 역할을 하게 된다.

정책정보 작성요령	
현황의 면밀한 분석	• 정부시책의 실태와 이에 대한 여론, 관내 주민의 요구사항과 여기에 소요되는 예산, 법적 근거, 책임기관과 책임자 그리고 집단간의 갈등상황이라면 갈등의 구조와 조직규모, 갈등의 배경 등을 조사·분석한다.
문제점의 작성	• 조사·분석결과 문제점이 있으면 구체적으로 제시한다. 문제점은 실제 현장에서 나타나는 문제점이나 예산상 조치나 법령의 미비, 책임기관과 책임자의 대응방법상의 문제, 이러한 여러 문제들이 치안상으로 확대될 가능성 등 다양하게 문제점을 분석하고 제시하여야 한다.
대책의 제시	• 대책은 정책정보를 수집하고 분석한 결과 나타나는 문제점에 대한 해결책이다. • 막연한 대책은 지양하고, 구체적이고 현실적인 대책을 제시하여야 한다. • 대책의 내용은 정부시책의 발굴에서부터 시행중이 정책에 대한 갈등과 문제점, 인사상의 조치, 조직의 개혁 등 모든 것이 포함된다.
경찰 정보활동의 방향	• 경찰의 정보활동은 국민이 국가에 대해서 바라고 있는 여론을 들어 국가 시책을 발굴하고, 정책집행과정에서의 문제점을 찾아내어 문제점을 최소화하는 방향으로 전개되어야 한다.

5 ‖ 신원조사 및 인사검증 정보 제공

신원조사란 국가안전 또는 이에 관련되는 업무를 하는 자 및 그 예정자에 대하여 실시하는 대인정보자료 수집활동을 말한다. 대상인원의 국가에 대한 충성심 및 신뢰성을 확인하는데 그 목적이 있다. 신원조사기관은 국가정보원장이지만 경찰청장과 국방부장관은 국가정보원장으로부터 위탁을 받아 조사할 수 있다.

2022년 11월 28일 「보안업무규정 시행규칙」을 개정해 공무원 임용예정자와 비밀취급 인가 예정자 중 기존 '3급 이상'이던 신원조사 대상을 '정무직 및 3급 상당 공무원 등'으로 확대했다. 장차관과 군 중장 이상을 국정원의 신원조사 대상으로 포함했다. 군과 경찰이 자체적으로 시행하던 신원조사 업무를 국정원장이 '국방부 장관과 경찰청장에게 위탁한다.'고 규정하면서 국정원이 신원조사의 사령탑임을 명시했다.

신원조사의 목적은 국가안전 또는 이에 관련되는 업무를 하는 자 및 그 예정자에 대하여 실시하는 대인정보자료 수집활동으로써, 대상인원의 국가에 대한 충성심, 신뢰성을 조사하여 국가의 안전보장을 확보하는 것이다.

　　신원조사의 대상은 공무원임용예정자, 비밀취급인가예정자, 해외여행을 하고자 하는 자, 국가중요시설·장비 및 자재 등의 관리자와 기타 각급 기관의 장이 국가보안상 필요하다고 인정하는 자, 공공단체의 직원과 임원의 임명에 있어서 정부의 승인이나 동의를 요하는 법인의 임원 및 직원, 기타 법령이 정하는 자 등이다. 각급 경찰기관의 장은 소속 직원에 대해 신원내용을 확인할 책임을 부담한다.

신원조사	
신원조사의 실시 (보안업무규정 제36조)	• 신원조사는 국정원장이 그 직권 또는 관계기관의 장의 요청에 의하여 이를 실시한다.
권한의 위탁 (보안업무규정 제45조)	• 국가정보원장은 「보안업무규정」 제36조(신원조사)에 따른 신원조사와 관련한 권한의 일부를 국방부장관과 경찰청장에게 위탁할 수 있다.
신원조사 결과의 처리 (보안업무규정 제37조)	• 국가정보원장은 신원조사 결과 국가안전보장에 해를 끼칠 정보가 있음이 확인된 사람에 대해서는 관계 기관의 장에게 그 사실을 통보하여야 한다. • 국가정보원장의 통보를 받은 관계 기관의 장은 신원조사 결과에 따라 필요한 보안대책을 마련하여야 한다.
신원조사 결과의 처리 (보안업무규정 시행규칙 제59조)	• 국가정보원장과 국가정보원장의 권한을 위탁받은 자는 특별한 사유가 없는 한 신원조사의 요청을 받은 날부터 30일 내에 신원조사회보서의 양식에 따라 조사결과를 작성하여 요청기관에 통보해야 한다. • 통보를 받은 요청기관의 장은 신원조사 결과 국가안보상 유해한 사항이 발견된 사람을 중요 보직에 임용하려는 경우에는 필요한 보안대책을 미리 마련해야 한다.

신원조사권자와 그 대상	
국정원장	• 중앙행정기관 등(군기관을 포함) 및 그 소속기관의 3급 이상의 공무원(정무직공무원과 고위공무원단 및 고위감사공무원단에 속하는 공무원을 포함) 임용예정자와 「공무원보수규정」에 따라 인사혁신처장이 정하는 공무원 경력의 상당 계급 기준에 따라 3급에 상당하는 계급(군인의 경우에는 중장) 이상의 공무원 임용예정자 • 특별시·광역시·특별자치시의 행정부시장 및 도·특별자치도의 행정부지사 임용예정자 • 판사 신규 임용예정자 • 검사 신규 임용예정자 • 국·공립대학교 총장 및 학장 임용예정자 • 공무원 임용예정자인 외국인

	• 그 밖에 각급기관의 장이 국가안전보장에 필요하다고 인정하여 요청하는 사람
경찰청장	• 중앙관서에 근무하는 4급 이하 공무원 • 대통령경호처·국정원의뢰자 • 사법·외무·행정·기술고시 합격자 • 해외이주신청자, 출입국 교포 등
시·도 경찰청장	• 관할구역 내 지방관서에 근무하는 4급 이하 공무원, 특별시·광역시·도청에 근무하는 지방 공무원 • 국·공립대학에 근무하는 4급 이하 공무원 • 시·도 교육위원회, 교육청의 교육공무원 및 초·중·고등학교의 교장·교감 • 각급 대학교 교수·부교수
경찰서장	• 관할구역 내 시·군·구청 및 읍·면·동사무소에 근무하는 지방공무원 • 시·군·구 소재 교육청 소속 공무원 • 국가보안목표시설종사자 등

신원조사의 법적 근거	
신원조사의 근거법	• 국가정보원법 제3조(직무)
신원조사 내부규정	• 신원조사업무처리규칙 • 보안업무규정 제36조(신원조사) • 보안업무규정 시행규칙(시행 2022. 11. 22.) 제4장(신원조사) • 정보 및 보안업무 기획·조정규정 제5조(조정업무의 범위) • 정보경찰 활동규칙 제13조(신원조사 및 사실조사) • 여권발급신청자 신원조사업무 처리규칙

Police Science
🌐🔍 보안업무규정(시행 2021. 1. 1.)

제36조(신원조사) ① 국가정보원장은 제3조 제2호에 해당하는 사람의 충성심·신뢰성 등을 확인하기 위하여 신원조사를 한다.

② 삭제 <2020. 12. 31.>

③ 관계 기관의 장은 다음 각 호에 해당하는 사람에 대하여 국가정보원장에게 신원조사를 요청해야 한다. <개정 2020. 1. 14., 2020. 12. 31.>

1. 공무원 임용 예정자(국가안전보장에 한정된 국가 기밀을 취급하는 직위에 임용될 예정인 사람으로 한정한다)

2. 비밀취급 인가 예정자

3. 삭제 <2020. 1. 14.>

4. 국가보안시설·보호장비를 관리하는 기관 등의 장(해당 국가보안시설 등의 관리 업무를 수행하는 소속 직원을 포함한다)

5. 삭제 <2020. 12. 31.>

6. 그 밖에 다른 법령에서 정하는 사람이나 각급기관의 장이 국가안전보장을 위하여 필요하다고 인정하는 사람

Police Science

🌐🔍 **보안업무규정 시행규칙(시행 2022. 11. 28.)**

제56조(조사기관 및 조사대상) ① 국가정보원장은 다음 각 호의 사람 중 영 제36조 제3항에 해당하는 사람에 대해 신원조사를 한다.

1. 중앙행정기관 등(군기관을 포함) 및 그 소속기관의 3급 이상의 공무원(정무직공무원과 고위공무원단 및 고위감사공무원단에 속하는 공무원을 포함) 임용예정자와 「공무원보수규정」에 따라 인사혁신처장이 정하는 공무원 경력의 상당 계급 기준에 따라 3급에 상당하는 계급(군인의 경우에는 중장) 이상의 공무원 임용예정자

2. 특별시·광역시·특별자치시의 행정부시장 및 도·특별자치도의 행정부지사 임용예정자

3. 판사 신규 임용예정자

4. 검사 신규 임용예정자

5. 국·공립대학교 총장 및 학장 임용예정자

6. 공무원 임용예정자인 외국인

7. 그 밖에 제1호부터 제6호까지 외의 사람으로서 각급기관의 장이 국가안전보장에 필요하다고 인정하여 요청하는 사람

② 국가정보원장은 제1항에 따른 신원조사의 대상인 사람을 제외한 군인, 군무원, 「방위사업법」에 따른 방위산업체 및 연구기관의 종사자와 그 밖의 군사보안에 관련된 사람에 대한 신원조사를 국방부장관에게 위탁한다.

③ 국가정보원장은 제1항 및 제2항에 따른 신원조사의 대상인 사람을 제외한 사람에 대한 신원조사를 경찰청장에게 위탁한다.

🌐🔍 **정보경찰 활동규칙(시행 2021. 6. 14.)**

제7조(신원조사 등을 위한 정보활동) ① 정보관은 「보안업무규정」 제36조 제1항 및 「보안업무 규정 시행규칙」 제56조 제3항에 따른 신원조사를 위한 정보활동을 할 수 있다.

② 정보관은 공공기관의 장이 법령에 근거하여 요청한 고위공직자 또는 공직 후보자의 직무역량·비위 등 임용에 필요한 사실의 확인을 위한 정보활동을 할 수 있다.

제**6**장 안보경찰

제1절 안보경찰 개관

1 │ 안보경찰의 의의

1 안보경찰의 개념

안보경찰이란 국가의 안전보장에 관련되는 경찰기관을 말한다. 안보경찰은 광의로는 외사경찰, 정보경찰, 보안경찰 등을 말한다.[386] 협의로는 보안경찰을 말한다. 보안경찰이란 국가의 안전보장을 위하여 국가존립과 기능의 유지를 위협하는 모든 위해를 제거하는 것을 임무로 하는 경찰을 말한다.

보안경찰의 기원은 1961년 5·16 군사쿠데타 이후 1963년 정보과에서 '기타 반국적 범죄의 수사와 지도에 관한 사항'이 처음으로 부여되면서 일반인들이 흔히 생각하는 보안경찰이 정립되기 시작했다. 이후 보안경찰은 국가안전보장에 대한 위해로서 공공의 안녕과 질서를 해치는 사항에 개입하게 되었다.[387]

2021년 1월 1일 기존의 경찰청 보안국을 국가수사본부 내 '안보수사국'으로 편제하고 조직 내 안보수사 사무를 통합, 안보수사(첩보수집 → 분석 → 수사지휘 → 수사)에 맞춘 조직으로 개편하였다.[388] 국가안전보장에 관한 업무는 국정원과 안보경찰, 외사경찰, 정

---

386 김창윤d, "경찰안보기관의 역할과 인권" 「한국경찰학회보」, 12, 2006, pp. 34−35.
387 강국진, 「경찰개혁론」(서울: 법문사, 2006), p. 219.
388 경찰청k, 전게백서, p. 331.

보경찰 등이 함께 담당한다.

2020년 12월 12일 국회는 「국정원법」을 개정하였다. 국정원의 수사권 남용과 인권 침해 방지를 위해 대공수사권을 폐지하되, 그 시행을 3년간 유예하였다(부칙 제3조, 2024년 1월 1일 시행).

이로써 안보경찰이 담당하는 업무는 ① 정보사범 수사활동, ② 산업기밀 유출 방지 활동, ③ 외국인 간첩 수사활동, ④ 대테러 활동, ⑤ 경제안보사범 수사활동, ⑥ 보안관찰 활동, ⑦ 남북교류와 관련된 안보수사 활동, ⑧ 북한이탈주민 신변보호 활동 등으로 확대되었다.

안보경찰의 자세[389]	
자유민주주의 기본질서를 수호함을 명심하라	• 국가의 안전보장과 그 존립기초의 보호 사명은 막중하다. • 국가의 안전이 보장되지 않는 사회에서는 개인의 발전이나 경제성장, 문화발전도 사상누각에 지나지 않음을 상기하라.
통일의 역군이라는 민족적 사명의식을 가져라	• 한반도 통일시대에 있어서 요구되는 국민통합의 밑거름이 됨을 명심하라. • 나그네의 옷을 벗게 하는 것은, 차가운 바람이 아니라 따뜻한 햇볕이듯이 법을 엄격히 적용, 집행하는 한편 보안사범을 상대로 지속적인 순화활동을 벌여 한민족으로서 포용되도록 하라.
열의와 끈기를 가져라	• 보안사범은 일반형사범과 달리 고도의 비밀성을 가지고 은밀히 행동하여 범행이 잘 노출되지 않는다. • 첩보의 수집이나 공작여건 개척에만 수 년이 소요될 수도 있다. • 중도에 포기하지 않으며, 실낱 같은 첩보 하나 하나도 모든 의구심이 해소될 때까지 다각도로 확인하고 점검하는 열의와 끈기를 가져라.
첩보수집에 만전을 기하라	• 보안사범은 사회의 각계각층에서 활동하고 있음을 명심해라. • 일상생활의 모든 부분에서 보안업무와의 관련성을 염두에 두고 눈과 귀를 열어 두어라. • 보안업무 대상자가 은거하기 쉬운 곳은 세심한 주의를 기울여 정밀하게 관찰하라 • 인간적인 신뢰를 바탕으로 보안협조자와의 관계를 돈독히 하라.
비밀유지에 만전을 기하라	• 첩보의 수집, 공작의 전개, 수사의 진행 등에 있어서 비밀유지는 생명이다. • 무심코 던진 한 마디의 말, 유출된 한 장의 서류로써 몇 년간 공들여온 공작이 수포로 돌아가고 엄청난 사회적 파장을 불러일으킬 수 있음을 명심하라.

---

389 경찰대학k, 전게서, pp. 847 – 848; 경찰청e, 전게서, pp. 885 – 886 재구성.

즉응태세를 유지하라	• 보안상황의 발생은 예고되어 있지 않다. • 항시 보고 및 연락체제를 유지하라. • 유관기관과의 협조·연락체제를 점검·유지하라.
팀워크를 유지하라	• 보안활동은 하나의 종합예술이다. 양질의 첩보와 체계화된 공작, 적절한 행정지원 등이 요구된다. • 참여하는 모든 보안요원의 자기희생과 협동정신이 필요하다. • 혼자서 사건을 해결하고 공을 차지하겠다는 생각은 버려라. • 나보다는 우리가 수사한다고 생각하라.
적법절차를 준수하라	• 개정되는 법률과 최신 판례를 연구하여 법적용상 착오가 없도록 하라. • 공작 대상자, 수사 대상자 등 관계인들의 인권보호에 소홀함이 없도록 하라.
자유민주주의의 우월성을 납득시킬 수 있는 이론무장을 하라	• 보안사범은 대부분 확신범이다. • 자기가 지키는 규범이나 질서를 현행 국가의 질서보다 상위의 것으로 평가하고 행동한다. • 공안관련 전문지식의 학습에 힘써 정치·경제·사회의 제반 사항들에 관하여 명쾌한 설명으로 피의자의 오류를 시정할 수 있는 지식을 겸비하라.

2 안보경찰의 법적 근거 및 직무내용 역량

안보경찰의 법적 근거에는 「경찰법」, 「경찰관직무집행법」, 「국가보안법」, 「형법」, 「군형법」, 「군사기밀보호법」, 「국민보호와 공공안전을 위한 테러방지법」, 「북한이탈주민의 보호 및 정착지원에 관한 법률」, 「남북교류협력에 관한 법률」, 「보안관찰법」, 「정보 및 보안업무 기획·조정 규정」, 「방첩업무 규정」 등이 있다.

안보경찰의 법적 근거	
안보경찰의 사물관할	• 경찰법(시행 2021. 7. 1.) • 경찰관직무집행법(시행 2022. 2. 3.)
안보경찰의 일반법(적용법)	• 국가보안법(시행 2017. 7. 7.) • 형법(시행 2021. 12. 9.) • 군형법(시행 2022. 7. 1.) • 군사기밀보호법(시행 2015. 9. 1.) • 국민보호와 공공안전을 위한 테러방지법(시행 2021. 7. 20.) • 북한이탈주민의 보호 및 정착지원에 관한 법률(시행 2022. 6. 22.) • 남북교류협력에 관한 법률(시행 2021. 3. 9.)

안보경찰 세부규정	• 보안관찰법(시행 2020. 8. 5.)
	• 정보 및 보안업무 기획·조정 규정(시행 2017. 7. 26.)
	• 방첩업무 규정(시행 2021. 1. 1.)

안보경찰의 직무내용 역량390		
관리	안보	① 탈북민 보호, ② 안보 첩보 분석, ③ 안보 상황 관리, ④ 안보수사 지휘
실무	탈북민보호	① 탈북민 신변보호, ② 탈북민 범죄예방, ③ 탈북민 범죄피해 회복
	안보첩보수집	① 정보원 관리
	안보상황대응	① 제반 안보 상황 대응, ② 총기류·폭발물 의심체 관련 상황 대응, ③ 육·해상 월선 북한인·선박 발견 등 상황 조치
	안보수사	① 안보사건 증거수집, ② 안보사건 조사, ③ 안보수사 기법 개발

2 ┃ 안보경찰의 특성

우리나라의 국가안전보장 업무는 국가정보원, 과학기술정보통신부, 외교부, 통일부, 법무부, 국방부, 행정안전부, 문화체육관광부, 산업통상자원부, 국토교통부, 해양수산부, 방송통신위원회, 그 밖의 정보 및 보안 업무관련 기관 등이 분장하고 있다. 이들 중 핵심은 국가정보원이다.

국정원장은 국가정보 및 보안업무에 관한 정책의 수립 등 기획업무를 수행하며, 동 정보 및 보안업무의 통합기능수행을 위하여 필요한 합리적 범위 내에서 각 정보수사기관의 업무와 행정기관의 정보 및 보안업무를 조정한다.

국가정보원장은 ① 국가 기본정보정책의 수립, ② 국가 정보의 중·장기 판단, ③ 국가 정보목표 우선순위의 작성, ④ 국가 보안방책의 수립, ⑤ 정보예산의 편성, ⑥ 정보 및 보안업무의 기본지침 수립 등에 관한 기획업무를 담당한다.

오늘날 많은 국가에서 안보경찰기능은 국가안전보장을 위한 위해의 제거업무가 경찰기능의 일부로서 이루어지지만, 안보경찰의 대상은 상이하다. 우리의 경우 안보경찰은 대

---

390 경찰청j, 전게서, pp. 9-10.

공업무에 주력하여 왔으나, 공산주의가 쇠퇴한 최근에는 신안보사범이 증가하여 안보경
찰활동의 중요성이 더해가고 있다.

안보경찰관련 용어의 정의[391]	
구분	내용
반국가단체	• 반국가단체란 정부를 참칭하거나 국가를 변란할 것을 목적으로 하는 국내외의 결사 또는 집단으로서 지휘통솔체제를 갖춘 단체를 말한다.[392]
국외정보	• 국외정보란 외국의 정치·경제·사회·문화·군사·과학 및 지지 등 각 부문에 관한 정보를 말한다.
국내보안정보	• 국내보안정보란 간첩 기타 반국가활동세력과 그 추종분자의 국가에 대한 위해 행위로부터 국가의 안전을 보장하기 위하여 취급되는 정보를 말한다.
통신보안	• 통신보안이란 통신수단에 의하여 비밀이 직접 또는 간접으로 누설되는 것을 미리 방지하거나 지연시키기 위한 방책을 말한다.
정보사범	• 정보사범 등이란 형법 제2편(각칙) 제1장(내란의 죄) 및 제2장(외환의 죄)의 죄, 군형법 제2편(각칙) 제1장(반란의 죄) 및 제2장(이적의 죄)의 죄, 동법 제80조(군사기밀 누설) 및 제81조(암호 부정사용)의 죄, 군사기밀보호법 및 국가보안법에 규정된 죄를 범한 자와 그 혐의를 받는 자를 말한다.

북한의 대남 전략전술

1 전략과 전술의 개념

공산주의 이론은 그 자체에 전략과 전술의 개념이 포함되어 있다. 마르크스와 엥겔스
는 전략과 전술에 대한 구체적인 개념을 제시하지 않았다. 스탈린은 「레닌주의의 기초」
Foundations of Leninism에서 전략과 전술의 구체적인 개념을 제시하였다.

---

391 「정보 및 보안업무 기획·조정규정」 제2조(정의).
392 「국가보안법」 제2조(정의).

전략과 전술의 개념[393]	
전략	• 전략이란 혁명의 일정한 단계에서 프롤레타리아의 주요 공격방향을 결정하며 이를 위해서 혁명적 총역량을 가장 효과적으로 배치할 수 있는 가장 적절한 계획을 짜고 이 계획을 각 혁명단계의 전 기간에 걸쳐 수행하려는 목표활동을 말한다. • 혁명적 총역량이란 혁명의 주력군과 예비군의 힘을 합친 모든 힘을 말한다. • 혁명의 주력군은 프롤레타리아 계급을 의미하고, 예비군은 직접 예비군과 간접예비군이 있다.
전술	• 전술이란 전략을 실천하는 구체적인 방법으로 혁명운동의 전진 또는 후퇴시의 비교적 단기간 중에 혁명군이 취해야 할 행동지침을 말한다. • 전략이 혁명의 방향과 방침을 제시한다면 전술은 이들을 달성하기 위한 구체적인 행동으로서의 수단을 결정짓는다.

전략의 원칙[394]	
다양성의 원칙	• 다양성의 원칙은 공산화 혁명을 수행하는데 필요한 모든 전술을 다종다양하게 만들어 두었다가 어떠한 역사적 정세에도 적절히 공급할 수 있도록 한다는 원칙이다.
임기응변의 원칙	• 임기응변의 원칙은 다양성의 원칙에 따라 만들어진 전술을 모두 습득하고 있다가 정세가 바뀌면 곧 거기에 알맞은 전술로 대처해 나갈 수 있는 응기응변의 능력을 기르는 것을 말한다.
배합의 원칙	• 배합의 원칙은 상호상반 또는 상호배타적인 2개 이상의 전술을 동시에 구사하는 것을 말한다. • 정규전과 비정규전의 배합전술이나 화전양면전술 등이 대표적이다.
일시적 후퇴와 양보의 원칙	• 일시적 후퇴와 양보의 원칙은 공산화 운동은 상황에 따라 수시로 후퇴하고 적에게 양보할 수 있지만 그것은 절대적으로 일시적이어야 한다는 원칙이다.
불포기의 원칙	• 불포기의 원칙은 공산화운동에 한번 필요했던 전술은 절대로 포기한다는 약속 따위를 해서는 안 된다는 원칙을 말한다. • 공산화 운동 중 정세의 변화가 왔을 때 임기응변의 원칙이나 일시적 후퇴와 양보의 원칙 등이 적용되어 현재의 전술은 다른 적절한 전술로 대체된다. • 그러나 이때 기존의 전술이 당장은 쓰이지 않는다고 해서 포기한다는 등의 약속을 해서는 안 된다는 것이다.
관망의 원칙	• 관망의 원칙은 전략을 수행하는 각종 전술은 주어진 전략의 중간목표가 달성되었을 때 혹은 정세의 변화에 따라 전술을 바꾸어야 할 때 등은 일시적인 숨 돌리기 시간으로서 상황을 관망하고 새로운 전략과 전술을 구상해야 한다는 원칙이다.[395]

---

393 J. V. Stalin, 「Foundations of Leninism」(Peking: Foreign Language Press, 1965), p. 84; 경찰대학, 「경찰보안론」, 2004, pp. 93−94.

394 경찰대학, 전계서, pp. 95−97.

395 배찬복, 「이데올로기의 이론과 실천」(서울: 법문사, 1989), pp. 83−87.

북한의 대남 전술 형태[396]	
연합전선전술	• 연합전선전술은 강력한 적(기존 정부)과 대항하기 위하여 이념을 달리하는 소수의 다른 계급 또는 정당과 연합전선을 맺는 것을 말한다.
무장봉기전술	• 무장봉기전술은 피지배계급 또는 혁명세력이 무기를 들고 폭력에 의거하여 지배계급에 대항하여 정권을 탈취하고자 하는 혁명전술이다.
폭로전술	• 폭로전술은 선동의 방법으로 기존 정부의 목적 달성을 불가능하게 하고, 분노한 대중들의 반정부 활동이나 무장봉기 등을 하게 하는 전술이다.
전위조직 및 침투전술	• 전위조직 및 침투전술은 전술의 목표를 달성하기 위해서 조직을 확대 강화하는 것을 말한다. • 공산당은 공산화 혁명의 상급전위(Upper Front)가 되며, 노동조합, 청년단체 등은 하급전위(Lower Front)가 된다. • 자본주의 사회의 군대, 경찰 국회 등에는 끄나풀(프락치)(Fracia)를 침투시켜 국가의 체계가 동력을 잃게 하여 공산화 혁명의 결정적 시기에 기여하게 한다.
종교이용전술	• 종교이용전술은 종교를 대외정책에 이용하거나, 위장 종교단체를 통해서 공산주의 이론의 보급로로 적극적으로 활용하는 전술을 말한다.
문학과 예술의 이용전술	• 문학과 예술의 이용전술은 공산당에 의해서 대중의 심리를 교묘히 조작하기 위한 감화수단으로 활용하는 전술을 말한다.
테러전술	• 테러전술은 테러리즘을 공산화 혁명과정과 성공된 혁명을 유지시켜 나가는데 활용하는 전술을 말한다.
평화공존전술	• 평화공존전술이란 공산화 혁명과정에서 불리할 때 확고한 전쟁준비기간을 벌기 위한 계급투쟁의 전술을 말한다.
군중노선전술	• 군중노선전술은 공산당 가나부와 인민대중 사이의 통일적인 관계를 수립하고 이를 발전시키는 전술이다. • 모택동이 중국의 공산화 혁명과정에서 창안한 전술이다.
게릴라전술	• 게릴라전술은 억압자에 대한 피억압자의 자기해방이란 명분 하에 비정규전을 전개하는 전술을 말한다. • 정규적인 전술로 맞서지 않고, 유격전을 주요 전술로 삼는다.[397]

CHAPTER 06
안보경찰

---

396 경찰대학i, 전게서, pp. 98-103.
397 배찬복, 전게서, pp. 88-103.

북한의 대남전략[398]	
혁명기지전략	• 혁명기지전략은 북한지역을 혁명의 근거지로 구축한 다음 그 역량을 바탕으로 남한까지 전 한반도에서 공산혁명을 완수한다는 전략이다. • 북한의 대남전략에서 변하는 않는 기본적 틀이다. • 북한에서 말하는 자주는 주한미군철수, 민주는 남한내 공산주의 활동자유, 통일은 공산통일정권의 수립이다.
남조선 혁명전략	• 남조선혁명전략은 조선혁명은 남한의 혁명세력이 주체가 되어 수행해야 한다는 대남전략이다.
통일전선전략	• 통일전선전략은 대남적화혁명을 위한 연합·동맹전략이다. • 대남적화혁명을 연합·동맹전략은 남한 내의 학생, 지식인 등을 통해 투쟁을 기폭제로 하여 개인이나 단체 또는 반대노선과도 연합하여 혁명세력을 집결, 궁극적으로 적화통일을 이루려는 전략이다.[399] • 지하당 전술과 함께 공산주의자들이 사회주의 혁명을 하는 데 있어 기본적인 투쟁전략이다.
연방제 통일전략	• 남한에 대한 남침·공산화 공포를 해소하고 남한을 주체사상을 통한 통일투쟁을 불러일으키기 위한 전략이다. • 통일완성형 연방제 주장에서 1민족·1국가·2제도·2정부라는 전술적 변화를 통한 연방제 통일방안 전략이다.

북한의 대남전술[400]	
지하당 구축전술	• 지하당 구축전술공산혁명을 위해서는 소수정예의 직업혁명가로 구성되는 전위당 건설이 우선적으로 수행되어야 한다는 전술이다. • 레닌의 당조직론에 입각한 것이다.
대중투쟁전술	• 대중투쟁전술은 남한혁명을 승리로 이끌기 위해서는 각종 투쟁의 유형과 방법을 잘 배합해야 한다는 전술이다. • 대중투쟁전술에는 ① 합법·비합법·반합법투쟁의 배합, ② 경제투쟁과 정치투쟁의 배합, ③ 폭력투쟁과 비폭력투쟁의 배합 등이 있다.
국군와해 전취전술	• 국군와해전취(瓦解戰取)전술은 남한군대를 와해시켜 결정적 시기에 혁명군으로 전환 활용시킨다는 전술이다. • 남한혁명 성사를 위한 군사투쟁전술을 말한다.

---

398 경찰대학i, 전게서, pp. 116-133.
399 경찰공제회d, 「경찰실무종합」, 2012, p. 622.
400 경찰대학i, 전게서, pp. 134-136.

안보경찰 활동에는 ① 정보사범 수사활동, ② 산업기밀 유출 방지활동, ③ 외국인 간첩 수사활동, ④ 대테러 활동, ⑤ 경제안보사범 수사활동, ⑥ 보안관찰 활동, ⑦ 남북교류와 관련된 안보수사 활동, ⑧ 북한이탈주민 신변보호 활동 등이 있다.

경찰청의 안보국은 안보경찰업무에 관한 기획 및 교육, 보안관찰에 관한 업무지도, 북한이탈 주민관리 및 경호안전대책 업무, 간첩 등 보안사범에 대한 수사의 지도·조정, 보안관련 정보의 수집 및 분석, 남북교류와 관련되는 보안경찰업무, 간첩 등 중요 방첩수사에 관한 업무, 중요 좌익사범의 수사에 관한 업무를 관장한다. 시·도경찰청은 대부분 안보기능과 외사기능이 통합되어 있다.

1 정보사범 수사 활동

안보수사는 정보사범을 인지·색출·검거·심문하는 일련의 활동을 말한다. 정보사범은 국가안전보장과 관련된 반국가사범으로서 「형법」의 내란죄·외환죄, 「군형법」의 반란죄·이적죄·군사기밀누설죄·암호부정사용죄, 「군사기밀보호법」 및 「국가보안법」에 규정된 죄를 범한 자와 그 혐의를 받는 자를 말한다.[401]

정보사범의 특성	
확 신 범	• 다른 범죄와 달리 대부분이 확신범이다.
보 안 성	• 수사기관에서 범행을 인지하거나 확인하였다고 의심이 가기만 하여도 즉각 범행을 중지하거나 기타 조직적인 보안대책을 수립하고 행동하며, 위장술·역감시 등을 조직적으로 구사하여 수사를 어렵게 한다.
비 노 출 성	• 범행결과가 대부분 노출되지 않기 때문에 어떤 범죄가 행해졌는지 인식하기 어렵다.
조 직 성	• 단독범행보다는 조직적이고 집단적인 경우가 많다.
비 인 도 성	• 정치적 성격을 지니며, 우리나라의 경우 동족간에 행해지는 범죄이다.

---

[401] 「정보 및 보안업무 기획·조정규정」 제2조(정의) 5호.

동족간의 범행	• 목적달성을 위해 살인·방화·폭파 등 비인도적 범행을 자행하고도 태연자약하는 특성을 지닌다.

정보및보안업무기획·조정규정(시행 2017. 7. 26.)

제2조(정의) 이 영에서 사용하는 용어의 정의는 다음과 같다.

5. "정보사범 등"이라 함은 형법 제2편 제1장 및 제2장의 죄, 군형법 제2편 제1장 및 제2장의 죄, 동법 제80조 및 제81조의 죄, 군사기밀보호법 및 국가보안법에 규정된 죄를 범한 자와 그 혐의를 받는 자를 말한다.

2 ‖ 산업기밀 유출 방지 활동

21세기 글로벌 경쟁시대에 첨단 과학기술은 기업과 국가의 경쟁력을 좌우한다. 세계 각국은 자국의 첨단기술을 보호하고 경쟁국의 산업정보를 수집하는 데 총력을 기울이고 있다. 산업기밀 유출 방지활동은 자국의 국가이익 보호, 첨단 과학기술 보호, 시장경제의 경생력 확보, 금융 및 첨단 산업분야의 우위 확보 그리고 국방산업 등의 보호를 위한 활동을 말한다.

산업스파이[402]

• 산업스파이란 경쟁국이나 기업이 비밀로 관리하는 중요 경제 및 산업정보(첨단기술·경영정보·경제정책 등)를 부정한 목적과 수단으로 정탐하고 유출하는 일체의 행위를 하는 사람을 말한다.

• 기업은 제품 및 시장정보 등을 수집하여 활용하고 있는데, 그 중에서도 가장 관심을 두는 것은 경쟁기업의 기술 정보이다.

• 첨단기술 연구개발에는 많은 시간·자금·인력 등이 소요되므로 이러한 부분을 쉽게 절감하기 위하여 산업스파이를 동원한다.

---

[402] 국정원 홈페이지(n.d)(from https://https://www.nis.go.kr:4016/AF/1_5.do)(Retrieved September 26, 2022).

외국인 간첩 수사활동은 대한민국의 안전과 사회공공의 안녕질서를 목적으로 외국인, 외국기관, 외국인과 관계있는 내국인, 해외교포, 출입국자 등을 대상으로 간첩행위 및 「국가보안법」 위반행위 등 기타 반국가적 행위의 여부를 파악하고 동향을 관찰하는 활동을 말한다. 이러한 활동에는 간첩혐의가 있는 자에 대한 체포공작, 국제테러와 그 동향을 파악하고 대책을 수립하는 활동이 포함된다.

1 ▎ 방첩의 의의

❶ 방첩의 개념

방첩$^{Counter\ Intelligence}$이란 상대방으로부터 우리의 의도나 상황을 알 수 없게 하는 것으로서 국가기밀유지 혹은 보안유지라고도 한다. 「방첩업무 규정」 제2조(정의)에 따르면 방첩이란 국가안보와 국익에 반하는 북한, 외국 및 외국인·외국단체·초국가행위자 또는 이와 연계된 내국인(외국 등)의 정보활동을 찾아내고 그 정보활동을 확인·견제·차단하기 위하여 하는 정보의 수집·작성 및 배포 등을 포함한 모든 대응활동을 말한다.[403]

「방첩업무 규정」 제3조(방첩업무의 범위)에 따르면 방첩업무의 범위는 ① 외국 등의 정보활동에 대한 정보 수집·작성 및 배포, ② 외국 등의 정보활동에 대한 확인·견제 및 차단, ③ 외국 등의 정보활동 관련 국민의 안전을 보호하기 위하여 취하는 대응조치, ④ 방첩 관련 기법 개발 및 제도 개선, ⑤ 다른 방첩기관 및 관계기관에 대한 방첩 관련 정보 제공, ⑥ 방첩업무와 관련한 국가안보 및 국익을 지키기 위한 활동 등이다.[404]

Police Science

🌐🔍 국가기밀[405]

- 헌법재판소는 "국가기밀은 일반인에게 알려지지 아니한 것으로서 그 내용이 누설되는 경우 국가의 안전에 명백한 위험을 초래한다고 볼 만큼의 실질가치를 지닌 사실, 물건 또는 지

---

[403] 「방첩업무규정」 제2조(정의).
[404] 「방첩업무규정」 제3조 (방첩업무의 범위).
[405] 정지훈, "보안관찰해당범죄의 적격성과 위헌성(「보안관찰법」 제2조 제3호의 해당범죄를 중심으로)"「성균관법학」,

식"이라고 해석하였다.[406]

- 첫째, 국가기밀은 비공지의 사실로서 국가의 안전에 대한 불이익의 발생을 방지하기 위하여 그것이 적국 또는 반국가단체에 알려지지 아니하도록 할 필요성, 즉 '요비닉성'이 있어야 한다.
- 둘째, 그것이 누설될 경우 국가의 안전에 명백한 위험을 초래한다고 볼 만큼의 실질적 가치가 있는 것, 즉 '실질비성'을 갖추어야 한다.
- 따라서 국가기밀의 개념은 요비닉성과 실질비성을 갖추어야 한다.

용어의 정의[407]	
비트	• 비트란 땅을 파고 들어가 은신하는 비합적 활동의 잠복거점을 말한다.
아지트	• 아지트는 선동지령본부의 약칭으로 노동쟁의를 지휘하는 지하본부를 말한다. • 아지트는 공작원이 외부로부터 보호될 수 있도록 고도의 차단성을 구비하여야 한다. • 아지트의 종류에는 ① 무전아지트, ② 교육아지트, ③ 비상아지트 등이 있다.
드보크	• 드보크는 사람을 통하지 않고 자연지물을 이용한 비밀함에 의하여 상·하향 문건이나 물건, 공작금, 공작장비, 무기 등을 주고받는 연락수단이다. • 드보크는 러시아어로 참나무를 뜻하는 '두푸'에서 유래한 공작용어이다. • 제2차 세계대전 당시 상호 연락수단이 없었던 시베리아 지방에서 동네 입구에 서 있는 큰 참나무를 표식으로 하여 편지나 연락 물건을 갖다 놓았던 사실에서 유래된 것이다. • 장점: 드보크는 대인접선으로 인한 위험성이나 노출을 방지하고 안전하게 연계·연락을 실현하여 보안성이 높다. • 단점: 매몰장소의 식별이 곤란하다.
불온선전물	• 북한이 직접 민심교란, 사회불안조성을 목적으로 하는 전단·책자·신문을 말한다. • 북한이 사회불안조성을 목적으로 살포한 전단이 대표적이다.
유언비어	• 유언비어는 국론분열 등을 위해 출처가 불분명한 풍설을 퍼뜨리는 심리전의 방법이다. • 유언비어는 정치·경제·사회 등이 불안할 경우에 인간의 기본적인 불안·공포·희망 등과 맞물려 발생되거나 조작되어 전파된다. • 유언비어는 인위적으로 조작하여 전파시키는 경우와 자연적으로 발생하는 경우가 있다. • 유언비어의 방지대책으로 근원지를 추적·색출하는 방법이 사용된다.

29(3), 2017, p. 460.
406 헌법재판소 1997.01.16. 89헌마240 결정.
407 경찰공제회d, 「경찰실무종합」, 2012, pp. 652-656.

❷ 방첩과 방첩 활동의 기본원칙

방첩의 기본원칙	
완전협조의 원칙	• 완전한 방첩을 위해서는 방첩기관과 보조기관 및 일반대중과 완전 완전협조가 이루어져야 한다.
치밀의 원칙	• 간첩침투는 치밀한 계획하에 교묘한 방법을 사용하므로 방첩활동은 더욱 치밀한 계획과 준비를 요한다.

방첩활동의 기본원칙[408]	
공격적이 되라	• 공격적이 되라(Be Offensive)는 수동적이고 방어적인 자세는 실패한다는 의미이다. 안보경찰은 항상 공격적이어야 한다. • 적극적인 이중간첩 공작과 침투공작이 필수적이다.
자부심을 가져라	• 자부심을 가져라(Honour Your Professionals)는 승진, 보상, 존중감 등의 측면에서 인정을 받지 못하더라도 자부심을 가져야 한다는 의미이다. • 안보요원은 인기가 없다. 간첩을 잡으면 왜 그렇게 오래 걸렸느냐는 비판을 받고, 못 잡으면 그렇게 많은 비용을 사용하고도 잡지 못했느냐는 비판을 받는다.
거리를 누벼라	• 거리를 누벼라(Own the Street)는 상대국 정보요원과 부딪칠 현장을 포기하지 말고 그들의 정보활동을 빈틈없이 감시하고 증거를 확보해야 한다는 의미이다.
방첩역사를 연구하라	• 방첩역사를 연구하라(Know Your History)는 과거의 방첩 실패사례를 연구하고 반성함으로써 실패가 반복되지 않도록 하라는 의미이다.
분석을 무시하지 말라	• 분석을 무시하지 마라(Do not Ignore Analysis)는 지속적이고 체계적인 방첩활동을 위해서는 철저한 분석이 뒷받침되어야 한다는 의미이다. • 현장활동 중심인 안보활동에서는 데스크에서 분석하는 일을 이단아로 취급하는 경향이 있다.
편협하지 말라	• 편협하지 마라(Do not Be Parochial)는 유관 기관들의 업무도 똑같이 열정적이고 전문적이며 애국심을 바탕으로 심혈을 기울여 행해진다는 사실을 인식하고 서로 협조해야 한다는 의미이다. • 일방적으로 우월감을 앞세우는 것은 편협성에 불과하다.
끊임없이 배워라	• 끊임없이 배워라(Train Your People)는 지속적인 학습과 많은 경험을 쌓아야 한다는 의미이다. • 방첩은 논리와 상식에 따라 자동적으로 이루어질 수 있는 것이 아니다. 특별한 관점과 분석을 끊임없이 요구한다.
밀리지 말라	• 밀리지 마라(Do not Be Shoved Aside)는 방첩활동의 성공은 드러나지 않고 실패는 널리 알려지기 때문에 결코 밀려서 업무를 중단하는 일이 없도록 해야 한다는 의미이다.

---

408 정육상, 전게서, pp. 236-239.

	• 방첩업무의 성격상 자신의 것은 노출을 극도로 주저하면서 남의 것만을 많이 알아내려는 의도와 자세는 다른 사람, 다른 기관의 적극적이고 긍정적인 협조를 기대하기 어렵다. • 어떻게든 그들을 설득하거나 그들의 상사와 직접 접촉하는 등의 방법까지도 동원해야 한다. • 소극적인 방첩활동은 변명에도 불구하고 결국 자신의 잘못으로 귀결되어 비난받게 된다.
특정한 곳에 오래 머무르지 말라	• 특정한 곳에 오래 머무르지 말라(Do Not Stay Too Long)는 방첩공작을 성공시키기 위해서는 환기와 신선한 사고의 전환이 필요하다는 의미이다. • 순환근무와 비방첩부서 요원의 주기적인 방첩공작 투입도 요구된다. • 새로운 현장경험은 요원들을 새롭게 충전시키고 세련되게 한다.
절대로 포기하지 말라	• 절대로 포기하지 말라(Never Give Up)는 방첩활동을 끈기있게 지속한다면, 망명자, 침투자 그리고 문제를 해결할 수 있는 아이디어나 실마리들이 우리 앞에서 실체를 드러낸다는 의미이다. • 상대방도 방첩요원의 동태를 살펴보며 지루하게 기다린다.

❸ 방첩의 수단

방첩의 수단		
구분	개념	사례
적극적 수단	• 침투된 적과 적의 공작망 분쇄를 위하여 취하는 공격적 수단	• 첩보수집, 첩보공작수집, 대상인물 감시, 침투공작, 간첩신문, 역용공작
소극적 수단	• 아방(我方)의 보호를 위해 자체보안기능을 발휘하는 방어적 조치수단	• 정보·자재보안의 확립, 인원·시설부안의 확립, 보안업무 규정화, 입법사항건의
기만적 수단	• 비밀이 노출될 가능성이 있는 상황하에서 아방(我方)이 기도한 바를 적이 오인토록 하는 방해조치	• 허위정보 유포, 양동간계시위, 유언비어 유포

2 방첩활동의 대상

❶ 간첩

간첩이란 대상국의 기밀을 수집하거나 태업, 전복활동을 하는 모든 조직적 구성분자를 의미한다.

간첩의 분류[409]		
임무에 따른 분류	일반간첩	• 기밀 탐지·수집 등 가장 전형적인 형태의 간첩
	무장간첩	• 요인암살, 일반간첩의 호송 등을 주된 임무로 하는 무장한 간첩
	증원간첩	• 이미 구성된 간첩망의 보강을 위해 파견되는 간첩 또는 간첩으로 이용할 양 민 등의 납치, 월북 등을 주된 임무로 하는 간첩
	보급간첩	• 간첩을 침투시키거나 이미 침투한 간첩에게 필요한 활동자재를 보급·지원 하는 간첩
활동방법에 따른 분류	고정간첩	• 일정 지역 내에서 영구적으로 간첩임무를 부여받고 활동하는 간첩 • 일정한 공작기간이 없고 합법적으로 보장된 신분이나 보장될 수 있는 조건 을 구비
	배회간첩	• 고정간첩과 비교되는 간첩으로 일정한 주거 없이 전국을 배회하면서 임무 를 수행 • 합법적인 신분을 취득하면 고정간첩으로 변할 수 있음
	공행간첩	• 타국에 공용의 명목하에 입국하여 합법적인 신분을 갖고 이를 계기로 상대 국에 대한 각종 정보를 수집하는 것을 목적으로 하는 간첩

간첩망의 형태[410]	
삼각형	• 간첩이 3명 이내의 공작원을 포섭하여 지휘 • 포섭된 공작원간 횡적 연락 차단(지하당 구축에 많이 사용) • 장점: 보안유지가 잘되고 일망타진 가능성은 적음 • 단점: 활동범위가 좁고 공작원 검거시 간첩 정체가 쉽게 노출
써클형	• 합법적 신분을 이용하여 침투 • 대상국의 정치·사회문제를 이용하여 적국의 이념이나 사상에 동조하도록 유도(첩보전에서 많이 사용 • 장점: 간첩활동이 자유롭고 대중적 조직과 동원이 가능 • 단점: 간첩의 정체가 폭로되었을 때 외교적 문제가 야기될 수 있음
단일형	• 단독행동 • 장점: 보안유지 및 신속한 활동이 가능 • 단점: 활동범위가 좁고 공작성과가 비교적 낮음
피라미드형	• 간첩이 주공작원 2-3명을 두고 그 밑에 각각 2-3명의 행동공작원을 둠 • 장점: 일시에 많은 공작을 입체적으로 수행할 수 있고, 활동범위가 넓음

409 경찰공제회d, 「경찰실무종합」, 2012, p. 653.
410 상게서, p. 627 재구성.

	• 단점: 행동의 노출이 쉽고 일망타진 가능성이 높으며 조직구성에 많은 시간이 소요됨
레포형	• 피라미드형 조직에 있어서 간첩과 주공작원간, 행동공작원 상호간에 연락원을 두고 종횡으로 연결하는 방식

❷ 태업

태업411	
의의	• 태업이란 대상 국가의 전쟁수행능력, 방위력을 약화시키기 위하여 행해지는 직접·간첩의 모든 손상·파괴행위를 의미한다.
대상의 조건	• 전략·전술적 가치가 있을 것 • 태업에 필요한 기구를 용이하게 입수할 수 있고, 접근이 가능할 것 • 일단 파괴되면 수리하거나 대체하기 어렵고 많은 시간이 소요될 것
형태	• 물리적 태업: 방화·폭파·기계에 의한 손실 • 심리적 태업: 유언비어 유포 등의 선전, 경제질서 혼란 초래, 정치적 갈등을 일으키는 정치 태업

❸ 전복

전복412	
의의	• 전복이란 헌법에 의하여 설치된 국가기관을 강요에 의하여 변혁시키거나 기능을 저하시키는 것을 말한다.
형태	• 국가전복: 피지배자가 지배자를 타도하여 정권을 탈취 • 정부전복: 동일 지배계급 내의 일부세력이 집권세력을 제압하여 권력을 차지
수단	• 당조직, 통일전선, 선전·선동, 테러전술, 파업과 폭동, 게릴라 전술 등

3 공작

❶ 의의

공작이란 정보기관이 어떠한 목적하에 주어진 목표에 대하여 계획적으로 수행하는 비밀활동을 말한다. 첩보수집활동, 태업, 파괴공작활동, 선전·선동활동 등이 포함된다. 공작은 지령 → 계획 → 모집 → 훈련 → 브리핑 → 파견 및 귀환 → 디브리핑 → 보고

---

411 상계서, pp. 627-628.
412 상계서, p. 628.

서 작성 → 해고 등의 과정에 의해 순환하여 진행된다.

　　디브리핑Debriefing은 공작임무를 마치고 귀환한 공작원이 공작관에게 공작상황을 보고하는 과정을 말한다. 공작의 4대 요소에는 ① 공작의 주관자, ② 공작목표, ③ 공작원, ④ 공작금 등이 있다.

공작의 4대 요소[413]		
주관자	• 상부로부터 받은 지령을 계획하고 수행하는 하나의 집단을 말한다. • 이를 대표하는 사람이 공작관이다.	
공작목표	• 처음에는 추상적이었다가 공작의 진행에 따라 구체화·세분화된다.	
공작원	주공작원	• 공작관 밑에 위치하는 공작망의 책임자이며, 공작관의 명령시달에 의하여 자기 공작망 산하 공작원에 대한 지휘조정의 책임을 담당한다.
	행동공작원	• 공작목표에 대하여 실제로 첩보수집 기타 공작임무를 직접 수행(통상 주공작원의 지휘조종을 받아 임무수행)한다.
	지원공작원	• 비밀활동을 수행하는 공작원·조직체에 공작에 필요한 기술·물자 등을 지원하는 활동을 수행(통상 주공작원의 지휘조정을 받아 임무수행)한다.
공작금	• 공작활동은 비공개활동으로 막대한 공작금을 필요로 한다.	

공작활동의 유형분류[414]	
공작운영기구	• 통합공작(연락공작·연합공작), 합동공작
공작대상지역	• 대북공작, 대공산권공작, 대우방국공작
공작목표	• 첩보수집공작, 태업공작, 지원공작, 와해모략공작(심리전공작) 등

연락선의 구분	
정상선	• 정상선은 정상적인 공작상황 하의 연락선을 말한다. • 정상선에는 ① 기본선, ② 보조선, ③ 긴급선 등이 있다.
예비선	• 예비선은 조직원의 교체 또는 조직의 확장·부활·변동 시에 대비한 것을 말한다.
비상선	• 비상선은 공작활동을 계속할 수 없을 만큼 위급한 상황 하의 연락선으로 경고선이라고도 한다.

413　상게서, p. 628.
414　상게서, p. 628.

❷ 공작활동

공작활동[415]		
가장	• 가장은 정보활동에 관계되는 제반 요소의 정체가 외부에 노출되지 않도록 꾸며지는 외적·내적 제반 형태를 말한다.	
연락	• 연락은 비밀공작을 수행함에 있어 상·하급 인원이나 기관 간에 비밀을 은폐하고 기도하는 방법으로 첩보, 문서, 관념, 물자 등을 전달하기 위하여 강구된 수단·방법의 유지 및 운용을 말한다.	
신호	• 신호란 비밀공작활동에 있어서 조직원 상호 간에 어떤 의사를 전달하기 위하여 사전에 약정해 놓은 표시를 말한다.	
	인식신호	• 인식신호는 인원이나 시설, 지역, 물자 등에 대하여 사전에 약정된 방법으로 표시, 행동하여 상호구분하게 하는 수단을 말한다. • 처음 만나는 양자가 상호식별하기 하기 위하여 사용하는 신호이며, 약정된 동작, 착의 소지품 등으로 약속한다.
	확인신호	• 확인신호는 인식신호로써 대상자임을 인식하고 접근한 후, 다시 확인하기 위해 약속된 신호로써 통상 물자교환이나 약속된 대화를 한다.
	안전·위험신호	• 안전·위험신호는 공작활동에 있어서 인원, 시설, 지역 또는 단체의 현재 상태가 안전 또는 위험하다는 것을 알리기 위한 신호를 말한다.
	행동신호	• 행동신호는 회합, 이동, 특정 행동의 개시, 행동의 중지 등을 알리는 신호를 말한다. • 계획상의 행동수행이나 변경, 공작활동 가능 여부를 연락하기 위한 것임
관찰묘사	• 관찰이란 일정한 목적하에 사물의 현상 및 사건의 전말을 감지하는 과정을 말한다. • 묘사란 관찰한 경험을 재생하여 표현·기술하는 것을 말한다.	
사전정찰	• 사전정찰이란 미래의 공작활동을 위하여 공작목표나 공작지역에 대하여 예비지식을 수집하는 사전조사활동이다.	
감시	• 감시란 공작대상의 인물, 시설, 물자 및 지역 등에 대한 정보를 획득할 목적으로 시각이나 청각 등의 사용으로 관찰하는 기술을 말한다.	
	신중감시	• 대상자가 감지하지 못하도록 하는 감시 • 신중감시 도중 대상자가 접선 등 어떤 용의사실이 발견되면 근접감시의 형태로 전환
	근접감시	• 감시가 노출된 이후에도 계속적으로 하는 감시
	완만감시	• 대상자가 이미 알려져 있는 자로서 계속적인 감시를 필요로 하지 않고, 감시할 인적·물적·시간적 사정이 여의치 않아 적은 인원으로 많은 감시효과를 올리고자 할 때 하는 감시

---

415 상게서, pp. 628-629.

4 심리전

❶ 의의

심리전이란 비무력적인 선동, 모략 등의 수단으로 직접 상대국의 국민·군대에 정신적 자극을 주어 사상혼란과 국론분열을 유발시킴으로써 자국의 의도대로 유도하는 것을 의미한다. 유언비어 살포, 불온선전물 제작·반포, 이념계도 활동 등이 포함된다.

심리전은 주체에 따라서 공연성 심리전과 비공연성 심리전으로 구분된다. 목적에 따라서는 공격적 심리전과 방어적 심리전 그리고 선무심리전 등이 있다. 운영에 따라서는 전략심리전과 전술심리전으로 구분된다.

선전은 특정 집단을 자극하여 감정이나 견해 등을 자기측에 유리한 방향으로 유도하기 위한 계획된 심리전의 일종이다. 선전에는 ① 백색선전, ② 회색선전, ③ 흑색선전 등이 있다.

❷ 심리전의 분류

심리전의 분류[416]		
심리전의 주체	• 공연성 심리전과 비공연성 섬리전으로 구분된다.	
심리전의 운용	전략 심리전	• 광범위하고 정기적인 목표하에 대상국의 전국민을 대상으로 실시하는 심리전으로 자유진영국가들이 공산진영국가의 국민들을 대상으로 전개하는 대공산권 방송 등이 그 예이다.
	전술 심리전	• 단기적인 목표하에 즉각적인 효과를 기대하고 실시하는 심리전으로 간첩을 체포했을 때 널리 공개하는 것이 그 예이다.
심리전의 목적	공격적 심리전	• 적측에 대해 특정의 목적을 달성하기 위해 공격적으로 행하는 심리전을 말한다.
	방어적 심리전	• 적측이 가해오는 공격을 와해·축소시키기 위해 방어적으로 행하는 심리전을 말한다.
	선무 심리전	• 우리측 후방지역의 사기를 앙양시키거나 수복지역 주민들의 협조를 얻고 질서를 유지하는 선전활동을 말한다. 타협 심리전이라고도 한다.

---

416 상게서, pp. 651–652.

❸ 선전의 종류

선전의 종류417	
백색선전	• 백색선전은 출처를 공개하고 행하는 선전이다. • 백색선전은 국가 또는 공인된 기관이 공식적인 보도기관을 통하여 행하게 되므로 주제의 선정과 용어사용에 제한을 받지만 신뢰도가 높다.
회색선전	• 회색선전은 출처를 밝히지 않고 행하는 선전이다. • 이점에서 출처를 위장하는 흑색선전과 구별된다. • 장점: 회색선전은 선전이라는 선입관을 주지 않고 효과를 얻을 수 있다. • 단점: 적이 회색선전이라는 것을 감지하여 역선전을 할 경우 대항이 어렵다. 출처를 은폐하면서 선전의 효과를 거두기가 곤란하다.
흑색선전	• 흑색선전은 출처를 위장하여 행하는 선전을 말한다. • 장점: 적국 내의 백색선전인 것처럼 위장하여 행하게 되므로 적국 내에서도 행할 수 있고 특정한 목표에 대해 즉각적이고 집중적인 선전을 할 수 있다. • 단점: 출처노출을 피하기 위해 많은 주의가 요구되며, 정상적인 통신망을 이용할 수 없다.

4 ‖ 대테러 활동

ISIS·알카에다 등과 같은 국제 테러 조직은 각국의 '외로운 늑대'들을 선동하거나 다양한 국적의 조직원과 추종 무장단체 등을 통해 전 세계를 대상으로 테러를 자행하고 있다. 이들은 이미 세계적 네트워크를 이루었으며 우리나라는 물론, 국제사회에 대한 위협을 더욱 높여가고 있다. 특히, ISIS는 우리나라를 '십자군 동맹국'에 포함시켜 테러대상으로 지목하였다. 또한 북한과 같은 반국가단체 및 외국인 유입 급증으로 테러 확산도 우려되고 있다.

「국민보호와 공공안전을 위한 테러방지법」 제2조(정의)에서는 테러란 국가·지방자치단체 또는 외국 정부(외국 지방자치단체와 조약 또는 그 밖의 국제적인 협약에 따라 설립된 국제기구를 포함)의 권한행사를 방해하거나 의무 없는 일을 하게 할 목적 또는 공중을 협박할 목적으로 하는 제반 행위를 말한다.

---

417 상계서, pp. 651-652.

🌐🔍 대對테러Counter-Terror

대對테러란 테러관련 정보의 수집, 테러 혐의자의 관리, 테러에 이용될 수 있는 위험물질 등 테러 수단의 안전관리, 시설·장비의 보호, 국제 행사의 안전확보, 테러 위협에의 대응 및 무력진압 등 테러예방·대비와 대응에 관한 제반 활동을 의미한다.

5 ║ 보안관찰 활동

1 보안관찰의 의의

보안관찰 해당 범죄는 민주주의 체제의 수호와 사회질서의 유지, 국민의 생존 및 자유에 중대한 영향을 미치는 범죄이다. 「보안관찰법」은 특정범죄를 범한 자에 대하여 재범의 위험성을 예방하고 건전한 사회복귀를 촉진하기 위하여 보안관찰처분을 함으로써 국가의 안전과 사회의 안녕을 유지함을 목적으로 하고 있다. 보안관찰법은 국가보안법위반 사범 등 사상범의 출소 후 그에 대한 감시와 통제를 위한 목적도 가지고 있다.[418] 반국가사범에 대하여 일정한 요건에 합치하는 경우에 대인적 보안처분으로 관찰·지도·경고 등의 조치를 취할 수 있다.

보안관찰처분은 형벌로는 행위자의 사회복귀와 범죄의 예방이 불가능하거나 행위자의 특수한 위험성으로 인하여 형벌의 목적을 달성하기 곤란한 경우에 형벌을 대체하거나 보완하기 위한 예방적 성질의 목적적 조치를 말한다. 보안관찰처분에는 행위책임의 원칙이 적용되지 않는다. 그러나 보안관찰처분도 개인의 자유를 침해하는 제재이므로 비례의 원칙 범위 내에서 그 정당성을 찾을 수 있다.

---

[418] 김승현, "보안관찰법의 법적·실무적 쟁점: '강용주 사건'에 대한 기록(Challenging the Security Surveillance Act through Litigation: The Yong-Ju Kang Case)" 「공익과 인권」, 20, 2020, p. 5.

- 보안관찰법의 모태는 일제강점기에 일제가 제정한 「사상범보호관찰법」이다. 일제는 1925년 현행 국가보안법의 전신인 「치안유지법」을 제정하였다. 1936년 11월부터는 치안유지법을 위반한 자를 대상으로 하는 「사상범보호관찰법」을 제정하여 일본국 내에서 시행하였다. 같은 해 12월부터는 이를 의용한 「조선사상범보호관찰령」을 조선총독부령 제16호로 공포하여 조선에서 시행하였다.

- 조선에 대한 제국주의적 지배 체제 질서를 비롯한 '국체'를 유지한다는 원론적 목표 하에 일본의 조선통치에 반대하고 조선독립을 주장하는 '사상범의 사상전향을 촉진·확보하겠다.' 는 구체적인 입법의도를 명시했다.

- 1975년 7월 16일 조선사상범보관찰령은 「사회안전법」이라는 이름으로 다시 태어났다. 1975년 5월 13일 「국가안전과 공공질서의 수호를 위한 대통령 긴급조치 제9호」가 발동된지 두 달만의 일이다.

- 보안관찰법은 1989년 6월 16일 사회안전법을 전부 개정하여 같은 해 9월 17일부터 시행된 법이다.

- 과거 「사회안전법」의 '보호관찰처분'을 '보안관찰처분'으로 명칭만 바꾸고, 보안감호처분과 주거제한처분을 삭제한 것이 현재의 「보안관찰법」이다.

보안관찰 대상범죄		
구분	해당 범죄	제외(보안관찰법)
형 법	• 내란목적살인죄(제88조) • 내란목적살인죄의 미수(제89조) • 내란목적살인죄의 예비, 음모, 선동, 선전(제90조) • 외환유치죄(제92조) • 외환유치죄의 미수(제100조) • 외환유치죄의 예비, 음모, 선동, 선전(제101조) • 간첩죄(제98조 제1항) • 간첩죄의 미수(제100조) • 간첩죄의 예비, 음모, 선동, 선전(제101조) • 군사기밀누설죄(제98조 제2항)	• 내란의 미수범(제2조 1항) • 내란의 예비, 음모, 선동, 선전(제2조 1항) • 일반이적의 미수범(제2조 1항) • 일반이적의 예비, 음모, 선동, 선전(제2조 1항)

---

419 상계논문, pp. 8-9.

	• 군사기밀누설죄의 미수(제100조) • 군사기밀누설죄의 예비, 음모, 선동, 선전(제101조)	
군 형 법	• 반란죄(제5조) • 반란죄의 예비, 음모, 선동, 선전(제8조) • 반란 불보고죄(제9조 제2항) • 반란 불보고죄의 예비, 음모, 선동, 선전(제16조) • 군대 및 군용시설 제공죄(제11조) • 군대 및 군용시설 제공죄의 예비, 음모, 선동, 선전(제16조)	• 없음
국가보안법	• 목적수행죄(제4조) • 자진지원·금품수수죄(제5조) • 잠입·탈출죄(제6조) • 편의제공죄(제9조 제1항) • 편의제공죄 미수(제9조 제3항) • 편의제공죄 예비 또는 음모(제9조 제4항)	• 선동·선전하거나 사회질서의 혼란을 조성할 우려가 있는 사항에 관하여 허위사실을 날조하거나 유포한 행위(제2조 3항) • 금품 기타 재산상의 이익을 제공하거나 잠복·회합·통신·연락을 위한 장소를 제공하거나 기타의 방법으로 편의를 제공한 죄의 미수범(제2조 3항)

Police Science

보안관찰법(시행 2020. 8. 5.)

제2조(보안관찰해당범죄) 이 법에서 "보안관찰해당범죄"라 함은 다음 각호의 1에 해당하는 죄를 말한다.

1. 형법 제88조(내란목적의 살인죄)·제89조(미수범)(제87조(내란)의 미수범을 제외한다)·제90조(예비, 음모, 선동, 선전)(제87조(내란)에 해당하는 죄를 제외한다)·제92조(외환유치) 내지 제98조(간첩)·제100조(미수범)(제99조(일반이적)의 미수범을 제외한다) 및 제101조(예비, 음모, 선동, 선전)(제99조(일반이적)에 해당하는 罪를 제외한다)

2. 군형법 제5조(반란) 내지 제8조(예비, 음모, 선동, 선전)·제9조(반란 불보고) 제2항 및 제11조(군대 및 군용시설 제공) 내지 제16조(예비, 음모, 선동, 선전)

3. 국가보안법 제4조(목적수행), 제5조(지진지원·금품수수)(제1항 중 제4조 제1항 제6호에 해당하는 행위를 제외한다), 제6조(잠입·탈출), 제9조(편의제공) 제1항·제3항(제2항의 미수범을 제외한다)·제4항

형법(시행 2021. 12. 9.)

제88조(내란목적의 살인) 대한민국 영토의 전부 또는 일부에서 국가권력을 배제하거나 국헌을 문란하게 할 목적으로 사람을 살해한 자는 사형, 무기징역 또는 무기금고에 처한다.

제89조(미수범) 전2조의 미수범은 처벌한다.

제90조(예비, 음모, 선동, 선전) ① 제87조 또는 제88조의 죄를 범할 목적으로 예비 또는 음모한 자는 3년 이상의 유기징역이나 유기금고에 처한다. 단, 그 목적한 죄의 실행에 이르기 전에 자수한 때에는 그 형을 감경 또는 면제한다.

제92조(외환유치) 외국과 통모하여 대한민국에 대하여 전단을 열게 하거나 외국인과 통모하여 대한민국에 항적한 자는 사형 또는 무기징역에 처한다.

제98조(간첩) ① 적국을 위하여 간첩하거나 적국의 간첩을 방조한 자는 사형, 무기 또는 7년 이상의 징역에 처한다.

② 군사상의 기밀을 적국에 누설한 자도 전항의 형과 같다.

제100조(미수범) 전8조의 미수범은 처벌한다.

제101조(예비, 음모, 선동, 선전) ① 제92조 내지 제99조의 죄를 범할 목적으로 예비 또는 음모한 자는 2년 이상의 유기징역에 처한다. 단, 그 목적한 죄의 실행에 이르기 전에 자수한 때에는 그 형을 감경 또는 면제한다.

군형법(시행 2022. 7. 1.)

제5조(반란) 작당作黨하여 병기를 휴대하고 반란을 일으킨 사람은 다음 각 호의 구분에 따라 처벌한다.

제8조(예비, 음모, 선동, 선전) ① 제5조 또는 제6조의 죄를 범할 목적으로 예비 또는 음모를 한 사람은 5년 이상의 유기징역이나 유기금고에 처한다. 다만, 그 목적한 죄의 실행에 이르기 전에 자수한 경우에는 그 형을 감경하거나 면제한다.

제9조(반란 불보고) ① 반란을 알고도 이를 상관 또는 그 밖의 관계관에게 지체 없이 보고하지 아니한 사람은 2년 이하의 징역이나 금고에 처한다.

② 제1항의 경우에 적을 이롭게 할 목적으로 보고하지 아니한 사람은 7년 이하의 징역이나 금고에 처한다.

제11조(군대 및 군용시설 제공) ① 군대 요새要塞, 진영陣營 또는 군용에 공하는 함선이나 항공

기 또는 그 밖의 장소, 설비 또는 건조물을 적에게 제공한 사람은 사형에 처한다.

② 병기, 탄약 또는 그 밖에 군용에 공하는 물건을 적에게 제공한 사람도 제1항의 형에 처한다.

제16조(예비, 음모, 선동, 선전) ① 제11조부터 제14조까지의 죄를 범할 목적으로 예비 또는 음모를 한 사람은 3년 이상의 유기징역에 처한다. 다만, 그 목적한 죄의 실행에 이르기 전에 자수한 경우에는 그 형을 감경하거나 면제한다.

Police Science

🌐🔍 국가보안법(시행 2017. 7. 7.)

제4조(목적수행) ① 반국가단체의 구성원 또는 그 지령을 받은 자가 그 목적수행을 위한 행위를 한 때에는 다음의 구별에 따라 처벌한다.

6. 제1호 내지 제5호의 행위를 선동·선전하거나 사회질서의 혼란을 조성할 우려가 있는 사항에 관하여 허위사실을 날조하거나 유포한 때에는 2년 이상의 유기징역에 처한다.

제5조(자진지원·금품수수) ① 반국가단체나 그 구성원 또는 그 지령을 받은 자를 지원할 목적으로 자진하여 제4조(목적수행) 제1항 각호에 규정된 행위를 한 자는 제4조(목적수행) 제1항의 예에 의하여 처벌한다.

제6조(잠입·탈출) ① 국가의 존립·안전이나 자유민주적 기본질서를 위태롭게 한다는 정을 알면서 반국가단체의 지배 하에 있는 지역으로부터 잠입하거나 그 지역으로 탈출한 자는 10년 이하의 징역에 처한다.

제9조(편의제공) ① 이 법 제3조 내지 제8조의 죄를 범하거나 범하려는 자라는 정을 알면서 총포·탄약·화약 기타 무기를 제공한 자는 5년 이상의 유기징역에 처한다.

② 이 법 제3조 내지 제8조의 죄를 범하거나 범하려는 자라는 정을 알면서 금품 기타 재산상의 이익을 제공하거나 잠복·회합·통신·연락을 위한 장소를 제공하거나 기타의 방법으로 편의를 제공한 자는 10년 이하의 징역에 처한다. 다만, 본범과 친족관계가 있는 때에는 그 형을 감경 또는 면제할 수 있다.

③ 제1항 및 제2항의 미수범은 처벌한다.

④ 제1항의 죄를 범할 목적으로 예비 또는 음모한 자는 1년 이상의 유기징역에 처한다.

CHAPTER 06
안보경찰

2 보안관찰처분 대상자

보안관찰처분 대상자란 보안관찰해당범죄 또는 이와 경합된 범죄로 금고 이상의 형의 선고를 받고 그 형기 합계가 3년 이상인 자로서 형의 전부 또는 일부의 집행을 받은 사실이 있는 자를 말한다.

Police Science

🌐🔍 보안관찰법(시행 2020. 8. 5.)

제3조(보안관찰처분대상자) 이 법에서 "보안관찰처분대상자"라 함은 보안관찰해당범죄 또는 이와 경합된 범죄로 금고 이상의 형의 선고를 받고 그 형기합계가 3년 이상인 자로서 형의 전부 또는 일부의 집행을 받은 사실이 있는 자를 말한다.

---

❶ 보안관찰 해당범죄 또는 이와 경합된 범죄

보안관찰해당 범죄만으로 형의 선고를 받은 경우뿐만 아니라, 보안관찰해당범죄 이외에 국가보안법상의 찬양·고무죄 또는 형법상의 절도·강도 등 비보안관찰해당범죄와 경합된 죄로 형의 선고를 받은 경우에도 해당한다.

❷ 금고 이상의 형의 선고를 받고 그 형기 합계가 3년 이상인 자

단, 1회에 보안관찰해당범죄 또는 이와 경합된 범죄로 금고 3년 이상을 선고받은 경우뿐만 아니라, 2회 이상 금고 이상의 형을 받고 그 형기 합계가 3년 이상인 경우도 이에 해당한다.

❸ 형의 전부 또는 일부의 집행을 받은 자

금고 3년 이상의 형이 확정되었으나 집행되기 전에 사면되었거나 집행유예·선고유예를 받은 자는 제외한다.

❹ 재범의 위험성

보안관찰처분은 보안관찰해당범죄를 다시 범할 위험성이 있다고 인정할 충분한 이유가 있어 재범의 방지를 위한 관찰이 필요한 자에 대하여는 보안관찰처분을 한다.**420** 따라

---

420 「보안관찰법」 제4조(보안관찰처분) 1항.

서 보안관찰해당범죄가 아닌 범죄를 다시 범할 위험성이 있더라도 보안관찰처분을 할 수는 없다.

3 보안관찰처분의 청구와 기간

보안관찰처분청구는 검사가 행한다.[421] 보안관찰처분에 관한 결정은 보안관찰처분심의위원회의 의결을 거쳐 법무부장관이 행한다.[422] 보안관찰처분을 받은 자는 「보안관찰법」이 정하는 바에 따라 소정의 사항을 주거지 관할경찰서장에게 신고하고, 재범방지에 필요한 범위 안에서 그 지시에 따라 보안관찰을 받아야 한다.[423]

보안관찰처분의 기간은 2년으로 한다. 그러나 법무부장관은 검사의 청구가 있는 때에는 보안관찰처분심의위원회의 의결을 거쳐 그 기간을 갱신할 수 있다.[424] 갱신된 기간도 2년이고 갱신횟수에는 제한이 없다.

4 보안관찰처분 대상자의 신고

보안관찰처분 대상자는 그 형의 집행을 받고 있는 교도소, 소년교도소, 구치소, 유치장 또는 군교도소에서 출소 전에 거주예정지 기타 대통령령으로 정하는 사항을 교도소 등의 장을 경유하여 거주예정지 관할 경찰서장에게 신고하고, 출소 후 7일 이내에 그 거주예정지 관할 경찰서장에게 출소사실을 신고하여야 한다.

Police Science
🌐 출소 후 신고조항 및 위반 시 처벌조항에 대한 부분: 합헌[425]

- 헌법재판소는 출소 후 신고조항 및 위반 시 처벌조항과 동일한 취지의 조항에 대하여 과잉금지원칙에 위배되지 않는다고 판시하였다.
- 왜냐하면 출소 후 출소사실을 신고하여야 하는 신고의무 내용에 비추어 보안관찰처분대상

---

421 「보안관찰법」 제7조(보안관찰처분의 청구).
422 「보안관찰법」 제14조(결정).
423 「보안관찰법」 제4조(보안관찰처분) 2항.
424 「보안관찰법」 제5조(보안관찰처분의 기간).

자의 불편이 크다고 볼 수 없고, 행정 편의를 위해 국민에게 불필요하고 과중한 신고의무를 부과한 것이라거나 7일의 신고기간이 지나치게 짧다고 할 수 없다고 보았다.[426]

6 ‖ 남북교류와 관련된 안보수사 활동

1 남북교류협력의 의의

1990년 8월 1일 제정되고 시행된 「남북교류협력에 관한 법률」은 남·북한 간의 인적·물적교류와 협력을 원활히 할 수 있도록 하기 위하여 교류·협력에 대한 승인·신고 절차 등 필요한 사항을 정하기 위해서 제정되었다. 동법은 다른 법률에 우선하여 적용된다.[427]

2021년 3월 9일 시행된 동법은 협력사업의 범위 및 남북교류협력 추진협의회의 구성을 확대하고, 지방자치단체가 남북교류협력사업의 주체임을 명확히 하여 지방자치단체의 남북교류협력을 활성화하며, 지방자치단체 남북교류협력 정책협의회의 법적 근거를 마련하려는 목적으로 개정되었다.

남북교류협력 추진협의회의 위원장은 통일부장관이다. 협의회는 위원장 1명을 포함한 25명 이내의 위원으로 구성한다.[428] 위원 수의 상한을 18명에서 25명으로 확대하고, 민간전문가를 7명 이상 위촉하도록 하고 있다. 민간전문가 중 1명 이상은 「지방자치법」에 따라 설립된 협의체가 추천하는 사람으로 하도록 한다.

지방자치단체의 남북교류·협력을 지원하기 위해서 동법 제24조의 2(지방자치단체 남북교류·협력의 지원) 규정을 신설하였다. 지방자치단체를 협력사업의 주체로 명시하는 한편, 지방자치단체의 남북교류·협력을 증진하고, 관련 정책을 협의·조정하기 위하여 통일부에 지방자치단체 남북교류협력 정책협의회를 두도록 하고 있다. 동법에서는 협력사업의 범위에 환경, 과학기술, 정보통신, 방역, 교통, 농림축산, 해양수산 분야를 새롭게 추가하였다.

---

425 헌법재판소 2001.07.19., 2000헌바22 결정.
426 고시면, "보안관찰처분대상자에 대한 '… 7일 이내 신고의무'(보안관찰법 제6조)의 위헌가능성 여부([입법론] 원칙적으로 14일 이내 신고의무, 예외적으로 정당한 사유가 있는 경우 3달 이내)"「사법행정」, 62(8), 2021, p. 6.
427 「남북교류협력에 관한 법률(남북교류협력법)」 제3조(다른 법률과의 관계).
428 「남북교류협력에 관한 법률」 제5조(협의회의 구성) 제1항 및 제3항.

용어의 정의[429]		
출입장소	• 출입장소란 군사분계선 이북지역(북한)으로 가거나 북한으로부터 들어올 수 있는 군사분계선 이남지역(남한)의 항구, 비행장, 그 밖의 장소로서 법령으로 정하는 곳을 말한다.	
교역	• 교역이란 남한과 북한 간의 물품, 법령으로 정하는 용역 및 전자적 형태의 무체물(물품 등)의 반출·반입을 말한다.	
반출·반입	• 반출·반입이란 매매, 교환, 임대차, 사용대차, 증여, 사용 등을 목적으로 하는 남한과 북한 간의 물품 등의 이동(단순히 제3국을 거치는 물품 등의 이동을 포함)을 말한다.	

2 주민왕래

남·북한간의 왕래·교역·협력사업과 통신역무의 제공 등 남북교류와 협력을 목적으로 하는 행위에 관하여는 정당하다고 인정되는 범위 안에서 다른 법률에 우선하여 「남북교류협력법」이 적용된다.

「남북교류협력법」의 실효성 확보를 위하여 증명서를 발급받지 아니하고 남북한을 방문하거나 승인을 받지 아니하고 북한주민과 접촉한 경우와 물품을 반출·반입하거나 협력사업을 시행한 경우에는 3년 이하의 징역 또는 3천만 원 이하의 벌금으로 처벌하도록 하고 있다.

3 남북교류협력 절차

남북교류와 협력을 목적으로 하는 행위에 관해서는 「남북교류협력법」이 우선 적용된다. 남한의 주민이 북한을 방문하거나 북한의 주민이 남한을 방문하려면 대통령령으로 정하는 바에 따라 통일부장관의 방문승인을 받아야 하며, 통일부장관이 발급한 증명서(방문증명서)를 소지하여야 한다.[430] 남한의 주민이 북한의 주민과 회합·통신, 그 밖의 방법으로 접촉하려면 통일부장관에게 미리 신고하여야 한다.[431]

---

429 「남북교류협력에 관한 법률」 제2조(정의).
430 「남북교류협력에 관한 법률」 제9조(남북한 방문).
431 「남북교류협력에 관한 법률」 제9조의2(남북한 주민접촉).

4 국가보안법과의 관계

남북교류과정에서 발생한 반국가적인 경우에 해당하지 않는 법정절차 위반은 「국가보안법」이 아니라 「남북교류협력법」이 적용된다. 남북교류 협력에 관한 행위 중 일부는 「국가보안법」상 금품수수, 잠입·탈출, 회합·통신 부분과 서로 상충될 소지가 있다. 단순히 증명서를 발급받지 않고 남북을 왕래하거나 신고 없이 회합하면 「남북교류협력법」이 우선 적용된다.

「남북교류협력법」에 의해 남북을 왕래하면서 승인 없이 금품을 수수한 경우, 「국가보안법」이 아닌 「남북교류협력법」에 의해 처벌된다. 「남북교류협력법」의 죄를 범한 자가 자수하면 그 형을 감경하거나 면제할 수 있다.[432] 임의적 감면사유가 된다.

Police Science

🌐 남북교류협력에 관한 법률과 국가보안법과의 관계에 대한 판례의 입장

- 7.4 남북공동성명이 있었고, 남북 사이의 화해와 불가침 및 교류협력에 관한 합의서가 체결 발효되었다고 하여도 그로 인해 「국가보안법」이 규범력을 상실한 것으로 볼 수 없다.
- 「남북교류협력에 관한 법률」(약칭: 남북교류협력법)이 시행됨으로써 북한에의 잠입, 탈출, 회합 등의 행위에 대하여 형의 폐지나 변경이 있었다고 볼 수는 없다.
- 「남북교류협력법」은 남북간의 왕래, 교역, 협력사업 및 통신역무의 제공 등 남북교류와 협력을 목적으로 하는 행위에 관하여 정당하다고 인정되는 범위 안에서 다른 법률에 우선하여 적용되므로 이 요건을 충족하지 아니하는 북한에의 왕래(잠입·탈출), 회합행위에 대해서는 동법을 적용할 수 없다.[433]
- 남북한을 왕래하는 행위가 「남북교류협력법」 제3조(다른 법률과의 관계)에 해당되어 국가보안법의 적용이 배제되기 위해서는 그 왕래행위가 남북교류와 협력을 목적으로 하는 것이어야 한다.

---

432 「남북교류협력에 관한 법률」 제29조(형의 감경 등).
433 대법원 1990.09.25. 1990도1613.

「북한이탈주민의 보호 및 정착지원에 관한 법률」은 1997년 1월 13일 제정되고, 동년 7월 14일부터 시행되었다. 동법은 대한민국의 보호를 받고자 하는 북한이탈주민이 급증함에 따라 이들에 대한 종합적인 보호 및 정착지원에 관한 제도적인 기반을 확립하여 북한이탈주민이 자유민주주의 체제에 적응할 수 있도록 각종 보호·혜택을 부여하는 등 우리 국민의 일원으로서 정착하여 보람된 삶을 영위할 수 있도록 지원하려는 목적을 갖고 있다.

2021년 12월 21일 개정된 동법은 북한이탈주민 중 직계존속을 동반하지 않은 아동 및 청소년을 보다 효과적으로 보호하기 위해서 2022년 6월 22일부터 시행되고 있다.

북한이탈주민은 ① 북한이탈주민보호센터에서 행정조사와 3개월간의 '하나원' 사회정착 기본교육을 받게 된다. ② 하나원 교육을 마치면 거주지로 편입된다. ③ 탈북민이 거주지에 정착하면 지방자치단체의 거주보호담당관, 노동고용부 산하 고용센터의 취업보호담당관, 지역 경찰의 신변보호담당관이 탈북민의 거주지 보호를 5년간 지원하게 된다.[434] 안보경찰활동은 북한이탈주민에 대해서 ① 발생·입국단계, ② 보호·관리단계, ③ 배출·정착단계 등에서 전개된다.

용어의 정의[435]	
북한이탈주민	• 북한이탈주민이란 군사분계선 이북지역(북한)에 주소, 직계가족, 배우자, 직장 등을 두고 있는 사람으로서 북한을 벗어난 후 외국 국적을 취득하지 아니한 사람을 말한다.
보호대상자	• 보호대상자란 「북한이탈주민의 보호 및 정착지원에 관한 법률」에 따라 보호 및 지원을 받는 북한이탈주민을 말한다.
정착지원시설	• 정착지원시설이란 보호대상자의 보호 및 정착지원을 위하여 정착지원시설의 설치에 따라 설치·운영하는 시설을 말한다.
보호금품	• 보호금품이란 「북한이탈주민의 보호 및 정착지원에 관한 법률」에 따라 보호대상자에게 지급하거나 빌려주는 금전 또는 물품을 말한다.

---

434 치안정책연구소, 「치안전망2021」, 2020, p. 222.
435 「북한이탈주민의 보호 및 정착지원에 관한 법률」 제2조(정의).

북한이탈주민의 보호 및 정착지원 단계의 구분	
발생·입국 단계	• 북한이탈주민으로서 이 법에 따른 보호를 받으려는 사람은 재외공관이나 그 밖의 행정기관의 장(각급 군부대의 장을 포함)에게 보호를 직접 신청하여야 한다. • 보호신청을 받은 재외공관장 등은 지체 없이 그 사실을 소속 중앙행정기관의 장을 거쳐 통일부장관과 국가정보원장에게 통보하여야 한다. • 통보를 받은 국가정보원장은 보호신청자에 대하여 보호결정 등을 위하여 필요한 조사 및 일시적인 신변안전조치 등 임시보호조치를 한 후 지체 없이 그 결과를 통일부장관에게 통보하여야 한다. • 통일부장관은 국가정보원장의 통보를 받으면 북한이탈주민 보호 및 정착지원협의회의 심의를 거쳐 보호 여부를 결정한다. 다만, 국가안전보장에 현저한 영향을 줄 우려가 있는 사람에 대하여는 국가정보원장이 그 보호 여부를 결정하고, 그 결과를 지체 없이 통일부장관과 보호신청자에게 통보하거나 알려야 한다.
보호·관리 단계	• 통일부장관은 보호대상자에 대한 보호 및 정착지원을 위하여 정착지원시설을 설치·운영한다. 다만, 제8조(보호 결정 등) 제1항 단서에 따라 국가정보원장이 보호하기로 결정한 사람을 위하여는 국가정보원장이 별도의 정착지원시설을 설치·운영할 수 있다. • 정착지원시설을 설치·운영하는 기관의 장은 보호대상자가 거주지로 전출할 때까지 정착지원시설에서 보호하여야 한다. • 정착지원시설을 설치·운영하는 기관의 장은 제8조(보호결정 등) 제1항에 따라 보호 결정을 한 때에는 법령으로 정하는 바에 따라 보호대상자의 등록기준지, 가족관계(형제, 자매를 포함), 경력 등 필요한 사항을 기록한 등록대장을 관리·보존하여야 한다.
배출·정착 단계	• 보호대상자는 북한 또는 외국에서 취득한 자격에 상응하는 자격 또는 학력의 인정을 받을 수 있다. • 보호대상자에게 정착 기본교육, 사회적응교육, 직업훈련, 취업보호 영농 정착 지원, 창업 지원 등 각종 지원을 제공할 수 있다. • 보호대상자 중 북한의 공무원이었던 자 또는 군인이었던 자로서 대한민국 공무원에 임용 또는 군군에 편입을 원하는 경우에는 그 경력 등을 고려하여 특별임용 할 수 있다.

1 북한이탈주민 보호신청

북한이탈주민으로서 「북한이탈주민의 보호 및 정착지원에 관한 법률」에 따른 보호를 받으려는 사람은 재외공관이나 그 밖의 행정기관의 장(각급 군부대의 장을 포함)에게 보호를 직접 신청하여야 한다. 다만, 보호를 직접 신청하지 아니할 수 있는 ① 심신의 장애가 있는 경우, ② 가족의 구성원이 나머지 가족을 대리하여 신청하는 경우, ③ 그 밖에 긴급한 사유가 있는 경우에는 그러하지 아니하다.[436]

---

436 「북한이탈주민의 보호 및 정착지원에 관한 법률」 제7조(보호신청 등).

🌐🔍 보호대상자로 결정하지 아니할 수 있는 경우[437]

* 보호결정 등에 따라 보호 여부를 결정할 때 ① 항공기 납치, 마약거래, 테러, 집단살해 등 국제형사범죄자, ② 살인 등 중대한 비정치적 범죄자, ③ 위장탈출 혐의자, ④ 국내 입국 후 3년이 지나서 보호신청한 사람, ⑤ 그 밖에 국가안전보장·질서유지·공공복리에 대한 중대한 위해 발생 우려, 보호신청자의 경제적 능력 및 해외체류 여건 등을 고려하여 보호 대상자로 정하는 것이 부적당하거나 보호 필요성이 현저히 부족하다고 법령으로 정하는 사람은 보호대상자로 결정하지 아니할 수 있다.

2 신변보호

통일부장관은 거주지 보호(제22조)에 따라 보호대상자가 거주지로 전입한 후 그의 신변안전을 위하여 국방부장관이나 경찰청장에게 협조를 요청할 수 있으며, 협조요청을 받은 국방부장관이나 경찰청장은 이에 협조한다.[438]

신변보호에 필요한 사항은 통일부장관이 국방부장관, 국가정보원장 및 경찰청장과 협의하여 정한다. 이 경우 해외여행에 따른 신변보호에 관한 사항은 외교부장관과 법무부장관의 의견을 들을 수 있다. 신변보호기간은 5년으로 한다. 다만, 통일부장관은 보호대상자의 의사, 신변보호의 지속 필요성 등을 고려하여 협의회 심의를 거쳐 그 기간을 연장할 수 있다.[439]

🌐🔍 보호의 변경[440]

통일부장관은 보호대상자가 ① 1년 이상의 징역 또는 금고의 형을 선고받고 그 형이 확정된 경우, ② 고의로 국가이익에 반하는 거짓 정보를 제공한 경우, ③ 사망선고나 실종선고를 받은 경우, ④ 북한으로 되돌아가려고 기도(企圖)한 경우, ⑤ 「북한이탈주민의 보호 및 정착지원에 관한 법률」또는 동법에 따른 명령을 위반한 경우, ⑥ 그 밖에 대통령령으로 정하는 사유에 해당한 경우에는 협의회의 심의를 거쳐 보호 및 정착지원을 중지하거나 종료할 수 있다.

---

437 「북한이탈주민의 보호 및 정착지원에 관한 법률」 제9조(보호 결정의 기준).
438 「북한이탈주민의 보호 및 정착지원에 관한 법률」 제22조의2(거주지에서의 신변호보).
439 「북한이탈주민의 보호 및 정착지원에 관한 법률」 제22조의2(거주지에서의 신변호보).
440 「북한이탈주민의 보호 및 정착지원에 관한 법률」 제27조(보호의 변경).

신변보호담당관

- 북한이탈주민이 거주지에 정착하면 신변보호담당관이 탈북민의 거주지를 5년 동안 보호한다.
- 탈북민의 재입국, 개인정보 해킹, 사이버공격, 범죄 및 범죄피해, 신변위협, 보복테러 위협 등의 수위가 높아지면서 탈북민에 대한 신변보호 업무의 중요성이 요구되고 있다.

3 보고의무 및 벌칙

지방자치단체장은 대통령령으로 정하는 바에 따라 반기半期마다 보호대상자의 정착실태 등을 파악하여 행정안전부장관을 거쳐 통일부장관에게 보고하여야 한다.[441] 거짓이나 그 밖의 부정한 방법으로 이 법에 따른 보호 및 지원을 받거나 다른 사람으로 하여금 보호 및 지원을 받게 한 자는 5년 이하의 징역 또는 5천만 원 이하의 벌금에 처한다.[442]

공직 등의 특별임용

- 북한에서의 자격이나 경력이 있는 사람 등 북한이탈주민으로서 공무원으로 채용하는 것이 필요하다고 인정되는 사람에 대하여는 「국가공무원법」 제28조(신규채용) 제2항 및 「지방공무원법」 제27조(신규채용) 제2항에도 불구하고 북한을 벗어나기 전의 자격·경력 등을 고려하여 국가공무원 또는 지방공무원으로 특별임용할 수 있다.
- 북한의 군인이었던 보호대상자가 국군에 편입되기를 희망하면 북한을 벗어나기 전의 계급, 직책 및 경력 등을 고려하여 국군으로 특별임용할 수 있다.[443]

---

441 「북한이탈주민의 보호 및 정착지원에 관한 법률」 제23조(보고 의무).
442 「북한이탈주민의 보호 및 정착지원에 관한 법률」 제33조(벌칙).
443 「북한이탈주민의 보호 및 정착지원에 관한 법률」 제18조(특별임용).

제 **7** 장 외사경찰

제1절 외사경찰 개관

1 외사경찰의 의의

1 외사경찰의 개념

외사경찰이란 외국인, 해외교포 또는 외국과 관련된 기관·단체 등 외사 대상에 대하여 이들의 동정을 관찰하고 이들과 관련된 범죄를 예방하고 단속하여 대한민국의 안전과 사회공공의 안녕 및 질서유지를 목적으로 하는 것을 주된 임무로 하는 경찰활동을 말한다.**444**

따라서 ① 대한민국 내의 주한외국인 또는 주한외국단체가 저지른 범죄, ② 대한민국 외에서 대한민국 국민이 저지른 범죄, ③ 내국인이 외국인 또는 외국단체와 공동으로 저지른 범죄, ④ 내국인이 국내에서 외국인을 상대로 한 범죄, ⑤ 외국인이 외국에서 대한민국 국민 또는 대한민국에 대해 저지른 범죄, ⑥ 간첩이나 불순분자의 제3국을 통한 우회침투를 방지·색출하고 테러나 납치 등 국제성 범죄에 대처하는 것 등이 외사경찰의 업무이다.

외사활동에 대해서는 「경찰법」과 「경찰관 직무집행법」에서 외국 정부기관 및 국제기구와의 협력을 규정하고 있다. 외사경찰활동은 국제협력 외에도 외사에 관련된 정보를

---

444 경찰대학j, 「외사경찰론」, 2004, p. 19.

수집하고, 이와 관련된 범죄를 진압함으로써 공공의 안녕과 질서유지를 담당한다. 이는 「경찰법」과 「경찰관 직무집행법」상 "그 밖의 공공의 안녕과 질서유지"에서 그 근거를 찾을 수 있다. 외사업무를 구체적으로 규정한 것은 「경찰청과 그 소속기관 직제」 제15조(외사국)이다.

외사경찰의 자세[445]	
외사경찰은 대한민국 경찰의 얼굴이다	• 외사경찰의 일거수 일투족이 해당 외국인에게는 곧 우리나라 경찰 전체를 판단하는 기준이 될 수 있음을 명심하라. • 외국인에게 신뢰를 줄 수 있는 외사활동을 통해 그들이 안심하고 다시 한국을 방문할 수 있도록 하라.
상호주의를 존중하는 가운데 의연하게 처신하라	• 외국인을 처우하는 대원칙은 바로 상호주의 존중이다. • 최소한 내가 외국경찰로부터 대우받기를 원하는 것만큼 외국인을 대우하라. • 외국인을 대할 때에는 고압적인 자세도 지양해야 하나 필요이상으로 저자세를 취하는 것은 더욱 금물이다. • 시종일관 의연한 자세를 견지하는 가운데 친절함을 잃지 말라.
국제화에 대한 안목을 가져라	• 국제화에 관한 안목을 넓히고 여기에서 예상되는 외사범죄의 증가동향에 대비할 수 있는 능력을 갖춰라. • 가치 있는 첩보의 수집과 유익한 국가정보의 해외유출 방지를 통해 국익에 이바지할 수 있다는 신념으로 업무에 임하라.
지역특성에 맞게 외사업무를 수행하라	• 관할 구역내의 외사대상을 선별하고 예견되는 문제점이 무엇인가를 파악하여 그 대비책을 마련함으로써 외사역량을 효과적으로 운영하라. • 외국공관, 미군부대, 외국기관, 외신기자 등 관할 내의 외사활동과 관련 있는 기관 및 인사와 평소에 유대를 공고히 하여 업무에 적극 활용하라.
국제공조 수사기법을 적극 활용하라	• 인터폴 및 외교경로를 통한 국제공조수사를 적극 활용함으로써 증거자료의 확보가 불충분하여 사건해결에 실패하는 우를 범하지 말라. • 특히 해외도피사범에 대해서는 지구상 어느 나라에도 도피처가 없다는 확신을 줄 수 있도록 철저히 공조하여 송환토록 노력하라.
끈질긴 자세로 외국인범죄에 대처하라	• 단 한 명의 외국인범죄자, 단 한 건의 외국인범죄도 끝까지 추적해 반드시 해결하겠다는 결의를 가져라. • 형벌권으로부터 면제를 받는 외국인의 범죄라도 피해자인 국민의 민사상 피해구제는 가능한 것이므로 사건의 실체를 명백히 하기 위한 최대한의 노력을 다하라.

---

445 경찰대학k, 전게서, pp. 847-848; 경찰청e, 전게서, pp. 885-886 재구성.

외국과 외국인에 대한 이해의 폭을 넓혀라	• 외국인의 국적·인종·신분 등의 차이에 따라 선입견을 가지는 것은 외사관련 물의 야기의 주요 원인이므로 반드시 불식하라. • 외국인을 이해하는 것은 그들의 사고방식과 범죄형태를 미리 예견하는 데에도 도움을 줄 수 있음을 명심하라. • 외교적 분쟁의 소지가 있는 언행을 하지 않도록 항상 주의하라. • 특히 외교특권자를 취급함에 있어서는 더욱 주의하라.
필요한 전문성을 함양하라	• 국제신사로서의 자질을 갖춘 외사경찰이 되기 위해서는 능숙한 외국어의 구사는 기본이며 외국어 습득을 게을리 하는 자는 결코 유능한 외사경찰이 될 수 없다. • 외국인 관련 법규, 국제예절, 에티켓, 국제정세에 관한 식견 등 외사경찰로서 자신의 전문성을 높이기 위해 항상 노력하라.

2 외사경찰의 법적 근거 및 직무내용 역량

외사경찰의 법적근거에는 「경찰법」, 「경찰관직무집행법」, 「국제형사사법공조법」, 「한 미SOFA」, 「범죄인인도법」, 「출입국관리법」 등이 있다.

외사경찰의 법적 근거	
외사경찰의 사물관할	• 경찰법(시행 2021. 7. 1.) • 경찰관직무집행법(시행 2022. 2. 3.)
외사경찰의 일반법(작용법)	• 국제형사사법공조법(시행 2021. 1. 5.) • 한미SOFA(시행 1967. 2. 9.) • 범죄인인도법(시행 2021. 1. 5.) • 출입국관리법(시행 2022. 8. 18.) 등

정보·안보·외사경찰의 직무내용 역량[446]		
관리	외사	① 효율적 외사 업무분장, ② 외사정보 수집 및 관리, ③ 다문화 치안 기획
실무	체류외국인 보호	① 다문화 치안활동
	외사정보	① 체류외국인 대상 치안정보 네트워크 구축, ② 외사정보 수집 및 활동
	국제법상 외국인 보호	① 외국인의 입·출국 관리, ② 외국인의 권리와 의무 이해
	국제경찰 공조	① 국제형사사법공조, ② 인터폴을 통한 공조

---

446 경찰청j, 전게서, pp. 9-10 재구성.

한미행정협정 준수	① 형사재판권 준수
외교특권	① 불가침권과 치외법권(면제권) 준수
범죄인 인도와 송환	① 국제협력 증진, ② 범죄인 인도의 절차 숙지

3 외사경찰의 중요성

외사업무는 국제교류가 활발해지고 인적·물적 교류의 확대로 외국과의 접촉이 빈번해지면서 이러한 추세에 따라 국제적인 범죄도 폭발적인 증가추세에 있다. 그리고 과거의 적국은 물론 동구권의 여러 나라와도 교류가 활발해지고, WTO의 자유시장경제체제의 국제질서 속에서 외국인들의 잦은 왕래와 산업의 발달에 따른 산업스파이 등의 활동이 증가하면서 이에 대비하는 외사경찰의 활동의 중요성은 날로 더해가고 있다.

최근에는 아시아 각국에서 노동자들의 유입이 급증하면서 이에 대한 대비책도 마련할 필요성과 함께 외사경찰의 대상도 점차 증가하고 있다.

2 외사경찰의 특성

1 대상의 특성

외사경찰이 담당하는 대상은 국내에 체류하고 있는 외국인이나 외국단체와 해외교포 등인 점에서 일반 경찰활동과 구별되고, 국내의 치안유지와 반국가적 행위의 예방단속에 있어서도 그 대상이 외국인·외교사절·해외교포라는 점에서 일반정보·보안활동과 구별된다.

법률위반사항도 일반 형사위반사건보다는 출입국관리법, 외국인등록법, 밀항단속법 등 주로 외국인과 관련 있는 범법행위와 내국인의 외국인 관련 범죄를 주 단속으로 한다는 점에서 특성이 있다.

외교사절은 외교관으로서의 특권이 있기 때문에 외사경찰의 외교관에 대한 업무에 있어서는 특별한 주의를 요한다.

2 활동범위의 광범성

외사경찰은 외사에 관련된 정보·보안·수사·경무 등 모든 분야의 업무를 통합적으로 취급한다. 그리고 국제협력활동은 물론 국가 간의 문제, 국제협력활동, 국제정보기관과의 정보교환 등을 다룬다는 점에서도 특색이 있으며 업무가 광범위하다.

3 외사경찰의 전문성

외사경찰은 업무의 특성상 외국어와 국제안보, 국제정치, 국제경제, 국제외교, 국제범 죄조직의 동향, 컴퓨터 등에 대한 전문적인 지식이 필요하다.

3 ‖ 외사경찰의 주요 대상

1 외국인

국제법상 외국인은 무국적자와 외국의 국적을 가진 자 중에서 사인만을 의미하며, 국가원수, 외교사절 등 공적 지위에 있는 자는 포함하지 않는다.

❶ 외국인의 입국과 출국

외국인의 입국과 출국 그리고 체류[447]	
입국	• 외국인이 입국하기 위해서는 소속 국가로부터 발급받은 여권을 입국하려는 국가의 당국에 제출하여 입국허가(VISA)를 받아야 한다. • 외국인의 입국을 허가할 경우에 여러 가지 조건을 부여할 수 있다. • 사증(비자·VISA)이란 여권이 유효한 것임을 확인하고 입국과 체류가 적당하다고 인정하는 추천서를 말한다.
출국	• 외국인 체류하는 국가의 영역 밖으로 퇴거하거나 여행하는 것을 의미한다. • 원칙적으로 외국인의 출국을 금지할 수 없으나 예외적으로 정지할 수는 있다.

---

447 경찰공제회d, 전게서, p. 677.

출국 정지사유	• 범죄수사, 형사재판 계속, 징역형 또는 금고형 미집행, 벌금 또는 추징금 미납 부, 국세·관세·지방세 미납부 • 대한민국의 이익이나 공공의 안전 또는 경제질서를 해할 우려 등

❷ 외국인의 체류와 등록

외국인의 체류와 등록[448]		
체류	• 외국인의 체류는 입국사증에 기재된 체류자격과 체류기간의 범위 내에서 가능하다. • 체류 중 여권 등 휴대 및 제시의 의무를 가진다. • 체류자격 이외의 활동을 하고자 할 때에는 법무부장관의 사전허가를 받아야 한다. • 외국인의 정치적 활동은 원칙적으로 금지된다. • 대한민국에 출생하여 체류자격을 가지지 못하고 체류하게 되는 외국인은 출생한 날부터 90일 이내에 체류자격을 받아야 한다. • 대한민국에서 체류 중 대한민국의 국적을 상실하거나 이탈하는 등 그 밖의 사유로 체류자격을 가지지 못하고 체류하게 되는 외국인은 그 사유가 발생한 날부터 30일 이내에 체류자격을 받 아야 한다.	
등록	• 외국인이 입국 날부터 90일을 초과하여 대한민국에 체류하려면, 입국한 날부터 90일 이내에 관할 출입국관리소에 외국인 등록을 하여야 한다.	
	등록 제외대상	• 주한외국공관과 국제기구의 직원 및 그의 가족 • 대한민국정부와의 협정에 따라 외교관 또는 영사와 유사한 특권 및 면제를 누리는 사람과 그의 가족 • 대한민국정부가 초청한 사람 등으로서 법무부령으로 정하는 사람

❸ 외국인의 강제퇴거

외국인의 강제퇴거[449]	
대상자	• 유효한 여권과 사증 없이 입국한 사람 • 입국금지 사유가 입국 후에 발견되거나 발생한 사람 • 상륙허가를 받지 않고 상륙한 사람 및 상륙허가 조건을 위반한 사람 • 체류자격 외 활동을 하거나 체류기간이 경과한 사람 • 거소 또는 활동범위의 제한이나 그 밖의 준수사항을 위반한 사람 • 출국심사규정을 위반하여 출국하려고 한 사람 • 외국인등록 의무를 위반한 사람 • 금고 이상의 형을 선고받고 석방된 사람

---

448 상계서, pp. 677−678.
449 상계서, pp. 678−679.

강제퇴거 절차	• 출입국관리공무원의 강제퇴거 대상자 조사 • 강제퇴거 대상자에 해당된다고 의심할 만한 상당한 이유가 있고, 도주하거나 도주할 염려가 있으면 보호명령서를 발급받아 외국인 보호실·외국인보호소 등에 보호 • 강제퇴거 대상자 여부를 심사·결정하기 위한 보호기간은 10일 이내로 한다. • 다만, 부득이한 사유가 있으면 10일을 초과하지 아니하는 범위에서 한 차례만 연장할 수 있다. • 심사결과 강제퇴거 대상자에 해당한다고 인정되면 강제퇴거 명령서를 발급 • 출입국관리공무원의 강제퇴거명령서 집행 • 사법경찰관리에게 강제퇴거명령서의 집행 의뢰 가능

❹ 외국인의 권리와 의무

외국인의 권리와 의무[450]		
권리	인정권리	• 생명권, 성명권, 정조권, 재산권인 물권·채권·무체(無體)재산권, 상속권
	불인정권리	• 피선거권, 공무담임권 등과 생활권인 근로의 권리, 교육을 받을 권리 등
의무	일반의무	• 외국인은 사법상의 권리에 대응하는 사법상 의무와 공법상으로 체류국의 통치권에 복종할 의무를 지닌다. • 다만 병역의 의무, 교육의 의무, 사회보장가입 의무 등은 부담하지 않는다.
	특수의무	• 지방적 구제의 원칙에 대한 의무, 추방의 원인이 되는 행위를 하지 않을 의무, 외국인 등록을 할 의무 등이 있다.

❺ 여권과 사증(비자)(Visa)

● 여권의 정의

여권이란 대한민국정부·외국정부 또는 권한 있는 국제기구에서 발급한 여권 또는 난민여행증명서나 그 밖에 여권을 갈음하는 증명서로서 대한민국 정부가 유효하다고 인정하는 것을 말한다.[451] 따라서 ① 여행증명서$^{Travel\ Certification}$, ② 난민여행증명서$^{Refugee\ Travel\ Document}$, ③ 선원수첩$^{Seafarer's\ Passport}$도 여권을 대신하는 증명서에 포함된다. 하지만 인터폴 신분증, 난민인증서, 선원신분증명서 등은 여권을 대신하는 증명서에 해당하지 않는다.

여권법 제3조에 "여권은 외교부장관이 발급한다."고 정하여 중앙정부만이 여권을 독점 발급함을 간접적으로 밝히고 있다. 여권의 양대 요건은 ① 국적 증명 확인, ② 안도(안전여행) 요청이다. 여권을 소지하고 해외 여행하는 여권 명의인은 한국 국민이며 외국

---

450 상게서, pp. 678–679.
451 「출입국관리법」 제2조(정의) 제4호.

의 관헌에게 안전여행을 허용해 줄 것을 요청하며 문제가 생기면 한국 정부가 여권 명의인을 외교·영사 보호해 주겠다는 뜻이다. 한국 여권 명의·소지인은 외교·영사 서비스를 국적국인 한국 정부에 요청할 수 있다.**452**

Police Science

🌐 선원수첩(Seafarer's Passport)

- 선원수첩은 대한민국 정부(해양항만관청)가 선원법에 의해 우리나라 선박에 승선하는 선원에게 발행한 여권에 갈음하는 신분증명서를 말한다.
- 선원수첩 소지인이 선원의 직무를 위하여 당해국에 입국 또는 통과하는 경우 해당 정부에게 제반 편의의 제공 및 보호를 요청하는 대한민국 정부의 공식문서이다.
- 선원수첩은 ILO협약 제108호에 의해 국제적으로 여권과 동일한 효력을 갖는 증명서로 인정된다.

● 사증(비자)(Visa)

외국인이 입국할 때에는 유효한 여권과 법무부장관이 발급한 사증查證을 가지고 있어야 한다. 법무부장관은 사증발급에 관한 권한을 법령이 정하는 바에 따라 재외공관의 장에게 위임할 수 있다. 사증은 1회만 입국할 수 있는 단수사증單數查證과 2회 이상 입국할 수 있는 복수사증複數查證으로 구분한다.

입국하려는 외국인은 ① 일반체류자격, ② 영주자격 중의 어느 하나에 해당하는 체류자격을 가져야 한다. 일반체류자격은 「출입국관리법」에 따라 대한민국에 체류할 수 있는 기간이 제한되는 체류자격을 말한다. 영주자격은 대한민국에 영주永住할 수 있는 체류자격을 말한다.

---

452 황승현, 「여권의 국제법과 사용례 연구(정책연구시리즈2019−02)」, 국립외교원 외교안보연구소, 2019, p. 1.

사증의 종류와 유효기간[453]		
사증의 종류	**유효기간**	
단수사증	• 단수사증의 유효기간은 발급일부터 3개월	
복수사증	• 외교(A-1)부터 협정(A-3)까지에 해당하는 사람의 복수사증	• 3년 이내
	• 방문취업(H-2)의 체류자격에 해당하는 사람의 복수사증	• 5년 이내
	• 복수사증 발급협정 등에 의하여 발급된 복수사증	• 협정상의 기간
	• 상호주의 기타 국가이익 등을 고려하여 발급된 복수사증	• 법무부장관이 따로 정하는 기간

● 여권의 종류 및 유효기간

여권			
여권의 분류	**여권의 종류**	**내용**	**유효기간[454]**
신분에 따른 분류	일반여권[455]	• 외국을 여행하려는 국민 • 표지색상: 남색[456]	• 10년 이내 • 18세 미만인 사람: 5년
	관용여권[457]	• 관용여권의 발급대상자 • 표지색상: 진회색[458]	• 5년 이내
	외교관여권[459]	• 외교관여권의 발급대상자 • 표지색상: 적색[460]	• 5년 이내
사용횟수에 따른 분류	단수여권[461]	• 1회에 한정하여 외국여행을 할 수 있는 여권 • 종류: 일반여권·관용여권과 외교관여권[462]	• 1년
	복수여권[463]	• 유효기간 만료일까지 횟수에 제한 없이 외국여행을 할 수 있는 여권 • 종류: 일반여권·관용여권과 외교관여권[464]	• 유효기간 만료일까지

기타	여행증명서[465]	• 여권의 발급·재발급이 거부 또는 제한되었거나 외국에서 강제 퇴거된 사람 등 • 그 여행증명서의 발급 목적을 이루면 그 효력을 잃음 • 표지색상: 검정색[466]	• 1년 이내
	난민여행 증명서[467]	• 「난민법」 제2조(정의) 제1호에 따른 난민인정자	• 3년
	긴급여권[468]	• 여권을 발급받거나 재발급받을 시간적 여유가 없는 경우로서 여권의 긴급한 발급이 필요하다고 인정되어 발급하는 여권 • 표지색상: 청색[469] • 긴급여권은 단수여권[470]	• 1년

Police Science

🔍 여권법(시행 2021. 7. 6.)

제4조(여권의 종류) ① 여권의 종류는 다음 각 호와 같다.

1. 일반여권

2. 관용여권

3. 외교관여권

---

454 「여권법」 제5조(여권의 유효기간).
455 「여권법」 제2조(여권의 소지).
456 「여권법 시행령」 제2조(여권의 규격 등) 제3항.
457 「여권법 시행령」 제7조(관용여권의 발급대상자).
458 「여권법 시행령」 제2조(여권의 규격 등) 제3항.
459 「여권법 시행령」 제10조(외교관여권의 발급대상자)
460 「여권법 시행령」 제2조(여권의 규격 등) 제3항.
461 「여권법」 제4조(여권의 종류) 제2항.
462 「여권법」 제4조(여권의 종류) 제2항.
463 「여권법」 제4조(여권의 종류) 제2항.
464 「여권법」 제4조(여권의 종류) 제2항.
465 「여권법」 제14조(여권을 갈음하는 증명서) 제1항·제2항.
466 「여권법 시행령」 제2조(여권의 규격 등) 제3항.
467 「출입국관리법」 제76조의 5(난민여행증명서).
468 「여권법」 제5조(여권의 유효기간).
469 「여권법 시행령」 제2조(여권의 규격 등) 제3항.
470 「여권법」 제4조(여권의 종류) 제2항.

4. 긴급여권(제1호부터 제3호까지의 규정에 따른 여권을 발급받거나 재발급받을 시간적 여유가 없는 경우로서 여권의 긴급한 발급이 필요하다고 인정되어 발급하는 여권을 말한다)

② 여권은 1회에 한정하여 외국여행을 할 수 있는 여권(단수여권)과 유효기간 만료일까지 횟수에 제한 없이 외국여행을 할 수 있는 여권(복수여권)으로 구분하며, 여권의 종류별로 다음 각 호의 구분에 따라 발급한다.

1. 일반여권·관용여권과 외교관여권: 단수여권과 복수여권

2. 긴급여권: 단수여권

제5조(여권의 유효기간) ① 제4조에 따른 여권(긴급여권은 제외한다)의 종류별 유효기간은 다음 각 호와 같다.

1. 일반여권: 10년 이내

2. 관용여권: 5년 이내

3. 외교관여권: 5년 이내

제14조(여권을 갈음하는 증명서) ① 외교부장관은 국외에 체류하거나 거주하고 있는 사람으로서 여권의 발급·재발급이 거부 또는 제한되었거나 외국에서 강제 퇴거된 사람 등 대통령령으로 정하는 사람에게 여행목적지가 기재된 서류로서 여권을 갈음하는 증명서(여행증명서)를 발급할 수 있다.

② 여행증명서의 유효기간은 1년 이내로 하되, 그 여행증명서의 발급 목적을 이루면 그 효력을 잃는다.

Police Science

🔍 여권법 시행령(시행 2022. 7. 12.)

제2조(여권의 규격 등) ③ 여권 등의 종류에 따른 표지 색상과 면수는 다음 각 호와 같다.

1. 일반여권: 남색(단수여권은 14면, 복수여권은 26면 또는 58면). 다만, 5년 미만의 복수여권은 26면으로 한다.

2. 관용여권: 진회색(26면 또는 58면)

3. 외교관여권: 적색(26면 또는 58면)

4. 긴급여권: 청색(12면)

5. 여행증명서: 검정색(12면)

제6조(일반여권의 유효기간) ① 일반여권의 유효기간은 10년으로 한다.

② 외교부장관은 제1항에도 불구하고 해당 구분의 어느 하나에 해당하는 사람에게는 다음 각 호에 따른 기간을 유효기간으로 하는 일반여권을 발급할 수 있다. 다만, 제5호에 해당하는 사람인지는 관계 행정기관과의 협의를 거쳐 결정한다.

1. 18세 미만인 사람: 5년

Police Science
🌐🔍 출입국관리법(시행 2023. 6. 14.)

제76조의 5(난민여행증명서) ① 법무부장관은 「난민법」에 따른 난민인정자가 출국하려고 할 때에는 그의 신청에 의하여 대통령령으로 정하는 바에 따라 난민여행증명서를 발급하여야 한다. 다만, 그의 출국이 대한민국의 안전을 해칠 우려가 있다고 인정될 때에는 그러하지 아니하다.

② 제1항에 따른 난민여행증명서의 유효기간은 3년으로 한다.

2 외교사절

외교사절이란 외교교섭 기타의 직무를 수행하기 위하여 외국에 파견되는 국가의 대외적 대표기관을 의미한다. 외교사절의 사실적·법률적 행위의 효과는 국가에 귀속된다.

3 국제기구

국제기구란 다수의 국가가 조약이라는 행태의 자발적 합의에 의하여 결합된 국제적 단체를 말한다. 상설적인 기관을 갖고 일정한 자치능력과 국가 간의 협조기능을 가진 국제법상의 법인격체를 말한다.

4 외국군대

군대란 국가의 독립·권위·안전을 위하여 존재하는 국가기관으로 그 행위는 국가의 행위로 귀속된다. 외국군대의 구성원이란 현역 군인·군속 및 이들의 부양가족을 포함한다. 외교사절의 보조기관으로 파견되는 무관은 외교관으로서 특권을 가지므로 외국군대의 대상에서 제외된다.

외사경찰의 주요대상	
외국인	• 국제법상 외국인은 무국적자와 외국의 국적을 가진 자 중에서 사인만을 의미하며, 국가원수, 외교사절 등 공적 지위에 있는 자는 포함하지 않는다.
외교사절	• 외교사절이란 외교교섭 기타의 직무를 수행하기 위하여 외국에 파견되는 국가의 대외적 대표기관을 의미한다. 외교사절의 사실적·법률적 행위의 효과는 국가에 귀속된다.
국제기구	• 국제기구란 다수의 국가가 조약이라는 행태의 자발적 합의에 의하여 결합된 국제적 단체를 말한다. • 상설적인 기관을 갖고 일정한 자치능력과 국가 간의 협조기능을 가진 국제법상의 법인격체를 말한다.
외국군대	• 군대란 국가의 독립·권위·안전을 위하여 존재하는 국가기관으로 그 행위는 국가의 행위로 귀속된다. • 외국군대의 구성원이란 현역 군인·군속 및 이들의 부양가족을 포함한다. • 국외교사절의 보조기관으로 파견되는 무관은 외교관으로서 특권을 가지므로 외국군대의 대상에서 제외된다.

제2절 외사경찰활동

외사경찰의 업무는 재외국민·외국인 및 이에 관련되는 신원조사, 외국경찰기관과의 협력 및 교류, 국제형사경찰기구에 관련되는 업무, 외사정보의 수집·분석 및 관리, 외국인 또는 외국인과 관련된 간첩의 검거공작 및 범죄의 수사·지도, 외사방첩업무의 지도·조정, 국제공항 및 국제해항의 보안활동에 관한 계획 및 지도 등으로 하고 있다.

여기서는 외사정보활동, 외사수사활동, 외사보안활동, 국제협력활동 등이다.

1 ║ 외사정보활동

외사정보활동이란 주한외국인, 주한 외교사절, 주한외국기관, 상사단체, 해외교포 등 각종 외사활동의 객체를 대상으로 외사첩보를 수집하고 분석하여 경찰상 또는 국가안보상의 위해를 사전에 제거하고 그 대책을 마련하여, 대한민국의 안전과 이익 또는 사회공공의 안녕과 질서를 유지하는 목적을 가진 외사경찰의 활동을 말한다.

2 ║ 외사수사활동

외사수사활동이란 주한외국인, 주한 외교사절, 주한외국기관, 상사단체, 해외교포 등 각종 외사활동의 객체를 대상으로 그 범죄 및 범죄자에 대해 공소를 제기하고 이를 유지하기 위한 준비절차로서 범죄사실을 탐지하고, 범인을 검거, 조사하고, 증거를 수집·보전하는 외사경찰의 활동을 말한다.

일반경찰수사와 다른 점은 그 대상이 외국인 또는 해외동포, 외국인관련사건이라는 점, 활동무대가 국내에 한정되지 않는다는 것이다.

외국인 범죄의 수사절차[471]	
범죄사실 등의 고지	• 외국인 범죄자를 체포·구속할 때에는 범죄사실의 요지, 변호인선임권 등과 함께 해당 영사기관에 체포구속사실의 통보와 해당 영사기관원과의 접견·교통을 요청할 수 있음을 고지하여야 한다.
영사기관 통보	• 피의자가 영사기관 통보 및 접견을 요청한 경우: 영사기관에 체포구속통보서를 작성하여 지체 없이 통보하고 면담을 주선한다. • 피의자가 통보를 거부한 때: 통보할 의무가 없다. 단, 외국과의 조약에 따라 피의자의 의사에 관계 없이 해당 영사기관에 통보하게 되어 있는 경우에는 반드시 통보한다. • 영사관은 해당 국민의 피의자와 접견하거나 통신 또는 접촉할 수 있으며, 그를 위해 변호인을 알선할 수 있다.

---

471 전대양b, 전게서, pp. 921-922.

	• 영사관과의 접견에 관한 의사확인서를 작성하여 수사서류에 첨부한다.
조사관 소개	• 조사시 신문에 들어가기 전에 자신이 사건 담당 경찰관(수사관)임을 고지해야 한다.
통역인 소개	• 한국어로 의사소통을 하는데 지장이 없는 외국인 피의자를 제외하고는 반드시 통역인을 통해 조서를 작성해야 한다. • 조사관이 외국어에 능통하다 하더라도 반드시 통역인을 참여시켜야 한다.
진술거부권 등 고지	• 진술거부권·변호인선임권 등에 대하여 구체적으로 설명하여야 한다.
인정신문으로 신원확인	• 외국인의 신분확인은 피의자 조사에 있어 가장 기본적이고 중요한 사항이다. • 여권사본을 기록에 첨부하고 여권이 정상적으로 발급된 것인지 여부를 확인해야 한다.
체류자격의 확인	• 체류자격을 물어보고 여권에 있는 사증이나 입국허가 시에 스탬프를 날인해주는 입국 심사인에 찍혀 있는 체류자격을 비교·확인한다.
외국인 등록여부	• 외국인 등록증을 소지하고 있는지 조사하고 소지하고 있다면 이를 제시하여 줄 것을 요구한다.
조서작성	• 조서작성이 끝나면 통역인을 통해 피의자에게 조서를 읽어주었다는 요지를 기재하고 통역인의 서명·날인을 받는다. • 외국인의 경우, 서명만으로 서명·날인을 가름할 수 있다.
출국정지	• 강력범죄 피의자로 외국으로 도주할 우려가 있는 자에 대해서는 담당 검사에게 출국정지를 요청한다.

1 국제성 범죄

국제성 범죄는 국제협약에서 규정하고 있는 범죄와 인적·장소적으로 2개국 이상이 관련된 범죄를 말한다. 여기에는 국제간첩사건과 같은 반국가적 범죄, 국제테러, 마약·무기밀매·인신매매·국제적 매춘조직, 국제통화위조, 국제상거래범죄, 돈세탁 등 신용을 해치는 범죄 등이 있다.

2 일반외사사범

주로 국내체류 외국인 또는 국내인의 외국 관련 범죄를 말하며, 성질상 국제범죄에 속하지 않는 범죄를 말한다. 외국인의 국내 형사법의 위반, 한미SOFA 위반사범, 출입국 관리법·여권법·밀항단속법 등의 위반사범이 여기에 속한다.

3 | 외사보안활동

외사보안활동이란 주한외국인, 주한 외교사절, 주한외국기관, 상사단체, 해외교포 등 각종 외사활동의 객체를 대상으로 간첩행위 등 국가보안법위반이나 산업스파이 등 기타 반국가적 행위여부를 파악하고 동향을 관찰하여 대한민국의 안전과 이익 또는 사회공공의 안녕과 질서를 유지하는 목적을 가진 외사경찰의 활동을 말한다. 여기에는 간첩혐의가 있는 자에 대한 검거, 국제테러단체의 동향을 파악하고 이에 대한 대책 등과 같은 활동도 포함된다.

4 | 국제협력활동

국제협력활동은 외국 및 국제경찰조직과의 공조, 상호방문, 교육파견, 국제회의나 세미나의 참석 등을 통하여 국제경찰기구와 협력을 증진하고 정보를 교환하여, 국제성 범죄에 효과적으로 대처하기 위한 활동을 말한다.

다자간 국제경찰 협력기구[472]	
인터폴	• 1914년 모나코에서 제1차 국제형사경찰회의가 개최된 것을 시작으로 다양한 변천과정을 거쳐 1956년 제25차 비엔나 ICPC총회에서 국제형사경찰기구(ICPO)가 발족되었다. • 사무총국 및 회원국 경찰 당국간 범죄정보를 교환하고 범죄인검거 등에 상호협력하는 국제경찰 협력기구의 구심체이다.

---

472 상게서, p. 676.

아세아나폴	• 아세안 회원국의 경찰총수간에 매년 국제경찰협력을 위하여 회의 또는 협의하는 회의적 또는 협의체적 성격의 기구이다. • 1981년에 탄생하였으며, 인터폴·유로폴과 달리 사무총국이 따로 설치되어 있지 않다.
유러폴	• 유럽연합조약에 근거하여 회원국 간 발생하는 범죄, 특히 마약범죄에 대해어 범죄정보를 교환·조정하는 중앙기구이다. • 네델란드 헤이그에 본부를 둔 유럽경찰사무소(European Police Office)를 설치하고 있다.
기타	• 트레비 경찰협력기구(Group TREVI), K-14 위원회, 셍겐조약에 의한 경찰협력 및 다자간 참여 경찰협력시스템 등이 있다.

제3절 | 국제경찰 공조

1 ┃ 국제경찰공조의 의의

국제경찰공조에는 국제형사사법공조와 인터폴을 통한 공조가 있다. 국제형사사법의 기본원칙에는 ① 상호주의, ② 쌍방가벌성의 원칙, ③ 특정성의 원칙 등이 있다.

2 ┃ 국제형사사법 공조

1 국제형사사법 공조의 의의

1991년 3월 8일 제정된 「국제형사사법 공조법」은 국제거래 및 해외교류의 확대로 범죄의 수사와 재판에도 외국과의 협조가 절실히 요청되고 있어, 이에 형사사건의 수사나 재판과 관련하여 외국과 협조하는 범위와 그 절차 등을 정함으로써 범죄의 진압과 예방에 국가 간의 협력을 증진하고 범죄의 국제화추세에 대비하려는 목적을 가지고 제정되었다.

2021년 1월 5일에는 「고위공직자범죄수사처 설치 및 운영에 관한 법률」의 제정으로 고위공직자범죄수사처가 신설됨에 따라, 법무부장관의 공조 관련 조치 요구 대상에 고위공직자범죄수사처장을 추가하는 등 관련 규정을 정비하려는 목적으로 개정되었다.

국제형사사법 공조의 기본원칙	
상호주의	• 상호주의는 외국이 형사사법 공조를 해주는 만큼 자국도 동일하게 유사한 범위 내에서 공조요청을 응할 수 있다는 원칙이다.
쌍방가벌성의 원칙	• 쌍방가벌성의 원칙이란 대상범죄는 피요청국과 요청국 모두에서 처벌 가능한 범죄여야 한다는 원칙이다.
특정성의 원칙	• 특정성의 원칙이란 요청국이 공조에 따라 취득한 증거를 공조요청의 대상이 된 범죄 이외의 수사나 재판에 사용해서는 안 되며, 공조요청에 따라 출두한 경우 피요청국을 출발하기 이전의 행위로 인해 구금·소추를 비롯한 어떠한 자유도 제한받지 않는다는 원칙이다.

용어의 정의[473]	
공조	• 공조란 대한민국과 외국 간에 형사사건의 수사 또는 재판에 필요한 협조를 제공하거나 제공받는 것을 말한다.
공조조약	• 공조조약이란 대한민국과 외국 간에 체결된 공조에 관한 조약·협정 등을 말한다.
요청국	• 요청국이란 대한민국에 공조를 요청한 국가를 말한다.
공조범죄	• 공조범죄란 공조의 대상이 되어 있는 범죄를 말한다.

2 공조의 범위와 공조의 제한

공조의 범위[474]
• 사람 또는 물건의 소재에 대한 수사 • 서류·기록의 제공 • 서류 등의 송달 • 증거 수집, 압수·수색 또는 검증 • 증거물 등 물건의 인도(引渡) • 진술 청취, 그 밖에 요청국에서 증언하게 하거나 수사에 협조하게 하는 조치

---

473 「국제형사사법 공조법」 제2조(정의).
474 「국제형사사법 공조법」 제5조(공조의 범위).

공조의 제한[475]
• 다음의 어느 하나에 해당하는 경우에는 공조를 하지 아니할 수 있다.
• 대한민국의 주권, 국가안전보장, 안녕질서 또는 미풍양속을 해칠 우려가 있는 경우
• 인종, 국적, 성별, 종교, 사회적 신분 또는 특정 사회단체에 속한다는 사실이나 정치적 견해를 달리한다는 이유로 처벌되거나 형사상 불리한 처분을 받을 우려가 있다고 인정되는 경우
• 공조범죄가 정치적 성격을 지닌 범죄이거나, 공조요청이 정치적 성격을 지닌 다른 범죄에 대한 수사 또는 재판을 할 목적으로 한 것이라고 인정되는 경우
• 공조범죄가 대한민국의 법률에 의하여는 범죄를 구성하지 아니하거나 공소를 제기할 수 없는 범죄인 경우
• 「국제형사사법 공조법」에 요청국이 보증하도록 규정되어 있음에도 불구하고 요청국의 보증이 없는 경우

③ 공조절차

공조요청 접수 및 요청국에 대한 공조 자료의 송부는 외교부장관이 한다. 다만, 긴급한 조치가 필요한 경우나 특별한 사정이 있는 경우에는 법무부장관이 외교부장관의 동의를 받아 이를 할 수 있다.[476]

외국의 공조요청[477]	
수사에 관한 공조	• 요청국의 수사공조요청 접수 → 외교부장관은 법무부장관에게 공조요청서 송부 → 법무부장관은 공조여부를 결정하여 관할 지방검찰청 검사장 또는 고위공직자범죄수사처장에게 관계 자료 송부 및 공조명령과 요구 → 지방검찰청 소속 검사와 고위공직자범죄수사처 소속 검사는 공조자료를 수집 → 검사장 또는 고위공직자범죄수사처장은 공조에 필요한 조치를 마치면 지체 없이 수집한 공조 자료 등을 법무부장관에게 송부 → 법무부장관은 공조자료 등을 받거나 보고받았을 때에는 공조에 필요한 자료를 외교부장관에게 송부
재판에 관한 공조	• 법무부장관이 법원행정처장에게 공조요청서 송부 → 법원행정처장이 관할 지방법원장에게 공조요청서 송부 → 지방법원장이 공조요청자료를 수집하여 역순으로 송부

---

475 「국제형사사법 공조법」 제6조(공조의 제한).
476 「국제형사사법 공조법」 제11조(공조요청의 접수 및 공조자료의 송부).
477 「국제형사사법 공조법」 제15조(법무부장관의 조치)부터 제26조(이송)까지 재구성.

외국에 대한 공조요청[478]		
수사에 관한 공조	• 검사(사법경찰관은 검사에게 신청) 또는 고위공직자범죄수사처장은 법무부장관에게 공조요청서 송부 → 법무부장관은 공조요청 여부를 결정한 뒤 타당하다고 인정될 경우 외교부장관에게 송부 → 외교부장관은 피요청국에 공조요청서를 송부	
재판에 관한 공조	• 법원은 법원행정처장에게 공조요청서를 송부하고 그 사실을 검사에게 통지 → 법원행정처장은 법무부장관에게 공조요청서를 송부 → 법무부장관은 공조요청 여부를 결정한 뒤 타당하다고 인정될 경우 외교부장관에게 송부 → 외교부장관은 피요청국에 공조요청서를 송부	

3 ‖ 인터폴 공조

1 인터폴의 의의

1914년 출범한 인터폴Interpol은 국제형사경찰기구I.C.P.O: International Criminal Police Organization, 통칭 'I.C.P.O – Interpol' 또는 'Interpol' 등으로 불린다. 우리나라는 1964년에 가입하였다. 인터폴은 세계인권선언Declaration of Human Rights의 정신을 바탕으로 국제범죄(초국가범죄)의 예방과 처리를 목적으로 회원국의 국내법이 허용하는 범위 내에서 상호간 필요한 자료와 정보를 교환하고 범인체포 및 인도에 상호협력하는 정부간 국제기구Intergovernmental Organization이다.[479]

2022년 기준 195개의 회원국을 보유한 세계 최대의 국제형사경찰조직이다. 인터폴 사무국General Secretariat과 협력하면서 경찰수사 관련 자료를 공유한다. 인터폴INTERPOL: International Criminal Police Organization은 수사기관이 아니고 정보와 자료를 교환하고, 범인체포와 인도에 관하여 상호협조하는 국제형사경찰기구이다. 인터폴은 수사권이 없는 세계 최대 국제형사경찰기구이다. 우리나라는 1964년에 가입하였으며, 경찰청 외사국에서 담당하고 있다.

---

478 「국제형사사법 공조법」 제29조(검사 등의 공조요청)부터 제33조(법원의 공조요청)까지 재구성.

479 INTERPOL has 195 member countries, making us the world's largest police organization.

- 인터폴의 기원은 1914년 4월 14일부터 18일까지 열린 모나코 회의The Monaco Congress가 시초이다.

- 알버트 1세 왕자Prince Albert I 와 14개국에서 온 경찰관리자, 판사, 법률가들이 모여서 인터폴 창설을 위한 제1회 국제형사경찰회의International Criminal Police Congress를 열었다. 이 회의가 인터폴INTERPOL 창설의 기초가 되었다.

- 모나코 회의에서는 ① 신속한 범죄자 체포절차Methods of speeding up and simplifying the arrest of offenders, ② 완벽한 범죄자 식별절차Perfecting identification techniques, ③ 국제범죄 기록보관소 설립Compiling central records ant international level, ④ 범죄인 인도절차 표준화Unification of extradition process 등을 주요의제로 다루었다. 하지만 몇 달 뒤 발생한 제1차 세계대전으로 중지되었다.

- 1919년 제1차 세계대전 이후 네델란드 왕립경찰의 하우텐 대령Colonel M. C. Van Houten은 경찰협력기구Police co-operation에 대한 아이디어를 다시 제안했다. 그는 경찰협력기구를 만들기 위한 회의를 열어야 한다고 제안했지만 회의소집에는 실패했다.

- 1923년 9월 3일부터 7일까지 오스트리아의 비엔나 경찰청장이었던 쇼버Dr. Johanes Schober 박사의 발의로 제2회 국제형사경찰회의International Criminal Police Congress가 비엔나에서 열렸다. 회의 제목에서 알 수 있듯이 모나코 회의를 계승하는 것을 목적으로 하였다.

- 쇼버 박사의 제안에 오스트리아Austia, 덴마크Denmark, 이집트Egypt, 프랑스France, 독일Germany, 그리스Greece 그리고 헝가리Hungary 등의 7개국 경찰청장 등이 참석했다.

- 1923년 9월 7일 경찰협력의 상설기구로 국제형사경찰위원회ICPC: International Criminal Police Commission를 설치하기로 결정했다. 본부는 오스트리아의 비엔나에 두기로 합의하였다.

- ICPC는 점진적인 발전을 하면서 1938년까지 총 34개국thirty-four countries으로 확대되었다.

- 1938년 오스트리아가 독일에 합병되고, 제2차 세계대전이 발발하면서 1942년 본부는 독일의 베를린으로 옮겨졌다. 1942년부터 1945년까지 ICPC의 활동은 사실상 중지되었다.

- 제2차 세계대전이 끝나고 평화가 찾아왔다. 벨기에Belgian의 경찰 고위관리였던 루와르Mr. F. E. Louwage의 제안으로 1946년 6월 6일부터 9일까지 브뤼셀Brussels에서 17개 국가seventeen countries가 참석한 가운데 ICPC 재건회의가 개최되었다.

---

480 Anonymous, *INTERNATIONAL CRIMINAL POLICE ORGANIZATION(INTERPOL) 50TH ANNIVERSITY, 1923－1973*, National Institute of Justice, 1973, pp. 2－9.

- 루와르는 개막연설에서 "우리는 불꽃이 죽도록 내버려 둘 수는 없다."^{We cannot let the flame die}라는 명연설을 했다.
- 루와르의 주도로 ICPC의 새로운 헌장^{Constitution}이 제정되었고, 본부는 파리로 옮겨졌다. 임기 5년인 5명의 집행위원이 선출되었으며, 루와르는 ICPC의 사무총장^{President}에 임명되었다.
- 1946년 ICPC의 사무국이 파리로 이전했을 때 새로운 전신주소^{Telegraphic Address}가 필요했다.
- 1946년 7월 22일 파리 우체국에 계약자로 국제경찰^{International Police}이라는 의미의 인터폴^{Interpol}이라는 단어를 선택^{Interpol-a Contraction of International Police}하여 등록했다. 이것이 인터폴이라는 명칭으로 불리게 된 시초가 되었다.
- 1956년 인터폴 헌장이 개정되면서 '조직'^{Organization}이라는 명칭이 정식으로 추가되었다. 이후 현재의 INTERPOL^{International Criminal Police Organization}이라는 명칭이 공식적으로 사용되고 있다.
- 인터폴은 점진적으로 발전하면서 1972년에는 회원국 수가 114개국으로 확대되었다.
- 2022년 기준 195개의 회원국을 보유한 세계 최대의 국제형사경찰조직으로 발전하였다.
- 세계 각국은 인터폴 사무국^{General Secretariat}과 협력하면서 경찰수사 관련 자료를 공유한다.

2 사무국

사무국^{General Secretariat}은 프랑스 리용(1990년 파리에서 이전)에 있다. 각 회원국(195개) 중앙 수사본부 내에 국가중앙사무국^{NCB: National Central Bureau} 설치하고 있다. 우리나라의 국가중앙사무국(한국Interpol 중앙사무국)은 경찰청 외사국에 설치되어 있다. 'Interpol Korea' 또는 'NCB 서울' 등으로 통칭된다.

미국의 경우, FBI, CIA, DEA 등 법집행기관들이 합동으로 법무부 내에 국가중앙사무국을 구성하고 있다. 사용언어는 불어, 영어, 스페인어, 아랍어 등이며, 각국은 이 중 1-2개의 언어를 실무 공용어로 사용하고 있다. 지역사무소는 방콕(아시아), 아비잔하라레(아프리카) 등에 있다.

인터폴은 국제수사관을 두고 국경에 구애됨이 없이 자유로이 왕래하면서 범인을 직접 추적하고 수사하는 국제수사기관이나 사립탐정의 개념이 아니다. 정치적, 군사적, 종교적, 인종적 성격을 띤 문제에 대한 관여나 활동은 금지하고 있다.[481]

총회, 지역회의, 심포지엄, 세미나 및 각종 전문가회의 등을 통해 사건수사에 필요한 최신 정보, 수사기법의 교환 및 상호협력체제^{Network}를 구축하고 있다. 사무총국에는 각종 국제범죄 기록 및 범죄자의 지문, 사진 등을 분석, 정리한 자동검색시스템^{ASF}을 운용하고 있다.

자동검색시스템^{ASF}은 I－24/7(인터넷＋보안 시스템)으로 발전되어 데이터베이스가 관리되고 있다. 범죄용의자 수백만 명$^{Millions\ of\ Records}$에 대한 지문^{Fingerprints}과 장물$^{Stolen\ Property}$, 화기류^{Firearms} 등의 데이터를 관리하고 있다. 인터폴 수배서^{Notice}는 사무총국에서 각 회원국에 배부하고 있다.

Police Science

🌐🔍 인터폴 헌장 제3조$^{Interpol\ Constitution\ Article\ 3}$

• 인터폴은 정치적, 군사적, 종교적 또는 인종적 성격을 띤 문제에 대해서는 어떠한 개입이나 활동을 절대 할 수 없다.

Article 3: It is strictly forbidden for the Organization to undertake any intervention or activities of a political, Military, religious or racial character.

인터폴 수배서(INTERPOL NOTICES)의 종류[482]	
적색수배서 (국제체포수배서)	• 적색수배서(Red Notice): Wanted Persons • 범죄인 인도를 목적으로 발행 • 국제지명수배자(체포영장발급자)
청색수배서 (국제정보조회 수배서)	• 청색수배서(Blue Notice): Additional Information • 수배자의 신원·전과 및 소재확인 • 우범자(용의자, 관리대상자)

---

481 Interpol Constitution Article 3.
482 경찰공제회d, 전계서, p. 724 재구성.

녹색수배서 (상습국제범죄자 수배서)	• 녹색수배서(Green Notice): Warnings and Intelligence • 상습 국제범죄자의 동향 파악 및 범죄예방을 위해 발행
황색수배서 (가출인수배서)	• 황색수배서(Yellow Notice): Missing Persons • 가출인의 소재확인 및 기억상실자의 신원확인 • 행방불명자 수배
흑색수배서 (변사자수배서)	• 흑색수배서(Black Notice): Unidentified Bodies • 신원불상 사망자 또는 가명사용 사망자의 신원확인 • 변사자 신원확인
자주색수배서 (범죄수법수배서)	• 자주색수배서(Purple Notice): MO(Modus Operation) • 새로운 측이 범죄수법을 분석하여 각 회원국에 배포 • 범죄수법
오렌지수배서 (위험경고수배서)	• 오렌지수배서(Orange Notice): Imminent Threat • 폭발물 등 위험물에 대한 경고 목적으로 발행(Security Alert)
INTEPOL-UN 특별수배서	• INTEPOL-UN특별수배서: INTERPOL-UN Security Council Special Notice • UN과 INTERPOL이 협력하여 국제 테러범 및 테러단체에 대한 제재를 목적으로 발행
장물수배서	• 장물수배서(Stolen Property Notice) • 도난 또는 불법취득 물건·문화재 등에 대한 수배 • 도난 문화재, 예술품 등

Police Science

🌐🔍 인터폴 수배서 INTERPOL NOTICES

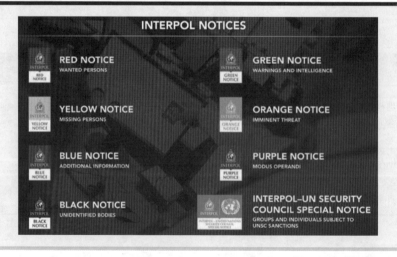

| 제4절 | 한미행정협정(한미 SOFA) |

1 | 한미행정협정의 의의

한미행정협정(한미주둔군지위협정)^{US-ROK SOFA: US-ROK Status of Forces Agreement}은 주한미군의 법적 지위를 규정한 협정으로 「대한민국과 아메리카 합중국간의 상호방위 조약」^{Mutual Defense Treaty between the Republic of Korea and the United States of America} 제4조에 따라 1966년 7월 9일 체결되었다. 발효일은 1967년 2월 9일이다.[483]

대한민국과 아메리카 합중국 간의 상호방위조약 제4조에 의한 시설과 구역 및 대한민국에서의 아메리카 합중국 군대의 지위에 관한 협정^{Agreement under Article 4 of the Mutual Defence Treaty between the Republic of Korea and the United States of America, Regarding Facilities and Areas and the Status of United States Armed Forces in the Republic of Korea}을 약칭으로 한미 SOFA^{US-ROK Status of Forces Agreement}라고도 한다.

한미 SOFA에는 정의^{Definitions}(제1조), 시설과 구역에 관한 조항^{Facilities and Areas}(제2조-5조), 제6조^{Utilities and Services}, 출입국^{Entry and Exit}(제8조), 통관과 관세^{Customers and Duties}(제9조), 선박과 항공기의 기착(제10조), 항공 교통 관제 및 운항 보조 시설^{Air Traffic Control and Navigational Aids}(제12조), 과세^{Taxation}(제14조), 형사재판권^{Criminal Jurisdiction}(제22조), 청구권^{Claims}(제23조), 보안 조치^{Security Measures}(제25조), 협정의 효력 발생^{Entry into Force of Agreement}(제29조), 협정의 개정^{Revision of Agreement}(제30조), 협정의 유효 기간^{Duration of Agreement}(제31조) 등이 규정되어 있다.[484]

이 행정협정의 특징은 일본과 독일에 비하여 우리 사법당국의 개입은 제한적으로 규정되어 있어, 불평등하게 되어 있다는 점이다.

---

[483] Date of entry into force February 9, 1967.

[484] US-ROK Status of Forces Agreement, Facilities and Areas and the Status of United States Armed Forces in Korea, Agreement Between the United States of America And the Republic of Korea signed at Seoul July 9, 1966.

1 한미행정협정의 대상자

한미행정협정의 대상자	
합중국 군대의 구 성 원	• 대한민국 영역안에 있는 미국의 육·해·공군에 속하는 인원으로서 현역에 복무하고 있는 자
군 속	• 미국의 국적을 가진 민간인으로서 대한민국에 있는 미군에 고용되어 있거나, 근무하거나 또는 동반하는 자
가 족	• 미군·군속의 배우자 및 21세 미만의 자녀와 부모 및 21세 이상의 자녀 또는 기타 친척으로서 그 생계비의 반 이상을 미군과 군속에 의존하는 자
초청계약자	• 미국법률에 따라 조직된 법인의 직원으로서 미군당국과 계약이행만을 위하여 대한민국에 체류하는 자 및 그 가족

2 협정의 기본원칙

한미 SOFA 제7조(접수국 법령의 존중)에서 접수국 법령의 존중Respect of Local Law을 규정하여 영토주권의 원칙을 규정하고 있다.

Police Science
🔍 한미주둔군지위협정US-ROK SOFA: US-ROK Status of Forces Agreement

제7조(접수국 법령의 존중) 합중국 군대의 구성원, 군속과 제15조에 따라 대한민국에 거주하고 있는 자 및 그들의 가족은 대한민국 안에 있어서 대한민국의 법령을 존중하여야 하고, 또한 본 협정의 정신에 위배되는 어떠한 활동, 특히 정치적 활동을 하지 아니하는 의무를 진다.

Article Ⅶ

Respect for Local Law

It is the duty of members of the United States armed forces, the civilian component, the persons who are present in the Republic of Korea pursuant to Article

XV, and their dependents, to respect the law of the Republic of Korea and to abstain from any activity inconsistent with the spirit of, this Agreement, and, in particular, from any political activity in the Republic of Korea.

3 ‖ 형사재판권

1 서설

주둔군의 형사재판권에 관한 국제적인 관례는 주둔군은 접수국의 관할권에 속하는 것이 원칙이다. 다만, 주둔의 목적과 활동을 이유로 협정으로 이에 관한 일정한 배분을 규정하는 것이 상례이다. 한미 SOFA의 형사재판권은 협정 제22조(형사재판권)^{Criminal Jurisdiction}, 부속 문서인 합의의사록, 양해각서 및 관련문서로 구성되어 있다.

2 주요내용

❶ 재판관할권

형사재판권^{Criminal Jurisdiction}은 영토주권의 원칙과 국제법상의 원칙에 의하여 대한민국과 합중국이 재판권을 행사하는 주체임을 명시(재판권분장의 원칙)하고 있다.

❷ 전속적 재판권(Exclusive Jurisdiction)

합중국 군당국은 합중국 군대의 구성원이나 군속 및 그들의 가족에 대하여 합중국법령에 의하여서는 처벌할 수 있으나 대한민국 법령에 의하여서는 처벌할 수 없는 범죄(합중국의 안전에 관한 범죄를 포함)에 관하여 전속적 재판권을 행사할 권리를 가진다.

그리고 대한민국 당국은 합중국 군대의 구성원이나 군속 및 그들의 가족에 대하여 대한민국법령에 의하여서는 처벌할 수 있으나, 합중국 법령에 의하여서는 처벌할 수 없는 범죄(대한민국의 안전에 관한 범죄를 포함)에 관하여 전속적 재판권을 행사할 권리를 가진다.[485]

---

485 「한미주둔군지위협정」 제22조(형사재판권) 제2항.

대한민국의 안전에 관한 범죄라 함은 ① 당해국에 대한 반역^{Treason against the State}, ② 방해 행위^{Sabotage}, 간첩행위^{Espionage} 또는 당해국의 공무상 또는 국방상의 비밀에 관한 법령의 위반^{Violation of any law relating to official secrets of that State, or secrets relating to the national defense of that State}을 포함한다.

이처럼 양국이 전속적 재판권 갖는 경우가 있으나, 한국의 전속적 재판권에 대하여 합의의사록에서 합중국의 군당국의 요청에 따라 재판권의 행사를 포기할 수 있다고 규정하고 있어, 일정 범위에서 전속재판권을 제한하고 있다.

❸ 재판권의 경합과 제1차적 재판권

제1차적 권리를 가지는 국가가 재판권을 행사하지 아니하기로 결정한 때에는 가능한, 신속히 타방 국가 당국에 그 뜻을 통고하여야 한다. 제1차적 권리를 가지는 국가의 당국은, 타방 국가가 이러한 권리 포기를 특히 중요하다고 인정하는 경우에 있어서, 그 타방 국가의 당국으로부터 그 권리 포기 요청이 있으면, 그 요청에 대하여 호의적 고려를 하여야 한다.

범죄사실이 대한민국과 합중국 양자의 재판권에 해당할 경우에 이중처벌을 피하기 위하여 1차적 재판권을 행사할 수 있는 자를 정할 필요가 있다.

● 주한미군 당국의 제1차적 재판권행사

오로지 합중국의 재산이나 안전에 대한 범죄, 또는 오로지 합중국 군의 타구성원이나 군속 또는 그들의 가족의 신체나 재산에 관한 범죄, 공무집행중의 작위 또는 부작위^{Act or Omission}에 의한 범죄에 대해서는 합중국이 1차적 재판권을 가진다.[486]

여기서 공무는 공무집행중이거나 공무집행중에 부수하여 발생하고, 또 공무집행과 범죄는 직접적으로 행위상의 관련성을 가져야 한다고 한다.

● 대한민국의 제1차적 재판권행사

주한미군이 재판권을 갖는 이외 기타의 범죄에 관하여는 대한민국 당국이 재판권을 행사할 제1차적 권리를 가진다.[487]

---

[486] 「한미주둔군지위협정」 제22조(형사재판권) 제3항.
[487] 「한미주둔군지위협정」 제22조(형사재판권) 제3항.

❹ 재판전 피의자의 체포 및 구금

● 피의자의 체포

대한민국 당국은 합중국 군당국에 합중국 군대의 구성원, 군속 또는 그들의 가족의 체포를 즉시 통고하여야 한다. 합중국 군당국은, 대한민국이 재판권을 행사할 제1차적 권리를 가지는 경우에 있어서, 합중국 군대의 구성원, 군속 또는 그들의 가족의 체포를 대한민국 당국에 즉시 통지하여야 한다.[488]

● 피의자의 구금

대한민국이 재판권을 행사할 합중국 군대의 구성원, 군속 또는 그들의 가족인 피의자의 구금은 첫째, 그 피의자가 합중국의 군당국 수중에 있는 경우(합중국이 체포하였을 경우) 모든 재판 절차가 종결되고 또한 대한민국 당국이 구금을 요청할 때까지, 합중국 군당국이 계속 이를 행한다.

둘째, 그 피의자가 대한민국의 수중에 있는 경우(대한민국 당국이 체포하였을 경우) 그 피의자는 요청이 있으면, 합중국 군당국에 인도되어야 하며, 모든 재판 절차가 종결된다. 또한 대한민국 당국이 구금을 요청할 때까지 합중국 군당국이 계속 구금한다.[489]

피의자가 합중국 군당국의 구금하에 있는 경우에는, 합중국 군당국은 어느 때든지 대한민국 당국에 구금을 인도할 수 있으며, 또한 특정 사건에 있어서 대한민국 당국이 행할 수 있는 구금 인도의 요청에 대하여 호의적 고려를 하여야 한다.

● 구금시의 상호협력의무

합중국 군당국은 대한민국 당국이 행한 구금에 관한 특별한 요청에 대하여 충분히 고려하여야 한다. 대한민국 당국은, 합중국 군당국이 합중국 군대의 구성원, 군속 또는 가족인 피의자의 구금을 계속함에 있어서 동 당국으로부터 조력을 요청하면, 이 요청에 대하여 호의적 고려를 하여야 한다.[490]

문제는 대한민국당국이 체포하였을 경우 그 피의자가 대한민국의 수중에 있는 경우에는 그 피의자는 요청이 있으면 합중국 군당국에 인도되어야 하며, 피의자가 합중국 군당국의 구금하에 있는 경우에는 대한민국 당국이 행할 수 있는 구금 인도의 요청에 대하여 호의적 고려를 하여야 한다고 규정하여 중대한 형사사법절차에 있어서 장해를 가져온

---

488 「한미주둔군지위협정」 제22조(형사재판권) 제5항.
489 「한미주둔군지위협정」 제22조(형사재판권) 제5항.
490 「한미주둔군지위협정」 제22조(형사재판권) 제5항.

다는 비판을 받고 있다.

❺ 범죄수사 및 증거수집에 관한 협조

대한민국 당국과 합중국 군당국은, 범죄에 대한 모든 필요한 수사의 실시 및 증거의 수집과 제출(범죄에 관련된 물건의 압수 및 상당한 경우에는 그의 인도를 포함한다)에 있어서 상호 조력하여야 한다.

그러나 이러한 물건은 인도를 하는 당국이 정하는 기간내에 환부할 것을 조건으로 인도할 수 있다. 이 조항을 근거로 대한민국 당국과 합중국 군당국은「한미행정협정의 시행에 관한 형사특별법」을 제정하여 시행하고 있다.

❻ 피의자 및 피고인의 권리

합중국 군대의 구성원·군속 또는 그들의 가족은, 대한민국의 재판권에 의하여 공소가 제기되는 때에는 형사소송법상의 권리를 가지며, 이외에 합중국정부대표와 접견교통권을 가지고, 자신의 재판에 대표를 입회시킬 권리를 갖는다.

여기서의 접견은 무제한 접견이며, 합중국당국은 언제든지 접견할 권리가 있으며, 접견시 의류·음식·침구·의료 등 보조적인 보호와 물건을 공여할 수 있도록 하고 있다.

❼ 시설 및 구역 내부 경찰권

미군당국은 그 시설 및 구역 내에서 범죄를 행한 모든 자를 체포할 수 있다. 대한민국당국은 미군당국이 동의한 경우와 중대한 죄를 범하고 도주하는 현행범인을 추적하는 때에는 범인을 체포할 수 있다. 대한민국당국이 체포하려는 자가 한미행협 대상이 아닌 자인 경우에 대한민국당국의 요청이 있는 경우에 미군당국은 그 자를 체포하여 즉시 인도하여야 한다.

❽ 시설 및 구역 주변 경찰권

미군당국은 시설 및 구역주변에서 국적 여하를 불문하고 시설 및 구역의 안전에 대해 현행범인을 체포 또는 유치할 수 있으며, 그 자가 한미행정협정 대상자가 아닌 경우에는 즉시 대한민국당국에 인도하여야 한다.

❾ 사람이나 재산에 관한 압수·수색·검증

대한민국당국은 미군이 동의하는 경우가 아니면 시설 또는 구역 내에서 사람이나 재산에 관하여, 또는 시설 및 구역 내외를 불문하고 미국재산에 관하여 압수·수색·검증을 할 수 없다. 그러나 이에 관한 대한민국당국의 요청이 있을 때에 미군은 필요한 조치를 취하여야 한다.

제5절 | 외교특권

1 | 외교특권의 의의

외교특권은 치외법권 또는 특권과 면제라고도 한다. 외교관은 체재국법의 적용을 받지 않고 본국법을 따르는 국제법상의 특권을 말한다. 이렇게 외교사절은 일반외국인과는 달리 국제법과 국제관습상 인정된 불가침권과 치외법권(면제권) 등 일정한 권리를 갖는데, 이를 외교특권이라 한다.

경찰권의 행사는 통치권의 일종으로 영토고권과 대인고권으로 모든 영토 내 또는 모든 사람에게 미치는 것이 원칙이다. 그러나 여기에는 일정한 예외가 인정되는데 이것이 외교관에 대한 면책특권이다. 이러한 면책특권은 비엔나 협약과 국제관습법에 의한 것이다.

면책특권을 인정하는 근거에 대하여는 성질설, 국가대표자격설, 기능설 등이 대립한다. 외교관의 면책특권은 개인의 권리가 아닌 외교임무를 능률적으로 수행할 수 있도록 하기 위해서 인정된다는 기능설이 타당하다. 따라서 파견국 측에서는 면책특권을 포기할 수 있다.

2 | 불가침권

외교특권 중 하나인 불가침권은 신체의 불가침, 관사의 불가침, 문서의 불가침 등이 있다.

1 신체의 불가침

외교관의 신체는 불가침이다. 외교관은 어떠한 형태의 체포 또는 구금도 당하지 아니한다. 접수국은 상당한 경의로서 외교관을 대우하여야 하며 또한 그의 신체, 자유 또는 품위에 대한 여하한 침해에 대하여도 이를 방지하기 위하여 모든 적절한 조치를 취하여야 한다.

이러한 규정에 따라 각국은 외교관의 불가침을 보장하기 위하여 행정상·입법상 특별한 조치를 취하고 있다. 우리의 경우도 외교사절에 대한 폭행·협박죄에 대하여 일반범죄보다 가중처벌하고 있다.

2 관사의 불가침

외교공관은 불가침권을 가진다. 공관뿐만 아니라 외교관의 개인주택도 불가침이다. 관사에는 부속건물, 정원이나 차고 등을 포함한다. 따라서 접수국의 당국은 영사기관장 또는 그가 지정한 자 또는 파견국의 외교공관장의 동의를 받는 경우를 제외하고 전적으로 영사기관의 활동을 위하여 사용되는 영사관사의 부분에 들어가서는 아니 된다. 그러므로 공관과 공관내의 시설·비품·운반수단 등은 압수·수색·징발·압류·강제집행의 대상이 아니다.

다만, 화재 또는 신속한 보호조치를 필요로 하는 기타 재난의 경우에는 외교사절의 동의가 있은 것으로 추정될 수 있다.

그러나 외교공관이 범죄인을 보호하는 것은 원칙적으로 인정되지 않는다. 따라서 접수국과의 조약상 특별한 규정이 없는 한, 접수국의 요청이 있으면 범죄인을 인도하거나 외부로 추방하여야 한다. 다만, 정치범에 한하여 무질서한 폭도의 위해로부터 일시보호는 인정된다.

3 문서의 불가침 등

파견국의 문서와 서류는 언제·어디서나 불가침이고, 압수·수색·검열의 대상이 아니며, 그 문서의 제시를 요구할 수도 없다. 이러한 문서의 불가침은 양국간의 외교관계가 단절되는 경우, 즉 무력충돌의 경우에도 외교관사와 외교기관의 재산 및 외교문서를 존중하며 또한 보호하여야 한다.

그러나 관사에 속한 문서가 간첩행위의 서증이 되거나, 사절과 동일한 국적의 간첩이 주재국에서 절취 또는 복사한 문서로서 그것을 접수국이 입수한 경우에는 그 문서는 불가침성을 상실한다.

외교기관은 통신의 자유를 갖고 있으며, 접수국은 외교기관에 대하여 모든 공용 목적을 위한 통신의 자유를 허용하며 또한 보호하여야 한다. 외교기관의 공용서한은 불가침이다.

3 ∥ 치외법권(면제권)

외교특권 중 하나인 치외법권에는 형사재판권으로부터의 면제, 경찰권의 면제 등이 있다.

1 형사재판권으로부터의 면제

외교관은 접수국의 형사·민사·행정재판 관할권으로부터의 면제를 향유한다. 따라서 외교관에 대하여 어떠한 강제집행조치도 취할 수 없다. 이는 공무집행과 관련된 행위이건 사적행위이건 모두 인정된다.

재판관할권으로부터의 면제는 책임의 면제를 의미하는 것이 아니므로 접수국정부는 외교관을 형사범으로 소추할 수는 없지만 사건이 중대한 경우 소환의 요구, 추방조치 및 긴급한 경우에 일시적으로 신체를 구속할 수 있다.

2 경찰권의 면제

외교사절은 행정관할권으로부터 면제되므로 경찰권도 면제된다는 것이 통설이다. 그러나 외교사절에게 경찰권에 대한 완전면제를 의미하는 것은 아니다. 따라서 일상적인 교통관련 경찰권에는 복종하여야 한다. 따라서 적신호의 경우에는 외교관의 차량이라도 정지하여야 한다.

주의할 것은 예외적으로 외교사절과 영사업무에 종사하는 자들에 대한 경찰강제가 허용되는 경우가 있는데, 긴급방어나 긴급사태의 경우가 여기에 해당한다. 예를 들어 행위책임과 관련하여 대사관 소속원의 다른 사람에 대한 공격, 음주운전 등이 있는 경우는 경찰은 긴급방어를 할 수 있다. 또 상태책임과 관련하여 화재나 전염병 발생의 경우, 외교사절의 동의 없이 공관출입을 할 수 있다.

4 ‖ 외교관과 관사에 대한 경찰의 의무

UN총회는 「외교관을 포함한 국제적으로 보호되는 사람에 대한 범죄예방 및 처벌에 관한 협약」 등을 채택하여 당사국에 대하여 범죄의 예방을 위하여 필요한 모든 조치를 취하고, 정보교환·행정조치의 상호조정 등 국제협력을 도모하도록 하고 있다.

접수국 정부는 관사의 불가침을 보장하기 위하여 관사의 보호의무를 지며 어떠한 형태의 외교사절의 본국 또는 공관에 대한 침해에 대하여 보호와 방지를 위하여 모든 적절한 조치를 취할 특별한 의무를 가진다(비엔나 협약 제22조).

1961년 비엔나 협약에 따른 외교특권	
불가침권	· 신체의 불가침 · 관사의 불가침 · 문서의 불가침
치외법권	· 외교사절은 원칙적으로 접수국의 통치권에 복종하지 않는다. · 접수국의 사법권·행정권·과세권으로부터 면제된다. · 형사재판권으로부터 면제된다. · 경찰의 명령이나 규칙에서 면제된다.

- 단, 주재국의 법질서를 존중할 의무로부터 해방되는 것은 아니다.
- 대사관 차량이라도 통상 교통법규는 준수하여야 한다.

제6절 범죄인 인도와 인도청구

1. 범죄인 인도와 인도청구의 의의

1988년 8월 5일 제정되고 시행된 「범죄인 인도법」은 범죄인의 해외도피현상이 급증함에 따라 범죄인 인도에 관한 국내법을 제정하여 범죄인인도협약체결의 기반을 조성하고, 범죄진압에 있어서의 국제협력을 증진시키려는 목적으로 제정되었다.

2021년 1월 5일 개정된 동법은 「고위공직자범죄수사처 설치 및 운영에 관한 법률」의 제정으로 고위공직자범죄수사처가 신설됨에 따라, 법무부장관의 인도청구 관련 조치 등의 요구 대상에 고위공직자범죄수사처장을 추가하는 등 관련 규정을 정비하려는 목적으로 개정되었다.

범죄인 인도의 원칙은 대한민국 영역에 있는 범죄인은 「범죄인 인도법」에서 정하는 바에 따라 청구국의 인도청구에 의하여 소추訴追, 재판 또는 형의 집행을 위하여 청구국에 인도할 수 있다.[491] 범죄인 인도범죄는 대한민국과 청구국의 법률에 따라 인도범죄가 사형, 무기징역, 무기금고, 장기長期 1년 이상의 징역 또는 금고에 해당하는 경우에만 범죄인을 인도할 수 있다.[492]

동법에 규정된 범죄인의 인도심사 및 그 청구와 관련된 사건은 서울고등법원과 서울고등검찰청의 전속관할로 하고 있다.[493]

---

[491] 「범죄인인도법」 제5조(인도에 관한 원칙).
[492] 「범죄인인도법」 제6조(인도범죄).
[493] 「범죄인인도법」 제2조(정의).

용어의 정의494	
인도조약	• 인도조약이란 대한민국과 외국 간에 체결된 범죄인의 인도에 관한 조약·협정 등의 합의를 말한다.
청구국	• 청구국이란 범죄인의 인도를 청구한 국가를 말한다.
인도범죄	• 인도범죄란 범죄인의 인도를 청구할 때 그 대상이 되는 범죄를 말한다.
범죄인	• 범죄인이란 인도범죄에 관하여 청구국에서 수사나 재판을 받고 있는 사람 또는 유죄의 재판을 받은 사람을 말한다.
긴급인도구속	• 긴급인도구속이란 도망할 염려가 있는 경우 등 긴급하게 범죄인을 체포·구금(拘禁)하여야 할 필요가 있는 경우에 범죄인 인도청구가 뒤따를 것을 전제로 하여 범죄인을 체포·구금하는 것을 말한다.

2 ‖ 범죄인 인도의 제한

「범죄인 인도법」에는 절대적 인도거절 사유(제7조)와 정치적 성격을 지닌 범죄 등의 인도거절(제8조), 임의적 인도거절 사유(제9조) 등이 규정되어 있다. 절대적 인도거절 사유에 해당하는 경우에는 범죄인을 절대 인도하여서는 안 된다. 임의적 인도거절 사유에 해당하는 경우에는 범죄인을 인도하지 아니할 수 있다.

인도범죄가 정치적 성격을 지닌 범죄이거나 그와 관련된 범죄인 경우에는 범죄인을 인도하여서는 아니 된다. 다만, 인도범죄가 ① 국가원수國家元首·정부수반政府首班 또는 그 가족의 생명·신체를 침해하거나 위협하는 범죄, ② 다자간 조약에 따라 대한민국이 범죄인에 대하여 재판권을 행사하거나 범죄인을 인도할 의무를 부담하고 있는 범죄, ③ 여러 사람의 생명·신체를 침해·위협하거나 이에 대한 위험을 발생시키는 범죄에 해당하는 경우에는 인도할 수 있다.495

---

494 「범죄인인도법」 제3조(범죄인 인도사건의 전속관할).
495 「범죄인인도법」 제8조(정치적 성격을 지닌 범죄 등의 인도거절).

인도거절 사유[496]	
절대적 인도거절 사유	• 대한민국 또는 청구국의 법률에 따라 인도범죄에 관한 공소시효 또는 형의 시효가 완성된 경우 • 인도범죄에 관하여 대한민국 법원에서 재판이 계속(係屬) 중이거나 재판이 확정된 경우 • 범죄인이 인도범죄를 범하였다고 의심할 만한 상당한 이유가 없는 경우. 다만, 인도범죄에 관하여 청구국에서 유죄의 재판이 있는 경우는 제외한다. • 범죄인이 인종, 종교, 국적, 성별, 정치적 신념 또는 특정 사회단체에 속한 것 등을 이유로 처벌되거나 그 밖의 불리한 처분을 받을 염려가 있다고 인정되는 경우
임의적 인도거절 사유	• 범죄인이 대한민국 국민인 경우 • 인도범죄의 전부 또는 일부가 대한민국 영역에서 범한 것인 경우 • 범죄인의 인도범죄 외의 범죄에 관하여 대한민국 법원에 재판이 계속 중인 경우 또는 범죄인이 형을 선고받고 그 집행이 끝나지 아니하거나 면제되지 아니한 경우 • 범죄인이 인도범죄에 관하여 제3국(청구국이 아닌 외국을 말한다. 이하 같다)에서 재판을 받고 처벌되었거나 처벌받지 아니하기로 확정된 경우 • 인도범죄의 성격과 범죄인이 처한 환경 등에 비추어 범죄인을 인도하는 것이 비인도적(非人道的)이라고 인정되는 경우

3 ‖ 범죄인 인도와 인도청구 절차

외국으로의 범죄인 인도(범죄인 인도법)	
인도청구서의 접수	• 조약체결국가: 외교경로를 통하여 청구(법무부로 긴급인도구속청구도 가능) • 조약미체결국가: 상호보증서를 첨부하여 청구
외교부장관의 조치[497]	• 외교부장관은 청구국으로부터 범죄인의 인도청구를 받았을 때에는 인도청구서와 관련 자료를 법무부장관에게 송부하여야 한다.
법무부장관의 조치[498]	• 법무부장관은 외교부장관으로부터 제11조(인도청구를 받은 외교부장관의 조치)에 따른 인도청구서 등을 받았을 때에는 이를 서울고등검찰청 검사장(檢事長)에게 송부하고 그 소속 검사로 하여금 서울고등법원에 범죄인의 인도허가 여부에 관한 인도심사를 청구하도록 명하여야 한다. 다만, 인도조약 또는 이 법에 따라 범죄인을 인도할 수 없거나 인도하지 아니하는 것이 타당하다고 인정되는 경우에는 그러하지 아니하다.

---

496 「범죄인인도법」 제7조(절대적 인도거절 사유)・제9조(임의적 인도거절 사유).
497 「범죄인인도법」 제11조(인도청구를 받은 외교부장관의 조치).
498 「범죄인인도법」 제12조(법무부장관의 인도심사청구명령).

	• 법무부장관은 제1항 단서에 따라 인도심사청구명령을 하지 아니하는 경우에는 그 사실을 외교부장관에게 통지하여야 한다.
검사의 인도심사 청구[499]	• 검사는 제12조(법무부장관의 인도심사청구명령) 제1항에 따른 법무부장관의 인도심사청구 명령이 있을 때에는 지체 없이 법원에 인도심사를 청구하여야 한다. 다만, 범죄인의 소재 (所在)를 알 수 없는 경우에는 그러하지 아니하다. • 범죄인이 제20조(인도구속영장의 집행)에 따른 인도구속영장에 의하여 구속되었을 때에 는 구속된 날부터 3일 이내에 인도심사를 청구하여야 한다.
법원의 인도심사[500]	• 법원은 제13조(인도심사청구)에 따른 인도심사의 청구를 받았을 때에는 지체 없이 인도심 사를 시작하여야 한다. • 법원은 범죄인이 인도구속영장에 의하여 구속 중인 경우에는 구속된 날부터 2개월 이내 에 인도심사에 관한 결정(決定)을 하여야 한다. • 인도심사청구 각하결정: 인도심사의 청구가 적법하지 아니하거나 취소된 경우 • 인도거절 결정: 범죄인을 인도할 수 없다고 인정되는 경우 • 인도허가 결정: 범죄인을 인도할 수 있다고 인정되는 경우
범죄인의 인도 동의[501]	• 범죄인이 청구국으로 인도되는 것에 동의하는 경우 법원은 신속하게 제15조(법원의 결정) 에 따른 결정을 하여야 한다. 이 경우 제9조(임의적 인도거절 사유)에 해당한다는 이유로 인도거절 결정을 할 수 없다. • 동의는 서면으로 법원에 제출되어야 하며, 법원은 범죄인의 진의(眞意) 여부를 직접 확인 하여야 한다.
범죄인의 인도[502]	• 법무부장관은 제15조(법원의 결정) 제1항 제3호에 따른 인도허가 결정이 있는 경우에는 서울고등검찰청 검사장에게 그 소속 검사로 하여금 범죄인을 인도하도록 명하여야 한다. 다만, 청구국이 인도청구를 철회하였거나 대한민국의 이익 보호를 위하여 범죄인의 인도 가 특히 부적당하다고 인정되는 경우에는 그러하지 아니하다. • 법무부장관의 인도명령에 따른 범죄인의 인도는 범죄인이 구속되어 있는 교도소, 구치소 또는 그 밖에 법무부장관이 지정하는 장소에서 한다. • 인도기한은 인도명령을 한 날부터 30일로 한다.

---

499 「범죄인인도법」 제13조(인도심사청구).
500 「범죄인인도법」 제15조(법원의 결정).
501 「범죄인인도법」 제15조의 2(범죄인의 인도 동의)).
502 「범죄인인도법」 제34조(인도에 관한 법무부장관의 명령 등)·제35조(인도장소와 인도기한).

외국에 대한 범죄인 인도청구(범죄인 인도법)	
인도청구 건의503	• 검사 또는 고위공직자범죄수사처장은 외국에 대한 범죄인 인도청구 또는 긴급인도구속 청구가 타당하다고 판단할 때에는 법무부장관에게 외국에 대한 범죄인 인도청구 또는 긴급인도구속청구를 건의 또는 요청할 수 있다.
인도청구504	• 범죄인 인도를 청구할 것인지 여부는 법무부장관이 결정한다. • 법무부장관은 대한민국 법률을 위반한 범죄인이 외국에 있는 경우 그 외국에 대하여 범 죄인 인도 또는 긴급인도구속을 청구할 수 있다.
인도청구서 송부505	• 법무부장관은 제42조(법무부장관의 인도청구 등) 및 제42조의 4(외국에 대한 동의요청) 에 따라 범죄인 인도청구, 긴급인도구속청구, 동의 요청 등을 결정한 경우에는 인도청구 서 등과 관계 자료를 외교부장관에게 송부하여야 한다.
외교부장관의 조치506	• 외교부장관은 법무부장관으로부터 제43조(인도청구서 등의 송부)에 따른 인도청구서 등 을 송부받았을 때에는 이를 해당 국가에 송부하여야 한다.
송환절차	• 범죄인 인도청구서는 법무부 → 외교부 → 피청구국의 경로로 전달 • 단, 조약이나 피청구국의 국내법에 다른 규정이 있으면 법무부에서 직접 전달 가능
송환507	• 외국기관이 인도할 준비가 되면 한국대사관을 통하여 통보 • 법무부장관은 검찰총장을 경유하여 검사에 통보하여 해당 호송관을 임명하여 송환 • 고위공직자범죄수사처장은 그 소속 검사에게 통보하여 해당 호송관을 임명하여 송환

---

503 「범죄인인도법」 제42조의 3(검사의 범죄인 인도청구 등의 건의).
504 「범죄인인도법」 제42조(법무부장관의 인도청구 등).
505 「범죄인인도법」 제43조(인도청구서 등의 송부).
506 「범죄인인도법」 제44조(법무부장관의 조치).
507 「범죄인인도법」 제47조(검찰총장 경유).

참고문헌

1 ‖ 국내 저서 및 논문

1 국내 저서

강국진, 「경찰개혁론」 서울: 법문사, 2006.

권석만, 「현대 이상심리학」 서울: 학지사, 2007.

김계원, 「경호학」 서울: 백산출판사, 2005.

김기태, 「행정학」 서울: 대왕상, 1997.

김남석(역), 「군중심리」 서울: 동국출판사, 1993.

김남진a, 「행정법Ⅱ」 서울: 법문사, 2000.

김남진b, 「경찰행정법」 서울: 경세원, 2002.

김남진c, 「경찰행정법」 서울: 경세원, 2004.

김대웅, 「도시종합교통계획」 서울: 형설출판사, 1994.

김동노 외(역) 「한국현대사」 서울: 창비, 2003.

김동희a, 「행정법Ⅱ」 서울: 박영사, 1997.

김동희b, 「행정법Ⅱ」 서울: 박영사, 2013.

김두현a, 「경호학개론」 서울: 쟁기, 1999.

김두현b, 「경호학개론」 서울: 엑스퍼트, 2022.

김미숙 외 6인 역, 「현대사회학」 서울: 을유문화사, 2003.

김상호 외 8인, 「경찰학개론」 서울: 법문사, 2005.

김용우·최재천, 「형사정책」 서울: 박영사, 1998.

김운태a, 「일본제국주의의 한국통치」 서울: 박영사, 1988.

김운태b, 「미군정의 한국통치」 서울: 박영사, 1992.

김윤경, 「청소년을 위한 한국철학사」 서울: 두리미디어, 2007.

김윤덕a, 「국가정보학」 서울: 박영사, 2001.

김윤덕b, 「국가정보학」 서울: 박영사, 2006.

김윤성(역), 「고문의 역사」 서울: 들녘, 2004.

김일수, 「법은 강물처럼」 서울: 고시세계, 2002.

김제덕, 「형사실무 I」 서울: 한국고시학회, 1995.

김종구, 「형사사법개혁론」 서울: 법문사, 2002.

김중양, 「한국인사행정론」 서울: 법문사, 2002.

김준호 외 5인, 「청소년비행론」 서울: 청목출판사, 2003.

김창윤c-1, 「범죄학과 형사사법체계론(제1판)」 서울: 박영사, 2019.

김창윤e-1, 「범죄학과 형사사법체계론(제2판)」 서울: 박영사, 2021.

김창윤·이창한, 「경찰학」 서울: 다해, 2007.

김충남, 「경찰학개론」 서울: 박영사, 2002.

김태룡, 「행정이론」 서울: 대영문화사, 2010.

김형중a, 「한국고대경찰제도사」 서울: 수서원, 1990.

김형중b, 「경찰중세사」 서울: 수서원, 1998.

김호진a, 「대통령과 리더쉽」 서울: 청림출판사, 1992.

김호진b, 「한국정치체제론」 서울: 박영사, 1996.

문경환·이창무, 「경찰정보학」 서울: 박영사, 2011.

박균성, 「행정법론(상)」 서울: 박영사, 2002.

박균성·김재광, 「경찰행정법 입문(제4판)」 서울: 박영사, 2020.

박동서, 「인사행정론」 서울: 법문사, 1999.

박미숙, 「형사사건의 신속한 처리방안에 관한 연구(경미한 죄를 중심으로)」, 서울: 형사정책
연구원, 1999.

박병식, 「민간경비론」 서울: 법률출판사, 1996.

박상기·손동권·이순래, 「형사정책」 서울: 한국형사정책연구원, 2001.

박승희(역), 「사회문제론」 서울: 민영사, 1994.

박연호, 「인사행정론」 서울: 법문사, 2001.

박연호·오세덕, 「현대조직관리론」 서울: 법문사, 2001.

박윤흔a, 「행정법강의(하)」 서울: 박영사, 1997.

박윤흔b, 「최신 행정법강의(하)」 서울: 박영사, 2002.

박주원, 「범죄정보체계론」 서울: 수사연구사, 2004.

박창호 외 4인, 「비교수사제도론」 서울: 박영사, 2005.

박현호, 「범죄예방환경설계(CPTED)와 범죄과학」 서울: 박영사, 2014.

변태섭a, 「한국고대사론」 서울: 일조각, 1995.

변태섭b, 「한국사통론」 서울: 삼영사, 1989.

변태섭c, 「한국사통론」 서울: 삼영사, 2002.

배종대·이상돈, 「형사소송법」 서울: 홍문사, 2006.

배종대·홍영기, 「형사정책」 서울: 홍문사, 2022.

배찬복, 「이데올로기의 이론과 실천」 서울: 법문사, 1989.

백완기, 「한국행정사 50년」 서울: 나남출판, 2006.

(사)한국행정학회, 「한국행정 60년의 변화과정 고찰 및 미래비젼 수립」, 2008.

서기영, 「한국경찰행정사」 서울: 법문사, 1976.

서영희, 「대한제국정치사 연구」 서울: 서울대학교출판부, 2003.

서일교, 「조선왕조의 형사제도 연구」 서울: 박영사, 1974.

서재근, 「경찰행정학」 서울: 삼중당, 1963.

서정범(역), 「경찰법 사례연구」 서울: 고시연구원, 2001.

성낙인, 「헌법학(제20판)」 서울: 법문사, 2020.

손동권·신이철, 「새로운 형사소송법」 서울: 세창출판사, 2013.

신승하(역), 「중국통사」 서울: 지영사, 1998.

신현기 외 8인a, 「비교경찰제도론」 파주: 법문사, 2007.

신현기 외 8인b, 「비교경찰제도론」 서울: 우공출판사, 2014.

신현기 외 8인c, 「비교경찰제도론」 서울: 법문사, 2015.

심영희, 「국가권력과 범죄통제」 서울: 한울아카데미, 1988.

심희기 외, 「현대 한국의 범죄와 형벌」 서울: 박영사, 2017.

연정열, 「한국법제사」 서울: 학문사, 1996.

오석홍, 「행정학」 서울: 박영사, 2004.

허경진(역), 「서유견문」 서울: 서해문집, 2004.

유상현·조인성, 「행정법총론」 서울: 형설출판사, 2007.

유완빈, 「한국행정사 연구」 서울: 정신문화연구원, 1997.

윤영진, 「새재무행정학」 서울: 대영문화사, 2003.

유종해, 「현대행정학」 서울: 박영사, 1988.

유종해·유영옥, 「한국행정사」 서울: 대영문화사, 1988.

윤경익 편저, 「수사실무총람」 서울: 육법사, 1990.

윤정길, 「발전기획론」 서울: 범론사, 1984.

이경식(역), 「프로파일링」 서울: Human & Books, 2005.

이광린, 「개화당연구」 (서울: 일조각, 1980), p. 41.

이기백a, 「고려병제사연구」 서울: 일조각, 1968.

이기백b, 「한국고대사론」 서울: 일조각, 1995.

이기백c, 「한국사신론」 서울: 일조각, 1990.

이은영·서봉성 외, 「경찰수사론」 서울: 박영사, 2017.

이동희·최원석 편저, 「비교경찰제도」 서울: 수사연구사, 2006.

이대희 외 7인, 「한국행정사」 서울: 대영문화사, 2001.

이상돈 (역), 「군중심리」 서울: 간디서월, 2005.

이상안a, 「신경찰행정학」 서울: 대하문화사, 1995.

이상안b, 「신경찰행정학」 서울: 대명출판사, 1999.

이상안c, 「신경찰행정학」 서울: 대명출판사, 2002.

이상현, 「범죄심리학」 서울: 박영사, 2004.

이순래·박정선·박철현(역), 「범죄예방론」 서울: 도서출판 그린, 2019.

이영남·신현기, 「경찰조직관리론」 서울: 법문사, 2003.

이우영, 「전환기의 북한 사회통제체제」, 통일연구원, 1999.

이윤근, 「비교경찰제도론」 서울: 법문사, 2007.

이윤근·김창윤·조용철, 「민간경비론」 서울: 엑스퍼트, 2007.

이윤호a, 「교정학」 서울: 박영사, 2002.

이윤호b, 「범죄학개론」 서울: 박영사, 2005.

이윤호c, 「경찰학」 서울: 박영사, 2006.

이윤호d, 「범죄학」 서울: 박영사, 2007.

이윤호e, 「피해자학」 서울: 박영사, 2007.

이윤호f, 「청소년비행론」 서울: 박영사, 2019.

이재상, 「신형사소송법」 서울: 박영사, 2008.

이정복, 「대한민국임시정부의 수립배경과 민주공화정치」, 국가보훈처, 1997.

이종수, 「행정학사전」 서울: 대영문화사, 2009.

이철호, 「경찰행정법」 서울: 대영문화사, 2013.

이태진, 「한국사」 서울: 태학사, 2005.

이황우a, 「경찰행정학」 서울: 법문사, 1998.

이황우b, 「경찰행정학」 서울: 법문사, 2000.

이황우c, 「경찰행정학」 서울: 법문사, 2003.

이황우d, 「경찰행정학」 서울: 법문사, 2005.

이황우e, 「경찰행정학(제5판)」 서울: 법문사, 2009.

이황우f, 「비교경찰제도(Ⅰ)」 서울: 법문사, 2005.

이황우·김진혁·임창호, 「경찰인사행정론」 서울: 법문사, 2012.

이황우 외 7인, 「형사정책」 서울: 법문사, 1999.

이황우·조병인·최응렬, 「경찰학개론」, 서울: 형사정책연구원, 2001, p. 5.

이황우·한상암, 「경찰행정학(제7판)」 서울: 법문사, 2019.

임도빈, 「행정학(시간의 관점에서)」 서울: 박영사, 2018.

임준태a, 「범죄예방론」 서울: 좋은세상, 2001.

임준태b, 「독일형사사법론」 서울: 21세기사, 2004.

정성장. 「현대 북한의 정치」 서울: 한울 아카데미, 2011.

정우일, 「행정통제론」(서울: 박영사, 2004), pp. 194－197.

정육상, 「국가정보와 경찰정보 I」 서울: 백산출판사, 2015.

정진환, 「비교경찰제도」 서울: 법문사, 2003.

조병옥, 「나의 회고록」 서울: 해동, 1992.

장호순, 「미국헌법과 인권의 역사」 서울: 개마고원, 2005.

전대양b, 「범죄수사」 서울: 21세기사, 2009.

전대양c, 「범죄대책론」 서울: 청송출판산, 2010.

전수일, 「관료부패론」 서울: 선학사, 1999.

정용덕, 「국가자율성의 조직론적 토대」 서울: 대영문화사, 1999.

천정환, 「신범죄학」 서울: 백산, 2006.

최선우, 「민간경비론」 서울: 진영사, 2008.

최영규a, 「경찰행정법」 서울: 법영사, 2007.

최영규b, 「경찰행정법」 서울: 법영사, 2013.

최은창, 「가짜뉴스의 고고학」 서울: 동아시아, 2020.

최응렬, 「경찰조직론」 서울: 박영사, 2013.

최인섭·이순래·조균석, 「범죄피해자 실태 조사연구」 서울: 한국형사정책연구원, 2006.

타임라이프북스, 「이성의 시대」 서울: 가람기획, 2005.

최평길, 「국가정보학」 서울: 박영사, 2012.

한희원, 「국가정보학원론」 서울: 법률출판사, 2010.

황승현, 「여권의 국제법과 사용례 연구(정책연구시리즈2019－02)」, 국립외교원 외교안보연구소, 2019.

황윤원, 「재무행정론」 서울: 법문사, 1996.

허경미, 「경찰행정법」 서울: 법문사, 2003.

허교진(역), 「프랑스 혁명사 3부작」 서울: 소나무, 1987.

허남오a, 「한국경찰제도사」 서울: 동도원, 2001.

허남오b, 「너희가 포도청을 어찌 아느냐」 서울: 가람기획, 2001.

허남오c, 「한국경찰제도사」 서울: 지구문화사, 2011

홍성열, 「범죄심리학」 서울: 학지사, 2000.

홍정선a, 「경찰행정법」 서울: 박영사, 2007.

홍정선b, 「경찰행정법(제3판)」 서울: 박영사, 2013.

황세웅·이주락, 「위기협상론」 서울: 영진닷컴, 2009.

경찰공제회a, 「경찰실무종합(상)」, 2004.

경찰공제회b, 「경찰실무종합(하)」, 2004.

경찰공제회c, 「경찰실무Ⅰ(상)」, 2004.

경찰공제회c, 「경찰실무Ⅰ(상)」, 2005.

경찰대학a, 「경찰학개론」, 2004.

경찰대학b, 「비교경찰론」, 2004.

경찰대학c, 「경찰행정법」, 2004.

경찰대학d, 「범죄예방론」, 2004.

경찰대학e, 「경찰수사론」, 2004.

경찰대학f, 「경찰경비론」, 2004.

경찰대학g, 「경찰교통론」, 2004.

경찰대학h, 「경찰정보론」, 2004.

경찰대학i, 「경찰보안론」, 2004.

경찰대학j, 「외사경찰론」, 2004.

경찰대학k, 「경찰경무론」, 2004.

경찰대학l, 「한국경찰사」, 2011.

경찰대학m, 「경찰실무전서」, 1998.

국사편찬위원회a, 「한국사4」, 1981.

국사편찬위원회b, 「한국사 제10권 발해」, 1996.

경찰공제회a, 「경찰실무종합(상)」, 2004.

경찰공제회b, 「경찰실무종합(하)」, 2004.

경찰공제회c, 「경찰실무Ⅰ(상)」, 2005.

경찰공제회d, 「경찰실무종합」, 2012.

경찰종합학교, 「방범심방」, 1997.

경찰청 방범국, 「방범전서」, 1991.

경찰청a, 「한국경찰사(Ⅳ)」, 1994.

경찰청b, 「경찰50년사」, 1995.

경찰청c, 「정보보고서 용어사용 요령집」, 1996.

경찰청d, 「한국경찰사(1993.3-2005.12)(Ⅴ)」, 2006.

경찰청e, 「경찰실무전서」, 2000.

경찰청f, 「경호경비실무」, 2002.

경찰청g, 「2010 경찰통계연보」, 2011.

경찰청h, 「경찰서 정보과장 메뉴얼」, 2012.

경찰청i, "2021 회계연도 경찰청 예산 개요", 2020.

경찰청j, 「경찰직무별 핵심역량 가이드북」, 2021.

경찰청k, 「2021경찰백서」, 2021.

경찰청 경찰혁신기획단 자치경찰추진팀, 「프랑스 자치경찰 연구자료」, 2004.

경찰청 경찰쇄신위원회, 「경찰쇄신권고안」, 2012.

경찰청 수사권조정자문위원회, 「검·경수사권조정에 관한 공청회」, 2005.

경찰청 인권센터, 「두근두근 인권으로 in」, 2020.07.

경찰청 인권위원회, "경찰인권제도화 권고 결정문", 2022.06.07.

경찰청 혁신기획조정과, "비례의 원칙에 따른 경찰 물리력 행사에 관한 기준", 2019.03.

내무부치안국a, 「한국경찰사」, 1972.

내무부치안국b, 「한국경찰사 Ⅱ」, 1973.

내무부치안국c, 「경찰의 이모저모」, 1967.

내무부치안본부a, 「미국경찰」, 1988.

내무부치안본부b, 「西歐警察」, 1989.

내무부치안본부c, 「일본경찰」, 1989.

대검찰청a, 「검찰청법연혁」, 1, 1999.

동북아역사재단, 「발해의 역사와 문화」, 2007.

대한민국여경재향경우회, 「한국여자경찰 60년사」, 2007.

대한변호사협회, 「법률가를 위한 국제인권법 매뉴얼」, 2008.

민주사회를위한변호사모임, 「반민주악법개폐에관한의견서」 서울: 역사와비평사, 1989.

법무부, 「한국교정사」, 1987.

북한연구소, 「북한총람」, 1985.

언론중재위원회, 「언론중재법 해석」, 2005.

인사혁신처, 「2022 공무원 인사실무」, 2022.

중앙경찰학교a, 「경비」, 2006.

중앙경찰학교b, 「지역경찰」, 2006.

중앙경찰학교c, 「경찰윤리」, 2013.

치안정책연구소, 「치안전망2021」, 2020.

통일부a, 「2017 북한이해」, 2016.

통일부b, 「2019 북한이해」, 2018.

통일부c, 「2020 북한이해」, 2019.

한국법제연구원 편, 「미군정법령총람 국문판」, 1971.

행정안전부, 「공직선거법 등에 따른 공무원이 지켜야 할 행위 기준」, 2012.

행정안전부, 「목표관리제 운영 성과측정모델」, 2001.

행정안전부, 「2008년 사업예산운영규정」, 2008.

행정자치부, 「대한민국 정부조직변천사」, 1998.

2 국내 논문

강성만, "증거 기반 형사정책 연구"「법경제학연구」, 18(1), 2021.

강황선·김미선, "지방정부 성과의 상대적 능률성 측정에 관한 연구"「한국행정논집」, 21(3), 2009.

고시면, "보안관찰처분대상자에 대한 '… 7일 이내 신고의무'(보안관찰법 제6조)의 위헌가능성 여부([입법론] 원칙적으로 14일 이내 신고의무, 예외적으로 정당한 사유가 있는 경우 3달 이내)"「사법행정」, 62(8), 2021.

고정휴, "대한민국임시정부의 성립과정에 대한 검토"「한국근현대사연구」, 12, 2000.

곽규홍, "경미사건의 효율적 처리방안" 2003년도 한국형사정책학회 하계학술대회, 2003.

곽대경, "경찰수사를 위한 범죄심리연구의 활용방안"「한국경찰학회보」, 3, 2001.

김갑식 외 3인, 「김정은 정권의 정치체제: 수령제, 당·정·군 관계, 권력엘리트의 지속성과 변화」 통일연구원, 2015.

김광재, "대한민국 임시정부 경찰의 역사적 의의(성립과 활동을 중심으로)"「경찰역사 속 바람직한 경찰정신 정립방안」, 2018.

김기열, "미국의 행정조직"「지방행정」, 15(153), 1966.

김남욱, "경찰상 보호조치에 대한 법적 문제"「유럽헌법연구」, 13, 2013.

김대성, "고문폐지를 위한 소담론－고문의 실제와 사회적 기회에 대한 비판을 중심으로"「석사학위논문」 서울: 건국대학교 대학원, 2001.

김상균, "전투경찰제도의 운영실태와 개선방안에 관한 연구"「법학연구」, 19, 2005.

김성태a, "예방적 경찰작용에서의 추상적 위험·구체적 위험"「행정법연구」, 10, 2003.

김성태b, "위험에 대한 의심과 위험여부의 확인(법치주의에서의 안전을 위한 시론적 고찰)"「행정법연구」, 51, 2017.

김승현, "보안관찰법의 법적·실무적 쟁점: '강용주 사건'에 대한 기록(Challenging the Security Surveillance Act through Litigation: The Yong－Ju Kang Case)"「공익과 인권」, 20, 2020.

김약식, "1, 2차 전주화약과 집강소 운영"「역사연구」, 2, 1993.

김영식·황의갑, "자치경찰제 도입의 정당성에 대한 비판적 고찰: 지역사회 경찰활동(Community

Policing)을 중심으로"「한국경찰연구」, 20(1), 2021.

김용현·박은미, "경찰 조직에서 Fiedler의 리더십 상황적합 모형에 관한 실증적 분석"「한국경찰연구」, 8(2), 2009.

김윤영, "북한 3대 사회통제기구의 과거와 현재",「북한」, 574, 2019.

김정호, "외국의 지방행정동정(미국의 지방행정조직 개편동향)"「지방행정」, 37(420), 1988.

김정해·최유성, "형사사법기관의 조직구성과 운영에 대한 비교연구: 독일과 미국의 법원조직을 중심으로"「행정논총」, 43(2), 2005.

김재민, "피해자학"「피해자서포터」, 경찰수사보안연수소, 2005.

김창윤a, "경찰정보관리체제의 실태분석과 발전방안"「치안정책연구」, 15, 2001.

김창윤b, "일본경찰의 조직에 관한 고찰"「한국민간경비학회보」, 2, 2003.

김창윤c, "GIS분석을 통한 효율적인 범죄예방활동에 관한 연구"「한국민간경비학회보」, 4, 2004.

김창윤d, "경찰안보기관의 역할과 인권"「한국경찰학회보」, 12, 2006.

김창윤e, "적극적 대테러리즘을 위한 경찰과 민간경비의 협력구축방안"「한국민간경비학회보」, 7, 2006.

김창윤f, "미군정기 치안정책연구,"「한국공안행정학회보」, 17(4), 2008.

김창윤g, "대한제국시대의 치안체제에 관한 연구"「인문논총」, 24, 2009.

김창윤h, "한국과 일본의 미군정기 치안정책 비교 연구"「경찰학연구」, 9(2), 2009.

김창윤i, "일본의 연합국총사령부 점령기 치안정책 연구"「한국경찰학회보」, 11(3), 2009.

김창윤j, "한국의 범죄발생 추세분석에 관한 연구(민주정부시기를 중심으로)"「한국공안행정학회보」, 18(4), 2009.

김창윤k, "한국의 지역적 범죄특성에 관한 연구(울산광역시 10년간 범죄발생 분석을 중심으로),「사회과학연구」, 15(1), 2009.

김창윤l, "신임경찰 역량기반 교육훈련에 관한 연구(신임경찰 역량기반교육훈련을 중심으로)"「한국경찰학회보」, 23, 2010.

김창윤m, "군중심리와 경찰의 군중통제에 관한 연구"「한국범죄심리연구」, 7(2), 2011.

김창윤n, "미군정기 형사사법정책 연구"「한국공안행정학회보」, 43, 2011.

김창윤o, "한국의 범죄특성에 관한 연구(지난 10년간 5대 범죄발생 분석을 중심으로),「경찰학논총」, 6(1), 2011.

김창윤p, "한국 경찰학의 성립과 기원에 관한 연구"「한국공안행정학회보」, 47. 2012.

김창윤q, "한국 근대경찰의 창설배경과 조직에 관한 연구"「한국경찰연구」, 11(2), 2012.

김창윤r, "박근혜정부의 치안정책 기본방향과 개혁과제"「한국공안행정학회보」, 51, 2013.

김창윤s, "일제 통감부 시기 경찰조직에 관한 연구"「사회과학연구」, 20(1), 2013.

김창윤t, "경찰의 날에 대한 역사적 고찰과 변경 가능성에 관한 연구"「한국민간경비학회」,

13(3), 2014.

김창윤u, "경찰의 범죄피해자 정책 실태와 개선방안"「한국범죄심리연구」, 10(1), 2014.

김창윤v, "고려시대의 치안정책과 조직에 관한 연구"「한국경찰학회보」, 16(6), 2014.

김창윤w, "조선시대의 치안정책과 조직에 관한 연구"「한국공안행정학회보」, 57, 2014.

김창윤x, "해방 이후 범죄대응을 위한 경찰조직 변천에 관한 연구"「한국범죄심리연구」, 12(40, 2016.

김창윤y, "역대 정부의 치안정책 분석 및 범죄추세분석에 관한 연구"「한국공안행정학회보」, 68, 2017.

김창윤z, "역대 치안정책의 수립과정 분석 및 미래에 관한 연구"「한국공안행정학회보」, 70, 2018.

김창윤a－1, "역대 치안총수와 인권정책에 관한 연구"「한국경찰학회보」, 20(5), 2018.

김창윤b－1, "경찰의 역사성 및 정통성 확립과 미래 치안개혁 과제"「한국공안행정학회보」, 28(2), 2019.

김창윤c－1, "북한의 치안정책에 관한 연구"「한국경찰학회보」, 22(4), 2020.

김창윤d－1, "위험방지를 위한 경찰의 능동형 스마트 지휘통제시스템 구축 방안"「2022 한국 경찰학회 다중운집행사에서 경찰활동의 전략과 방향성 세미나 자료」, 2022, p. 12.

김창윤·서샛별, "박근혜 정부의 치안정책 및 범죄추세 분석에 관한 연구"「한국경찰학회보」, 20(6), 2018.

김태구, "김정은 위원장 집권 이후 군부 위상 변화 연구",「통일과 평화」, 11(2), 2019.

김택, "경찰 공무원 부패인식에 관한 연구"「한국부패학회보」, 24(1), 2019.

김학경·이성기, "영국지방자치경찰의 새로운 패러다임: '2011 경찰개혁 및 사회책임법'과 '국립범죄청'을 중심으로",「경찰학연구」7(3), 2012.

김학신a, "디지털 범죄수사와 기본권에 관한 연구"「치안정책연구소 2009－04 책임연구보고서」 2009.

김학신b, "범죄피해자를 위한 경찰의 재정적 지원 확보방안"「책임연구보고서 2020－08」, 치안정책연구소, 2020.

김형청, "한국의 형사정책에 관한 역사적 고찰"「21세기 질서행정」 서울: 청계출판사, 2002.

김화수·전용태, "현장 경찰관의 물리력 행사의 한계에 대한 연구(경찰청 예규(경찰관 물리력 행사의 기준과 방법에 관한 규칙)를 중심으로)"「한국경찰연구」, 19(3), 2020.

노호래, "정보경찰의 역사적 변천과정에 관한 비판적 검토"「한국경찰연구」, 3(2), 2004.

노호래·김창윤, "뉴테러리즘의 특징과 예방정책에 관한 연구"「한국민간경비학회보」, 1, 2002.

류길재, "1970년 사회주의 헌법과 '수령제' 정치체제(1)"「기독교사상」, 2월호, 1997.

류상영, "초창기 한국경찰의 성장과정과 그 성격에 관한 연구(1945－1950)",「석사학위논문」

서울: 연세대학교 대학원, 1987.

박병욱·황문규, "위험예방을 위한 경찰법과 범죄진압을 위한 형사법의 목적·수단상 몇 가지 차이점: 경찰의 활동을 중심으로"「형사정책연구」, 91, 2012.

박순진a, "범죄현상에 관한 새로운 분석틀: 발전범죄학의 대두와 전개"「한국사회학회 사회학대회 논문집」, 1999.

박순진b, "1980년대 이후의 범죄학 이론 동향"「사회과학여구」, 9(2), 2001.

박은숙, "개항기 포도청의 운영과 한성부민의 동태"「서울학연구」, 5, 1995.

박일룡, 「월간 수사연구」 1990년 3월호.

박종승·김창윤, "경찰의 예산분석 및 효율화 방안에 관한 연구"「한국경호경비학회」, 38, 2014.

박주상, "신경범죄학에 대한 탐색적 연구"「한국정부학회 2014년도 추계학술발표논문집」, 2014.

박재풍, "한국형 절차적 정의에 기반한 경찰활동"「경찰의 역사와 경찰정신」, 2019년도 하반기 치안정책연구소 학술세미나, 2019.

박진현, "우리나라 자치경찰제 도입방향에 관한 실증적 연구"「한국공안행정학회보」, 9, 2000.

박칠성, "MB 정부의 지방자치(행정)체제의 광역화 개편정책과 최적합 자치경찰모형의 탐색"「한국치안행정논총」 6(2), 2009.

박현호·최천근, "경찰시험승진제도 개선을 위한 비교분석 연구"「경찰학논총」, 15(2), 2020.

배영애, "북한의 체제유지를 위한 '인민반'의 역할과 변화"「통일과 평화」, 10(2), 2018.

백형조, "경찰조직 결정과정에 관한 연구", 「석사학위논문」 서울: 동국대학교 행정대학원, 1985.

배정범, "「경찰관 직무집행법」상 보호조치의 헌법상 정당화 근거와 입법적 개선 방향"「법조협회」, 71(2), 2022.

백기인, "국방정책형성의 제도화 과정(1948-1970)"「국방연구」, 47(2), 2004.

백형조b, "한국경찰의 개혁과 발전의 방향"「경찰위원회논총」, 2006.

서재근, "일본 행정경찰과 사법경찰에 관한 연구"「공안행정논총」, 3, 1988.

서정범, "경찰개념의 역사적 발전에 관한 고찰,"「중앙법학」, 9(3), 200.

성낙인·김태열, "언론조정중재와 언론피해구제"「세계헌법연구」, 27(3), 2021.

성중탁, "사실행위에 대한 사법적통제경향 및그 개선방안(권력적사실행위와 비권력적사실행위에 대한 헌법재판소판례검토를 중심으로)"「행정판례연구」, 19(1), 2014.

성중탁, "공무원 신분에 따른 기본권 제한의 문제점과 개선방안"「법학논집」, 69, 2020.

손 연, "중국경찰의 인사제도에 관한 연구", 「석사학위논문」 서울: 동국대학교 대학원, 2000.

손영상, "갑오개혁 이후 근대적 경찰제도의 정립과 운영"「석사학위논문」 서울: 서울대학교

대학원, 2005.

손재영, "경찰관직무집행법 제8조의2 제1항에 따른 위험예방을 위한 정보수집의 헌법적 한계"「법학논고」, 73, 2021.

송강호, "자치경찰제의 구체적 운영방안 고찰(프랑스 자치경찰모델과의 비교·분석)"「치안정책연구」, 19, 2006.

신영웅, "사이버범죄에 대한 새로운 유형분류"「한국공안행정학회보」, 87, 2022.

신용하, "갑오농민전쟁 (甲午農民戰爭) 시기의 농민집강소의 (農民執綱所) 설치"「한국학보」, 11(4), 1985.

신현기, "오스트리아, 독일, 스위스 지방경찰청 학술여행"「유럽경찰연구」, 1(1), 2017.

신현기·이임걸, "프랑스 군인경찰제도에 관한 연구"「자치경찰연구」, 5(3), 2012.

심민규, "경찰 승진공정성에 영향을 미치는 요인에 관한 연구"「한국경찰학회보」, 22(1), 2020.

안외순, "동학농민혁명과 전쟁 사이, 집강소(執綱所)의 관민(官民) 협치(協治)"「동학학보」, 51, 2019.

안진, "후기자본주의 사회에서의 범죄통제"「역사와 사회 2: 현대 자본주의의 이론적 인식」 서울: 한울아카데미, 1984.

양현호, "치안드론 순찰대 조직 운영 방안에 관한 연구"「경찰복지연구」, 7(1), 2019.

오유석, "범죄와의 전쟁이후 공권력의 본질"「수원대문화」, 8, 1992.

오준근, "경찰관직무집행 상 변화된 국가보상책임에 관한 행정법적 고찰"「토지공법연구」, 87, 2019.

유도현, "중국경찰제도에 관한 연구",「석사학위논문」 서울: 한서대대학교 대학원, 2005.

유주승, "프랑스 근접경찰: 자치경찰과 일상안전경찰"「한국경찰법학회」, 18(1), 2020.

윤규식, "북한 사회의 통제실상과 변화 가능성 연구(북한의 사회실상을 중심으로)"「군사논단」, 90, 2017.

윤병훈·최영관, "행정경찰과 사법경찰의 분리원칙 필요성에 대한 논의: 정보경찰을 중심으로"「한국치안행정논집」, 18(4), 2021.

윤시영, "우리나라 집회·시위의 폭력적 특징과 대처방안"「지방정부연구」, 11(1), 2007.

윤진아, "독일 경찰제도의 현황과 당면문제"「법과 정책연구」, 20(1), 2020.

윤성의, "경찰관직무집행법상 경찰활동의 문제점과 개선방안에 관한 연구"「박사학위논문」 전남: 호남대학교 대학원, 2008.

윤진희, "언론중재법상 추후보도 제도 개선방안에 관한 연구"「언론과 법」, 18(3), 2019.

이강종, "한국경찰위원회제도에 관한 연구－구조기능론적 접근을 중심으로"「박사학위논문」 서울: 동국대학교 대학원, 2002.

이당재, "조선시대 포도청 연구",「석사학위논문」 서울: 연세대학교 대학원, 1982.

이명구, "法律의 優位에서 法의 優位 및 支配로 (卷頭言)"「고시연구」, 33(4), 2006.

이병호, "두 얼굴의 근대국가"「한국사회학」, 41(3), 2007.

이상훈, "경찰관직무집행법상 손실보상 심의 사례연구(서울지방경찰청 손실보상심의를 중심으로)"「한국경찰학회보」, 20(1), 2018.

이소현 외 3인, "사이버범죄 유형별 특징 분석 연구"「Information Systems Review」, 21(3), 2019.

이수현, "우리나라 행형사의 근본이념과 현행 교정제도의 발전방안",「박사학위논문」경북: 경북대학교 대학원, 2004.

이임걸, "프랑스 경찰제도에 관한 연구"「경찰복지연구」, 2(2), 2014.

이영근, "외국의 형사사법제도,"「교정연구」, 9(1), 1999.

이영효, "미국독립선언서와 행복추구권"「미국사연구」, 46, 2017.

이재진, "언론의 파수견 개념의 발전과 적용(한국 판례분석을 중심으로)"「한국언론정보학보」, 41, 2008.

이종일, "근대 이전의 법제 변천"「법제연구」, 14, 2001, p. 36.

이종필, "정보경찰의 직무만족에 관한 연구"「박사학위논문」, 한세대학교 일반대학원, 2020.

이형세, "한국 경찰의 피해자 보호활동 고찰과 발전방안"「경찰청·(사)코바포럼 공동학술세미나 자료집」, 2015.

이현희, "범죄발생율의 지역별 차이에 관한 연구",「박사학위논문」서울: 이화여자대학교 대학원, 1994.

이황우g, "경찰정신사와 경찰상 정립"「경찰창설 50주년과 경찰의 좌표」, 1995.

이황우i, "한국 실정에 맞는 자치경찰제도"「자치경찰제도 공청회 자료집」, 1998.

이황우j, "경찰학의 학문적 발전방향"「한국공안행정학회보」, 12, 2001.

이훈·정진성, "우리나라 외근경찰 물리력 사용 가이드라인 재정립에 따른 현장 대응력 강화 내실화 방안에 관한 연구: 경찰 물리력 행사의 기준과 방법에 관한 규칙 제정안을 중심으로"「한국공안행정학회보」, 28(2), 2019.

이 효, "사업예산제도 실시의 성과와 과제",「지방재정과 지방세」, 8, 2008.

임상범, "20세기 전반기 북경의 경찰과 시민생활"「중국학보」, 48, 2003.

임승재, "조선시대 경찰의 사적고찰"「법정논총」, 1970.

임준태c, "독일경찰제도와 수사구조에 관한 연구"「자치경찰제도 공청회 자료집」, 1998.

장광호·김문귀, "영국의 범죄정보 기반 경찰활동에 관한 연구"「한국경호경비학회」, 54, 2018.

장석헌, "깨어진 창이론(Broken Window Theory)을 통한 경찰의 대응방안"「한국공안행정학회보」, 16, 2003.

전현준, "북한의 사회통제 기구 고찰(인민보안성을 중심으로)", 통일연구원, 3(14), 2003.

전광백, "반론보도청구권", 「성신법학」, 12, 2013.

전대양a, "일본의 지역사회 경찰활동에 관한 연구"「형사정책연구」, 1997.

정동욱, "조선시대 형사사법기관"「고시연구」, 17(12), 1990.

정우열, "국가경찰로서의 순찰지구대의 운영평가와 정책과제: 경찰관과 시민의 의식을 중심으로"「한국정책과학회보」, 9(2), 2005.

정지훈, "보안관찰해당범죄의 적격성과 위헌성(「보안관찰법」제2조 제3호의 해당범죄를 중심으로)"「성균관법학」, 29(3), 2017.

정진환, "대륙법계국가의 경찰제도"「건국대학교 논문집」, 1978.

조강원, "미국의 경찰제도"「지방자치」, 191, 2004.

조계표·김영주, "경찰윤리의 실태분석 및 개선방안에 관한 연구"「한국경호경비학회보」, 45, 2015.

조병인, "국내체류 외국인의 범죄피해와 보호실태"「피해자학연구」, 5, 1997.

조준현, "범죄의 사회적 요인에 대한 미시적 접근과 거시적 접근"「저스티스」, 2004.

조호대, "재난관리에 있어 경찰역할에 관한 연구,"「한국공안행정학회보」20, 2005.

지은석, "경찰관직무집행법상 임의동행(대법원 2020.5.14. 선고 2020도398판결을 중심으로)"「형사법의 신동향」, 71, 2021.

최우영, "빛나는 통합과 초라한 개인: 개인 기반의 최소주의 규범론을 위한 시론"「사회사상과 문화」, 21(4), 2018.

차성근, "북한 권력조직의 독재체제 장기화와 효율성에 관한 연구"「주관성 연구」, 48, 2019.

사세영, "셰획, 기획, 그리고 행정조직: 한국 고도성장기 행정에 대한 비판적 근거이론 해석"「한국행정학보」, 52(4), 2018.

차인배, "조선전기 성종─중종대 '포도장'제 고찰"「사학연구」, 72, 2003.

차선혜, "대한제국기 경찰제도의 변화와 성격"「역사와 현실」, 19, 1996.

최선우, "한국경찰의 근대성에 관한 연구"「한국공안행정학회보」, 23, 2007.

최응렬, "환경설계를 통한 범죄예방에 관한 연구", 「박사학위논문」서울: 동국대학교 대학원, 1994.

최종길, "일본의 근대관료 연구 시각에 대한 비판적 검토"「일본문화연구」, 16, 2005.

한견우, "경찰의 주민근접성을 실현하기 위한 프랑스 자치경찰의 연혁과 발전(프랑스 자치시경찰의 법적 구조를 중심으로)"「법학논총」, 29(3), 2017.

한정갑, "공공질서확립을 위한 형사정책적 개선방안에 관한 연구", 「박사학위논문」충북: 청주대학교 대학원, 2008.

황규진, "치안정보의 개념에 관한 연구"「경찰학연구」, 9(1), 2009.

허재일, "군중심리의 이론적 고찰"「교수논단」, 3(1), 1974.

허재일, "군중심리의 이론적 고찰"「낙원지」9(1), 1974.

홍동표, "한국의 자치경찰제에 관한 공법적 연구"「박사학위논문」서울: 숭실대학교 대학원, 2008.

2 ║ 국외 저서 및 논문

1 국외 저서

Backer, Thomas, Hunter, Ronald D. & Rush, Jeffrey P., *Police system & Practice: An Introduction*, NJ: Prentice—Hall, 1997.

Bayley, David, *Patterns of policing: A Comparative International Analysis*, Rutger University Press, 1990.

Bennett, Wayne W. & Hess, Karen M., *Criminal Investigation(7th ed.)*, Belmont, CA: Wadsworth/Thomson Learning, 2004.

Le Bon, Gustave , *Les Lois psychologiques de l'evolution des peuples*, Paris: Alcan, 1896.

Berkley, George E., *The Democratic Policeman*, Boston: Beacon Press, 1969.

Brandl, Steven G., *Criminal Investigation: an analytical perspective*, (Boston: Person Education Inc., 2004.

Brantingham, Paul J. & Particial Brantingham, L., *Environmental Criminology*, California: Sage Publication, 1981.

Cohen, Howard S. & Feldberg Michael, *Power and Restraint: The Moral Dimension of Police Work*, NewYokr: Praeger Pub, 1991.

Crank, John P. & Caldero, Michael A., *Police Ethics(the corruption of noble cause)*, Cincinnati, Anderson publishing co., 2000.

Cunningham, W. C. & Taylor, Todd H., *Private Security and Police in America*(The Hallcrest Report), Portland, OR; Chancellor Press, 1985.

Doerner, W. G. & Lab, S. P., *Victimology(2nd ed)*, Cincinnati, OH: Anderson Publishing Co., 1998.

Dugdale, R., *The Jukes*, NewYork: Putnam, 1910.

Friedlander, Kate, *The Psychoanalytic Approach to Juvenile Delinquency*, London: Kegan Paul, Trench and Trubner, 1947.

Fyfe, James J., Greene, Jack R., Walsh, William F. , Wilson, O. W. and McLaren, Roy Clinton, *Police Administration(5th ed.*, NewYork: The McGraw—Hill Companies, Inc., 1997.

Gaines, Larry K. & Kappeler, Victor E., *Policing in America*, Cincinnati, OH: Anderson publishing co., 2003.

Glueck, Sheldon and Glueck, Eleanor T., *Physique and Delinquency*, NewYork: Harper and Row, 1976.

Gurr, Ted Robert, *Why Men Rebel*, Princeton: Princeton University Press, 1970.

Hale, C. D., *Police patrol: Operations & Management*, Prentice Hall, 1992.

Hathaway, Starke R. & Monaches, Elio D., *Analyzing and Predicting Juvenile Delinquency with the M.M.P.I.* , Minneapolis, MN: University of Minnesota Press, 1953.

Healy, William & Bronner, Augusta, *New Light on Delinquency and It's Treatment*, New Haven, CT: Yale University Press, 1936.

Jaschke, Hans Gerd(et al.), Perspectives of Police Science in Europe (European Police College, 2007).

Kakalik, James S. & Wildhorn, Sorrel, *The Private Police: The Context of Growth*, Grane Russak and Company Inc., 1972.

Kent, Sherman, *Intelligence for American World Policy*, Princeton, N. J: Princeton University, 1949.

Kerlinger, F. N. & Pedhazur, E. J., *Multiple regression in behavioral research*, NewYork: Holt, Rinehart, and Winston, 1973.

Klockars, C. B., *The Idea of Police*, Beverly Hills, CA: Sage, 1985.

Koontz, H. and O'Donnell, C. J., *Principles of Management*, NewYork: McGraw－Hil, 1968.

Lab, Steven P., *Crime Prevention: Approaches, Practices, and Evaluations*, Routledge, 2016.

Liska, Allen E., *Perspectives on Deviance 109*, Englewood Cliffs, NJ: Prentice－Hall, Inc., 1981.

Lowental, Mark M., *Intelligence; From Secrets to Policy(3rd ed.)*, Washington, D.C: Q Press, 2006.

Lyman, Michael D., *The Police, NewJersey*: Pearson Prentice Hall, 2005.

Fyfe, James J. (et el.), *Police Administration*, NewYork: The McGraw－Hill Companies, Inc, 1997.

Laqueur, Walter, *No end to war*, New York: continuum, 2003.

Liska, Allen E., *Perspectives on Deviance 109*, Englewood Cliffs, NJ: Prentice－Hall, Inc., 1981.

McInnes, Colin, *Mr. Love and Justice,* London: New English Library, 1962.

Maguire, K. and Pastore, A. L. (et al.), *sourcebook of Criminal Justice Statistics 1995,* Washington : Government Printing Office, 1996.

Miller, Seumas, *Corruption and Anti−Corruption in Policing Philosophical and Ethical Issues)(1st ed.)*, California: Springer, 2016.

Merton, Robert K., *Social Theory and Social Structure*, Glencoe, IL: Free Press, 1968.

Morrisey, G. L., *Management By Objectives And Results In The Public Sector*, Basic Books, 1976.

Michel J. Palmiotto, *Criminal Investigation(3th ed.)*, Maryland: University Press of America, Inc., 2004.

Pfiffiner, J. M. and F. Sherword, P., *Administration Organization*, Englewood Cliffs: Prentice−Hall, 1960.

Tim Prenzler, *Police Corruption Preventing Misconduct and Maintaining Integrity*, London: CRC Press, 2019.

Qunney, R., *Class, State & Crime*, NewYork: Longman Inc., 1977.

Ratcliffe, Jerry H., *Integrated Intelligence and Crime Analysis: Enhanced Information Management for Law Enforcement Leaders*, NCJ Number: 219771, 2007.

Reckless, Walter, *The Crime: Problem(5th ed.)*, NewYork: Appleton Century Crofts, 1973.

Reith, Charles, *The Blind Eye of History: A Study of the Origins of the present Police Era*, Patterson Smith, 1975.

Renshaw, Benjamin H. & Kaplan, Carol G., *Criminal Justice Resource Manual*, Bureau of Justice Statistics of U.S. Department of Justice, 1979.

Rude, G., *The Crowd in History*, NewYork: Wiley, 1964.

Stalin, J. V., *Foundations of Leninism*, Peking: Foreign Language Press, 1965.

Schafe, S., *The Victim and His Criminal: A Study in Functional Responsibility*, NewYork: Random House, 1968.

Schmalleger, Frank, *Criminal Justice Today(3rd ed.)*, Englewood Cliffs: Prentice−Hall Ins., 1995.

Sheldon, William H., Hartl, Emil M. and McDermott, Eugene, *Varieties of Delinquent Youth*, NewYork: Harper, 1949.

Sherman, Lawrence W., *Becoming Bent: Moral Careers of Corrupt Policemen*, Totowa, NJ: Rowman and Allanheld Publishers. 1985.

Shoemaker, Donald J., *The Theories of Delinquency*, NewYork: Oxford University

Press, 1984.

Skolnick, Jerome H., *Justice without Trial: Law Enforcement in Democratic Society*, New York: John Wiley & Sons, 1966.

Steda, Philop John, *The Police of Britain*, NewYork: Machillan Publishing Company, 1985.

Sutherland, E. H. and Cressey, D. R., *Principles of Criminology(9th ed.)*, Philadelphia: J. B. Lippincott Company, 1974.

Swanson · Territo · Taylor, *Police Administration*, New Jersey: Prentice Hall, 2005.

Thackrah, John Richard, *Dictionary of Terrorism*, London and New York: Routledge, 2004.

Taylor, Ian, *Criminology*, London: Routledge and Kegan Paul, 1975.

Vold, George B., Thomas J. Bernard, & Jeffrey B. Snipes, *Theoretical Criminology(4th ed.)*, NewYork: Oxford University Press, 1998.

Treverton, Gregory, *Reshaping National Intelligence for An age of Information*, Cambridge, UK: Syndicate of the University of Cambridge, 2003.

Weston, Paul B. & Wells, Kenneth M., *Criminal Investigation*, New Jersey, Englewood Cliffs: Prentice－Hall Inc., 1986.

Williams, Frank P. & McShane, Marilyn D., *Criminological Theory: Selected Classic Readings*, NewYork: Anderson Pub Co., 1993.

Yochelson, Samuel & Samenow, Stanton E., *The Criminal Personality*, NewYork: Jason Aronson, 1976.

Zehr, Howard, *Restorative Justice: Theoretical Foundation(1st ed.)*, London: Willan Publish, 2002.

田上穰治, 「新版 警察法」 東京: 有斐閣, 1926.

那書亭·万首聖 主編, 「公安學校程」 北京: 警官教育出版社, 1966.

高橋雄豺, 「警察制度槪論」 東京: 日本警察協會, 1970.

山中永之佑, 「日本近代國家の形成と官僚制」 東京: 弘文堂, 1974.

山遣健大郎, 「日本の 韓國併合」 東京 大平出版社, 1974.

島田正郎, 「新出土史料 による 渤海國史の新事實」 東京: 創文社, 1979.

大日方純夫, 「日本近代國家の成立と警察」 東京: 校倉書房, 1992.

佐藤英彦, 「警察行政機關の任務, 所掌事務及び權限(講座日本の 警察 第1卷)」 東京: 立花書房, 1993.

河上和雄·國松孝次·香城敏麿·田宮裕, 「日本の警察」 東京: 立花書房, 1993.

日本辯護士連合會, 「檢證 日本の警察」 東京: 日本評論社, 1995.

康大民, 「公安論」 北京: 群衆出版社, 1998.

家公安委員會·警察廳, 「警察白書(令和 4年版)」, 2022.

2 국외 논문

Andrews Jr, Allen H., "Structuring the Political Independence of the Police Chie", William A. Geller (ed.), *Police Leadership in America,* New York: Praeger Publishers, 1985.

Anonymous, INTERNATIONAL CRIMINAL POLICE ORGANIZATION(INTERPOL) 50TH ANNIVERSARY, 1923－1973, National Institute of Justice, 1973.

Bayley, D. H., "Comparative Organization of the Police in English－Speaking Countries", *Crime and Justice*, 15, 1992.

Brown, G. W., "Experiences of discharged chronic schizophrenic mental hospital patients in various types of living group", *Milvank Memorial Fund Quarterley*, 37(105), 1959.

Burgess, R. & Akers, R. L., "A Differential Association Reinforcement Theory of Criminal Behavior", *Social Problems*, 1968.

Chamlin, Mitchell B. & Kennedy, Mary Baldwin, "The Impact of the Wilson Administration on Economic Crime Rates", *Journal of Quantitative Criminology*, 7(4), 1991.

Coser, Lewis A., "Social conflict and the theory of social change", The British Journal of Sociology, 8(3), 1957.

David, Godschakl R., "Disaster Mitigation and Hazard Management", *International City Management Association*, 1989.

Ehrlich & Mark, "Fear of Deterrence", *The Journal of Legal Studies*, 6, 1977.

Freud, Sigmund , "Criminal from a Sense of Guilt", James Strachey, *The Standard Edition of the Complete Psychological Works of Sigmund Freud*, London: Hogarth Press, 1975.

Gressy, Faul F., "Population succession in Chicago: 1898－1930", America Journal of Sociology, 44, 1938.

Lasswell, Harold D., "Research in Policy Analysis: The Intelligence and Appraisal Functions" in Frde I. Greenstein & Nelson W. Polsby, *Handbook of Political Science*, Addison－Wesley Publishing Company, 1975.

Le Bon, Gustave, *Les Lois psychologiques de l'evolution des peuples*, Paris: Alcan, 1895.

McCord, R. and Wicker, E., "Tomorrow's America: Law enforcement's coming challenge" *FBI Law Enforcement Bulletin*, 59, 1990.

McShane & William, "Radical Victimology: A Critique of Victim in Traditional Victimology", *Crime and Delinquency*, 38(2), 2001.

Mendelsohn, B., "The Victimology", *Etudes Internationale de Psycho−sociologie Criminelle*, 1956, July.

Jacob & Rich, "The Effects of The Police on Crime: A Second Look", *Law & Society*, 15, 1981.

Reckless, Walter and Dinitz, Simon, "Pioneering with Self−Concept as a Vulnerability Factor in Delinquency", *Journal of Criminal Law, Criminology and Police Science*, 58, 1967.

Reith, Charles, "Prevention Principle of Police", *Journal of Criminal Law and Criminology*, 34(30, 1943.

Robinson, Cyril D. & Scaglion, Richard, "The Origin and Evolution of the Police Function in Society: Notes toward a Theory", *Law & Society*, 21(1), 1987.

Sani, Reicher F., "The Psychology of Crowd Dynamics" *Psychology*, 44(80), 2004.

Sellin, Thorsten, "Pioneers in Criminology XV−Enrico Ferri (1856−1929)", *Journal of Criminal Law and Criminology*, 48(5), 1958.

Sykes, Gresham and Matza, David, "Techniques of Neutralization: A Theory of Delinquency", *American Sociological Review*, 22, 1957.

Westley, William, "Violence and the Police", American Journal of Sociology, 59, 1953.

Zehr, H. & Umbreit, M., "Victim Offender Reconciliation: An Incareration Substitute", Federal Probation, 46(1), 1982.

U. S. Department of Justice, Bureau of Justice Statistics Bulletin, *Local Police Department*, April, 1996.

太田裕之, "地域社會運營論(兵庫縣警察におおける活動を中心に)" 「警察學論集」, 47(11), 1994.

坪田眞明, "'生活安佺センター'としての交番等の存り方"「警察學論集」, 48(11), 1995.

伊藤俊介, "朝鮮における近代警察制度の導入過程"「朝鮮史研究會論文集」, 2003.

鈴木康夫, "川路大警視の研究の論点"「近代警察史の諸問題(川路大警視研究を中心に)」, 警察政策學會資料, 110, 2020.

笠井聰夫, "東西二人の創設者"「近代警察史の諸問題(川路大警視研究を中心に)」, 警察政策學會資料, 110, 2020.

3 ‖ 기타 자료

1 관련 판례

대법원 1960.04.06. 선고 4292형상395판결.
대법원 1966.09.20. 선고 65다2506판결.
대법원 1970.01.27. 선고 68누10판결.
대법원 1971.03.23. 선고 71누7판결.
대법원 1971.04.06. 선고 71다124판결.
대법원 1971.04.06. 선고 71다124판결.
대법원 1971.07.27. 선고 71다494판결.
대법원 1972.04.26. 선고 72누3판결.
대법원 1976.06.24. 선고 75누46판결.
대법원 1984.09.11. 선고 84누110판결.
대법원 1984.11.13. 선고 84누269판결.
대법원 1986.01.28. 선고 85도2448판결
대법원 1986.06.10. 선고 85누407판결.
대법원 1986.06.24. 선고 86도403판결.
대법원 1988.02.23. 선고 87도2358판결
대법원 1989.05.23. 선고 88누3161판결.
대법원 1990.09.25. 선고 90도1613판결.
대법원 1991.12.24. 선고 90누100판결.
대법원 1993.10.26. 선고 93누6331판결.
대법원 1996.04.12. 선고 95누18857판결.
대법원 1996.05.14. 선고 95누7307판결.
대법원 1996.10.25. 선고 95다45927판결.
대법원 1998.05.25. 선고 98다11635판결.
대법원 2002.02.05. 선고 2001두5286판결.
대법원 2002.07.26. 선고 2001두3532판결.
대법원 2003.05.16. 선고 2002두8138판결.
대법원 2004.05.13. 선고 2003다57956판결.
대법원 2005.12.09. 선고 2005도7527판결
대법원 2006.07.06. 선고 2005도6810판결.

대법원 2006.12.21. 선고 2006두16274판결.

대법원 2008.02.01. 선고 2006다6713판결.

대법원 2010.11.11. 선고 2010도7621판결.

대법원 2013.08.23. 선고 2011도4763판결.

대법원 2013.09.12. 선고 2011두20079판결.

대법원 2016.12.15. 선고 2016두47659판결.

대구고등법원 1986. 선고 85구339판결.

대구고등법원 1986. 선고 85구339판결.

헌재 1989.04.17. 선고 1988헌마3결정.

헌재 1999.04.29. 선고 1997헌마333결정.

헌재 2007.08.30. 선고 2003헌바51결정.

헌재 2008.01.17. 선고 2007헌마700결정.

헌재 2020.04.23. 선고 2018헌마550기각.

헌재 1997.01.16. 선고 1989헌마240결정.

헌재 2001.07.19. 선고 2000헌바22결정.

2 신문 및 방송 자료

계동혁, "가브리엘 Mk.1 함대함 미사일"「중앙일보」, 2008.11.24.

김상검, "절차적 정의와 사법절차"「천지일보」, 2022.06.02.

김상욱, "뜨거운 주제 '진화론' 냉정히 평가"「경향신문」, 2016.05.27.

김승호, "공무원의 의무와 징계책임"「문화저널21 , 2019.01.29.

김영환, "냉동고서 발견된 영아사체 2구…"내가 죽였습니다"[그해 오늘]"「이데일리」, 2022. 10.12.

김은주, "오늘의 역사, 10월 4일: 윤석양 이등병의 폭탄…국군보안사 사찰 폭로"「중도일보」, 2016.10.03.

김일우, "장기미제 '개구리소년 사건' 재수사…실마리 찾을까"「한겨레」, 2019.09.20.

김태철, "자유주의의 역사와 본질은 진보"「한국경제」, 2019.07.10.

뉴미디어부기자, "고재봉 도끼살인 사건"「영남일보」, 2018.10.19.

맹주한·곽상현, "의무이행소송의 도입과 관련하여"「법률신문」, 2018.04.06.

박나영, "청소년기 법정경험은 충격…정체성 발달에 악영향"「아시아경제」, 2019.07.10.

박성현, "시대의 창에 비친 격동 반세기·13, 세상을 뒤흔든 사건들<제3부 '喜怒哀樂' 사회격동 50년·2> 물질만능사회 '곪은 인간성' 대형범죄 그늘만들다"「경인일보」, 1987.01.15.

박옥주, "영화 <돈>: 돈에 지배되는 삶, 돈을 지배하는 신앙"「크리스천투데이」, 2019. 03.24.

배철현, "우리 시대 리더의 조건, 소크라테스의 질문, 소크라테스는 왜 죽음을 불사하며 아테네 시민에게 질문을 던졌나"「주간조선」, 2017.01.06.

배한철, "강원도서 찾은 가야유물의 정체"「매일경제」, 2019.08.17.

서중석, "서중석의 현대사 이야기 <231> 6월항쟁, 열세 번째 마당, 박종철 죽음은 우연? 전두환 초강경 작전의 필연"「프레시안」, 2017.01.29.

선우정, "가야사"「조선일보」, 2017.06.05.

염성덕, "파수견은 영원하라"「국민일보」, 2014.04.11.

앵커브리핑, "반상회…타임슬립"「JTBC」, 2015.10.26.

이가혁, "범죄 예방용 환경설계(CPTED)"「중앙일보」, 2012.06.22.

이덕일, "부러진 화살"「중앙일보」, 2012.01.27.

이창무, "범죄의 재구성 ⑥ 경찰의 탄생: 탄생 주역은 羊이었다, 19세기 영국서 근대 경찰 첫 등장"「신동아」, 2012.12.26.

이학준, "경찰청, 피의자 호송시 수갑사용 '재량규정'으로 개정…인권위 권고 수용"「조선biz」, 2021.09.07.

유동주, "인천 경찰' 2명 '해임'…'파면'과 결정적 차이는 연금"「머니투데이」, 2021.12.02.

유민호, "리버럴 아츠의 심연을 찾아서, 워싱턴 대사관로의 나라별 상징물 둘러보니…조형물과 동상도 국익·국력의 대변자"「월간중앙」, 2016.10.17.

정순채, "사이버범죄' 정의와 유형은 무엇인가?"「아시아타임즈」, 2019.02.14.

정천구, "崔杼弑其君(최저가 그 군주를 시해했다)"「국제신문」, 2019.09.09.

조장옥, "예술로서의 경제정책…낙서도 작품일까?"「ifsPost」, 2019.07.07.

조정육, "상갓집 개, 만세의 사표가 되다."「주간조선」, 2013.09.26.

주성하, "北 실세조직 보위부, 보위성으로 격 낮아져"「동아일보」, 2016.08.16.

주홍철, "故 안병하 전남경찰국장 이야기…5.18 민주화 운동 당시 숨은 영웅"「금강일보」, 2017.01.22.

중앙선데이, "민생 개혁의 좌초, 부국강병의 길 특권이 막았다"「중앙일보」, 2016.01.24.

최영해, "책갈피 속의 오늘,]1980년 공직자윤리법 제정 선언"「동아일보」, 2008.11.20.

최원훈, "소년범죄 예방 핵심은 '이곳'을 바꾸는 것"「오마이뉴스」, 2022.10.01.

한우덕, "漢字, 세상을 말하다, 警察<경찰>"「중앙선데이」, 2014.07.27.

허연, "석학이 말하는 불편한 진실들"「매일경제」, 2007.09.01.

황정현, "장기미제, 개구리소년·이형호 유괴사건 재수사"「연합뉴스TV」, 2019.09.20.

psh59, "가야 특별전서 공존과 화합이라는 정체성 조명할 것"「연합뉴스」, 2019.08.27.

경찰청 브리핑, "경찰청, '대화경찰관' 제도를 전국으로 확대시행", 2018.10.04.

대검찰청b, "교통사고처리특례법 위헌 결정에 따른 업무처리 지침 시행" 「보도자료」, 2009.2.27.

부산광역시, "부산시, 「2022년도 화랑훈련」 실시"「보도자료」, 2022.6.13.

행정안전부, "긴급신고전화 통합 시행 5년, 국민을 위한 안전망 역할" 「보도자료」, 2021.10.27.

행정안전부, "8월 2일, 행정안전부 경찰국 출범"「보도자료」, 2022.8.1.

3 인터넷 자료

네이버 블로거, "이화정, 관악 제2대학(학술교육운동단체) '여성의 눈으로 세상보기' 제3강 강의안 여성사 서술의 의미에 대하여"(n.d)(from https://m.blog.naver.com/)(Retrieved October 18, 2022).

검찰청 홈페이지, "과학수사"(n.d)(from https://www.spo.go.kr/)(Retrieved October 18, 2022).

경찰청 홈페이지, "백범 김구선생과 경찰의 특별한 인연"(n.d)(from https://www.police.go.kr/www/agency/history/history01.jsp)(Retrieved October 12, 2022).

경찰청 홈페이지, "회복적 경찰활동 및 범죄피해자지원"(n.d)(from https://www.police.go.kr/ www/security/support/support0102.jsp)(Retrieved August 16 2022).

대테러센터 "테러경보"(n.d)(from http://www.nctc.go.kr/nctc/information/press.do)(Retrieved October 13, 2022)).

서울특별시 홈페이지, "통합방위훈련"(n.d)(from https://news.seoul.go.kr/safe/archives/868)(Retrieved October 6, 2022).

인천광역시 남동구 재난안전대책본부, "재난의 분류"(n.d)(from https://www.yeonsu.go.kr/safety/disaster/)(Retrieved October 6, 2022).

나무위키, "프랑스 헌병군"(n.d)(from https://namu.wiki)(Retrieved January 30, 2022).

행정안전부 국가기록원, "한국의 CSI"(n.d)(from https://theme.archives.go.kr/)(Retrieved October 18, 2022).

행정안전부 국가기록원, "합의제행정기관"(n.d)(from https://www.archives.go.kr/)(Retrieved October 18, 2022).

A history of Policing in Ireland (n.d)(from https://www.psni.police.uk/inside−psni/our−history/a−history−of−policing−in−ireland/)(Retrieved January 15, 2022).

Bow Street Runners(n.d)(from https://www.historic−uk.com/)(Retrieved January 23, 2022).

Criminal Justice: Police Corruption Hypothesis(n.d.)(from https://lawaspect.com/criminal−

justice−police−corruption−hypothesis/)(Retrieved October 24, 2022).

Departments, agencies and public bodies(n.d)(from https://www.gov.uk/government/ organisations#home−office)(Retrieved January 16 2022).

Direction générale de la Police nationale(n.d.)(from https://fr.wikipedia.org/wiki/) Direction de_la_Police_nationale)(Retrieved January 30, 2022).

Donald Drew, "England Before and After Wesley"(n.d)(from https://disciplenations.org/) (Retrieved October 19, 2022).

Donald Nelson, "3 identify the six different theories of police"(n.d)(from https:// www.coursehero.com/)(Retrieved October 23, 2022).

HMICFRS(n.d)(from https://www.justiceinspectorates.gov.uk/hmicfrs/)(Retrieved January 16, 2022).

Metropolitan Police Act 1829(n.d)(from https://en.wikipedia.org/wiki/Metropolitan_ Police_Act_1829) (Retrieved January 23, 2022).

National Crime Agency(n.d)(from https://www.gov.uk/government/organisations/ national− crime−agency)(Retrieved January 16, 2022).

NPCC(n.d)(from https://www.npcc.police.uk/About/Membership.aspx)(Retrieved January 14, 2022).

Police Scotland(n.d)(from https://www.scotland.police.uk/about−us/)(Retrieved January 14, 2022).

Population and Housing State Data from United States Census Bureau(August 12, 2021)(from https://www.census.gov/library/visualizations/interactive/ 2020−population−and−housing−state−data.html)(Retrieved October 12, 2022).

Prevalent Theories of Police Corruption(n.d.)(from https://lawaspect.com/prevalent− theories−of− police−corruption/)(Retrieved October 24, 2022).

Rotten Apple Corruption(n.d.)(from https://sk.sagepub.com/reference/encyclopedia− of−criminal−justice−ethics/)(Retrieved October 24, 2022).

R. J. Cooter, "Phrenology and British Alienists, c. 1825−1845"(n.d)(from https:// www.cambridge.org/)(Retrieved October 12, 2022).

Serious Fraud Office(n.d)(from https://www.gov.uk/government/organisations/serious− fraud−office)(Retrieved January 16, 2022).

SFO(n.d)(from https://www.sfo.gov.uk/about−us/)(Retrieved January 16, 2022).

Who are the National Fraud Intelligence Bureau?9(n.d.)(from https://www.actionfraud. police.uk/ what−is−national−fraud−intelligence−bureau)(Retrieved January 16, 2022).

ㄱ

가장 248

각료정책계획(The Cabinet Road Map) 217

간첩망의 형태 245

간첩의 분류 245

감시 248

경범죄처벌법 44

경비경찰의 3대 기본원칙 94

경비경찰의 조직운영 4대 원리 98

경비대책 127

경비수단의 4대 원칙 97

경비업무의 종류 56

경비업법 57

경비의 3대 수단 97

경제환원론(Economic Reduction Theory) 58

경찰 종합대책서 114

경찰검문소 151

경찰견활용(K-9) 21

경찰작전 143

경찰첩보의 종류 218

경찰청 재난대책본부 120

경찰청 재난상황실 120

경호(警護) 129

경호상황본부 136

경호의 4대 일반원칙 130

경호의 4대 특별원칙 131

경호의 대상 132

계엄사태 146

공개출처정보(OSINT: Open Source Intelligence)
 215

공격적 심리전 249

공동생산이론(Co-Production Theory) 59

공동화 58

공동화이론(Vacuum Theory) 58

공작의 4대 요소 247

공작활동 248

공작활동의 유형분류 247

공중협력의 원칙(Support by Public) 70

과학수사(Forensic Science) 84

과학적범죄분석시스템(SCAS: Scientific Crime
 Analysis System) 85

관찰군중(Spectator Crowd) 107

관찰묘사 248

교통경찰 165

교통규제 172

교통사고 처리기준 199

교통사고의 특성 184

교통사고처리 특례법 194

교통안전표지 173

교통의 4E와 3E 원칙 168

국가기밀 241

국가정보목표 우선순위(PNIO: Priority of National Intelligence Objective) 217

국가정책목표(NPO: National Policy Objective) 217

국가중요시설 138

국가중요시설의 방호대책 140

국가중요시설의 실질적 분류 138

국가테러리즘 156

국군와해전취전술 238

국내정보(Domestic Intelligence) 214

국외 정보(Foreign Intelligence) 214

국정과제(National Policy Agenda) 217

국제협력활동 280

국제형사경찰기구(I.C.P.O: International Criminal Police Organization) 284

국제형사사법 공조 281

국제형사사법 공조의 기본원칙 282

국지도발 단계의 비상경계 명령 147

군사준비태세(데프콘)(DEFCON)의 종류 148

군중(Crowd) 100

군중심리의 특징 104

군중의 목적과 성격 106

군중의 지도부 유·무 107

군중의 형태 105

군중정리의 원칙 125

규문적 수사관 66

기본정보(Basic Intelligence) 214

기술정보(TECHINT: Technical Intelligence) 215

기초질서 위반사범 44

기타 정보요구(OIR: Other Intelligence Requirement) 217

기획군중(Planned Crowd) 105

긴급신고 통합서비스 124

긴급인도구속 300

ㄴ

난민여행증명서(Refugee Travel Document) 271

남북교류협력 258

남조선혁명전략 238

내사 77

녹색수배서(Green Notice) 288

뉴만의 범죄예방모델 13

뉴왁시 도보순찰실험 20

뉴욕경찰의 25구역 순찰실험 20

뉴테러리즘 154

ㄷ

다중범죄 109

다중범죄의 정책적 치료법 110

다중범죄의 특징 110

단수사증 273

대(對)테러(Counter Terror) 153

대중투쟁전술 238

대통령정책 우선순위(Priorities for the President) 217

대화경찰관 207

데이터 삭제(Data Leakage) 83

도난차량 회수장치 14

도로의 4대 요건 190

드보크 242

ㄹ

랩(S. P. Lab) 11

리마증후군(Lima Syndrome) 158

ㅁ

몽타주(montage) 87

미국범죄예방연구소(NCPI: National Crime Prevention Institute) 10

민간경비의 성장이론 58

민원담당관 41

민족주의적 테러리즘 156

ㅂ

반국가단체 235

방범순찰대 159

방범순찰대원의 임무 160

방범심방(防犯尋訪) 22

방범진단(防犯診斷) 25

방벽효과 131

방어적 심리전 249

방첩(Counter Intelligence) 241

방첩의 기본원칙 243

백색선전 250

범죄 위험도 예측분석 시스템(프리카스)(Pre-CAS: Predictive Crime Risk Analysis System) 14

범죄소년 15

범죄수사상 준수원칙 72

범죄수사의 2과정 67

범죄수사의 3대 원칙 70

범죄수사의 기본원칙 71

범죄신고즉응체제(112) 13

범죄예방구조모델 12

범죄의 두려움(the perceived fear of crime) 11

범죄인 인도와 인도청구 299

범죄인 인도의 제한 300

범죄정보 221

범죄첩보분석시스템(CIAS: Criminal Intelligence Analysis System) 220

범죄통제모델(Models of Crime Control) 11

베이퍼록현상(Vapor lock) 186

보안경찰 231

보안관찰 대상범죄 252

보안관찰 251

보안관찰법의 기원 252

보안관찰처분 대상자 256

보호구역의 구분 141

복수사증 273

부정명령은닉(Logic bomb) 83

부정접속(Wire tapping) 83

북한의 대남 전술 형태 237

북한의 대남전략 238

북한의 대남전술 238

북한이탈주민 보호신청 262

북한이탈주민 261

북한이탈주민의 보호 및 정착지원 262

불가침권 295

불량행위소년 16

불법 콘텐츠(contents) 범죄 81

브랑팅햄과 파우스트(P. J. Brantingham & F. L. Faust) 11

블랙아이스(Black Ice) 현상 187

불온선전물 242

비동기성의 이용(Asynchronous attacks) 83

비즈니스 협상(Business Negotiation) 157

비트 242

비행소년 15

사건의 송치 79

사이버수사국 사이버첩보관리시스템(CIMS:
    Cyber Intelligence Management System)
    216

사이버테러리즘 156

사전정찰 248

사증(비자)(Visa) 272

사회재난 115

산업스파이 240

3선 개념 경호 137

3선 경호의 원칙 130

3차 예방 12

상승과정 67

선거경비 128

선동가 없는 군중(Leaderless Crowd) 107

선동가 있는 군중(Crowd with Incipient
    Leaders) 107

선무 심리전 249

선원수첩(Seafarer's Passport) 272

선전의 종류 250

성매매 53

성매매피해자 53

소극정보(Negative Intelligence) 213

수막현상(Hydroplaning) 186

수사관 자격관리제도 69

수사구조론 66

수사국 범죄첩보분석시스템(CIAS: Criminal
    Intelligence Analysis System) 216

수사의 정의 64

수사지휘 76

수사첩보분석시스템 216

수익자부담이론(Profit Oriented Enterprise
    Theory) 59

순찰차위치 자동표시장치 14

슈퍼재핑(Super zapping) 83

스카벤징(Scavenging) 83

스탠딩 웨이브현상(Standing wave) 186

스톡홀름증후군(Stockholm Syndrome) 158

시·도경찰청 등 재난대책본부 122

시·도경찰청 등 재난상황실 122

CAD(Computer Aided Dispatch) 14

신고사위치 사동확인장치 13

신고자전화번호 자동확인장치 13

신뢰의 원칙 170

신속착수의 원칙(Speedy Initiation) 70

신원조사 226

신원조사권자와 그 대상 227

신호 248

신호정보(SIGINT: Signal Intelligence) 215

심리전의 분류 249

12대 중대사고(중과실) 195

쌀라미기법(Salami techniques) 83

ㅇ

I.C.P.O-Interpol 284

INTEPOL-UN특별수배서 288

Interpol 284

아지트 242

안보경찰 231

안전진압 5단계 지침 112

SCR(Stolen Car Recovery) 14

ALIS(Automatic Location Identification System) 13

ANIS(Automatic Number Identification System) 13

AVLS(Automatic Vehicle Location System) 14

AVNI(Automatic Vehicle Number Identification) 14

HDT(Hand Data Terminal) 14

MDT(Mobile Date Terminal) 14

여권 271

여권의 종류 273

여행증명서(Travel Certification) 271

연락 248

연락선의 구분 247

연방제통일전략 238

영상정보(IMINT: Imagery Intelligence) 215

영주자격 272

오렌지수배서(Orange Notice) 288

외교특권 295

외국에 대한 공조요청 284

외국에 대한 범죄인 인도청구 303

외국으로의 범죄인 인도 301

외국의 공조요청 283

외국인 범죄의 수사절차 278

외국인의 강제퇴거 270

외국인의 권리와 의무 271

외국인의 체류와 등록 270

외사경찰 265

우범소년 15

우연군중(Spontaneous Crowd) 105

운전자의 인지반응과정(PIEV) 186

위기협상(Crisis Negotiation) 157

유언비어 242

을지 자유의 방패 연습(UFS: Ulchi Freedom Shield) 150

2차 예방 12

이데올로기적 테러리즘 155

이상군중심리 102

이익집단이론(Interest Group Theory) 58

인간정보(HUMINT: Human Intelligence) 215

인구 10만 명당 범죄발생 건수 7

인질범의 심리 158

인질협상의 8단계 158

인터폴 수배서(INTERPOL NOTICES)의 종류 287

인터폴(Interpol) 284

112종합상황실 38

1차 예방 12

일반체류자격 272

일상군중(Conventional Crowd) 106

임검(臨檢) 23

ㅈ

자료변조(Data didding) 83

자연재난 115
자율방범대 29
자주색수배서(Purple Notice) 288
작전정보(Operational Intelligence) 212
작전타격대(5분 전투 대기부대) 151
작전타격대 151
장물수배서(Stolen Property Notice) 288
재난 및 안전관리 117
재난시 경찰의 경비 및 방범대책 123
재난의 관리단계 116
적극정보(Positive Intelligence) 213
적대군중(Hostile Crowd) 106
적색수배서(Red Notice) 287
전략 심리전 249
전략 236
전략의 원칙 236
전략정보(Strategic Intelligence) 212
전복 246
전속적 재판권(Exclusive Jurisdiction) 291
전송시 은닉과 위장(Piggy backing and impersonation) 83
전술 심리전 249
전술 236
전술정보(Tactical Intelligence) 212
전임수사관제도 69
정보(Intelligence) 209
정보경찰 201
정보경찰의 기원 203
정보관(IO: Intelligence Office) 215
정보배포의 원칙 219
정보사범 235
정보사범의 특성 239

정보의 생산과정 219
정보의 요건 210
정보통신망 이용 범죄 81
정보통신망 침해 범죄 81
정보활동의 우선순위 217
정상군중심리 101
정책정보 225
제1차적 재판권 292
제프리(Jeffery) 11
종합대책서 114
즉결심판 회부 적용법 및 회부 죄명 50
즉결심판절차 48
지도방범(指導防犯) 27
지문자동검색시스템(AFIS: Automated Fingerprint Identification System) 85
지역경찰 근무의 종류 36
지역경찰 31
지역사회경찰활동(COP: Community Oriented Policing) 59
지역안전지수 29
지하당 구축전술 238
지휘의 3대 원칙 111
진압의 3대 원칙 111
진압의 4대 기본원칙 111
진압의 5대 행동수칙 112
진압의 단계별 실력행사 112
집회 · 시위 관리 6단계 지침 112
집회 · 시위신고처리 흐름도 224
집회 · 시위의 신고절차 등 225
징후계측정보(MASINT: Measurement and Signature Intelligence) 215

ㅊ

차량번호 자동판독기 14

차량용 컴퓨터 단말기 14

채증활동 224

첩보(Information) 209

첩보기본요소(EEI: Essential Eliments of
  Information) 217

첩보수집의 원칙 218

청색수배서(Blue Notice) 287

청원경찰 160

청원경찰법의 주요 내용 163

청원경찰의 연원 162

촉법소년 15

총포·도검·화약류 사범 55

충무사태의 종류 148

치안경비 108

치안센터 42

치안정보 222

치외법권(면제권) 297

ㅋ

캔자스시티 예방순찰실험 20

컴퓨터처리 자동화시스템 14

ㅌ

탄핵적 수사관 66

탐욕군중(Acquisitive Crowd) 106

태업 246

테러 경보단계 154

테러(Terror) 153

테러리즘(Terrorism) 153

테러리즘의 유형 155

통고처분 46

통일전선전략 238

통합방위사태 등의 선포절차 147

통합방위사태 143

트랩도어(Trap door) 83

트로이목마(Trojan horse) 83

특별첩보요구(SRI: Special Requirements for
  Information) 217

ㅍ

판단정보(Speculative Evaluative Intelligence)
  214

페이드현상(Fade) 187

폭도(Mob) 100

표현군중(Expressive Crowd) 107

풍속사범 51

피난군중(Escape Crowd) 106

피의자 유치 및 호송 규칙 89

ㅎ

하강과정 67

학교 밖 청소년 16

한미연합사 정보감시태세(워치콘)(Watchcon)
  149

한미행정협정(한미 SOFA) 289

한미행정협정의 대상자 290

혁명기지전략 238

현용정보(Current Intelligence) 214

현장방범(現場防犯) 26

현장보존의 원칙(Scene Preservation) 70

협정의 기본원칙 290

혼잡경비 125

환경설계를 통한 범죄예방모델 12

황색수배서(Yellow Notice) 288

회색선전 250

휴대용 컴퓨터 단말기 14

흑색선전 250

흑색수배서(Black Notice) 288

김창윤(金昌潤, Kim, Chang-Yun)

학 력	– 90.03~99.02 동국대학교 사회과학대학 경찰행정학과(학사)
	– 99.03~01.02 동국대학교 일반대학원 경찰행정학과(석사)
	– 01.03~05.02 동국대학교 일반대학원 경찰행정학과(박사)
	– 16.09~17.08 英 Portsmouth University 방문교수

상 훈	– 12.10 경찰청장 감사장 수상
	– 18.05 해양경찰교육원장 표창장 수상
	– 21.10 경남경찰청장 감사장 수상

대표 경력	– 22.01~현재 한국경찰학회 부회장
	– 22.11~현재 경찰청 경찰대혁신 TF위원
	– 22.11~현재 경찰청 인파관리 대책 TF위원
	– 16.09~17.08 英 Portsmouth University 방문교수
	– 13.10~현재 경남대학교 범죄안전연구센터 센터장

주요 경력	– 11.01 경비지도사 출제위원
	– 11.06 경찰청 치안정책평가단 위원
	– 11.11 경남지방경찰청 수사전문 자문위원
	– 12.01 경찰간부시험 출제위원
	– 12.05 경남지방경찰청 징계위원회 위원
	– 12.08 경남지방경찰청 시민감찰위원회 위원
	– 14.09 창원지방검찰청 마산지청 형사조정위원
	– 16.09~17.08 英 Portsmouth University 방문교수
	– 19.03 경남도청 자치경찰추진위원회 위원
	– 19.09 마산중부경찰서 경찰발전위원회 위원
	– 19.09 마산동부경찰서 정보공개심의회 위원
	– 18.01 한국경찰연구학회 부회장
	– 18.03 경남대학교 경찰학과 학과장
	– 18.09~현재 한국행정학회 형사사법연구회 회장
	– 22.01~현재 한국경찰학회 부회장
	– 22.11~현재 경찰청 경찰대혁신 TF위원
	– 22.11~현재 경찰청 인파관리 대책 TF위원
	– 13.10~현재 경남대학교 범죄안전연구센터 센터장
	– 18.03~현재 경남대학교 경찰학부 교수

연구실적	– 2001 • 경찰정보관리체제의 실태분석과 발전방안(치안연구소 치안논총)
	– 2003 • 일본경찰의 조직에 관한 고찰(한국민간경비학회보)
	• 뉴테러리즘의 특징과 예방대책에 관한 연구(한국민간경비학회보)
	– 2004 • GIS분석을 통한 효율적인 범죄예방활동에 관한 연구(한국민간경비학회보)
	– 2005 • GIS를 활용한 경찰의 범죄통제에 관한 연구(동국대학교 대학원 박사학위 논문)
	– 2006 • 적극적 테러리즘을 위한 경찰과 민간경비의 협력구축방안(한국민간경비학회보)

-           • 경찰안보기관의 역할과 인권(한국경찰학회보)
- 2007 • APEC이후 한국테러리즘의 현황과 전망(한국지방정부학회 발표논문)
- 2008 • 미군정기 치안정책 연구(한국공안행정학회보)
- 2009 • 일본의 연합국총사령부 점령기 치안정책 연구(한국경찰학회보)
-        • 한국과 일본의 미군정기 치안정책 연구(경찰대학 경찰학연구)
-        • 한국의 범죄발생 추세분석에 관한 연구(한국공안행정학회보)
-        • 한국의 지역적 범죄특성에 관한 연구-울산광역시를 중심으로(순천향대 사회과학연구)
-        • 강력범죄의 발발과 사회불안: 민주화 시기(1987-2007)를 중심으로(2009 한국행정학회 목요국정포럼 발표논문집)
-        • 대한제국시대의 치안체제에 관한 연구(경남대 인문사회논총)
- 2010 • 신임경찰 역량기반 교육훈련에 관한 연구(한국경찰학회보)
-        • 민주화시기의 범죄추세 분석에 관한 연구-1987-2007년을 중심으로(원광대 경찰학논총)
-        • 자살의 심리학적 분석에 관한 연구-공식통계자료를 중심으로(한국범죄심리연구)
- 2011 • 한국의 범죄특성에 관한 연구-지난 10년간 5대 범죄발생 분석을 중심으로(원광대 경찰학논총)
-        • 미군정기 형사사법정책 연구(한국공안행정학회보)
-        • 군중심리와 경찰의 군중통제에 관한 연구(한국범죄심리연구)
- 2012 • 한국 경찰학의 성립과 기원에 관한 연구(한국공안행정학회보)
-        • 한국 근대경찰의 창설배경과 조직에 관한 연구(한국경찰연구학회)
- 2013 • 일제 통감부 시기 경찰조직에 관한 연구(동국대 사회과학연구)
-        • 박근혜정부의 치안정책 기본방향과 개혁과제(한국공안행정학회보)
- 2014 • 조선시대의 치안정책과 조직에 관한 연구(한국공안행정학회보)
-        • 고려시대의 치안정책과 조직에 관한 연구(한국경찰학회보)
-        • 경찰의 예산분석 및 효율화 방안에 관한 연구(한국경호경비학회보)
-        • 경찰의 범죄피해자 정책실태와 개선방안(한국범죄심리연구)
- 2016 • 해방이후 범죄대응을 위한 경찰조직 변천에 관한 연구(한국범죄심리학회)
- 2017 • 역대정부의 치안정책 분석 및 범죄추세분석에 관한 연구(한국공안행정학회보)
- 2018 • 역대 치안총수와 인권정책에 관한 연구(한국경찰학회보)
- 2018 • 역대 치안정책의 수립과정 분석 미래에 관한 연구(한국공안행정학회보)
- 2018 • 박근혜 정부의 치안정책 및 범죄추세 분석에 관한 연구(한국경찰학회보)
- 2019 • 경찰의 역사성 및 정통성 확립과 미래 치안개혁 과제(한국공안행정학회보)
- 2020 • 북한의 치안정책에 관한 연구(한국경찰학회보)
- 2022 • 위험방지를 위한 경찰의 능동형 스마트 지휘통제시스템 구축방안(한국경찰학회 발표)

저 서
- 2006 • 「경찰학」(다혜)
- 2009 • 「형사사법체계론」(다혜)
- 2014 • 「경찰학(초판)」(박영사)
- 2015 • 「경찰학(2판)」(박영사)
- 2015 • 「학교폭력의 예방 및 대책」(박영사)
- 2018 • 「경찰학(3판)」(박영사)
- 2019 • 「범죄학 및 형사사법체계론(초판)」(박영사)
- 2020 • 「경찰학(4판)」(박영사)
- 2021 • 「범죄학 및 형사사법체계론(2판)」(박영사)

경찰학 각론

초판발행   2023년 2월 27일

지은이   김창윤
펴낸이   안종만·안상준

편 집   배근하
기획/마케팅   정성혁
디자인   이소연
제 작   고철민·조영환

펴낸곳   (주) **박영사**
           서울특별시 금천구 가산디지털2로 53, 210호(가산동, 한라시그마밸리)
           등록 1959. 3. 11. 제300-1959-1호(倫)
전 화   02)733-6771
f a x   02)736-4818
e-mail   pys@pybook.co.kr
homepage   www.pybook.co.kr
ISBN   979-11-303-1730-4 94350
           979-11-303-1728-1(세트)

정 가   23,000원